CAROLINE BERNARD
Die Frau von Montparnasse

AF178021

atb aufbau taschenbuch

CAROLINE BERNARD

DIE *Frau* VON MONTPARNASSE

Simone de Beauvoir
und die Suche nach
Liebe und Wahrheit

ROMAN

atb aufbau taschenbuch

MIX
Papier | Fördert
gute Waldnutzung
FSC® C083411

ISBN 978-3-7466-3814-0

Aufbau Taschenbuch ist eine Marke
der Aufbau Verlage GmbH & Co. KG

3. Auflage 2025
© Aufbau Verlage GmbH & Co. KG, Berlin 2021
www.aufbau-verlage.de
10969 Berlin, Prinzenstraße 85
Der Verlag behält sich das Text- und Data-Mining
nach § 44b UrhG vor, was hiermit Dritten ohne
Zustimmung des Verlages untersagt ist.
Bei Fragen zur Sicherheit unserer Produkte wenden Sie
sich bitte an produktsicherheit@aufbau-verlage.de.
Satz LVD GmbH, Berlin
Druck und Binden CPI books GmbH, Leck, Germany

Printed in Germany

An diesem Abend kam es wieder zu einem Streit zwischen Simone und ihrem Vater.

Georges de Beauvoir säbelte ungeduldig an seinem Stück Fleisch herum. Er hatte sich bereits angekleidet, weil er ausgehen wollte.

Simone saß zu seiner Linken, neben ihrem Teller lag wie immer ein Buch, denn sie hatte keine Zeit zu verschwenden, wenn sie ihr ehrgeiziges Lesepensum schaffen wollte. Zurzeit las sie Paul Valérys *Eupalinos*.

»Es ist für eine junge Frau unwürdig, sich derart gehen zu lassen. Sich nur deine dreckigen Fingernägel!«

Ihr Vater legte seine ganze Verachtung in seine Stimme, und das war nicht wenig, denn als Laienschauspieler war er geübt darin, Stimmungen zu transportieren.

Simone sah nicht einmal von ihrer Lektüre auf. Ihre linke Hand lag auf den Seiten, um das Buch geöffnet zu halten, die rechte hielt die Gabel, mit der sie auf ihrem Teller herumstocherte, in der Hoffnung, auch ohne hinzusehen ein Stück Karotte zu erwischen.

»Simone. Ich rede mit dir. Hat man dich in diesem Haus nicht gelehrt, was Tischmanieren sind?«

»Georges, lass sie doch. Sie ist sechzehn«, sagte ihre Mutter.

»Eben«, rief Georges. »Mit sechzehn wissen andere Mädchen längst, was sich gehört. Sie besuchen Matineen und gehen zum Tennis, um geeigneten jungen Männern vorgestellt zu werden.«

»Ich will keinen Mann, den ihr mir aussucht«, sagte Simone ungerührt und blätterte um.

»Ich kann mir auch keinen vorstellen, der dich nehmen würde. Einen Blaustrumpf, wie er im Buche steht. Männer mögen keine klugen Frauen.«

Simone zuckte zusammen. Blaustrumpf nannte ihr Vater sie? Dabei war er es doch gewesen, der sie zum Lernen angespornt hatte und der immer stolz auf ihre Bestleistungen gewesen war. Doch seit sie in die Pubertät gekommen war, fand er sie unansehnlich und plump. Seitdem galt seine ganze Aufmerksamkeit ihrer Schwester Poupette, die zwei Jahre jünger und hübsch war.

Auch ihr Vater hatte sich verändert. Was war aus dem Mann geworden, der allabendlich am Kamin gestanden und ihnen Monologe und komödiantische Szenen vorgespielt hatte, bis ihnen vor Lachen die Tränen über die Wangen gelaufen waren?

»Männer mögen auch keine Frauen ohne Mitgift«, sagte sie und hob für einen Moment den Blick, um zu sehen, wie ihr Vater reagierte.

Er wurde rot vor Zorn. »Aber du bist nicht nur arm, sondern auch hässlich.«

Simone stand wortlos auf. Sie hatte ohnehin keinen Appetit mehr.

Hinter ihrem Rücken hörte sie ihre Mutter sagen: »Simone hat doch recht, Georges. Hättest du etwas mehr Fortune in deinen Geschäften gehabt, wäre für meine Töchter eine Mitgift da gewesen. Was soll so aus ihnen werden, kannst du mir das sagen?«

Beim Rest hörte Simone nicht mehr zu. Sie kannte die Argumente der ewigen Streitereien ihrer Eltern zur Genüge. Georges habe das Geld, das Françoise mit in die Ehe gebracht hatte, verschleudert. Sie hätten in diese dunkle Wohnung im fünften Stock ohne Dienstboten in der Rue de Rennes ziehen müssen, und nun sei die Zukunft ihrer Töchter ruiniert.

Der Streit würde so lange weitergehen, bis ihr Vater aus der Wohnung flüchtete. Simone legte sich ins Bett und zog sich die Decke über den Kopf. Auch als Poupette kurze Zeit später ins Zimmer kam, reagierte sie nicht. Sie tat, als schliefe sie schon, dabei war sie in ihren Gedanken hellwach.

Wann hatte das angefangen, dass ihr Vater sie kritisierte, fragte sie sich. Dass er alles an ihr, was er früher für gut befunden hatte, ablehnte? Warum verachtete er plötzlich ihren Fleiß, ihre Erfolge in der Schule? Wann war seine Bewunderung für ihren Verstand, den er als den eines Mannes bezeichnete, in Ablehnung umgeschlagen? Wann war aus dem geliebten Mädchen, auf das er so stolz war, das ständige Ärgernis, der unansehnliche Blaustrumpf geworden?

Simone hatte in ihrem bisherigen Leben immer getan, was man von ihr verlangt hatte, und nun wurde ihr genau das zum Vorwurf gemacht. Sie war verunsichert, noch größer jedoch war ihr Zorn. Die Bemerkungen ihres Vaters trafen sie ins Mark, aber ihre Überzeugungen würden sich deshalb nicht ändern. Sie wunderte sich, dass ihr in diesem Moment keine Tränen kamen. Unter ihren Freundinnen war sie für ihre häufigen Tränenausbrüche berüchtigt und gefürchtet. Doch die Beleidigungen ihres Vaters wollte sie nicht an sich heranlassen. Seine Regeln galten für sie nicht mehr.

Neben ihr stöhnte Poupette im Schlaf auf. Simone brauchte nur den Arm auszustrecken, um ihre Schwester zu berühren, denn zwischen ihren beiden Betten blieb gerade so viel Raum, dass eine von ihnen dort stehen konnte. Für andere Möbel war das Zimmer zu klein, obwohl Simone sich nichts mehr wünschte als einen Platz zum Arbeiten, einen eigenen Schreibtisch. Sie überlegte, ob sie mit ihrer Schwester darüber reden sollte, was sie bewegte. Nein, entschied sie, Poupette würde das nicht verstehen. Sie liebte ihre kleine Schwester, die so voller Charme und Intelligenz war, der jedoch Simones Ehrgeiz und ihre Durchsetzungskraft fehlten.

Es war spät geworden, dennoch konnte Simone nicht schlafen. Sie horchte in die stille Wohnung. Ihre Mutter war ins Bett gegangen, ihr Vater würde erst in ein paar Stunden nach Hause kommen. Leise stand sie auf und tastete sich barfuß in sein Arbeitszimmer hinüber. Er hatte diesen Raum für sich, obwohl er sich so gut wie nie darin aufhielt. Es war selbstverständlich, dass ein Mann und Hausherr über ein Büro verfügte, obwohl er es so gut wie nie nutzte.

Simone setzte sich an Georges' Schreibtisch und nahm ein Blatt Papier aus der Schreibtischschublade. Hell leuchtete es im diffusen Licht der Straßenlaternen, wenngleich es hier oben nur noch schwach war. Simone nahm einen Stift zur Hand. Auf einmal war ihr, als würde ihr in diesem Augenblick die ganze Welt gehören. Weil sie aufschreiben konnte, wie sie diese Welt haben wollte. Sie konnte alles imaginieren, eine große Liebe, ein Abenteuer, eine neue Philosophie, die die Welt erklären würde.

Also gut, was sollte sie schreiben? Vor ein paar Monaten hatte sie begonnen, Tagebuch zu führen. Seitdem füllte sie Seite um Seite mit ihrer winzigen Schrift, weil die Hefte teuer waren und weil sie hoffte, dass ihre Mutter ihre Kritzelei nicht würde entziffern können. Dennoch beschrieb sie stets nur die rechte Seite des Heftes, auf der linken notierte sie Zitate, Buchtitel und Gedanken, die sie beeindruckt hatten und die sie nicht vergessen wollte.

Aber hier ging es um etwas anderes: Sie wollte ihr Leben aufschreiben. Wenn sie niemanden hatte, mit dem sie über ihre Sorgen und ihre Träume sprechen konnte, dann würde sie eben mit sich selbst ins Gespräch treten, um besser zu verstehen, was sie in diesem Leben wollte und wie sie es erreichen konnte. Sie wäre die folgsame Simone, die Tochter aus gutem Hause, die die Erwartungen ihrer Eltern erfüllte. Die andere Simone, die nichts mehr liebte als Widerspruch und die nichts als gegeben hinnehmen konnte, ohne es zu hinterfragen, würde ihr antworten. Welche der beiden würde die Oberhand behalten? In jedem Fall würde ihr das Schreiben guttun, dessen war sie sich gewiss; es wäre für sie wie ein selbst gewähltes Exil, in dem sie womöglich allein, jedoch nicht einsam wäre.

Simone hob den Stift und machte einige Schreibbewegungen in der Luft, während sie den Nachtfaltern draußen vor dem Fenster zusah, die sich bis hier oben verirrt hatten und im gelben Licht der Gaslaternen umherflatterten.

Dann legte sie den Stift sanft wieder an seinen Platz und das Blatt Papier zurück in den Schreibtisch.

Ich werde ein ganz besonderes Leben führen, versprach sie sich. Ein Leben, wie ich es will, nicht das kleine Leben, das meine Eltern für mich im Sinn haben. Ich werde Simone de Beauvoir sein, nicht Madame Soundso.

Und eines Tages werde ich eine berühmte Schriftstellerin sein.

Kapitel 1

»*Plus vite,* Jacques, schneller«, rief Simone und lehnte den Kopf aus dem Fenster, damit der Fahrtwind ihr Gesicht streicheln konnte. Eigentlich war der Märztag zu kühl dafür, aber Simone konnte nicht widerstehen und hatte das Fenster heruntergekurbelt.

Sie wollte diesen Moment genießen. Am Vormittag hatte sie ihr Examen in Literatur bestanden, mit Auszeichnung, wie nicht anders zu erwarten gewesen war. Der Abschluss war ein weiterer Schritt hin zu ihrem Traum vom Schreiben, den sie in den vergangenen zwei Jahren zäh verfolgt hatte. Auf der Suche nach einem eigenen Ton ihres Erzählens und einem Thema hatte sie in jeder freien Minute des Tages gelesen. Nichts Geschriebenes war vor ihr sicher. Bei *Shakespeare & Company* in der Rue de l'Odéon lieh sie die Neuerscheinungen aus Amerika, gegenüber bei Adrienne Monnier die Franzosen aus. Manchmal, wenn sie ein Buch unbedingt besitzen wollte, jedoch kein Geld dafür hatte, stahl sie es auch. Bei den Bouquinisten an der Seine las sie im Stehen alles, was ihr in die Hände fiel. Was sie anderswo nicht bekam, bestellte sie in der Bibliothèque nationale, wo sie jeden Tag im Lesesaal arbeitete. Aber dort las sie eher Bücher, die sie für ihr Studium brauchte. Und neben der

Literatur studierte sie natürlich auch das Leben, das Paris, die Stadt des Lichts und der Künste, in all seiner Vielfalt zu bieten hatte. Sie hatte beinahe jede Ausstellung in den Galerien ihres Viertels gesehen und war Stammgast in den großen Museen. Wann immer sie Geld für einen Kaffee hatte, ging sie mit einer Freundin in eines der Cafés am Montparnasse, setzte sich an einen Tisch und hörte den Leuten zu, die dort saßen. Alles interessierte sie, nichts war vor ihrem Wissensdurst und ihrer Neugierde sicher.

Nun, mit der bestandenen Prüfung war sie ihrem Ziel ein gutes Stück näher gekommen. Zu ihrem Entzücken hatte ihr Cousin Jacques vor dem Institut Sainte-Marie auf sie gewartet und ihr mit einem Lächeln die Tür seines neuen Wagens aufgehalten.

»Wie ich sehe, kann auch eine Frau mit Examen attraktiv sein«, sagte er zu ihr. »Darf ich dich zur Feier des Tages zu einem Ausflug einladen?«

Simone war selig. Als Kinder waren Jacques und sie gute Freunde gewesen, später hatte sie den Älteren bewundert. Und jetzt war sie dabei, sich in ihn zu verlieben. Er war ein schöner Mann und kleidete sich in schicke Anzüge. Jacques wohnte mit seiner Schwester und einer Haushälterin in einer großen Wohnung am Boulevard Montparnasse, niemand machte ihm Vorschriften. Er war ein Mann von Welt, der viel ausging, alle angesagten *dancings* und Galerien kannte und Simone mit dem Surrealismus bekannt gemacht hatte. Stundenlang saßen sie zusammen und redeten über Kunst und Literatur. Ihre ansonsten so strenge Mutter erlaubte, dass sie mit Jacques einen Spaziergang machte oder ins Kino ging. Auch ihr Vater mochte ihn und schätzte es, wenn er Simone abends nach Hause brachte und auf einen Plausch mit ihm blieb.

Bei dem Gedanken daran verzog Simone das Gesicht. Ihr Vater und Jacques ergingen sich bei diesen Gelegenheiten in endlosen Erörterungen zu Literatur und Theater, wobei ihr Vater auf die Moderne schimpfte und seine Klassiker lobte. Simone hätte dazu durchaus etwas zu sagen gehabt, aber es war nicht erwünscht, dass sie sich einmischte, das gab ihr Vater ihr deutlich zu verstehen. Eine Frau hatte Männer nicht zu unterbrechen. Wenn Georges sich von ihr zu sehr gestört fühlte, legte er den Arm um Jacques' Schulter und zog sich mit ihm in sein Arbeitszimmer zurück, während Simone vor Wut kochte.

Doch heute gehörte Jacques ganz ihr. Simone klappte die Sonnenblende herunter, um sich im Spiegel zu betrachten. In der letzten Zeit hatte sich ihr Äußeres sehr zu ihrem Vorteil entwickelt, aus dem hässlichen Entlein war ein Schwan geworden. Zwar legte Simone noch immer nicht besonders viel Wert darauf, sich zurechtzumachen, aber in ihren unvorteilhaften Kleidern steckte nun eine schöne junge Frau. Am meisten an ihr selbst gefielen ihr die hellen Augen in der Farbe von Vergissmeinnicht, die in ihrem fein geschnittenen Gesicht leuchteten. Vor ein paar Tagen hatte sie sich das lange Haar zu einem Bubikopf geschnitten, wie es jetzt modern war. Auch ihre Freundin Zaza trug das Haar neuerdings so, und in Verbindung mit ihren Glockenhüten aus Filz sah sie damit bezaubernd aus. Aber Simones Haar war zu dünn, ihr Gesicht zu lang, die Frisur stand ihr nicht, obwohl Maheu das Gegenteil bezeugt hatte. Ihr Kommilitone René Maheu, den sie »das Lama« nannte, war in sie verliebt, obwohl er verheiratet war. Er wurde nicht müde, Dinge an ihr zu bewundern oder hervorzuheben; sei es ihre Schönheit, sei es ihre Klugheit oder auch ihre raue Stimme, mit der sie ihre Argumente wie ein Maschinengewehr verschoss. Doch mit ihrer Frisur irrte er sich, sie war nichts anderes als misslungen. An diesem Tag hatte Simone ein Tuch mit hellen Tupfen in ihr Haar gebunden, um das Schlimmste zu verbergen. Jacques hatte die Veränderung offensichtlich nicht bemerkt, er hatte nur gesagt, wie schön das Tuch zu dem weißen Kragen ihrer Bluse passe. »Du siehst aus wie ein netter junger Mann«, neckte er sie.

Jacques überholte hupend ein anderes Auto und scherte rasant wieder ein. Simone wurde gegen seine Schulter geschleudert. Sie rückte wieder von ihm ab und klappte den Spiegel hoch. Jacques würde nie einen Gedanken an sein Äußeres verschwenden, er sah einfach betörend gut aus. Simone betrachtete sein gut geschnittenes Gesicht von der Seite. Er kniff leicht die Augen zusammen und hatte etwas von einem Abenteurer. Jacques bemerkte ihren Blick und lachte.

»Wir sind gleich da«, sagte er.

»Schade«, gab Simone zurück. Sie hätte noch stundenlang neben ihm sitzen und die Autofahrt genießen können. Sie fuhren in westlicher Richtung stadtauswärts, Jacques hatte extra ihretwegen die Route über die Place de la Concorde genommen, wo sich der Obelisk in einen blassblauen Himmel erhob, und hielt dann auf den Arc de Triomphe zu. Jetzt fuhren sie schon unter den großen Bäumen des Bois de Boulogne hindurch. Sie waren um diese Jahreszeit noch kahl, aber rund um die Rasenflächen sah Simone das Leuchten der Magnolienblüten und das Gelb von Jasmin und Narzissen. »Ist das schön«, seufzte sie und hielt

ihre Hand aus dem Fenster, um den kühlen Fahrtwind zu spüren.

»Du findest wirklich an allem etwas Schönes«, sagte Jacques
mit einem Kopfschütteln.

»Aber der Frühling in Paris ist doch auch wunderschön. Findest du nicht? Sieh doch nur dieses zarte Grün. Diese Farbe gibt
es nur jetzt – wenn du nächste Woche wiederkommst, ist sie
schon verschwunden.«

Sie hielt ihr Gesicht mit geschlossenen Augen in die Sonne,
die in diesem Augenblick durch die Wolken brach. Dann blickte
sie wieder zu Jacques hinüber. Er parkte schwungvoll den Wagen und kam auf ihre Seite hinüber, um ihr die Autotür aufzuhalten.

»Darf ich bitten?«

Simone lächelte ihn an.

»Worauf hast du Lust? Boot fahren oder Eis essen?«

»Beides«, rief sie. »Aber ich muss um acht Uhr zu Hause sein.
Papa will mich zur Feier meines Examens einladen.«

Sie mieteten eines der kleinen Boote, die die Form eines
Schwans hatten, und ließen sich träge bis in die Mitte des Sees
treiben.

Jacques zog ein Buch aus der Tasche seines Jacketts. Es war
Der große Meaulnes, das Buch von Alain-Fournier, das viele als
Nachfolger von Goethes *Werther* sahen, weil es darin um jene
Liebe ging – die eine große, unglückliche –, die man nur als
ganz junger Mensch fühlen konnte. Der Roman hatte Simone in
ein Gefühlschaos versetzt, und seitdem nahm sie ihre zärtlichen
Gefühle für Jacques noch intensiver wahr. Und es hatte den letz-
ten Anstoß dazu gegeben, dass Literatur für sie zum Ersatz für

die Religion wurde. Simone glaubte an die Macht des Wortes, Romane wurden zu ihrer neuen Bibel, auch wenn ihre Mutter deshalb um das Seelenheil ihrer Tochter fürchtete.

»Du musst mir nicht daraus vorlesen«, sagte sie. »Ich kenne ganze Passagen auswendig.«

»Na gut, wie wäre es mit *La Garçonne*? Deine Frisur würde dazu passen.« Er hat meine Frisur also doch bemerkt, dachte Simone, als er das Buch aus der anderen Tasche zog.

Sie kicherte. Der Roman von Victor Margueritte verursachte zurzeit einen Skandal nach dem nächsten, weil seine Hauptfigur, Monique Lerbier, sich den Heiratsplänen ihrer Eltern widersetzte und ein auch sexuell unabhängiges Leben führte. Natürlich hatte Simone auch dieses Buch gelesen, heimlich, ohne Wissen ihrer Eltern. Und sie hatte bei der Lektüre so manches Mal gedacht, dass sie gern wie diese Monique wäre. Sie winkte ab.

»Kenne ich auch. Lass das bloß nicht Maman sehen, dann darf ich nie wieder allein mit dir ausgehen.«

»Zensiert sie immer noch deine Lektüre?«

Simone schüttelte unwillig den Kopf und dachte daran, wie Françoise früher Seiten, die ihre Töchter nicht lesen sollten, mit Nadeln zusammengesteckt hatte. Simone hatte diese Seiten natürlich immer als Erste gelesen und danach die Nadel wieder exakt in dieselben Löcher gesteckt. »Maman hat es aufgegeben, mich zu erziehen.«

»Dich zu einem passablen Fräulein zu machen, das Chancen auf dem Heiratsmarkt hat«, meinte Jacques.

»Ich? Chancen auf dem Heiratsmarkt? Du weißt, dass ich die nicht habe, weil Papa keine Mitgift zahlen kann.«

»Ich weiß auch, dass du das gar nicht willst.«

»Heiraten schon, aber nicht jeden und bestimmt keinen, den meine Eltern für mich aussuchen.« Simone sah ihn forsch von der Seite an, um festzustellen, ob er ihre Anspielung verstand.

Statt auf ihre Bemerkung einzugehen, legte Jacques sich plötzlich übertrieben in die Riemen, um hektisch zu rudern, dabei waren sie noch ein gutes Stück von einer der künstlichen Inseln entfernt. Er tat gerade so, als würden sie gleich auflaufen. Aber für den Rest des Nachmittags spielte er wieder den unwiderstehlichen Charmeur.

Jacques brachte sie gerade noch rechtzeitig nach Hause, damit Simone mit ihrem Vater ins Theater gehen konnte.

Während ihr Vater Jacques in sein Arbeitszimmer lotste, um mit ihm »ein Wort unter Männern« zu reden, ging Simone in ihr Zimmer, um sich rasch mit einem Kamm durch die zerzausten Haare zu fahren und das Kopftuch neu zu binden. Ihre Wangen hatten Farbe bekommen, und ihre Haut schien zu strahlen, aber auch das würde wohl nichts daran ändern, dass ihr Vater nichts Schönes an seiner Tochter finden konnte. Worüber er wohl gerade mit Jacques spricht, fragte sie sich. Darüber, dass er und Simone heiraten würden? Für sie würde damit ein Traum in Erfüllung gehen, und ihr Vater müsste schließlich einsehen, dass sie doch einen Mann finden konnte.

Sie seufzte.

Simone verstand nicht, warum ihr Vater so enttäuscht von ihr war. Es hatte sie immer stolz gemacht, wenn er früher von ihr gesagt hatte, sie denke wie ein Mann. Sie hatte gelernt und gearbeitet, um dieser Vorstellung gerecht zu werden. Heute hatte sie ihr erstes Diplom bestanden und ihn damit beeindrucken wollen. Aber er hatte nicht einmal gefragt, worüber sie geprüft worden war. Es interessierte ihn nicht.

Inzwischen lernte Simone schon lange nicht mehr, um ihren Vater zu beeindrucken. Sie war in die Welt des Wissens eingetreten, und jedes Buch, das sie las, weckte in ihr die Neugierde auf das nächste. Sie liebte es, wissenschaftliche Fragen zu durchdringen und Neues zu entdecken, überzeugende Argumente zu haben und andere mit ihrer Klugheit zu überraschen.

Sie schenkte sich selbst ein Lächeln. Dann ging sie zu den anderen.

Kapitel 2

Die Vorstellung, dass sie keine standesgemäße, arrangierte Ehe eingehen würde, wie es eigentlich in ihrer gesellschaftlichen Schicht üblich gewesen wäre, schreckte Simone schon lange nicht mehr. Weil ihr Vater den Großteil seines Vermögens in russischen Kriegsanleihen verloren und danach sein verbliebenes Kapital in riskanten Unternehmungen verspekuliert hatte, blieben ihrer Familie die Türen vieler großbürgerlicher Häuser verschlossen.

Simone würde ihr Geld selbst verdienen müssen. Und bevor sie als Schriftstellerin Erfolg hätte, würde sie als Lehrerin arbeiten. Wäre sie ein Mann gewesen, hätte sie auf die École normale supérieure gehen können, die die besten Lehrer des Landes ausbildete. Klug genug wäre sie dafür gewesen, aber Frauen waren dort nicht zugelassen, weshalb sie sich an verschiedenen Schulen, unter anderem am Institut Catholique, am Lycée Sainte-Marie in Neuilly und an der Sorbonne einschrieb, um Mathematik, Literatur, Griechisch und Latein und Philosophie zu studieren. So musste sie den ganzen Tag mit der Métro und dem Bus durch Paris fahren, um von einer Schule zur anderen zu kommen. Zudem verlangte ihre Mutter von ihr, jeden Tag zum Mittagessen zu Hause zu sein. Einerseits gefiel Simone das Unterwegssein, weil sie unbeobachtet war und in Ruhe lesen und träumen konnte, und manchmal stieg sie einfach irgendwo aus und sah sich eine Straße oder ein Viertel an. Aber alles in allem empfand sie ihr Leben doch als ziemlich strapaziös.

Sie rechnete sich aus, dass sie in ungefähr vier Jahren fertig sein würde. Eine Unendlichkeit in ihren Augen. So lange würde sie bei ihren Eltern wohnen und die vielen Vorschriften und Einschränkungen hinnehmen müssen.

»Warum gibst du nicht einfach Privatstunden, das wäre doch nett«, schlug ihre Mutter vor, die sich immer mehr Sorgen um ihr Seelenheil machte. Da hatte ihre Tochter eine kirchliche Schule besucht, in der man den laizistischen Unterricht äußerst kritisch beäugte, und nun wollte sie ausgerechnet Philosophie studieren.

»Du willst den Tapir machen?«, ereiferte sich ihr Vater. »Tapir« war ein abwertender Ausdruck für Privatlehrer. Der Gipfel der Peinlichkeit wäre allerdings für ihn, wenn seine Tochter an einer Schule unterrichtete. Beamte verachtete er noch mehr als Tapire. »Warum studierst du nicht Jura? Damit kann man immer etwas anfangen«, sagte er. Er war selbst Anwalt gewesen, hatte seine Kanzlei jedoch nach dem Krieg aufgeben müssen und danach beruflich nie wieder Tritt gefasst.

Simone konnte es nicht mehr hören. Aber sie legte schon länger keinen Wert mehr auf die Meinung ihres Vaters. Sie brauchte sein Lob nicht mehr. Sie würde ihre Studien abschließen, dann würde sie weitersehen. Als sie ihm das sagte, bekam ihr Vater einen Wutanfall. Simone stand auf und verließ das Zimmer.

Am Abend im Bett fragte Poupette: »Warum musst du immer

anders sein als alle anderen? Warum stößt du alle vor den Kopf und wunderst dich, wenn sie dich nicht mögen?« Es lag ein Vorwurf, aber auch Bewunderung in ihrer Stimme.

Simone musste nicht lange überlegen, um zu antworten. »Ich bin eben anders. Ich will mich nicht in eine Schublade stecken lassen, die andere für mich aussuchen. Ich bin Simone, ich bin ich, nicht jemand, wie andere ihn haben wollen.«

»Das ist anstrengend, oder?«, kam es aus dem anderen Bett.

Simone nickte. Ja, es war anstrengend, manchmal ging es sogar über ihre Kraft. Aber sie konnte nicht anders.

Was Françoise nicht ertragen konnte, war, wenn Simone sich in ihre Bücher vergrub. Sie hoffte immer noch, dass ihre Tochter in der passenden Gesellschaft einen Mann finden würde, und nutzte jede Gelegenheit, um ihre Töchter auszuführen.

»Simone, bitte mach dich fertig. Du weißt doch, wir sind bei den Brugers eingeladen.« Ihre Mutter riss die Tür zu Simones Zimmer auf, wo sie auf dem Bett lag und las. Ihre Stimme klang ungeduldig. Sie hatte Simone bereits zweimal ermahnt. Poupette stand im Mantel hinter ihr.

»Ich komme nicht mit. Ich habe zu arbeiten. Morgen beginnt das neue Semester.« Simone drehte sich demonstrativ auf die andere Seite.

»Aber selbstverständlich kommst du mit«, gab ihre Mutter mit dieser schneidenden, verächtlichen Stimme zurück, die Simone so hasste. »Die Brugers sind Freunde der Familie, und für heute haben sie uns zum Aperitif eingeladen. Die Castellets werden auch dort sein.«

»Ich finde diese Leute langweilig.«

»Was für ein Unsinn! Komm jetzt.«

Ihre Mutter ließ ihr keine Wahl. Und dann saß sie zwei endlose Stunden im überladenen Wohnzimmer der Brugers herum und musste das vollkommen inhaltslose Geschwätz über sich ergehen lassen und die abschätzenden Blicke von Madame Castellet ertragen, die ihren Sohn in höchsten Tönen lobte. Der saß schüchtern neben ihr und sagte den ganzen Nachmittag über kein Wort. Simone hielt ihn für unsagbar dumm. Wie unaufrichtig diese Leute waren. Sie lebten nicht, sie gaben es nur vor! Simone zog ein Gesicht und antwortete nicht auf die Fragen, die man ihr stellte.

»Das ist ein schwieriges Alter«, sagte Madame Bruger beim Abschied zu ihrer Mutter. Diese Komplizenschaft regte Simone mehr auf als alles andere. Die beiden redeten über sie, als würde sie nicht danebenstehen. Und sie taten, als wüssten sie, wie Mädchen in ihrem Alter wären. Simone war aber nicht wie alle anderen Mädchen, und sie würde es auch nie sein.

Ihre Mutter machte ihr auf dem Nachhauseweg heftige Vorwürfe. Sie würde sich unpassend verhalten, würde Menschen vor den Kopf stoßen.

»So wirst du nie einen Mann finden.«

Simone blieb stehen und sah sie fassungslos an. »Du willst mich tatsächlich mit einem Hohlkopf wie diesem verheiraten? Ich will keinen Mann. Und ich werde auch keinen bekommen, weil Papa meine Mitgift verspekuliert hat, wie wir alle wissen!«

Françoise hob den Arm, und Simone glaubte, ihre Mutter würde sie nun schlagen. Dann ließ sie ihn wieder sinken, als sie merkte, dass die Leute um sie herum aufmerksam wurden. Schweigend gingen sie nach Hause.

Bestimmt hatte ihre Mutter ihrem Vater brühwarm berichtet, wie ungebührlich sie sich benommen hatte. Simone sah die Enttäuschung in seinen Augen, als sie am nächsten Abend übermüdet, mit ungewaschenen Haaren und in abgetragenen Kleidern am Tisch saß und griechische Verben lernte, anstatt eine charmante Plauderei zu beginnen.

»Du bist ein undankbares Monstrum«, schnauzte er sie an.

Die Beleidigung traf Simone. Aber sie konnte es nicht ändern. Ihr Vater war schon lange kein Vorbild mehr. Sie konnte nicht vergessen, dass er selbst sein Leben nicht im Griff hatte. Er verabscheute die Bücher, die sie las. Alles, was nicht französisch war, lehnte er ab, ohne es zu kennen. Er war unnachgiebig und engstirnig, dabei obrigkeitshörig. Jeden Abend ging er zum Bridgespielen aus, und er fand, es gehöre zu den natürlichen Rechten eines Mannes, ab und zu untreu sein zu dürfen, während Frauen tugendhaft zu bleiben hatten. Mit welchem Recht sollte dieser Mann ihr vorschreiben, was sie zu tun und zu lassen hatte?

Während sie in ihr Buch sah und im Kopf die Verben konjugierte, dachte Simone an Zaza. Seit Zaza in der vierten Klasse den Platz neben ihr bekommen hatte, war sie Simones beste Freundin. An ihrer Seite hatte Simone die Segnungen einer Freundschaft kennengelernt. Zaza kam aus einer wohlhabenden, frommen Familie und hatte zahlreiche Geschwister, und ihre gesellschaftlichen Pflichten erledigte sie voller Eleganz und

Selbstverständlichkeit. Sie konnte Konversation machen und Tee einschenken und war immer gut gekleidet. Nie erhob sie die Stimme oder lachte laut heraus. Simone bewunderte sie für ihr Talent am Klavier ebenso wie für ihre Belesenheit. Wie schaffte sie es nur, gleichzeitig eine pflichtbewusste Tochter und so etwas wie eine Freundin ihrer Mutter zu sein? Leider war Zaza stets mit ihrer Familie beschäftigt, so dass sie sich nur selten sehen konnten. Gerade jetzt vermisste Simone sie unendlich und empfand ihre Freundschaft als noch wichtiger als je zuvor.

Genauso muss auch der Mann sein, den ich einmal lieben werde, sagte sie sich. Es darf nicht den Hauch eines Zweifels geben, dass er der Richtige ist, denn sonst müsste ich mich immer fragen: Warum er und kein anderer?

Sie sah zu ihren Eltern hinüber, die sie am liebsten mit irgendeinem Langweiler verheiraten würden. In diesem Augenblick war sie stolz darauf, wie sehr sie sich schon von ihren Eltern und ihrer gesellschaftlichen Klasse entfernt hatte. Auch Gott war ihr kein Anker mehr, schon mit vierzehn hatte sie festgestellt, dass es ihn nicht gab. Aber wohin trieb es sie? Wo war ihr Platz im Leben? Wenn sie doch nur jemanden hätte, mit dem sie über ihre Zweifel reden könnte, über ihren Wunsch nach einem wahrhaftigen, aufrichtigen Leben. Doch da war niemand, der ihre Art zu denken, die Welt infrage zu stellen, teilte.

Ihre Mutter fing ihren kritischen Blick auf, und Simone beugte sich wieder über ihre Vokabeln.

Die geistige Beschäftigung war es, die sie vor ihren Zweifeln und vor der Langeweile retten sollte. Simone stellte einen peniblen Zeitplan auf, jede Minute ihres Tages war bald ausgefüllt mit

Lektüre. Sie vernachlässigte ihr Äußeres noch weiter, kümmerte sich weder darum, was sie anzog, noch wie ihre Haare frisiert waren. Wenn keine Vorlesungen waren, verbrachte sie ihre Tage in der Bibliothèque nationale in der Rue de Richelieu. Schon der Weg dorthin, der durch die überdachten Passagen aus dem 19. Jahrhundert führte, vorbei an Geschäften für Stickereien und einer Werkstatt für Porzellanpuppen, war ein Genuss. Und dann betrat sie durch das hölzerne Drehkreuz, das jedes Mal ein klackendes Geräusch machte, wenn es hinter ihr wieder einrastete, den riesigen Lesesaal unter den vielen verzierten Kuppeln, die aussahen wie ein Heer aufgespannter Regenschirme, und ihr ging das Herz auf. Und zugleich fühlte sie sich ganz klein, denn in den kirchturmhoch übereinandergestapelten Regalen lagerte in Büchern und Manuskripten, in Noten und Bildern, in Zeitungen, Katalogen und was es noch an Gedrucktem gab, das gesammelte Wissen Frankreichs. Hier gab es Antwort auf jede Frage. Wahrscheinlich stand in einem dieser Hunderttausenden von Büchern auch die Antwort auf die Frage, warum sie so unglücklich war und immer Streit mit ihrer Mutter hatte. Simone müsste nur das richtige Buch finden.

Vom Eingang aus konnte sie sehen, dass ihr Lieblingsplatz noch unbesetzt war. Er lag gleich am Gang links, die Nummer 271. Dorthin eilte sie nun, schob den Lehnstuhl zurück und setzte sich an den breiten Tisch mit dem Ledereinsatz. Sie knipste die Lampe mit dem grünen Glasschirm an und schloss für einen Moment die Augen, um sich zu konzentrieren und diese außergewöhnliche, geliebte Atmosphäre zu genießen.

Um sie herum erklang das allgegenwärtige Knacken des Parketts und der altersschwachen Stühle, an das sie sich so gewöhnt hatte, dass sie schon glaubte, ohne es gar nicht mehr konzentriert lesen zu können. Unterbrochen wurde das Knacken ab und zu durch ein Zischen und das nachfolgende Ploppen, wenn eine neue Rohrpost im hinteren Teil des Saals ankam. Simone stellte sich gern vor, wie die Papiere von einer Etage, von einem Flügel des Gebäudes in einen anderen per Luftdruck durch die meterlangen Rohre transportiert und dann hier ausgespien wurden.

Neben ihr räusperte sich jemand, und sie kam wieder zu sich. Sie schlug ihr Buch auf und fing an zu lesen.

Als sie Hunger bekam, machte sie eine Pause. Sie hatte endlich ihrer Mutter die Erlaubnis abgetrotzt, mittags nicht mehr zum Essen nach Hause kommen zu müssen, weil sie zu viel Zeit in der Métro verlor. Also ging sie sich ein Baguette und ein Stück Käse kaufen und setzte sich in den Garten des Palais Royal, der nur eine Querstraße entfernt war. Im Frühling saß sie auf einer der Bänke im Freien unter den Tulpenbäumen, die in diesem von allen Seiten geschützten Park früher blühten als anderswo. Wenn es regnete, suchte sie sich einen Platz unter den Arkaden. Danach arbeitete sie weiter, bis die Bibliotheksaufsicht mit ernsthafter Stimme verkündete: »*Messieurs*, wir schließen.« Einmal hatte sie sich vor sein Pult gestellt und ihn gefragt, ob das auch für Damen gelte, doch der Mann hatte sie nur verständnislos angesehen. Anschließend trat sie in das Nachmittagslicht hinaus und brauchte immer einen Moment, um zu erkennen, dass sie in Paris war. Um sie herum waren die Menschen mit ihren Alltagsdingen beschäftigt. Sie brachten den Müll raus oder kauften ein Brot, während Simone ganz und gar in die Welt des Geistes eingetaucht war. Oft ging sie zu Fuß bis an die Seine, und wenn die Abendsonne die vielen Fenster des Louvre golden aufleuchten ließ, konnte es passieren, dass ihr Freudentränen kamen.

Doch trotz ihrer Zufriedenheit mit dem Weg, den sie im Leben eingeschlagen hatte, überkam sie oft große Verunsicherung, und seltsame Gefühle übermannten sie. Sie konnte nächtelang um Jacques weinen. Sie verstand einfach nicht, wie sie ihr Verhältnis zu ihm deuten sollte. Manchmal verachtete sie ihn, weil er sein Leben vergeudete. Er war durch die Juraprüfung gefallen und dementsprechend frustriert, unternahm aber keine Anstalten, um die Prüfung zu wiederholen. Wochenlang ließ er nichts von sich hören, und sie vermisste ihn.

Trost fand sie im Gespräch mit Zaza. Deren Vater hatte einen neuen Posten angenommen, bei dem er sehr viel Geld verdiente. Die Familie zog in eine herrschaftliche Wohnung um und schaffte ein Auto an. Für Zaza bedeutete das, dass sie noch mehr gesellschaftliche Verpflichtungen hatte und kaum Zeit für Simone fand. Oft hatten sie nur am Sonntag ein paar Stunden, um auf den Champs-Élysées spazieren zu gehen, und Simone schüttete ihrer Freundin ihr Herz aus und berichtete ihr von ihren Zweifeln und ihren Träumen. Zaza versuchte sie zu verstehen, aber sie fand, dass Simone zu viel wollte.

»Ich finde dich sehr mutig. Aber eine Frau will doch irgendwann Kinder und einen Mann haben«, sagte sie, »das ist doch ihre Bestimmung.«

»Du meinst, weil es in der Bibel steht?«, fragte Simone mit scharfer Stimme. »Daran glaube ich schon lange nicht mehr.« Zaza sah sie voller Entsetzen an.

Wegen ihrer Intelligenz und ihrer guten Noten erregte Simone zunehmend die Aufmerksamkeit der anderen Studenten, meist junger Männer. Es schmeichelte ihr, dass sie sich um sie scharten und ihr Fragen stellten. Im Sommer 1928 legte sie ihre Philosophieprüfung als Zweitbeste ihres Jahrgangs ab. Der Drittplatzierte war ein junger Mann mit Namen Maurice Merleau-Ponty. Am Tag, als die Ergebnisse verkündet wurden, stellte er sich ihr vor und beglückwünschte sie zu ihrem Erfolg. Er hatte sich an der Eliteschule École normale auf die Prüfung vorbereitet, was ihn für Simone überaus interessant machte. Sie könnte ihn vielleicht über die Vorlesungen ausfragen, die dort gehalten wurden. Als Mann ließ er sie eher gleichgültig, er war lang und schlaksig und reizte sie nicht. Aber das machte nichts, denn er zeigte sich stets charmant, vor allem war er intelligent, das zählte für Simone. Sie war entzückt, weil er mit ihr ernsthafte Gespräche über Philosophie führte. Endlich fand sie einen Gesprächspartner, der ihr ebenbürtig war. Dass er strenger Katholik war, gefiel ihr weniger, aber immerhin gab ihnen das Gelegenheit, stundenlang über die kirchlichen Mystiker zu debattieren.

Simone fing an, Lehrveranstaltungen für jüngere Schüler an ihrer ehemaligen Schule zu geben. Das verschaffte ihr zusätzliche Freiheiten. Ihrer Mutter konnte sie sagen, sie müsse Stunden geben, und mit dem Geld, das sie verdiente, konnte sie Bücher kaufen und auf billigen Plätzen Konzerte im Châtelet oder Aufführungen der Ballets Russes besuchen.

Mit zwanzig beschloss sie, alles dafür zu tun, ihr Studium zu verkürzen – je eher sie anfinge zu arbeiten, desto schneller konnte sie auf ihre lang ersehnte Freiheit hoffen.

»Professor Brunschvicg erlaubt mir, mein Diplom zu machen

und mich gleichzeitig auf die *Agrégation* an der École normale vorzubereiten. Damit kann ich mich für den höheren Schuldienst qualifizieren. Ich bin eine der ersten Studentinnen, die man zulässt. Damit spare ich ein ganzes Jahr«, berichtete sie eines Abends stolz beim Abendbrot.

Ihre Eltern wollten ihr das verbieten, und Simone sprach über mehrere Wochen kein einziges Wort mit ihnen, bis sie schließlich nachgaben. Simone war selig. Noch eineinhalb Jahre müsste sie durchhalten, dann wäre sie endlich unabhängig.

Alles hätte perfekt sein können, wenn nicht Jacques seinen Militärdienst in Algerien antreten müsste. Vierzehn Monate würde er fort sein. Simone glaubte sterben zu müssen. Wie sollte sie so lange ohne ihren geliebten Jacques leben? Auf der anderen Seite sagte sie sich, dass sie ohnehin keine Zeit für ihn hätte, wenn sie ihr Studium wie geplant absolvieren wollte.

Mit dem Herzen voll Verzweiflung betrat sie das Lokal, in das er sie zum Abschied eingeladen hatte. An der Adresse, die er ihr genannt hatte, befand sich eine Bar im Souterrain. Verwundert ging sie die Treppenstufen hinunter. In dem Lokal war es dunkel und verraucht, Musik spielte, Paare tanzten eng umschlungen und küssten sich. Darauf war sie nicht vorbereitet. Anders als sie es erwartet hatte, war sie auch nicht allein mit Jacques, sondern fand sich in einem Haufen lärmender Freunde wieder. Simone stellte ihre Handtasche auf die Bank neben sich und beschloss, den Abend zu genießen. Sie war noch niemals an einem derartigen Ort gewesen. Die Atmosphäre in dem dunklen Lokal ließ sie ihre Enttäuschung für den Augenblick vergessen. Der Geruch nach Tabak und Alkohol stieg ihr zu Kopf. Sie beobachtete die anderen Gäste, trank ihren ersten Cocktail und war sofort verzückt von dem süßlichen Geschmack der Ananas und dem kleinen Schirm, mit dem sie die Frucht aufzupiken versuchte. Während sie sich selbst im Spiegel beobachtete und den anzüglichen Unterhaltungen um sie her lauschte, fragte sie sich, was in den vielen Flaschen sein mochte, mit denen der Barkeeper so überaus geschickt herumhantierte. Welche Geschmäcker, welche Formen des Rausches verbargen sich hinter den bunten Etiketten? Sie warf dem Barkeeper intensive Blicke zu und fühlte sich verrucht und attraktiv. Später brachte Jacques sie nach Hause, und Simone saß neben ihm und suchte nach den richtigen Worten.

»Wenn du zurückkommst, bin ich beinahe fertig mit meinem Studium«, sagte sie. Sie hoffte, dass er ihren Gedanken aufnehmen würde. Wäre dann nicht der Zeitpunkt, um sich zu verloben? Aber Jacques starrte stumm auf die Straße.

Es regnete, und die Lichter von Paris verwischten zu roten und weißen Schlieren auf der Windschutzscheibe. Viel zu früh kamen sie vor dem Haus in der Rue de Rennes an. Spätestens jetzt müsste er doch etwas sagen, jetzt war der Moment für ein Gespräch unter vier Augen. Sie wartete darauf, dass er sie küssen und sie bitten würde, auf ihn zu warten, damit sie nach seinem Militärdienst heiraten konnten.

Aber Jacques tat nichts davon.

»*Au revoir*«, sagte er und griff über sie hinweg zur Beifahrertür, um sie zu öffnen. Sie stieg aus, und dann war er weg.

Simone stand allein auf dem Trottoir und sah dem davonfahrenden Auto nach, zu verblüfft, um etwas zu sagen oder zu denken.

In den folgenden Wochen redete Simone sich ein, Jacques nicht zu vermissen und für solche Sehnsüchte ohnehin keine Zeit zu haben, denn ihr Arbeitspensum stieg noch einmal beträchtlich an. Sie arbeitete nun über den deutschen Philosophen Gottfried Wilhelm Leibniz, den Professor Brunschvicg ihr als Diplomthema gegeben hatte.

Nur sonntags erlaubte sie sich einen Moment der Entspannung und ging mit Zaza zum Tennisspielen. An diesem Wochenende hatte sie Merleau-Ponty dazu eingeladen, und er brachte seinen Freund Gandillac mit, einen seiner Studienkollegen. Simone kannte ihn entfernt und fand ihn sympathisch, weil er aus einem reichen Elternhaus kam, aber dennoch nicht überheblich war. Sie spielten ein Doppel und hatten viel Spaß. Am nächsten Sonntag lud Ponty sie zu einer Bootstour ein. »Bringen Sie doch Ihre Freundin mit«, schlug er vor. Verblüfft bemerkte Simone, dass Zaza sich auf einmal ganz anders verhielt als sonst. Sie war äußerst lebhaft, lachte viel und zupfte immer wieder an ihrem Kleid herum. Und sie schenkte ihre Aufmerksamkeit ganz eindeutig Maurice.

»Du bist in Ponty verliebt«, neckte Simone sie, als sie im Bus nach Hause fuhren.

Zaza nickte versonnen. »Er ist so ein feiner Mensch. Ich glaube, er würde meinen Eltern gefallen.«

Durch den Abend mit Jacques mutig geworden, traute Simone sich nun auch mit Poupette, die inzwischen Malerei studierte, in Bars, wo sie Künstler, Arbeiter und seltsames Volk trafen und es genossen, sich mit diesen Leuten zu unterhalten, die aus einer ganz anderen Welt als ihre Familie stammten. Dort gab Simone jetzt das Geld aus, das sie mit ihren Stunden verdiente. Am besten gefiel ihr das *Jockey*, wo Fotos von Greta Garbo und Charlie

Chaplin an den Wänden hingen. Poupette und sie liebten es, sich dort am Tresen niederzulassen und Schnaps zu bestellen. Manchmal taten sie, als würden sie sich nicht kennen, und inszenierten einen lautstarken Krach, wobei sie die Aufmerksamkeit der anderen genossen.

Ab und zu erreichte Simone ein Brief von Jacques, der komische Sätze schrieb, von denen sie nicht wusste, was sie bedeuten sollten. *Nächstes Jahr werden wir es richtig machen.* Sie beschloss, ihn so zu verstehen, dass sie heiraten würden, und der Gedanke machte sie selig.

Den Sommer verbrachte sie wie immer auf dem Land. Ihre Onkel und Tanten besaßen dort zwei Landhäuser. Die ersten vier Wochen waren sie traditionell im Limousin. Dort, in einem Weiler namens Meyrignac, nur ein paar Kilometer von Uzerche entfernt, hatte ihr Urgroßvater zweihundert Hektar Land mit einem Haus gekauft. Das Gebäude entbehrte jeglichen Komforts, es hatte weder fließendes Wasser noch Strom. Wasser kam lediglich aus einer Pumpe vor dem Haus, deren rhythmisches Quietschen zu Simones Lieblingsgeräuschen gehörte.

Die Sommer in Meyrignac waren immer wunderschön für Simone und Poupette, weil ihre Mutter ihnen hier alle Freiheiten gewährte und sie den ganzen Tag unbeaufsichtigt umherstreifen konnten. Außerdem liebten sie ihren Großvater, der seinem festen Tagesrhythmus folgte und sich auch durch seine Enkelinnen nicht darin gestört fühlte. Wenn die Zeit in Meyrignac um war, fuhren sie für weitere Wochen nach La Grillère, das nur ein paar Kilometer entfernt lag und wo Georges' Schwester ein Haus hatte.

Während der Ferien nahm Simone ihre lieb gewordenen Gewohnheiten wieder auf: stundenlanges Lesen, ausgestreckt auf dem Rasen oder versteckt hinter einem Gebüsch, ausgedehnte Spaziergänge und Staunen über die Schönheiten der Natur. Zwischendurch fuhr sie eine Woche zu Zaza und ihrer Familie, die ihre Ferien ebenfalls in der Provinz verbrachten. Auf dem riesigen Gut wuselten Zazas acht Geschwister, unzählige andere Verwandte, Gäste und Dienstboten durcheinander. Eine Beschäftigung reihte sich an die nächste: endlose Einladungen, Teegesellschaften, Crocketturniere und Picknicks. Simone sehnte sich bald nach der Ruhe in Meyrignac. Zumal sie kaum eine Minute mit Zaza allein hatte, dafür sorgte Madame Le Coin, die Simone als schlechten Einfluss für ihre Tochter betrachtete. Für sie war Simone ein verarmtes Mädchen ohne Manieren, dessen Vater ein Bankrotteur war.

Zu ihrer großen Enttäuschung durfte Simone auch nicht das Zimmer mit Zaza teilen wie in früheren Jahren. Stattdessen schlief Stépha in dem zweiten Bett, eine junge Frau, die aus der Ukraine kam, in der Familie Le Coin jedoch stets nur *Mademoiselle la Polonaise*, das polnische Fräulein, genannt wurde. Sie kümmerte sich um die kleineren Geschwister von Zaza, war blond und wunderschön, und Simone erkannte sofort, wie intelligent sie war. Dass sie ebenfalls an der Sorbonne studierte, nahm sie noch mehr für sie ein.

»Warum arbeitest du als Gouvernante?«, fragte Simone sie am ersten Abend. »Zaza hat mir erzählt, dass du aus einem sehr reichen Elternhaus kommst.«

Stépha lachte übermütig. »Meine Mutter hat mir Geld für mein Studium gegeben, aber ich bin einfach eine Verschwenderin und habe längst alles ausgegeben. Da habe ich mich bei Madame Le Coin als Kindermädchen beworben.«

»Und wie hast du sie herumbekommen? Du siehst nicht besonders katholisch aus.«

Stépha grinste verschwörerisch, faltete die Hände und richtete den Blick gen Himmel. »Ich habe sehr fromm getan, und sie hat mir geglaubt.«

Mit ihrer frechen Fröhlichkeit gewann sie sofort Simones Herz. Von nun an verbrachten die beiden jungen Frauen die Nächte flüsternd und miteinander kichernd, lästerten darüber, wie altmodisch, katholisch und geizig die Le Coins waren. Stépha schockierte Simone dabei immer wieder mit ihrer Freizügigkeit. Am ersten Abend zog sie sich einfach ihr Kleid und den Unterrock aus und begann sich zu waschen, wobei sie unbefangen weiterredete. Simone hatte noch nie einen anderen Menschen nackt gesehen, nicht einmal Poupette, und sie wandte peinlich berührt den Blick ab. Sie wusste zwar aus ihren Büchern Bescheid über die weibliche Anatomie und all das, was zwischen Mann und Frau passieren konnte, aber niemals hätte sie sich getraut, über diese Dinge so offen zu reden wie Stépha. Aber sie wäre nicht Simone gewesen, wenn sie derartige Bedenken nicht sogleich beiseitegeschoben hätte.

Besonders gespannt hörte sie Stépha zu, wenn diese von Fernando erzählte, einem spanischen Maler, den sie im vergangenen Jahr in Berlin kennengelernt hatte und den sie liebte. Sie schlief auch mit ihm, wie sie Simone erzählte, der vor Staunen der Mund offen stehen blieb.

Als sie im Herbst zurück nach Paris fuhr, waren Simones Beine von der vielen Bewegung muskulös geworden, die Haut war braun gebrannt und strahlend, und sie konnte es nicht erwarten, ihre Studien fortzusetzen, verbrachte ihre Tage in verschiedenen Bibliotheken und widmete sich ihrem Lesepensum. In diesem Semester waren die komplexen Texte Kants an der Reihe, und um sich zu entspannen, las Simone die bildhaften Geschichten der griechischen Mythologie.

Vielleicht lag es an den vertraulichen Gesprächen mit Stépha, die sie daran erinnert hatten, dass auch sie selbst einen Körper hatte. Auf jeden Fall gab Simone sich jetzt mitunter voller Lust ihrem Hang zur Schwärmerei hin. Sie saß in der Bibliothèque nationale, ihr fielen die Augen zu, und sie stellte sich vor, dass Jacques an dem Tisch hinter ihr saß, ebenfalls arbeitend, und gelegentlich zu ihr herübersah. Manchmal reichte die pure Möglichkeit, dass er da sein könnte, um sie zum Träumen zu bringen. Das waren köstliche Momente, die sie sich auszukosten erlaubte. Dann rief sie sich wieder zur Ordnung und beugte sich von Neuem über ihre Texte.

Ihr Studium ließ ihr nur selten Zeit, um auszugehen oder Freunde zu treffen. Stépha, die im Gegensatz zu Simone mehr Geld zur Verfügung hatte, lud sie gelegentlich auf eine heiße Schokolade im *Deux Magots* ein, und bei einer dieser Gelegenheiten lernte Simone auch Fernando kennen. Er war Jude, in Konstantinopel aufgewachsen und hatte in Deutschland bei Cassirer, Husserl und Heidegger Philosophie studiert. 1924 war er nach Paris gekommen, um Maler zu werden. Die Namen der Philosophen, die er kannte, ließen Simone aufhorchen, die bereits von ihnen gehört, ihre Werke jedoch noch nicht gelesen hatte. Daneben war Fernando ein guter Geschäftsmann, er leitete eine Firma und unterstützte seine verarmte Familie in der Türkei. Stépha liebte ihn innig, was sie aber nicht davon abhielt, sich von einem anderen Mann den Hof machen zu lassen. Simone mochte Fernando wegen seiner vielen Talente, und sie gingen manchmal gemeinsam aus. Mit Poupette verbrachte Simone viele Stunden im Louvre. Als auch Zaza wieder in Paris war, nahmen sie ihre regelmäßigen Spaziergänge wieder auf. An einem dieser Nachmittage aßen sie heiße Maronen in den Tuilerien, und Zaza gestand ihr, dass sie sich ernsthaft in Maurice Merleau-Ponty verliebt hatte.

»Er sieht mich immer so an. Und er bringt mich zum Träumen.«

»Ihr beide passt wunderbar zusammen«, sagte Simone, die sich freute, dass zwei ihrer guten Freunde zueinandergefunden hatten.

»Maman weiß noch nichts davon«, sagte Zaza, und Simone sah das selige Lächeln auf dem Gesicht ihrer Freundin.

Simone war glücklich mit ihrem Leben, so geordnet und gleichbleibend es auch sein mochte. Sie merkte, dass sie mit ihren guten Beiträgen und nicht zuletzt ihren hervorragenden Leistungen in den Prüfungen die Neugierde und den Respekt von immer mehr Studenten auf sich zog, und diese Art der Aufmerksamkeit gefiel ihr und tröstete sie über die verächtliche Missbilligung ihres Vaters hinweg.

Alles, was ihr fehlte, was sie entbehrte, war – Jacques.

Kapitel 3

1929

Der 9. Januar war Simones einundzwanzigster Geburtstag. Am Vormittag betrat sie einigermaßen aufgeregt das Lycée Janson de Sailly in der Rue de la Pompe, nicht weit entfernt vom Arc de Triomphe. In den nächsten vier Wochen würde sie hier die Jungen des Viertels in Philosophie unterrichten. Der Probeunterricht galt als Teil ihrer Ausbildung. Das 16. Arrondissement, wo das Gymnasium lag, war das teuerste und nobelste in ganz Paris. Simone war nicht oft in dieser Gegend, und sie genoss die Fahrt mit der Métro, die auf dieser Strecke über die Seine fuhr und den Blick auf den Eiffelturm und das Trocadéro auf der anderen Seite des Flusses freigab. Auch die breiten Boulevards mit den prächtigen Häusern hatten ihren Reiz für sie. An dieser Schule, an der keine Mädchen zugelassen waren, sollte sie also ihre Probezeit als Lehramtsanwärterin beginnen. Auch Merleau-Ponty war hier angestellt und hatte von seinen guten Erfahrungen gesprochen.

Als sie an ihrem ersten Tag das große Tor durchschritt und den Innenhof betrat, empfing sie das Lachen und Geschrei aus hundert Jungenkehlen. Die Schüler tobten in halblangen Hosen über den Pausenhof, und Simone fragte sich, ob an dieser Jungenschule mehr Wert auf Sport als auf Literatur gelegt wurde.

Als sie schließlich den Klassenraum betrat, begannen ihre Schüler zu kichern.

»Das ist doch niemals eine Lehrerin, die ist doch viel zu jung, und außerdem ist sie eine Frau«, hörte sie einen Schüler flüstern.

Simone ließ sich nicht beirren, sie hatte ja bereits Erfahrungen mit dem Unterrichten und brachte die Stunde gut hinter sich.

Mit dem Betreten des Lehrerzimmers in der Pause wurde ihr dann jedoch klar, woher dieser Eindruck der Schüler kam. Das Kollegium bestand bis auf eine ältere Kollegin ausschließlich aus Männern.

Madame Coulmas, so hieß die Kollegin, stellte sich ihr am Ende der Pause vor.

Simone war durchaus daran gelegen, etwas über den Schulbetrieb zu erfahren, und so fragte sie Madame Coulmas, ob sie nach dem Unterricht mit ihr einen Kaffee trinken würde.

Die Kollegin wies das Ansinnen empört zurück. »Eine Dame geht nicht ohne männliche Begleitung in ein Café.«

Also setzten sie sich auf eine Bank im mittlerweile stillen Innenhof.

»Diesen Jungen steht die Welt offen, und das ist ihnen nur allzu bewusst«, begann Madame Coulmas die Unterhaltung. »Sie müssen streng mit ihnen sein, sonst tanzen sie Ihnen auf der Nase herum.«

»Sie scheinen nicht gern hier zu unterrichten«, sagte Simone.

Die andere seufzte resigniert. »Was bleibt mir übrig? Sie werden schon sehen, das wird Ihnen auch so gehen.«

Simone schüttelte energisch den Kopf. »Ich bin hier nur für

meine Probezeit. Eigentlich bereite ich meine *Agrégation* vor.«
Sie sagte das voller Stolz, aber die Reaktion ihrer Kollegin ernüchterte sie.

»Aber warum unterziehen Sie sich dieser Mühe? Sobald Sie heiraten, werden Sie ohnehin nicht mehr arbeiten.«

Simone wurde das Gespräch immer unangenehmer. »Wie kommen Sie darauf?«

»Na, Sie wollen mich doch nicht ernsthaft glauben machen, dass Sie diese schwierige Ausbildung machen, nur um diese verzogenen Jungen aus gutem Haus zu unterrichten. Suchen Sie sich lieber einen netten Mann, dann sind Sie versorgt.« Sie klang nun sehr überheblich.

Simone hatte es plötzlich eilig, sich zu verabschieden. Sie stand auf. »Doch, genau das habe ich vor. Adieu.« Aufgebracht marschierte sie zur Métro. Wie konnte ihre Kollegin auf die Idee kommen, etwas mit ihr, Simone, gemein zu haben? Madame Coulmas konnte einem leidtun. Sie entstammte der Generation ihrer Mutter. Wahrscheinlich hatte sie keinen anderen Weg für ihr Leben gesehen. Aber warum ging sie davon aus, dass Simone denselben Weg gehen müsste?

Ich werde niemals ein so missratenes, unglückliches Leben führen wie diese Frau, dachte sie. Und bei dem Gedanken an ihre bevorstehende Geburtstagsfeier, die Madame Coulmas sicher nicht gutheißen würde, ging ein trotziges Lächeln über ihr Gesicht.

Für den Abend hatte sie ihre Freunde in ein Café auf dem Montmartre eingeladen, um ihren Geburtstag zu feiern.

Merleau-Ponty begleitete sie dorthin, und vorher gingen sie noch bei *L' Ami des livres* vorbei, der Buchhandlung von Adrienne Monnier in der Rue de l'Odéon, wo Ponty sie bat, sich ein Buch auszusuchen. Simone wählte einen Gedichtband von Paul Éluard.

»Herzlichen Glückwunsch zum Geburtstag«, sagte er und überreichte es ihr. Dann zog er sie an sich, um sie auf beide Wangen zu küssen. Das hatte er noch nie getan. Simone fühlte Hitze in sich aufsteigen, dann lachte sie übermütig und hakte sich bei ihm ein.

Sie nahmen den Bus in Richtung Montmartre, und Simone berichtete von ihrem Gespräch mit Madame Coulmas.

»Niemals werde ich so eine verbitterte Frau«, rief sie und wiederholte laut, was sie vorhin nur gedacht hatte.

»Das könnten Sie auch gar nicht«, antwortete er.

»Warum nicht?«

»Weil Sie sich schon zu weit von den Erwartungen Ihrer Klasse distanziert haben. Weil Sie zu intelligent sind.«

Simone sah ihn strahlend an. Eine schönere Bestätigung für ihr Streben nach Freiheit hätte er ihr nicht machen können. Sie hatte ihn im Verdacht, dass es bei ihm eher ein Vorwurf war, aber darauf pfiff sie. Offensichtlich habe ich mich auch ein gutes Stück von Pontys Vorstellungen entfernt, dachte sie und drückte seine Hand.

Am *Moulin Rouge* stiegen sie aus, um auf Poupette und ihre Freundin Germaine zu warten, die von allen Gégé genannt wurde. Gégé schenkte ihr eine entzückende kleine Collage aus Zeitungsausschnitten, auf der die lesende Simone inmitten eines Haufens Bücher zu sehen war, die ihr über den Kopf wuchsen. Sie gingen in ein Café auf der Rückseite von Sacré-Cœur, einem Treffpunkt der Pariser Bohème. Dort waren sie mit den anderen verabredet, und schon bald kamen Stépha und Fernando Arm in Arm an ihren Tisch.

Stépha leuchtete vor Glück. »Wir werden heiraten«, flüsterte sie Simone ins Ohr.

Gandillac kam ein paar Minuten später, jetzt fehlten nur noch Zaza und Maheu.

Als Zaza kam, etwas abgehetzt, aber in ihrem besten Kleid, machten alle Platz, damit sie neben Maurice sitzen konnte. Sie musste Simone nicht sagen, warum ihre Augen gerötet waren. Bestimmt hatte Madame Le Coin sie nicht gehen lassen wollen, und Zaza hatte mit ihr gestritten. Jetzt saß sie neben Ponty, und die beiden hielten unter dem Tisch heimlich Händchen. Simone spürte einen Stich der Eifersucht in ihrem Herzen, aber dann sagte sie sich, dass Ponty und Zaza einfach wunderbar zusammenpassten. In ihrem Leben gab es andere Männer, Jacques und das Lama und vielleicht auch noch Gandillac, der ihr gegenübersaß und ihr schmachtende Blicke schenkte.

Simone tat, als suchte sie etwas in ihrer Handtasche, um sich zu sammeln. Ach Jacques, warum konnte er nicht an diesem Abend bei ihr sein? Noch vier lange Monate würde sie auf ihn warten müssen. Auf einmal bedauerte sie ihren Entschluss, ausgerechnet in einem Lokal zu feiern, in dem sie mit Jacques gewesen war. Aber dann sagte sie sich, dass sie heute Geburtstag hatte und sich nicht die Laune verderben lassen wollte. Sie hatte doch längst mit sich abgemacht, dass sie auch die letzten Monate vor seiner Rückkehr überstehen würde. Sie putzte sich die Nase, da sah sie das Lama an den Tisch kommen. Er überreichte ihr einen

Strauß Rosen und machte ihr nach allen Regeln der Kunst den Hof. Simone setzte ein Lächeln auf. Der Abend war gerettet.

Es war schon nach Mitternacht, als sie sich alle gemeinsam auf den Heimweg begaben. Die Nacht war so winterlich schön, dass sie den ganzen Weg bis hinunter zur Seine und weiter bis zum Montparnasse zu Fuß gingen. Sie lachten und lärmten und waren fröhlich. Nachdem sie Stépha und Fernando nach Hause gebracht hatten, wollte Simone diese einmalig schöne Nacht noch nicht enden lassen und rief: »Und jetzt lade ich euch alle noch auf einen Schlummertrunk im *Jockey* ein.«

Der Unterricht war anstrengend, die Jungen arbeiteten nicht mit und zeigten wenig Respekt vor den Anweisungen ihrer jungen Lehrerin. Sie waren sich ihrer Überlegenheit so sicher, dass sie es nicht für nötig hielten. Ihre Väter waren Direktoren oder Anwälte, viele hatten wie Simone ein »de« vor dem Namen, doch in ihrem Fall bedeutete das Adelsprädikat weder Macht noch Geld. Und ein paar gaben ihr ganz offen zu verstehen, dass sie sich von einer Frau am Pult nichts sagen lassen wollten. Simone zuckte mit den Schultern und belegte sie mit empfindlichen Strafen, so dass sie innerhalb weniger Tage als strengste Lehrerin der Schule gefürchtet war.

Neben Maurice Merleau-Ponty gab es noch einen weiteren Kollegen, mit dem sie sich gut verstand. Er hieß Claude Lévi-Strauss. Jedes Mal, wenn sie ihn sah, berichtete er ihr von seinen Plänen für die Zukunft. Er wollte die ganze Welt bereisen und entlegene Völker studieren. Simone war fasziniert von seinem Elan.

Maurice hingegen redete am liebsten über Zaza. Er liebte sie ernsthaft und malte sich eine gemeinsame Zukunft mit ihr aus. Und doch führte er immer neue Hindernisse an, die dem entgegenstanden. Da war seine Mutter, die so einsam war; da war das Studium, das er erst abschließen wollte, bevor er bei Zazas Eltern vorstellig wurde. Und natürlich musste alles nach den Regeln und mit Billigung der Kirche vor sich gehen.

Zaza wurde durch sein Zögern immer unglücklicher. Wenn sie und Simone sich trafen, war sie meist still und in sich gekehrt. Als Stépha von ihrer bevorstehenden Heirat schwärmte, fing sie an zu weinen, während Ponty so tat, als würde er nichts bemerken.

Simone stellte ihn wütend zur Rede.

»Wenn Sie Zaza lieben, warum sehen Sie dann nicht, wie unglücklich sie ist?«, rief sie aufgebracht. »Was ist das für eine Religion, die das zulässt? Haben Sie sie überhaupt schon ein einziges Mal geküsst?«

Simone wusste, dass dem nicht so war, weil Zaza sich unter Tränen bei ihr darüber beschwert hatte. Sie begann an Pontys Liebe zu zweifeln.

»Er will erst unsere Beziehung öffentlich machen«, verteidigte Zaza ihn.

»Und warum tut er es dann nicht?«, ereiferte sich Simone. »Worauf wartet er?«

Sie litt fast so sehr unter Zazas Liebeskummer wie ihre Freundin selbst.

An einem eiskalten Tag Ende Januar kam Simone aus dem Unterricht und sah auf der anderen Straßenseite Zaza stehen. Simone lief zu ihr. Sie war entsetzt, als sie erkannte, in welchem Zustand ihre Freundin war. Ohne Mantel, die Lippen blau angelaufen, zitterte sie am ganzen Leib.

»Ist Maurice denn nicht da?«, fragte Zaza immer wieder. »Ich warte hier schon seit Stunden auf ihn. Aber er kommt nicht. Und gleich muss ich nach Hause. Maman macht sich sonst Sorgen.«

»Zaza, du bist ja halb erfroren. Hier, warte, nimm meinen Mantel.« Simone half ihr in ihren Mantel und legte ihren Schal um den Hals der Freundin, die völlig entkräftet schien. »Maurice ist nicht da, er macht mit seiner Klasse einen Ausflug in den Louvre.«

Zaza sah sie verstört an. »Dann werde ich dorthin gehen und auf ihn warten.«

»Aber Zaza, das geht doch nicht. Stell dir vor, er ist da mit vierzig Jungen, wie soll er da mit dir reden? Ich bringe dich jetzt nach Hause, du holst dir hier den Tod. Schreibe ihm einen Rohrpostbrief, dann hat er ihn in einer Stunde, wenn er nach Hause kommt.«

»Meinst du, er wird sich bei mir melden?«

Simone nickte, obwohl sie sich nicht sicher war. In diesem Augenblick empfand sie nichts als Verachtung für ihren zögerlichen Freund, der eher bereit war, die Frau, die er liebte, ins Unglück zu stürzen, als sich über überkommene Konventionen hinwegzusetzen und zu seiner Liebe zu stehen.

Sie nahm Zaza am Arm, und sie machten sich zu Fuß auf den Weg. Bis zur Rue de Berri war es nur ein kurzer Fußmarsch, und sie hoffte, dass er Zaza guttun und sie aufwärmen würde. Dass sie selbst erbärmlich fror, nahm sie nicht wahr, zu groß war die Sorge um ihre Freundin. Noch nie hatte sie Zaza in einem derart verwirrten Zustand gesehen, sie machte den Eindruck einer gebrochenen Frau.

Madame Le Coin war entsetzt, als sie ihre Tochter zitternd und in Tränen aufgelöst in Empfang nahm.

»Mein Gott, was haben Sie mit ihr gemacht?«, herrschte sie Simone an. »Sie gehen jetzt besser. Vergessen Sie Ihren Mantel nicht.«

Niedergeschlagen fuhr Simone nach Hause, um ihrerseits einen Brief an Merleau-Ponty zu schreiben und ihm von dem Vorfall zu berichten.

Dann legte sie sich ins Bett, weil sie sich plötzlich zu Tode erschöpft fühlte.

Am Abend glühte sie vom Fieber. Ihre Mutter war so besorgt, dass sie einen Arzt holte. Der diagnostizierte schwere Erschöpfung und verordnete Simone strenge Bettruhe.

Die nächsten Tage dämmerte sie vor sich hin. Im Halbschlaf grübelte sie über ihr Leben nach. Nahm sie sich zu viel vor? Wurde ihr die Anstrengung zu viel? Und wofür das alles? Damit sie eine einsame, von allen belächelte Lehrerin wurde wie Madame Coulmas? Wäre es nicht besser, Jacques zu heiraten und ein ruhigeres Leben zu führen? Sie verbrachte fast den ganzen Monat Februar im Bett und wurde vor lauter Grübelei halb wahnsinnig. In ein paar Monaten hätte sie ihr Studium beendet. Was würde dann kommen? An einem Tag erschien es ihr mehr als verführerisch, zu heiraten und versorgt zu sein. Dann dachte sie an die Ehe, die ihre Mutter führte, und sie schob den Gedanken entsetzt von sich. Zazas Beispiel stand ihr vor Augen. Ihre

Freundin hatte ihr Leben in Gedanken so eng mit Merleau-Ponty verknüpft, dass sie keinen Ausweg sah, sollte es anders kommen.

Nein, dieser Weg war nichts für sie. Dessen war sie sich gewiss.

Zaza kam zu Besuch, sooft ihre Mutter es erlaubte, was nicht sehr häufig war. Sie las ihr vor, aber Simone war zu schwach, um zuzuhören. Trotzdem fand sie es schön, wenn Zaza einfach an ihrem Bett saß. Über Merleau-Ponty sprachen sie nicht, weil Simone spürte, dass es Zaza nicht guttat. Ihre Freundin hatte immer wieder komische Momente, in denen sie nicht ganz bei sich zu sein schien. So erzählte sie Simone davon, wie ihre Mutter ihr einmal anvertraut hatte, dass sie den ehelichen Beischlaf trotz ihrer neun Kinder immer verabscheut habe. Am nächsten Tag kam sie wieder, um sich von Simone zu verabschieden. Sie würde zu einer Tante nach Bayonne fahren, die krank war und der sie zur Hand gehen sollte.

Beide wussten, dass das ein Vorwand von Zazas Mutter war, um Zaza von Simone ebenso wie von Maurice fernzuhalten.

Nach zwei Wochen war Simone so weit wiederhergestellt, dass sie zumindest lesen konnte. Poupette musste bei Sylvia Beach amerikanische Romane für sie ausleihen gehen, und sie las Whitman, Blake, Yeats, die Romane von Virginia Woolf, deren Werke sie immer mehr liebte, weil sie sich in ihren Gedanken wiederfand; auch Sinclair Lewis und ein paar andere, die Poupette auf gut Glück mitbrachte, verschlang Simone in diesen Tagen.

Sie hatte die verführerische Idee, ihre Zwangspause zum Schreiben zu nutzen, aber über Einträge in ihrem Tagebuch kam sie nicht hinaus.

Wie stellten andere Schriftsteller das nur an? Wie kamen sie zu ihren Themen, ihren Ideen? Wie gestalteten sie ihre Figuren und deren Konflikte? Wie brachten sie eine Geschichte zu Ende und zu welchem? Würde sie die Geschichte einer unglücklichen Liebe schreiben, dann würde sie die von Zaza und Merleau-Ponty erzählen. Aber durfte sie das? Sich die Gefühle, ja den Schmerz der Freundin zunutze machen? Bedeutete das nicht, sie zu verraten? Sie skizzierte Zazas Leben in einigen Sätzen, dann strich sie alles wieder. Nein, das durfte sie nicht. Und was sollte überhaupt der Sinn, das Ziel ihrer Romane sein? Simone kam zu der Überzeugung, dass der Ausgangspunkt ihres Schreibens eine philosophische Frage sein müsse, in der Wirkung aber sollten ihre Texte dem Leser das Streben nach Freiheit nahebringen. Dabei sollten ihre Figuren unbedingt Individuen sein, keine Schablonen, nicht »der Mann«, »die Prinzessin«, »der Bösewicht«.

Weiter kam sie in ihren Überlegungen nicht, schließlich gab sie erschöpft auf.

Während der langen Tage ihrer Krankheit hatte sie viel Zeit, um an Jacques und an Maheu zu denken und sie zu vermissen. Wenn das Lama doch nur hier wäre, um ihr weiter von Cocteau zu erzählen. Deshalb mochte sie ihn so sehr, weil er ihr stets Schriftsteller nahebrachte, deren Literatur sie bisher nicht kannte. Aber ihr gefielen auch sein überbordender Charme und sein beinahe dandyhaftes Auftreten. Und wie er sie manchmal ansah. Warum nur war er in dieser unglücklichen Ehe mit einer Frau gefangen, die er nie geliebt hatte? Wäre sie, Simone, an seiner Seite, Maheu wäre glücklich, so wie er es verdiente.

Aber warum dachte sie an das Lama? Sie wollte doch Jacques heiraten. Ihren Jacques, der Maheu in vielen Dingen ähnelte. Auch Jacques hatte ihr einen Teil der Welt gezeigt, der sie begeisterte, die Welt der Cafés, und er hatte ihr die erste Begegnung mit der Kunst der Surrealisten ermöglicht.

Bei dem Gedanken an ihn kamen ihr die Tränen, wie so oft.

Meine Güte, dachte sie, kann das nicht mal aufhören?

Kapitel 4

Simone ging mit schnellen Schritten auf das Hauptgebäude der Sorbonne zu und spürte dabei ihr Herz vor Freude klopfen. Die Osterferien waren vorüber, und sie war wieder gesund und voller Unternehmungslust. Sie durfte wieder studieren, wie sehr hatte sie das vermisst! Als sie an diesem Morgen das Haus verlassen hatte, war ihr der Gedanke gekommen, dass sie alles auf der Welt erreichen konnte, nichts schien unmöglich zu sein. Sie war Studentin in der Abschlussklasse der Sorbonne und besuchte Kurse an der berühmten École normale. Noch ganz von diesem berauschenden Gefühl getragen, hielt sie einen Moment inne und sah zu der imposanten Kuppel der Kapelle hinauf. Sie war schon tausend Mal hier vorbeigegangen, schon als ganz junges Mädchen, wenn sie den Boulevard Saint-Michel hinunterlief, um in der *Librairie Gibert Jeune*, am Ende des Boulevards kurz vor der Seine, neue Bücher und vor allem die schwarzen Schulhefte zu kaufen, die sie als Tagebücher benutzte. Jedes Mal hatte sie einen sehnsuchtsvollen Blick hinübergeworfen. Die Sorbonne! Schon während sie die katholische Mädchenschule besucht und in Neuilly mit Bravour ihr Abitur bestanden hatte, war sie von der Sehnsucht, hier zu lernen, beseelt gewesen. Jetzt war sie schon seit zwei Jahren hier eingeschrieben und stand kurz vor ihren Diplomprüfungen. Im Sommer würde die *Agré-gation* folgen, und dann, endlich, würde ihr wahres Leben beginnen. Simone drückte die Tasche mit den Büchern fest an ihre Brust und eilte weiter.

In einem Strom von Studenten, die sich gegenseitig überholten und lachten, ging sie durch die schwere Tür und kam in den Innenhof. Dort, in dem kleinen Garten, entdeckte sie Maheu und wollte ihm gerade fröhlich zuwinken, da sah sie, dass er nicht allein war, und ließ die Hand wieder sinken. Mit seinen Freunden Paul Nizan und Jean-Paul Sartre warf er kleine Steinchen in das Wasserbecken, in dem ein paar Goldfische schwammen. Ein paar andere Studenten sahen ihnen aus dem Fenster zu und fingen an, Zigarettenstummel und Métrobillets hinterherzuwerfen.

»Und jetzt ein paar orthographische Fehler«, rief Sartre mit einem Seitenblick auf Simone.

Simone ging an ihnen vorüber. Sie hätte gern mit Maheu geplaudert, aber Sartre schüchterte sie ein. Er und sein Freund Nizan waren die einzigen Studenten, mit denen sie noch nie gesprochen hatte. Sie galten als die klügsten Köpfe der Sorbonne, brillant, aber arrogant, ihre Redebeiträge waren legendär. Das weckte Simones Neugierde, und sie hätte sich gern mit ihnen gemessen, doch Sartre und Nizan zeigten ihr die kalte Schulter. Sie schotteten sich von den anderen ab, offenbarten in den Vorlesungen nur allzu deutlich, wie wenig sie das alles interessierte, und waren für ihre Streiche berüchtigt. Von Sartre sagte man, dass er viele Geliebte hatte, sie aber schlecht behandelte.

Irgendwie konnte Simone nicht glauben, dass er wie die anderen war, die meinten, Frauen hätten an der Universität nichts zu suchen, und die anfingen zu lachen und Grimassen zu schneiden, wenn eine der wenigen Studentinnen einen Redebeitrag hielt.

Sie betrat den Vorraum auf der anderen Seite des Innenhofs. Wie gut tat es, nach der langen Zeit im einsamen Krankenbett wieder die Stimmen und das Gelächter der anderen zu hören. Ihr Echo kam von den Marmorwänden und -böden wie eine Wand auf sie zu. Sie blieb stehen und sah zu den breiten Treppen hinüber und nach oben, zu den Gängen hinauf.

Mit klackernden Hacken durchquerte sie die Halle, um zum Vorlesungssaal Richelieu zu kommen.

Sie betrat den Hörsaal und war wie immer geblendet von der Pracht des Raumes. Holzvertäfelungen, geschwungene Sitzreihen, die in einem Halbrund nach oben anstiegen, hinter dem Lehrerkatheder ein riesiges, wenn auch für ihren Geschmack etwas zu kitschiges Gemälde.

Sie suchte sich einen Platz in der Mitte und legte ihre Tasche auf den Tisch. Um sie herum füllten sich die Reihen. Sie holte ihr Heft aus der Tasche, in das sie Exzerpte der Bücher notiert hatte, die sie während der Ferien zur Vorbereitung gelesen hatte. Doch obwohl sie beinahe jeden Tag in die Bibliothèque nationale gegangen war und dort täglich neun oder zehn Stunden gelesen hatte, meistens die deutschen Philosophen, aber zwischendurch auch mal einen Roman, wofür sie nicht viel mehr als einen Nachmittag benötigte, hatte sie ihr Pensum nicht geschafft. Ob Sartre alles gelesen hatte, was auf dem Lehrplan stand? Sie traute es ihm zu. Obwohl er wahrscheinlich aus Prinzip die Lektürelisten ignorierte.

Sie seufzte resigniert, was ihr einen irritierten Blick ihres Sitznachbarn eintrug. Sie ignorierte ihn und seufzte noch einmal. Noch ein paar Monate, dann käme endlich die lang ersehnte Freiheit. Ab heute war sie Studentin im Abschlussjahr und belegte Kurse an der Sorbonne und der École normale. Danach könnte sie tun und lassen, was sie wollte. Sie würde sich nicht sofort auf eine feste Stelle als Lehrerin bewerben. Wer wusste schon, wohin man sie schicken würde, die Anfänger mussten meist zuerst in die Provinz. Aber Simone wollte in Paris bleiben. Sie würde gerade so viele Privatstunden geben, um genügend Geld zu haben, damit sie in Paris all die Dinge unternehmen könnte, auf die sie Lust hatte und die ihr so wichtig geworden waren: das Kino, die Theater, die spannenden Gespräche in den Cafés und die launigen Abende in den Tanzbars und nicht zuletzt die zahllosen Bücher, mit denen sie sich nur in der Hauptstadt so zuverlässig versorgen konnte, wie sie es gewohnt war. Und sie würde endlich anfangen, ernsthaft zu schreiben.

Heiraten würde sie jedenfalls nicht. Vor ein paar Jahren noch hätte sie sich das vorstellen können, aber nun? Niemals. Oder höchstens Jacques, aber das wäre etwas ganz anderes. Inzwischen war sie froh, dass sie keine Mitgift hatte. Nur deshalb waren ihre Eltern ja einverstanden, dass sie ein Lehrerinnenexamen machte. Simone lächelte in sich hinein. Ein Nachteil hatte sich für sie in einen Vorteil, in eine echte Chance zur Freiheit verwandelt.

Als Professor Brunschvicg seine Tasche auf das Pult knallte, schreckte sie aus ihren Träumereien auf. Ein paar Reihen vor ihr schubsten sich Maheu, Sartre und Nizan gegenseitig, bis sie endlich ihre Plätze eingenommen hatten. Natürlich waren sie zu spät, und sie schienen sich offensichtlich immer noch zu amüsieren und hatten nicht vor, dem Unterricht zu folgen. Sartre drehte sich zu ihr herum und grinste sie an, wobei er den Mund seltsam schief verzog.

Simone betrachtete ihn kurz. Was für ein ungewöhnliches Gesicht, dachte sie und fragte sich, ob er nicht geradezu hässlich sei. Er schielte stark, und diese dicke Brille stand ihm gar nicht. Doch dann bemerkte sie die Sanftheit seiner Züge und seinen Blick hinter den runden Brillengläsern, der sie seltsam berührte.

Sie wandte sich wieder nach vorn. Die Vorlesung begann, und sie wollte kein einziges Wort verpassen.

Bald darauf bemerkte sie Maheu, der sich zu ihr umwandte und mit dem Finger auf einen Zettel wies. Er gab ihn einer Studentin hinter ihm und zeigte auf Simone. Als der Zettel zu ihr durchgereicht worden war, faltete Simone ihn neugierig auseinander.

Maheu hatte eine kleine Zeichnung angefertigt, ein Phantasiewesen, und dazu geschrieben: *BEAUVOIR = BIBER = CASTOR*.

Wieso Biber?, schrieb sie in ihrer winzigen Schrift auf den Zettel und reichte ihn an Maheu zurück.

Die Antwort kam prompt.

Weil du immer so emsig arbeitest wie ein Biber, und Biber heißt auf Englisch Beaver, und das hört sich an wie dein Name. Und auf Französisch ist ein Beaver ein Castor.

Sie sah zu ihm hinunter, aber plötzlich traf ihr Blick den von Sartre. Er zeigte auf einen Zettel in seiner Hand, der ihr nun durch die Reihen gereicht wurde. Simone faltete ihn auseinander, und augenblicklich wurde sie knallrot. Sartre hatte den Philosophen Leibniz gezeichnet, der von nackten Frauen umringt war. Simone schluckte. Sollte das eine Provokation sein? Dann war sie gelungen, denn sie ärgerte sich. Aber Sartre wusste offensichtlich, dass sie über Leibniz ihre Abschlussarbeit schrieb. Wie sollte sie das deuten? Sie bemerkte die Unruhe in der Reihe vor ihr, weigerte sich jedoch hinzusehen, weil sie fürchtete, dass Sartre und Maheu ihre Verlegenheit bemerken würden. Also konzentrierte sie sich ganz auf Professor Brunschvicg.

Nach der Vorlesung wartete Maheu am Ausgang auf sie.

»Wieso ist dieser komische Sartre dein Freund?«, fragte Simone und wies mit dem Kopf in die Richtung des eigentümlichen Mannes. Er war zu allem Überfluss alles andere als groß, bestimmt einen halben Kopf kleiner als sie.

Maheu lachte. »Dasselbe hat er mich auch gerade über dich gefragt. Er wollte unbedingt wissen, was du mir geschrieben hast. Ich habe es ihm aber nicht verraten.«

»Meinetwegen hättest du es tun können.«

Maheu grinste. »Er ist fast so schlau und belesen wie du.«

»Wie lange kennst du ihn schon? Ist er wirklich so schlimm, wie erzählt wird?«

Maheu berichtete, dass Sartres Vater früh gestorben und er bei seinem Großvater aufgewachsen war. Seine Mutter hatte ihn wie ein Mädchen erzogen und ihn zärtlich Poulou genannt, er hatte lange blonde Locken gehabt, bis er in die Schule gekommen war. Erst dann hatte man ihm die Haare abgeschnitten und bemerkt, dass er kein schönes Kind war. Er galt früh als Einzelgänger ebenso wie als Wunderkind. Und er hatte bereits einen Roman geschrieben. Simone sah zu ihm hinüber. Er war Schriftsteller? Das sprach für ihn. Lag der Grund für seine Unkonventionalität womöglich in seiner Kindheit? Er legte keinen Wert auf sein Aussehen, das sah man von Weitem, trug immer dieselbe Kleidung, eine verschossene Hose und entweder ein Hemd, das mal weiß gewesen sein musste, oder einen Pullover, dessen undefinierbare Farbe ihm nicht stand. Er war für seine derben Scherze bekannt und deswegen bereits mehrfach ermahnt worden. Und er galt als der klügste Student, obwohl er im letzten Jahr durch die *Agrégation* gefallen war. Nur deshalb saß er in derselben Vorlesung wie Simone.

Und genau diese intellektuelle Verheißung ließ ihn anziehend für Simone erscheinen. Sie mochte kluge Außenseiter.

»Soll ich euch bekannt machen?«, fragte Maheu. »Obwohl, lieber nicht. Er wird dich sofort mit Beschlag belegen.«

Eigentlich wollte Simone nichts lieber als das. Es müsste wunderbar sein, in diese Gruppe kluger Denker aufgenommen zu werden. Trotzdem sagte sie: »Um Gottes willen, nein! Was soll er denn von mir denken!«

»Er findet, dass du hübsch bist, obwohl du so wenig auf deine Kleidung achtgibst. Und er mag deine raue Stimme. Er findet sie männlich, hat er mir gesagt.«

»Na, er muss es ja wissen.« Simone wandte sich ab, als ob sie das nicht interessierte, aber insgeheim fühlte sie sich geschmeichelt. Jetzt war sie noch neugieriger auf diesen Mann geworden.

Am nächsten Tag war das Wetter frühlingshaft warm. Simone beschloss, nach der Vorlesung in den Jardin du Luxembourg zu gehen. Der Park war einer ihrer Lieblingsorte in Paris, in dieser Stadt, die für Simone so viele Herzensorte barg. Aber der Luxemburggarten im Frühjahr war einfach ein Traum. Er wurde nur noch geschlagen vom Palais Royal, wenn dort die Tulpenbäume blühten. Jetzt, Anfang April, waren sie schon wieder am Verblühen, die purpurnen Blätter lagen in Massen auf dem Boden, verfärbten sich bräunlich und verströmten einen Duft, der sie schwindlig werden ließ. Sie wurden abgelöst von den Kastanienbäumen im Luxemburggarten, deren Knospen jeden Tag dicker und dicker wurden und die in diesen Tagen aufplatzten und dem schönsten Grün des Jahres Platz machten.

Von der Sorbonne in den Jardin de Luxembourg war es nicht weit, nur ein kurzer Spaziergang über den Boulevard Saint-Michel. Gleich auf der anderen Straßenseite lag der Haupteingang. Simone betrat den Park durch das große Tor und ging am Medicibrunnen und am Großen Wasserbecken vorüber, wo die Kinder mit langen Stöcken die ersten Miniatursegelboote durchs Wasser schubsten.

Sie spazierte im Schatten einer der großen Buchenhecken, wo es um diese Zeit still war. Tief sog sie den Duft der Bäume ein und lauschte auf das Knirschen des feinen Sands unter ihren Schuhen.

Als sie um eine Ecke bog, entdeckte sie Sartre, klein und mit der dicken Brille und diesem eigentümlichen Blick. Er zog einen der schweren Stühle aus grün lackiertem Eisen hinter sich her. Jetzt sah sie auch Nizan und das Lama. Kein Wunder, die drei steckten immer zusammen. Sie hatten bereits ein paar der grünen Stühle zusammengeschoben und lümmelten darauf herum. Sartre zündete sich seine Pfeife an, Maheu schlug die Zeitung auf.

Simone näherte sich, ihr Weg führte sie geradewegs auf die kleine Gruppe zu.

Maheu hob kurz die Hand zum Gruß, die anderen beiden reagierten jedoch nicht, also ging sie an ihnen vorüber. Eingebildete Affen, dachte sie.

Sie hätte nichts dagegen gehabt, ein wenig Zeit mit ihnen zu verbringen. Immerhin trug sie heute ein neues Kleid, und Poupette hatte ihr gleich morgens versichert, wie hübsch sie darin aussah. Und sie hätte diesem Sartre gern gesagt, was sie von seinem Einwurf hielt, den er an diesem Morgen in der Vorlesung gemacht hatte. Er war ihrer Meinung nach falsch, er machte einen Denkfehler. Sie war sich sicher, dass sich eine interessante, vielleicht sogar eine charmante Konversation daraus ergeben könnte, wenn sie ihm eine Nachlässigkeit im Denken vorhielte.

Aber dann eben nicht! Sie ging weiter und streckte den Rücken durch, um eine aufrechte Haltung zu bewahren. Für den Fall, dass sie ihr hinterhersahen.

Es war ja nicht so, dass sie keine Verehrer hatte. Gandillac wartete fast jeden Tag vor der Nationalbibliothek auf sie, scheinbar zufällig war er dort und lud sie zum Mittagessen in eines der umliegenden Cafés ein. Eigentlich reizte er sie jedoch nicht. Manchmal sagte sie zu, manchmal lehnte sie ab. Die Erinnerung, wie unglücklich er dann immer aussah, brachte sie zum Lächeln. Sie fand einen freien Stuhl in der Nähe der Bienenstöcke, wo es schon kräftig summte, und setzte sich mit dem Rücken zu Maheu und den anderen.

All diese jungen Männer verblassten gegenüber Jacques. Ihrem Jacques. Wenn sie allein war, kehrten ihre Gedanken beinahe zwangsläufig zu ihm zurück. Simone glaubte immer noch, dass sie heiraten würden. Sie würde Kinder haben und ein Leben an Jacques' Seite führen, voller Lust und mit Gesprächen über Bücher. Bücher, die sie selbst schreiben würde.

Jacques war Simones Verbindung zu ihrer Kindheit, deswegen hing sie so sehr an ihm. Er hatte jede ihrer Entwicklungsstufen miterlebt. Als sie noch das unschuldige Kind gewesen war, das nichts infrage stellte und religiöse Erbauungsliteratur las, die ihr vermittelte, dass sie eine reine Seele war. In den Augen Gottes war eine Mädchenseele genauso viel wert wie eine Jungenseele, das hatte sie Jacques gesagt, als sie elf oder zwölf gewesen war, und er hatte nicht widersprochen. Später waren dann andere Bücher dazugekommen, vor allem die Bücher von Louisa May Alcott, in denen es um die kleine Jo ging. Ein Mädchen, das weder besonders hübsch noch beliebt war, Simone jedoch mit seiner Leidenschaft für Bücher ansteckte. Nach und nach kamen andere Mädchenfiguren in ihrer Lektüre vor: Alice im Wunderland und Maggie Tulliver, die sich den Anforderungen, die an kleine Mädchen gestellt wurden, unbekümmert widersetzten, die nicht endlos sticken und artig sein wollten. Als Simone in die Pubertät kam, bekam dieses heile Weltbild zunehmend Risse. Sie verstand nicht, warum ihr Vater, der keiner regelmäßigen Arbeit nachging und seine Tage in Bars verbrachte, sich dennoch mehr Rechte herausnahm und glaubte, mehr wert zu sein als sie selbst, die all ihre Pflichten und Aufgaben doch stets mit großer Zuverlässigkeit erledigte; verstand nicht, warum er sie plötzlich ablehnte. Sie war sich der Wut und der aufgeplatzten Lippe ihrer Mutter nur allzu bewusst, die dem Treiben ihres Mannes ohnmächtig zusehen musste.

Während dieser Jahre war Jacques an ihrer Seite gewesen, und er hatte Simone oft gegen ihren Vater in Schutz genommen. Wenn er dennoch manchmal mit Georges paktiert hatte und ihm in sein Arbeitszimmer gefolgt war, wo Simone keinen Zutritt hatte, dann hatte er das nur getan, um ein gutes Wort für sie einzulegen. Zumindest redete sie sich das ein.

Aber in den letzten Monaten bevor er zum Militärdienst musste, hatte Jacques sich rar gemacht. Und wenn sie ihn gesehen hatte, war er oft übellaunig gewesen. Jetzt war er schon so lange bei der Armee, und sie wartete vergeblich auf einen Brief von ihm.

Ihr Blick ging in Richtung von Maheu und Sartre. Sie waren ganz anders als Jacques. Unweigerlich fragte Simone sich, wie ein Leben mit einem Mann wie Sartre verliefe, einem Mann, der jede Bürgerlichkeit verabscheute. Was er wohl dazu sagen würde, dass sie sich mit Heiratsplänen trug? Er hätte gewiss einen ätzenden Kommentar parat. Auch die »talas« oder die »frommen Pimmel«, wie er die Katholiken unter den Studenten nannte, wurden von ihm immer mit scharfem Spott bedacht.

Und Maheu? Er war mit Abstand der charmanteste der drei. Wie oft sagte er ihr, dass er ihren Stil schätze, ihre Besonderheit im Denken wie im Äußeren. »Du bist so anders als andere Frauen«, hörte sie immer wieder von ihm. Simone kicherte. Wenn er wüsste, dass ihre manchmal sehr eigenen Kombinationen vor allem daher rührten, dass ihre Mutter ihr immer noch diese altmodischen Kleider kaufte, die sie dann mit einem Tuch im Haar aufpeppte.

Simone ertappte sich dabei, dass sie schon wieder zu der Gruppe hinübersah. Jetzt war Schluss mit diesen pubertären Gedankenspielen. Egal, wen sie heiratete oder ob überhaupt. Sie würde keinem Mann jemals erlauben, sie unglücklich zu machen – so viel stand fest. Nicht einmal ihrem geliebten Jacques. Sie zog ihr Buch aus der Tasche und vertiefte sich in den neuen Roman von André Gide.

Im Mai starb Simones Großvater. Die ganze Familie machte die beschwerliche Reise mit dem Zug zur Beerdigung nach Meyrignac, und bei ihrer Rückkehr färbte Françoise die Kleider ihrer Töchter schwarz. Simone war es egal. Sie galt ohnehin als schlecht angezogen, da schadete die Farbe auch nicht mehr.

Im Juni 1929 beendete sie ihre Diplomarbeit über Leibniz. Direkt danach begannen die Vorbereitungen für ihr Diplom in Mathematik, das sie im nächsten Monat ablegen wollte. Daneben bereitete sie sich auf die Prüfungen zur *Agrégation* vor, die ebenfalls Mitte Juni stattfanden.

»Warum auch noch die *Agrégation*? Warum reicht es dir nicht, Lehrerin an einer Grundschule zu werden?«, fragte ihre Mutter. »Und dann auch noch zwei Prüfungen gleichzeitig?«

Aber Simone ließ sich nicht davon abbringen. Sie wollte so schnell wie möglich das Studium hinter sich bringen, weil sie dann endlich ausziehen konnte. Es war alles geplant, ihre Großmutter konnte die große Wohnung an der Place Denfert-Rochereau nach dem Tod ihres Mannes nicht länger halten, und sie entschloss sich, Zimmer zu vermieten, um über die Runden zu kommen. Nach zähen Verhandlungen hatten ihre Eltern zugestimmt, dass Simone im September dort einziehen durfte.

Draußen war es Sommer geworden. Die Pariser stöhnten unter der Hitze und warteten sehnsüchtig auf den Juli, um in die Ferien zu fahren. Simones Tage waren angefüllt mit fieberhafter

Arbeit. Um acht Uhr morgens saß sie bereits über ihren Büchern, manchmal auch schon um sechs Uhr, und sie begann diese frühen Stunden zu lieben, in denen die Luft noch frisch und unverbraucht war und sie besser denken ließ. Ein Tag konnte mit Aristoteles beginnen und mittags bei Spinoza ankommen. Im Bus, während der Fahrt zu einem Treffen mit Maheu für ein Mittagessen, las sie dann etwas Leichteres, einen neuen Roman aus Amerika wie *Manhattan Transfer* von John Dos Passos, um dann während des Essens das Konzept der Liebe bei Abaelard zu diskutieren. Danach folgte oft der Besuch einer Ausstellung, wobei die Bilder von ihr ausführlich in ihren Besonderheiten und ihrer Innovationskraft analysiert wurden. Dann ging es in die Nationalbibliothek, wo sie die Argumente des Philosophen Émile Boutroux gegen seinen Schüler Henri Bergson studierte. Meistens warteten dort Maheu, Gandillac, manchmal auch Merleau-Ponty auf sie, und sie besuchten ein Café, um sich miteinander über ihre tägliche Lektüre auszutauschen. Abends traf sie sich manchmal mit Zaza oder Stépha. Sie gingen ins Kino und besprachen sich ausführlich über ihre Herzensangelegenheiten.

Gegen Mitternacht fiel Simone todmüde ins Bett, der Kopf schwirrte ihr von all dem, was sie an diesem Tag gelesen und gedacht hatte. Aber es war genau das Leben, das sie führen wollte, und am nächsten Tag stand sie früh auf, um ein ähnliches Pensum zu absolvieren. Die Lust am Denken, die Freude am Austausch von Argumenten, die Lust am Verstehen auch kompliziertester Theorien und Gedanken trieben sie voran. Oft war sie müde, die Zeilen verschwammen vor ihren Augen, ein paarmal war sie sogar in der Bibliothek eingeschlafen und nach ein paar Minuten hochgeschreckt, ihr Kopf auf der Tischplatte, ihre Papiere zerknittert. Die übermäßige Arbeit führte schließlich dazu, dass sie extrem nervös wurde und jede Kleinigkeit sie in Tränen ausbrechen ließ.

Ihre Mutter fing an, sich Sorgen zu machen.

»Du wirst wieder krank werden wie im Februar«, warnte sie. Aber Simone wollte es so, sie wollte, dass ihr Leben eine intellektuelle Herausforderung war. Und sie brauchte es, täglich ihre Freunde zu sehen und sich mit ihnen über alles auseinanderzusetzen, was sie inspirierte oder beschäftigte, und dabei die Bestätigung zu bekommen, dass die anderen ihre Einlassungen ernst nahmen. Kein anderes Leben hätte sie sich gewünscht.

Kapitel 5

»Sartre will, dass du uns diesen komplizierten Leibniz erklärst, und lädt dich für Montag in sein Zimmer in der Cité Universitaire ein«, sagte Maheu Anfang Juli zu ihr, als er mit schnellen Schritten zu ihr aufschloss. »Ich glaube ja, das ist nur ein Vorwand, um dich kennenzulernen. Ich an deiner Stelle würde absagen.«

Simone frohlockte. Also doch. Dann war sein Desinteresse bei ihren zufälligen Begegnungen entweder gespielt gewesen, oder er hatte seine Meinung über sie geändert. Wie dem auch sei, Simone würde sich die Gelegenheit, diesen ominösen Sartre kennenzulernen, nicht entgehen lassen.

»Sag ihm, ich komme gern.«

Am Montag suchte sie kribbelig vor Nervosität ihre Unterlagen zusammen, bevor sie sich auf den Weg in das Studentenheim im Süden der Stadt machte, wo Sartre wohnte. Sie hatte bis zum letzten Moment gelesen und jetzt keine Zeit mehr, ihr Haar zu waschen. Kurzentschlossen nahm sie das Baumwolltuch, das sie um den Hals trug, wieder ab, wickelte es ein paarmal um ihren Kopf und steckte es fest. Sie sah in den Spiegel und stellte verwundert fest, dass die zurückgenommenen Haare ihre überaus zarte Haut, die feinen Gesichtszüge, vor allem die Wangen und die schönen Augen betonten.

»Das Tuch steht dir«, sagte Poupette, die ins Zimmer kam. »Passt zu deiner Bluse. Meine Güte, du bist so nervös, als wollte er dir gleich die Unschuld rauben.« Sie kicherte.

»Ich bin nervös«, gab Simone zurück, »aber nicht wegen meiner Bluse und schon gar nicht wegen meiner Unschuld. Ich mache mir eher Sorgen, dass Sartre mich für banal halten könnte. Was, wenn ich ihm nur Dinge erzähle, die er bereits weiß? Er gilt immerhin als einer der klügsten Köpfe an der Sorbonne.«

Hélène reichte ihr einen Stapel Blätter, die sie mitnehmen wollte. »Jetzt spinnst du«, sagte sie. »Immerhin ist er im letzten Jahr durch die Prüfung gefallen. Das würde dir niemals passieren.«

»Er ist durchgefallen, weil er einen Vortrag gehalten hat, der nichts mit der Prüfungsaufgabe zu tun hatte. Aber sein Vortrag war brillant, das sagen alle, die dabei waren.«

Als Simone in dem kleinen Zimmer ankam, lümmelte Maheu mit aufgekrempelten Ärmeln auf dem ungemachten Bett herum. Es war ihm anzusehen, dass er wütend über ihr Erscheinen war. Er hatte ihr noch am Vormittag einen Rohrpostbrief geschickt, in dem er sie bat, nicht zu kommen. Simone hatte tatsächlich einen Moment daran gedacht, Poupette an ihrer Stelle zu schicken, um ihren Freund nicht zu verärgern, aber dann hatte sie die Idee verworfen. Sie war einfach zu neugierig auf Sartre. Nizan, der auf einem Hocker saß, betrachtete seine Fingernägel. Er galt als arrogant und schwierig.

»*Bonjour, Mademoiselle*«, sagte Sartre und lächelte sie höflich an. »Wie schön, dass Sie sich die Zeit nehmen.«

Er setzte sich auf die Fensterbank und forderte Simone mit einer Handbewegung auf, sich auf den einzigen Stuhl ihm gegenüber zu setzen. Darauf lag ein Stapel Bücher mit Zetteln darin. Kurzerhand nahm sie ihn und legte ihn auf den Schreibtisch, bevor sie Platz nahm. Mit einem raschen Blick nahm sie die Atmosphäre des Zimmers in sich auf: Bücher überall, nicht nur in den Regalen, sondern auf dem Tisch, dem Bett, dem Fußboden. An den Wänden hingen kleine Zeichnungen, die sie wegen ihrer Freizügigkeit in Verlegenheit brachten. Es roch nach dem Rauch unzähliger Zigaretten, der Aschenbecher auf dem Tisch quoll über. Sartre steckte sich eine Pfeife an und bot Simone eine Zigarette an.

»Also?«, fragte er dann.

Simone sah auf die Tasche auf ihrem Schoß, in der ihre Unterlagen waren, doch sie hatte alles im Kopf, was sie sagen wollte. In klaren Worten, die dennoch ihre Bewunderung verrieten, führte sie in das Leben des Universalgelehrten ein und erklärte dann Leibniz' Ideen zur Metaphysik, bevor sie zu seinem Begriff von Freiheit und Kontingenz überging. Als sie in Sartres Gesicht ungeteilte Aufmerksamkeit las, wurde sie sicherer. Es war ein bisschen wie früher, als es ihr noch gelungen war, ihren Vater mit ihrer Klugheit für sich einzunehmen.

Und jetzt saß sie hier vor Sartre, und er war von der Stringenz ihres Denkens und ihrer Bildung fasziniert.

»Aber wie erklären Sie sich, dass ...?«

»Das ist doch ganz einfach. Sehen Sie mal ...«

So ging es hin und her. Simone redete fast vier Stunden, und das Lama, aber noch viel häufiger Sartre stellten unablässig Fragen und baten sie um Aufklärung.

Schließlich sprang Sartre auf. »Jetzt haben wir Sie aber lange genug ausgequetscht. Jetzt gehen wir auf die *kermesse*!«

Simone war verwirrt. Wie meinte er das? Offensichtlich genau so, wie er es gesagt hatte. An einem Ende des Parks, in dem die Häuser der Cité Universitaire lagen, gab es ein Karussell und einen Schießstand. Er kaufte für Simone eine Zuckerwatte und spendierte allen eine Runde Schießen.

Maheu legte seinen Arm auf ihren. Sartre entging das nicht, und er fing an Witze zu erzählen.

»Kennen Sie den? Wie treibt man ein Chamäleon in den Wahnsinn?«

»Keine Ahnung«, sagte Simone.

»Indem man es auf eine schottisch karierte Decke setzt.«

Sie brach in Lachen aus, und Maheu schmollte.

»Sind Sie nun eigentlich ein Biber, der die Gesellschaft sucht, oder sind Sie eine unbeugsame Walküre, die allein in den Kampf zieht?«, fragte Sartre beim Abschied. »Nein, ich weiß, Sie sind eine kriegerische Jungfrau.«

Auf dem Rückweg in der Métro war Maheu schweigsam.

Simone war es recht. Sie wollte über den Nachmittag nachdenken.

Aber dann platzte es aus ihm heraus.

»Ich habe es dir ja gleich gesagt …« Er sprach nicht weiter, starrte feindselig aus dem Fenster.

»Was denn?«, fragte Simone, obwohl sie ahnte, was kommen würde.

»Ich habe dir prophezeit, dass Sartre dich mit Beschlag belegen wird. Den ganzen Nachmittag hattest du nur Augen für ihn. Und dann seine Witze.«

Simone senkte den Blick. Maheu hatte recht. Aber Sartre war so klug, neben ihm verblassten alle anderen. Es machte ihr Spaß, sich mit ihm intellektuell zu messen. Doch Sartre war Sartre, der klügste Kopf der Sorbonne, nicht mehr, und das sagte sie Maheu. »Aber du bleibst doch immer mein kleines Lama, und ich bleibe dein Castor«, sagte sie leise. Und sie meinte es in diesem Augenblick ernst. Wenn Maheu nicht verheiratet gewesen wäre, wenn es Jacques nicht gäbe …

Abends im Bett ließ sie den Nachmittag noch einmal Revue passieren. Wie aufregend war das alles gewesen. Sie hatte die Zeit mit Sartre überaus genossen. Und ich habe bewiesen, dass ich mit ihm mithalten kann, dachte sie triumphierend. Sartre war geradezu süchtig nach Büchern, genau wie sie, und dann hatte er gesagt, dass er selbst Bücher schreiben wolle, und es schien ihm das Selbstverständlichste der Welt zu sein. Noch etwas, das sie miteinander verband. Sie hätte so gern nach seinem ersten Buch gefragt, die Anwesenheit von Maheu und Nizan hatte sie jedoch davon abgehalten. Sie nahm sich vor, das bei nächster Gelegenheit nachzuholen.

Aber Sartre war nicht nur klug, er war auch amüsant. Die Atmosphäre in seinem kleinen Zimmer hatte ihr gefallen, die Anspielungen und Neckereien, die zwischen den Freunden hin und her flogen, die kleinen Gesten, mit denen sie sich auf sehr geistreiche Weise ihrer Zuneigung versicherten. Und hinterher auf dem Jahrmarkt war er ausgelassen und fröhlich gewesen und hatte sie zum Lachen gebracht und eine weitere Seite seiner Persönlichkeit gezeigt. Sie rief sich sein Gesicht ins Gedächtnis.

Aus der Nähe wirkte es ganz anders, seine Züge brauchten offensichtlich die genauere Betrachtung. Und sobald er den Mund aufmachte und einen seiner klugen Gedanken formulierte, fand sie ihn nur noch anziehend. Wenn er ein Genie und ein Spaßmacher ist, dann kann ich doch eine Walküre und eine Jungfrau sein, dachte sie, bevor sie einschlief.

Am nächsten Morgen hoffte sie bei jedem Schritt, Sartre zu begegnen. Und tatsächlich wartete er auf sie vor der Sorbonne.

»Ich möchte weiter mit Ihnen diskutieren«, sagte er. »Und nicht nur das. Was halten Sie davon, wenn wir uns gemeinsam auf die *Agrégation* vorbereiten?«

Die Prüfungen waren in ein paar Wochen. Simones Herz hüpfte bei dem Gedanken, dass sie ihn zukünftig häufiger sehen würde. Genau das hatte sie sich gewünscht, aber nicht zu hoffen gewagt. Sie ahnte, dass dieser Mann mit seinem unkonventionellen Verstand ihr neue Welten erschließen würde, und das war so ungefähr das Aufregendste, was sie sich vorstellen konnte. »Einverstanden. Damit Sie nicht noch einmal durchfallen«, sagte sie.

Er lachte, wobei sein merkwürdig asymmetrischer Mund noch schiefer wurde, und doch war es genau diese leicht irritierende Unausgewogenheit, die ihn so unverwechselbar machte.

Von nun an trafen sie sich beinahe täglich, und meistens waren Maheu und Nizan dabei. Sie arbeiteten einige Stunden lang, dann gingen sie in ein Café oder schlenderten über die Boulevards, ein Eis in der Hand. Die Männer wetteiferten damit, wer Simone ein Eis spendieren oder abends mit ihr ins Kino gehen dürfte. Manchmal quetschten sie sich auch alle in Nizans kleines Auto und brausten durch Paris, was Simone besonders herrlich fand. Sie ließ sich die Schlafräume in der École normale zeigen und kletterte mit den anderen auf das Dach der Schule, von wo aus sie einen phänomenalen Blick über Paris hatten. Sartre ließ sich auf dem Schornstein nieder, und Maheu machte Fotos, für die Simone übermütig in die Linse lächelte.

Maheu zeigte sich zunehmend verärgert, weil Sartre so großen Raum in Simones Herzen einnahm, und sagte ihr das auch.

»Aber doch nicht in meinem Herzen, sondern in meinem Gehirn«, protestierte sie. Es tat ihr wirklich leid, ihr liebes Lama zu verletzen.

»Warum schläfst du nicht mit ihm, um herauszufinden, wie wichtig er dir wirklich ist? Außerdem ist es lächerlich, dass du immer noch unberührt bist. Das ist so was von spießig«, sagte Stépha an einem der folgenden Abende zu ihr. Sie saßen am Tresen im *Jockey*. Simone hatte ihr von Sartre erzählt und wie eifersüchtig Maheu auf ihn war, um die Freundin um Rat zu bitten, was sie tun sollte.

Simone verschluckte sich an ihrem Gin. Hustend starrte sie Stépha an. Sie hatte so laut gesprochen, dass der Mann neben ihr es gehört hatte und Simone nun anzüglich ansah. Sie musste noch einmal husten.

»Du bist ja betrunken«, sagte sie dann.

Stépha ließ sie nicht aus den Augen, während sie mit spitzen Lippen an ihrem Strohhalm sog. »Mag sein. Aber ich habe trotzdem recht.«

»Aber Maheu ist doch verheiratet.«

Stépha brach in hysterisches Lachen aus. Simone war zuerst beleidigt, aber dann musste sie mitlachen.

»Treu sein muss man doch nur, wenn man jemanden richtig liebt. Dann hat man auch keine Lust, ihn zu betrügen. Ich würde niemals einen anderen Mann begehren, ich habe ja Fernando.« Stépha sagte das mit der größten Überzeugung.

»Wieso bist du dir so sicher? Woher weißt du nur all das?«, fragte Simone.

»Die Frage ist doch, wieso du all diese Dinge nicht weißt«, war die Antwort. »Und was sagt denn eigentlich dein Sartre dazu?«

Simone liebte es, mit Stépha über diese Dinge zu reden. Stépha war viel freizügiger als sie, obwohl sie beide eine ähnliche Erziehung genossen hatten, und Simone fragte sich, wie ihre Freundin es geschafft hatte, all diesen Ballast und die Vorurteile abzulegen und zu einer so selbstbewussten Frau zu werden. Stépha gelang es immer noch, sie in Verlegenheit zu bringen. Vor ein paar Tagen hatte sie sie in ihrer Wohnung abgeholt und ein riesengroßes Aktgemälde von Stépha über dem Sofa an der Wand hängen sehen.

Simone starrte das Bild an. »Du hast zugelassen, dass Fernando dich so sieht?«, fragte sie fassungslos.

Stépha rollte nur mit den Augen. »Simone!« Sie zögerte, dann jedoch sagte sie: »Ich muss dir noch was sagen: Fernando und ich leben zusammen.«

»Obwohl ihr nicht verheiratet seid?« Simone war schon wieder fassungslos.

Stépha sagte nichts, und auf einmal wurde Simone die Absurdität ihrer Entrüstung bewusst. Wer sagte denn, dass man verheiratet sein musste, um eine Wohnung zu teilen? Und außerdem wollten die beiden doch heiraten, sie waren sich sicher, dass sie ihr Leben miteinander verbringen wollten. Simone holte tief Luft, dann musste sie lachen und konnte nicht mehr aufhören.

Als sie endlich wieder zu Atem kam, grinste Stépha sie an. »Das wurde auch Zeit«, sagte sie.

»Ich muss mich so hinsetzen, dass ich das Bild nicht sehen kann«, gab Simone lächelnd zurück, doch als sie abends heimkehrte, musste sie noch lange darüber nachdenken, wie frei sich Stépha fühlen musste, dass sie es wagte, sich völlig hüllenlos ihrem Geliebten zu präsentieren.

Simone freute sich jeden Tag von Neuem darauf, Sartre zu sehen. Noch nie hatte sie einen Menschen getroffen, dessen Bildung derart umfassend war. Es gab kein Thema, zu dem er nichts beitragen konnte. Und seine Äußerungen waren nie abgedroschen, er hatte stets eine ganz neue Sicht auf die Dinge; alles, was er sagte, eröffnete einen neuen spannenden Blickwinkel auf das Altbekannte. »Außer wenn er schläft, hört Sartre nie auf zu denken«, sagte Maheu über ihn. Er war nicht besonders gut aussehend, nein, das nun wirklich nicht, aber sobald er den Mund auftat, spielte nichts anderes mehr eine Rolle als seine Worte. Er faszinierte Simone durch seine Intelligenz und seinen Charme. Und wie gut er zuhören konnte – er war ein Mann, der sie ernst nahm, egal, was sie sagte, und sich für ihre Gedanken in einer Weise interessierte, wie sie es nie zuvor erlebt hatte.

Worüber sie wohl heute reden würden, fragte sie sich auf dem Weg zu ihrem Treffen im Jardin du Luxembourg. Sie wollte ihn unbedingt nach seiner Meinung zu *Manhattan Transfer* befragen und überlegte sich einige Fragen, die sie ihm stellen würde. Sie merkte, wie viel ihr daran lag, dass er die Klarheit ihres Denkens erfasste, dennoch wusste sie, dass er in seiner geistigen Entwicklung deutlich weiter vorangeschritten war als sie und dass sie viel von ihm lernen konnte. Endlich hatte sie jemanden an ihrer Seite, der ihr ebenbürtig war, ja vielleicht sogar überlegen, und auf diese Form der Herausforderung hatte sie lange warten müssen. Sie verspürte unendliches Glück bei dem Gedanken daran.

Ihre Gespräche mit Sartre verliefen in der Regel so, dass einer von ihnen eine These aufstellte, worauf der andere die Gegenthese formulierte. Dann begann ein Abtausch von Argumenten, bis der eine den anderen überzeugt hatte. Meistens bekam er recht, das musste Simone zugeben. Aber sie brachte ihn oft an den Rand der Erklärungsnot, und am Ende lachte er und sagte: »Sie können einfach nicht aufgeben, bis Sie auch die letzte Ungenauigkeit hinterfragt haben. Ihre Fragen sind wie ein Steinchen im Schuh. Je mehr man versucht, ihm auszuweichen oder es zu vergessen, desto mehr tut es weh.«

Er suchte etwas in der Tasche seiner ausgebeulten Hose, dann zog er mit einem schiefen Grinsen eine faustgroße, ziemlich hässliche Porzellanfigur hervor. Es war ein Männchen mit einem komischen Hut auf dem Kopf, das sein Kinn nachdenklich in die Hände stützte.

»Ich habe die Figur kürzlich bei einem Trödler in der Rue de Seine entdeckt. Sie hat mich an Sie erinnert.«

Simone nahm die Figur an sich, sie war warm von Sartres Körper, und sie wusste nicht, wohin mit ihr.

Sah er sie so? Als komisches Männchen? »Sie haben recht, sie ähnelt mir vollkommen«, sagte sie ein wenig brüsk und ließ das Männchen in ihre Tasche gleiten. Erst später, als sie es in die Hand nahm und noch einmal betrachtete, fiel ihr auf, dass er ihr die Figur vielleicht wegen der Denkerpose geschenkt hatte.

Wenn sie mit Sartre zusammen war, dann leuchtete die Welt um sie herum. Es war das pure Vergnügen, sich intellektuell mit ihm zu messen. Bei ihren Treffen war er von einer fast manischen Großzügigkeit. Zu Beginn eines Abends zeigte er den anderen, wie viel Geld er in der Tasche hatte, und er ging nicht eher nach Hause, bis er auch den letzten Centime ausgegeben hatte. Am Abend des 14. Juli lud er sie, das Lama, Nizan und dessen Frau Henriette ins Café ein und hörte nicht auf, immer weitere Cocktails zu bestellen, bis sie beschwipst waren. Es wurde ein herrlich leichter Abend voller Gelächter und Tanz. Simone ließ sich von einem Fremden den Hof machen, der immer wieder an ihren Tisch kam und sie zum Tanzen aufforderte. Irgendwann reichte es Sartre. »Ich tanze eigentlich nicht, aber wenn ich auch noch etwas von Ihnen haben will, muss es wohl sein.« Als sie nun so dicht zusammenstanden, fiel ihr der Größenunterschied zwischen ihnen auf. Sartre war einen halben Kopf kleiner als sie, aber das schien ihn nicht im Geringsten zu stören. Er bedachte ihre Schönheit unentwegt mit aufmerksamen Kommentaren, sein eigenes Aussehen schien er indes kaum wahrzunehmen. Wie machte er das nur? Er erwies sich als eher ungeschickter Tänzer, plauderte jedoch die ganze Zeit mit ihr und brachte sie so sehr zum Lachen, dass Simone schließlich auch nicht mehr daran dachte. Geistesgröße ging eben über Körpergröße.

Zwei Wochen darauf ging sie mit leichtem Kopfbrummen und klopfendem Herzen in die Sorbonne, um die Prüfungsergebnisse zu erfahren. Die Prüfungskommission nahm oben auf dem Katheder Platz, dann wurden die Namen verlesen.

»An erster Stelle steht Monsieur Jean-Paul Sartre, an zweiter Stelle Mademoiselle Simone Lucie Ernestine Marie Bertrand de Beauvoir, an dritter …«

Simone wandte sich Sartre zu, der neben ihr saß. »Zweite nach Ihnen. Ich bin so stolz.«

»Es hätte auch umgekehrt sein können«, gab er zurück.

Sie hatten bestanden und waren zur mündlichen Prüfung zugelassen, ebenso Nizan. René Maheu war durchgefallen. Nach der kleinen Feierstunde suchte Simone ihn, aber er war nicht aufzufinden. Am nächsten Tag erfuhr sie, dass er, ohne sich von ihr zu verabschieden, Paris verlassen hatte.

Zwei von Sartres kleinen Kameraden, den *petits camarades*, waren nun nicht mehr da. Maheu war aufs Land gezogen, und Nizan und Henriette wohnten nicht länger in dem Haus mit der weißen Keramikfassade in der Rue Vavin, gleich um die Ecke von Simone, sondern hatten ein hypermodernes Glashaus in Saint-Germain-en-Laye gekauft und kamen nur noch ein- oder zweimal in der Woche abends nach Paris.

»Ab jetzt werde ich mich um Sie kümmern«, sagte Sartre.

»Sehr gern«, gab sie mit einem Lächeln zurück.

Von nun an waren sie oft zu zweit, was ihren Gesprächen eine ganz neue Intensität gab. Simone merkte, dass sie vor ihren Verabredungen noch aufgeregter als zuvor war, und Sartre war dazu übergegangen, ihr unentwegt Komplimente zu schenken, sofern er gerade keine komischen Porzellanfiguren bei sich hatte.

»*Chère* Simone, mit Ihren blitzblauen Augen haben Sie bestimmt schon viele Männer neben mir in Verwirrung gestürzt. Aber was ich an Ihnen ganz besonders mag, ist Ihre Art zu gehen. Sie ist überaus charmant, und wenn ich neben Ihnen laufe, vermittelt Ihr schneller Schritt mir das Gefühl, als müssten wir ganz dringend irgendwohin. Noch lieber mag ich es aber, wenn Sie auf mich zukommen. Ich rede mir dann ein, Sie könnten es gar nicht erwarten, mich zu sehen. Aber jetzt lassen Sie uns arbeiten.«

Simone wurde ganz warm vor Freude, als er das sagte. Genauso sehr hatte sie sich über die Porzellanfigur gefreut. Aber sie wusste nicht, wie sie ihm das zeigen sollte. Sie war es so wenig gewohnt, Geschenke und Lob zu bekommen, und sie wollte nicht als romantisch und gefühlsselig gelten, sondern als klug. Also sagte sie nichts.

Sie saßen eng nebeneinander, vor sich einen Stapel aufgeschlagener Bücher und Hefte mit ihren Notizen. Sartre griff nach einem Buch, das auf ihrer Seite des Tisches lag, und berührte dabei ihren Arm. Er hielt inne und lächelte sie an, dann beugte er sich über das Buch. Stundenlang konnten sie so eng nebeneinandersitzen.

Sie sprachen nicht nur über die Philosophie. Immer häufiger kamen sie von ihrer Arbeit ab und redeten über sich, über die Dinge, die sie bewegten und faszinierten, was Simone besonders mochte. Endlich konnte sie mit jemandem über ihre Zweifel und ihre Fragen an die Zukunft sprechen. Sie spazierten stundenlang im Jardin du Luxembourg oder in den Tuilerien und vergaßen die Zeit über ihren Gesprächen.

Simone war erstaunt, wie gut er sie durchschaute, obwohl er sie doch erst seit einigen Wochen kannte.

An diesem Tag saßen sie auf den grünen Eisenstühlen in den Tuilerien, streckten die Beine aus und legten die Füße auf den Rand eines Brunnens. Sartre erzählte ihr von einer ehemaligen Verlobten, in die er sehr verliebt gewesen sei, die er aber verlassen habe. »Sie heißt Simone wie Sie«, sagte er. Eigentlich interessierte das Simone brennend, dennoch schweifte sie in Gedanken ab, weil sich ihre Füße manchmal berührten. Deshalb war ihr entgangen, wie er nun auf das Thema gekommen war, dass sie, Simone, Menschen, die sie liebte, verteidigte, obwohl sie ihre Handlungen verdammte und nicht so sein wollte wie sie.

Simone widersprach, dass dies keinen Sinn habe, und führte ihre Mutter als Beispiel an. »Sie ist hoffnungslos katholisch und lehnt alles ab, was nicht in ihr Weltbild passt, auch wenn es die Wahrheit ist. Sie hofft immer noch, dass sie einen Mann findet, der mich heiratet, damit ich nicht Lehrerin werden muss. Und dennoch ist sie meine Mutter, und ich liebe sie.«

Sartre begann ihre Argumentation zu zerpflücken, bis nichts mehr davon übrig war. Er drehte ihr Innerstes nach außen und nahm ihre Theorien mühelos auseinander.

»Aber ich will mit meinem Herzen entscheiden, was gut und was böse ist«, rief sie nach drei Stunden, in denen sie sich erbittert gewehrt hatte. »Und vielleicht gibt es ja eine Simone für die anderen und eine zweite nur für mich, von der Sie nichts wissen.«

»Aber, lieber Castor, das ist unaufrichtig. Und das wissen Sie auch. Hören Sie auf, sich auf Ihren Vorurteilen und Ihren liebgewonnenen, aber oberflächlichen Meinungen auszuruhen. Ach, da kommt Ihr Bus. Sie müssen sich beeilen.«

Simone hatte eigentlich schon vor einer Stunde gehen wollen, weil ihre Mutter zu Hause auf sie wartete, doch dann hatte der Disput mit Sartre sie so gefesselt, dass sie immer länger geblieben war. Nun musste sie rennen, um den letzten Bus zu erwischen. Blöder Bus, dachte sie, denn sie vermisste Sartres Gesellschaft jetzt schon. Wenn sie es recht überlegte, war das gerade alles, was sie wollte – bei ihm zu sein. Sie setzte sich in die letzte Reihe und sah aus dem Fenster, wo Sartre in seinem blauen Mantel stand und ihr traurig nachwinkte. Simone lehnte sich zurück und dachte darüber nach, was er gesagt hatte.

Unaufrichtigkeit oder Selbstbetrug war ein zentraler Begriff in Sartres Denken. Er stand für all das, was er verabscheute und wogegen er kämpfte, in jedem seiner Gedanken, in jeder seiner Handlungen. Unaufrichtigkeit meinte für ihn das Sichausruhen auf vorgefassten Meinungen, meinte Nachgeben und faule Kompromisse um des lieben Friedens willen. Unaufrichtig zu sein bedeutete für einen Menschen das Gegenteil von Freiheit – und um dem zu entgehen, war es wichtig, alles zu hinterfragen, auch die alltäglichsten Dinge, die einem doch oftmals gottgegeben schienen.

Dass er sie so ernst nahm, versetzte sie in einen wahren Rausch. Endlich war da jemand, der sie sah, wie sie war, nicht als Anhängsel seiner eigenen Welt. Bei Sartre war sie nicht die

Tochter, die nicht zu verheiraten war und den Pfad der Tugend verlassen hatte. Sie war auch nicht die Freundin oder die Schwester. Sie war einfach nur Simone.

Ich weiß nicht mehr, was ich denken soll oder ob ich überhaupt denken kann, schrieb sie an diesem Abend in ihr Tagebuch. *Ich bin betrunken von ihm und von mir.*

Kapitel 6

In weniger als vier Wochen, es hatte kaum den ganzen Juli ge-
dauert, war es Sartre gelungen, sich in Simones Kopf festzuset-
zen, so dass sie kaum noch an Maheu oder an Jacques dachte. Er
nutzte es aus, dass seine Konkurrenten nicht in Paris waren.
»Jetzt werde ich mich um Sie kümmern«, hatte er gesagt, und
tatsächlich belegte er sie so gründlich mit Beschlag, dass ihre inneren Kämpfe wegen Jacques zur Ruhe kamen. »Ich brauche
Sie, um meine Gedanken zu ordnen«, betonte er und machte sie
damit glücklich und stolz. »Ihnen kann ich eine halbfertige Idee
präsentieren, und Sie wissen, wie ich sie zu Ende denken muss.
Das gefällt mir sehr.« Zugleich hörte er nicht auf, sie als Frau zu
umwerben. Simone tat das anfangs mit einem Achselzucken ab.
Sartre flirtete doch ständig mit irgendwelchen Frauen, das gehörte zu seinem Charakter.

Nizan beklagte sich bald, weil Sartre kaum noch Zeit für ihn
hatte und er nicht länger sein bevorzugter Gesprächspartner war.
Eines Abends waren Simone und Sartre bei ihm und seiner Frau
Henriette eingeladen. Als Rirette aufstand, um in der Küche
Brote zu streichen, forderte Nizan Simone auf, ihr doch zu helfen.

»Aber ich bin doch keine Hausfrau«, sagte Simone entrüstet,
und Sartre wieherte vor Lachen.

Ich kenne Sartre erst seit wenigen Wochen, und er weiß alles über mich, hat regelrecht von mir Besitz ergriffen, dachte sie und wusste nicht, ob sie das glücklich oder nachdenklich machen sollte. Sie entschied sich dafür, glücklich zu sein, alles andere hätte nicht zu ihr gepasst. Sartre beeindruckte sie immer mehr mit seinem immensen Wissen. Er war drei Jahre älter als sie und hatte mehr Zeit zum Lernen gehabt, aber das war es nicht allein. Er war zwei Jahre auf die École normale supérieure gegangen. Hier lernten die jungen Männer von den besten Philosophen Frankreichs und inhalierten dadurch ein intellektuelles Selbstbewusstsein, das ihr fehlte. Und dennoch war Sartre nicht arrogant, im Gegenteil. Er ließ sie an seinem Wissen teilhaben, und er zeigte sich stets beeindruckt von ihren Kenntnissen. Das machte ihn für sie unwiderstehlich.

»Er gleicht seine Hässlichkeit durch Charme und Intellekt aus«, befand Stépha, als Simone sich wieder einmal mit ihr über Sartre austauschte.

»Aber er ist doch nicht hässlich!«, rief Simone aus.

»Sag ich doch«, sagte Stépha lachend.

Am nächsten Tag setzte sie sich so in den säulenumstandenen Garten der Sorbonne, dass Sartre sie von drinnen sehen konnte. Sie musste ihren Rousseau vorbereiten, konnte sich jedoch nur schwer konzentrieren, weil sie seinen Blick auf sich ruhen fühlte.

»Simone!«

Verwirrt sah sie auf. Vor ihr stand Maheu. Freude durchzuckte ihr Herz. Ihr kleines Lama war wieder da, sie hatte es so vermisst. Sie wünschte sich, dass Maheu ihr mit den Fingern durchs Haar fahren würde, wie er es oft getan hatte, aber er blieb ein wenig verlegen vor ihr stehen, reichte ihr nicht einmal die Hand.

»Machen wir einen Spaziergang?«

Simone packte ihre Sachen zusammen. Sie warf einen Blick zu dem Vorlesungssaal hinauf, in dem Sartre saß. Sie glaubte ihn winken zu sehen.

Wie schön es war, neben Maheu durch die Straßen zu gehen. Ihre Schritte passten gut zusammen, und Simone erinnerte sich an die vielen Spaziergänge mit ihm.

»Lass uns in den Jardin du Luxembourg gehen. Dort können wir ein Eis essen«, sagte Maheu, als hätte er ihre Gedanken erraten.

Der Park war voller Leute, und sie mussten bei dem Eismann Schlange stehen, zwischen lauter Kindern und ihren Kindermädchen, was sie amüsierte.

»Nimmst du immer noch Zitrone wie zu meiner Zeit?«, fragte Maheu, als sie an der Reihe waren.

Sie nickte. »Es ist immer noch deine Zeit.« Aber an seinem Blick sah sie, er wusste, dass sie gelogen hatte.

Mit ihrem Eis setzten sie sich in den Schatten einer Buchenhecke. »Castor, ich werde Paris für immer verlassen. Mein Zimmer ist schon geräumt. Ich bin unglücklich, dass ich dich verloren habe. Ich habe es dir ja prophezeit. Sartre wird dich mir wegnehmen.«

Simone wollte widersprechen, doch dann dachte sie daran, was Sartre über Unaufrichtigkeit gesagt hatte. Jetzt war eine dieser Situationen, in denen sie sich zum Handeln entscheiden musste. Sie sah Maheu an, seinen wilden Haarschopf und die schönen Augen, und sie wurde traurig. Sie wollte ihn nicht verlieren, auch wenn sie nicht mehr wusste, was sie eigentlich so sehr zu ihm hingezogen hatte.

»Ich werde dich in Meyrignac besuchen, wenn du dort Ferien machst.«

»Das würde mich sehr freuen.« Und diesmal war sie ehrlich.

Als sie zurück zur Sorbonne ging, wartete Sartre auf sie, und sie sprachen lange über das Lama. Als Sartre merkte, wie bedrückt sie war, nahm er sie beim Arm und marschierte mit ihr den Boulevard Saint-Michel hinunter. Dabei sang er lauthals *Ol' Man River* und vertrieb ihre düsteren Gedanken. Sie hatte nicht gewusst, was für eine schöne Stimme er hatte, wenngleich sein Akzent absolut fürchterlich war.

Am Samstag ging sie aus. Poupette wollte unbedingt ins *Styx*, einen angesagten Club, der im Ruf stand, dass dort alles Mögliche passierte. Sie war mit ihren Freunden aus der Académie de la Grande Chaumière verabredet, einer Kunstschule am Montparnasse, die für alle ohne Vorkurse zugänglich war und an der Poupette Malerei studierte. Ebenso wie ihre Schwester fand auch Simone es seltsam, dass ihre Eltern Hélène eine derart bohèmehafte Ausbildung erlaubten. Aber ihre Mutter hatte ihr Verhalten gegenüber ihren Töchtern geändert. Sie war inzwischen stolz auf Simones Erfolge, was sie ihr durch kleine Gesten zeigte. So legte sie ihr manchmal eine Decke um oder brachte ihr einen heißen Tee, bevor sie schlafen ging, wenn Simone noch bis spät in die Nacht lernte.

»Vielleicht haben sie bei mir aufgegeben, weil sie auch dir die Philosophie nicht verbieten konnten«, mutmaßte Poupette.

Simone seufzte bei der Erinnerung, wie sie über Wochen kein Wort mit ihren Eltern gewechselt hatte, bis die ihr endlich die Erlaubnis gegeben hatten. »Ich glaube, sie haben einfach keine Ahnung, was du an der Académie machst. Wenn Maman wüsste, dass dort Nacktmodelle für die Studenten sitzen, würde sie augenblicklich eine ihrer Krisen haben.«

»Um Gottes willen, das darf sie nie erfahren.«

Während sie das sagte, erinnerte sich Simone an ihr Entsetzen, das sie noch vor ein paar Wochen gepackt hatte, als sie Stépha nackt auf einem Gemälde gesehen hatte. Jetzt kam ihr das völlig normal vor, was auch an Sartre lag, der ihr derartige Prüderie mit einem hinreißend komischen Vortrag über die bürgerliche Moral am Beispiel von Rimbaud und Marx ganz schnell ausgetrieben hatte.

Simone saß neben Poupette auf einem hohen Hocker an der Bar und versuchte sich darin, möglichst elegant die Beine übereinanderzuschlagen. Das war nicht ganz leicht, denn sie hatten schon einige Gläser getrunken. Inzwischen betrat Simone solche Bars mit der größten Selbstverständlichkeit, ob nun mit männlicher Begleitung oder ohne, was Zaza, als sie ihr davon erzählt hatte, entsetzt hatte.

Simone fühlte sich großartig und bestellte einen weiteren Gin-Fizz. Sie bekam gar nicht richtig mit, dass eine Freundin von Poupette neben ihr Platz nahm. Simone kannte sie von früher, sie hieß Magda.

»Hast du Nachricht von Jacques?«, fragte Magda unvermittelt und starrte Simone aus leicht glasigen Augen an.

Simone erstarrte. »Wieso Jacques?«, fragte sie.

»Na ja, ihr seid doch Cousin und Cousine. Wir waren zwei

Jahre lang zusammen, und dann ist er einfach verschwunden, und ich höre nichts von ihm. Ich weiß, dass ich eine komplette Idiotin bin, aber ich liebe ihn noch immer!«

Simone starrte sie an. Magda verzog den Mund, kurz davor, in Tränen auszubrechen. Trotzdem war sie schön, engelsgleich, mit langen Beinen und einem zarten Hals, der aus einem Pelzjäckchen herausschaute. Aus dunkel geschminkten Augen blickte sie Simone an, die sich neben ihr plötzlich gar nicht mehr großartig, sondern wie Aschenputtel vorkam.

Die eine Frau küsse ich, der anderen vertraue ich. Diesen Satz hatte Jacques ihr einmal geschrieben. Damals war sie stolz gewesen, als die Vertraute zu gelten. Aber als sie jetzt Magda in all ihrer Schönheit sah, war sie sich dessen nicht mehr sicher. War das, was sie empfand, etwa Eifersucht?

Simone ließ sich nichts anmerken und brachte den Abend mit einiger Mühe hinter sich, und dann kam eine schlaflose Nacht voller Verzweiflung. Colombe kam ihr in den Sinn, die Figur aus dem Roman von Alain-Fournier, die ins Wasser gegangen war, als sie herausgefunden hatte, dass ihr Geliebter ihrer nicht würdig war. Entsetzt stellte sie fest, dass die Vorstellung, es ihr gleichzutun, für eine Sekunde etwas Verführerisches bekam. Sie setzte sich auf und schaltete das Licht ein, um den schrecklichen Gedanken zu vertreiben. Poupette stöhnte neben ihr auf, aber Simone achtete nicht auf sie.

Sie musste unbedingt Klarheit über ihre Gefühle gewinnen. Eilig suchte sie nach ihrem Tagebuch und blätterte fieberhaft durch die Einträge der letzten Monate, die Jacques betrafen. Verwundert nahm sie zur Kenntnis, wie viel Raum er einnahm. All diese *O Jacques!* und *Mein Jacques!* Und warum duzte sie ihn? Bei Sartre würde ihr das nie einfallen, für ihn gab es nur das respektvolle Sie, das dennoch Zuneigung bedeutete, aber eine ernsthafte, nicht diese schwärmerische Hingabe, die kaum zu einer denkenden Frau wie ihr passen wollte.

Es gab Einträge im Tagebuch, wo jede Zeile Jacques betraf, sei es direkt oder indirekt. Sie verglich ihn mit ihren anderen Freunden, mit dem sanften Maheu, mit dem charmanten Gandillac, schrieb von Besuchen im Bois de Boulogne, nur um hinterher ihre Erinnerungen an ihre Ausflüge mit Jacques dorthin zu beschreiben. Jedes Tulpenbeet, jede Narzisse, die ihr Herz berührte, ließ sie an Jacques denken. Die zartrosa Blüten der Kastanienbäume erinnerten sie daran, wie sehr Jacques diese Bäume mochte.

Als sie die Passagen jetzt wieder las, verstörten sie sie. Hatte die Schönheit der Welt denn keinen eigenen Stellenwert? Und hatte Sartre sie nicht gelehrt, dass sie ein eigenständiger Mensch war und sich nicht nur über ihre Beziehung zu Jacques definierte? Ihre Begegnungen, ihre Erlebnisse, wieso setzte sie alles in Beziehung zu ihm? Es war peinlich! Und sie wusste, dass die Einträge aus den vergangenen beiden Jahren noch sentimentaler und … sie suchte nach dem passenden Wort – ja, noch verlogener waren. Genau das waren sie. Sie hatte in Jacques immer jemanden gesehen, der er nicht war, der er nicht einmal zu sein vorgab. Wenn er Sachen sagte wie: »Ich glaube, ich werde bald jemanden heiraten müssen«, dann hatte sie sich eingeredet, dass er nur sie damit meinen konnte. Obwohl sie es besser wusste. Wütend schlug sie das Heft zu. Fast hätte sie es von sich geschleudert.

Will ich so sein, fragte sie sich. Eine Person, die sich derart abhängig macht?, Die sich die Welt unaufrichtig zurechtbiegt, statt den Dingen ehrlich entgegenzutreten? Ich habe gerade meine *Agrégation* bestanden, Herrgott noch mal! Ich stehe kurz davor, eine der besten Lehrerinnen Frankreichs zu werden. Ich bin eine vernünftige Frau, die ihre Handlungen reflektiert und hinterfragt. Ich habe ein Ziel im Leben. Aber alles, was ich hier geschrieben habe, ist falsch. Das bin nicht ich. Das will ich nicht sein.

Sie hielt inne. Aber ich bin ja auch erst einundzwanzig Jahre alt, dachte sie dann etwas versöhnlicher, ich stehe am Anfang meines Lebens. Und immerhin habe ich meinen Fehler erkannt. Ich werde ihn korrigieren, ich werde mich ändern. Ich werde mich so lange ändern und verändern und beobachten, bis ich sagen kann: Jetzt bin ich so, wie ich sein möchte. Sie musste daran denken, was Poupette ihr schon vor einiger Zeit gesagt hatte: »Es ist doch kein Wunder, dass du dich in Jacques verliebt hast. Er war der einzige Mann, den du kanntest. Und in unseren Kreisen konnte das nur bedeuten, dass du ihn heiratest.«

Als sie sich am nächsten Vormittag auf den Weg zum Boulevard Raspail machte, wo die Frau wohnte, die ihre Diplomarbeit abtippte, war sie mit ihren Überlegungen immer noch nicht zum Ende gekommen. Vor lauter Liebeskummer – und es war Liebeskummer, was sie trotz allem für Jacques empfand – war ihr die Arbeit, für die sie so wahnsinnig geschuftet hatte, auf einmal nicht mehr wichtig. Sie nahm den Packen Papier entgegen, beinahe gleichgültig. Wieder auf der Straße, wurde sie wütend. Sie hielt gerade das Ergebnis von mehreren Monaten Arbeit in der Hand, sie sollte sich darüber freuen! Stattdessen versank sie in

Trauer um einen Mann, der ihrer nicht würdig war und sie nie und nimmer heiraten würde. Plötzlich erkannte sie das Ausmaß ihrer Illusion klar und deutlich. Ihr Cousin war auf der Suche nach einer guten Partie, die ihm aus seinen finanziellen Schwierigkeiten helfen würde. Sie hatte sich seine Liebesschwüre nur ausgedacht. Und wieso wollte sie überhaupt eine Ehe mit ihm führen? Wie würden sie in zehn, in zwanzig Jahren miteinander leben? Hätten sie sich dann noch etwas zu sagen? Das alles war verrückt. Was machte Jacques mit ihr? Nein! Was ließ *sie* zu, das *er* mit *ihr* machte? Wie dumm war sie gewesen! Wie oft war sie am Morgen mit Tränen in den Augen aufgewacht, weil sie sich die ganze Nacht nach ihm gesehnt hatte. Wie oft hatte sie ihre Zeit in der Bibliothek vertrödelt, weil sie stundenlang von ihm geträumt hatte, anstatt zu lesen, weiterzukommen, sich zu entwickeln. Sie zählte längst nicht mehr die Tage, an denen sie ihn nicht gesehen hatte, sie schrieb nicht mehr seitenlange schwülstige Ergüsse in ihr Tagebuch. Jacques hatte schon lange angefangen zu verblassen, und als ihr das klar wurde, fiel eine große Last von ihr ab.

Dank Sartre hatte sie gelernt, den Dingen auf den Grund zu gehen und sich in keinem Fall selbst zu belügen, der Unaufrichtigkeit ein Ende zu machen. Und auf diese Weise betrachtet, kam sie nicht umhin, die Sache mit Jacques für beendet zu erklären.

Ein paar Tage später, als sie in Sartres verrauchtem Zimmer saßen und eigentlich lernen wollten, erzählte sie ihm von Jacques.

»Aber, lieber Castor, wie können Sie denn derart bürgerlich denken?«, hörte sie Sartres sanfte Stimme sagen.

»Er ist ein Sohn aus gutem Hause, der sich vor der Hochzeit die Hörner mit einer Frau aus einer niedrigeren Schicht abstößt, bevor er sich entschließt, seriös zu werden, und eine Frau seiner eigenen Klasse heiratet. Und selbstverständlich gesteht er seiner zukünftigen Ehefrau nicht dasselbe Recht zu. Das ist infam!« Simone setzte sich auf. Sie empfand so großen Ekel, dass sie würgen musste.

Zu ihrem Erstaunen interessierte Sartre sich kein bisschen für ihre Empörung. Wenn sie geglaubt, vielleicht sogar insgeheim gehofft hatte, sich interessant oder geheimnisvoll zu machen, indem sie ihm von ihrem Kummer mit Jacques erzählte, dann hatte sie sich komplett getäuscht. Für Sartre waren weder Ehe noch Monogamie eine Option, diese Dinge interessierten ihn nicht.

»Nun sagen Sie doch einmal etwas dazu. Interessiert es Sie denn gar nicht, wie ich fühle?«, rief sie schließlich aufgebracht.

Er sah sie überrascht an.

»Aber Simone, glauben Sie doch nicht, sich begehrenswert machen zu müssen, indem Sie mir von einem anderen Mann erzählen. Sie haben den Willen zur Freiheit, Sie sind viel zu neugierig. Sie sollten Bücher schreiben und nicht heiraten.«

Seine Worte trafen sie, obwohl sie sich eingestehen musste, dass er recht hatte.

Als sie ging, sagte er ihr zum Abschied: »Mein reizender Castor, Sie haben mir heute so sehr gefallen. Sie sind das zärtlichste, treuste, aufrichtigste Mädchen, das ich kenne.«

Mit diesen Worten machte er alles wieder gut, aber sobald sie unten auf der Straße stand, überkam sie größte Verwirrung.

Sie hastete in den Luxembourg und fand sich plötzlich in Tränen aufgelöst vor einer blühenden Fliederhecke wieder, deren Duft schwer in der Luft hing. Sie ließ sich auf eine Bank fallen und versuchte, sich zu beruhigen. Was war denn nur los mit ihr?

Sie schlug ihr Buch auf, um auf andere Gedanken zu kommen, aber sie sah nur auf die Seiten, ohne eine Zeile zu lesen. Was macht denn eigentlich mein Leben aus?, dachte sie und gab sich selbst die Antwort: all das Wissen, das die Bibliothèque nationale, die Sorbonne, die École normale oder die verwunschenen Buchläden von Adrienne und Sylvia für sie bereithielten; ihre Schwester und ihre Freunde, allen voran Zaza, Maheu, Merleau-Ponty, Stépha und seit ein paar Wochen vor allem Sartre; was sie mit ihnen an den Abenden am Montparnasse erlebte; die Entdeckungen der Philosophie und nicht zuletzt die Bücher, die sie selbst schreiben würde. Bei dem Gedanken gelang es ihr endlich, sich zu beruhigen, und sie sagte zu sich selbst:

»Die wahrscheinlich größte Kränkung für dich, lieber Jacques, müsste es doch sein, wenn ich den ganzen Tag nicht einen Gedanken an dich verschwende.«

Genau das würde sie tun.

Sie hob den Kopf und nahm die Fliederhecke vor sich wahr. Solange es solche Schönheit gab, war das Leben da nicht allemal herrlich und lebenswert?

Kapitel 7

Sartre lud sie auf einen Spaziergang an der Seine ein, um mit ihr, wie er sagte, das Gespräch über ihre Vorstellungen von ihrem zukünftigen Leben weiterzuführen. Während sie an den Quais gegenüber dem Louvre entlanggingen, malte er ihr aus, was für eine Zukunft er vor sich sah: Er würde nie eine Familie gründen und nie Besitz anhäufen. Er würde reisen und vor nichts Angst haben. Er würde sich von den Hafenarbeitern in Konstantinopel ihr Leben erzählen lassen, mit Zuhältern trinken und mit Bauern den Acker umgraben. Er würde die ganze Welt bereisen und so viele Erfahrungen sammeln, wie er nur konnte.

»Wozu das alles?«, wagte sie zu fragen, obwohl sie die Antwort kannte.

»Um es zu begreifen, um davon zu erzählen. Ich will meine Ideen in die Welt tragen. Und nichts wird mich davon abhalten.«

Simone starrte ihn bewundernd an. Wie genau er wusste, was er im Leben wollte. Gerade eben hatte er die Quintessenz zusammengefasst. Sartre wollte die Welt sehen, und alles um ihn herum sollte in sein Werk eingehen. Dabei ging es ihm um eine Idee, nicht darum, berühmt zu werden. Mit seinem unbedingten Willen, seiner leidenschaftlichen Besessenheit, Bücher zu schreiben, faszinierte er sie womöglich noch mehr als durch sein unbegrenztes Wissen. Simone musste neidlos anerkennen, wie viel genauer als sie er wusste, was er anstrebte.

Auf dem Pont Neuf blieb er plötzlich stehen. »Was bedeutet für Sie Liebe?«, fragte er. »Der Wunsch, dass der andere zu Ihnen spricht oder dass er Sie umarmt?«

»Beides«, antwortete sie ohne nachzudenken. »Man kann einen Kuss vorziehen, nur weil man gerade vorher so schöne Worte gehört hat. Und man kann jemanden nicht mehr lieben, weil man von seinen Worten enttäuscht ist.«

Er lachte triumphierend. »Ich habe Ihnen ja gleich gesagt, dass dieser Jacques Sie unglücklich gemacht hätte. Kommen Sie, ich spendiere Ihnen eine heiße Schokolade.«

Sie gingen in das erste Café, an dem sie vorüberkamen, ein Kellner brachte die Getränke, und Sartre fing an, über die Oberfläche des Kakaos zu reden, wie sie sich veränderte, wenn er Sahne dazugab und umrührte. Dann hielt er den Löffel hoch und sinnierte über seine Form und warum sie genau so war und nicht anders.

Er wies mit dem Löffel in Richtung der kleinen Bühne im Hintergrund des Raumes. »Sehen Sie dort drüben den kleinen Pianisten? Er spielt diese Melodie, weil er darüber nachdenkt, seine Frau zu verlassen, die ihn mit dem Gitarristen betrügt.«

Simone nahm seinen Faden auf. »Aber der Gitarrist liebt die Frau des Pianisten schon von Kindheit an. Und sie ihn. Sie hat den Klavierspieler nur geheiratet, weil sie einmal mit ihm geschlafen hat und schwanger geworden ist. Seitdem sind sie alle drei unglücklich und in ihrem Schicksal gefangen.«

Simone stützte ihr Kinn in die Hände und dachte über die Frau des Klavierspielers nach.

So machten sie es ständig. Sie kommentierten alles und jeden um sie herum. Jede Kleinigkeit interessierte sie, die Welt um sie herum war voller Geschichten. Sie waren immer im Gespräch, und Simone wurde nie langweilig an Sartres Seite.

Als sie an diesem Tag nach Hause kam, war zum Glück niemand da, und Simone nutzte das Alleinsein, um ihre Gedanken zu Sartre in ihr Tagebuch zu schreiben. Ja, es war ihr wichtig, von Worten berührt zu werden. Und Sartre drang mit seinen Worten in ihren Kopf ein, das gefiel ihr. Meine Güte, eindringen, hatte sie das gerade geschrieben? Das klang ja wie ... Sie kicherte.

Auf einmal sehnte sie sich nach ihm. Nicht nach dem Denker, sondern nach dem Mann. Seit Maheu nicht mehr in Paris war und sie umschwärmte, seit sie sich innerlich von Jacques und seiner Unaufrichtigkeit gelöst hatte, war plötzlich Platz in ihrem Herzen für Sartre. Sie konnte dieses Gefühl nicht richtig fassen, doch auf einmal schlug Begehren wie ein Blitz in sie ein: Es war, als würde sie Sartre zum ersten Mal sehen.

Mit zitternden Fingern schrieb sie einen Satz hin, einen Vorsatz, um genau zu sein, dann hörte sie, wie ihre Mutter nach Hause kam. Hastig klappte sie ihr Tagebuch zu und versteckte es hinter der Reihe der Bücher in ihrem Regal.

»Ich begleite Sie in Ihr Zimmer«, sagte sie am nächsten Tag zu Sartre. Sie hatten den Tag zusammen verbracht wie üblich, jetzt wurde es schon dunkel, und sie waren beide müde und erfüllt von ihrem Gespräch. Und Simone war wieder der Satz eingefallen, den sie am Vorabend notiert hatte.

Sartre sah sie überrascht und zärtlich an. »Ich möchte das schon lange, eigentlich vom ersten Tag an. Aber warum jetzt?«

»Ich habe darüber nachgedacht und entschieden, dass es an der Zeit ist. Und Stépha hat mir ein wenig die Leviten gelesen«, fügte sie mit einem Lächeln hinzu.

»Brave Stépha«, sagte Sartre und nahm ihre Hand in seine und ließ sie nicht wieder los.

In seinem Zimmer legte er die Arme um sie und küsste sie. In dem Moment, als sich seine vollen Lippen auf ihre legten, schien in Simone etwas zu explodieren. Sie drängte sich an ihn, und beide ließen sich auf das schmale Bett fallen. Bücherstapel fielen in sich zusammen, Sartre schob sie mit dem Ellenbogen vom Bett, damit sie Platz hatten.

»Simone, ich liebe Sie. Aber auch, wenn wir dies jetzt tun, bedeutet das nicht, dass Sie ein Anrecht auf mich haben«, sagte er plötzlich. »Das wissen Sie doch?«

Simone schmunzelte. »Jetzt nehmen Sie sich aber zu wichtig, Sartre.« Und selbst wenn es nicht so gewesen wäre, hätte sie in diesem Moment nicht mehr aufhören wollen. Sie hatte sich vorgestellt, dass sie sich bei ihrem ersten Mal beobachten würde, dass sie jederzeit wissen würde, was sie tat, was geschah. Aber dann war sie nur noch Fühlen und Leidenschaft, und ihre Gedanken schalteten sich einfach ab.

Auf dem Heimweg im Bus wusste sie nicht, was sie zuerst denken sollte.

»Ich bringe Sie nach Hause«, hatte Sartre vorgeschlagen, während er zärtlich über ihren nackten Rücken strich, aber Simone wollte allein sein, um über das nachzudenken, was gerade geschehen war. Gut möglich, dass zu Hause ihre Mutter auf sie wartete, und sie wollte ihr nicht unvorbereitet gegenübertreten. Françoise hätte die glänzenden Augen und die aufgekratzte Erregung ihrer Tochter bemerkt und bohrende Fragen gestellt.

Endlich hatte sie den Schritt getan. Und es war richtig, dass sie ihn mit Sartre getan hatte. Sie sah Stéphas spöttische Miene vor sich, wenn sie von kleinbürgerlichen Vorstellungen bezüglich der Sexualität von Frauen sprach. Aber Stépha hatte ihr nicht erzählt, was für ein Orkan die körperliche Liebe war. »Das kann man nicht erklären, du wirst schon sehen«, hatte sie lediglich mit einem Grinsen gesagt. Nun wusste Simone, was sie gemeint hatte. Endlich wusste sie Bescheid über die Dinge, über die nie gesprochen wurde. Und Zazas Mutter hatte das als abscheuliche Pflicht abgetan? Wie konnte sie nur! Noch immer spürte Simone in sich dieses Sehnen, das Kribbeln, die Lust. Am meisten verwunderte sie, wie eins sie sich mit Sartre gefühlt hatte. Sie hatte keine Ahnung gehabt, dass da noch eine andere Ebene der Vereinigung möglich war, neben der geistigen, und so hatte Simone soeben das unendliche Glück kennengelernt, einen Mann wegen seiner Klugheit und seines Körpers zu lieben. Sie verspürte die schwindelerregende Gewissheit, dass Sartre der Mann war, auf den sie gewartet hatte, er war alles, was sie auf ihrem Weg brauchte. Er war ihr Gesprächspartner, ihr Freund, ihr Mann. Er war wichtiger als alle anderen.

Zaza bemerkte als Erste, dass Simone verliebt war. »Ich freue mich für dich«, sagte sie zu ihr. »Ich weiß, dass der richtige Mann alles verändert.«

»Heißt das, du bist nicht eifersüchtig, weil ich so viel Zeit mit ihm verbringe?«, fragte Simone.

Zaza schüttelte den Kopf. »Aber nein!«

»Ich schlafe auch mit ihm.« Jetzt war es heraus. Simone wartete ängstlich auf Zazas Reaktion. Sie hätte es nicht ertragen, wenn ihre Freundin sie verurteilt hätte.

Aber Zaza sagte nur: »Du musst wissen, was du tust. Ich könnte das nicht.«

Simone und Sartre näherten sich in den nächsten Wochen weiter an. Sie wurde Sartres wichtigste Vertraute, und all seine Freunde traten hinter sie zurück. Im Gegenzug konnte Simone sich schon bald ein Leben ohne ihn nicht mehr vorstellen.

»Mir geht es ebenso«, sagte er und sah sie voller Zärtlichkeit an. »Sie sind der wichtigste Mensch in meinem Leben geworden. Wie haben Sie das nur angestellt?«

Im Sommer würde Simone jedoch wie immer nach Meyrignac fahren, und ab Herbst müsste Sartre seinen Militärdienst ableisten. Simone geriet in Panik, wenn sie an die bevorstehende Trennung dachte. Was, wenn er womöglich seinen Dienst in Nordafrika ableisten musste wie Jacques?

»Ich werde das nicht überleben«, rief sie. »Ich komme mit

Ihnen. Ich werde irgendwo in der Nähe Ihres Standortes ein Zimmer nehmen und auf Sie warten.«

Aber zunächst mussten sie erst einmal die Trennung während des Sommers überstehen.

»Ich werde Sie besuchen kommen«, kündigte er an, und Simone fiel ihm vor Erleichterung um den Hals.

Kapitel 8

Anfang August saß Simone im Zug nach Meyrignac. Ihr Koffer war schwer von den vielen Büchern, die sie lesen wollte, und ebenso schwer war ihr Herz. Zwar freute sie sich auf ein paar Wochen in der Natur, mit einem Buch unter einem Baum oder in der Sonne sitzend, und dieser Sommer an dem Ort ihrer Kindheit wäre auf jeden Fall etwas Besonderes, da Simone fürchtete, es könne das letzte Mal sein, dass sie hier längere Zeit verbrachte. Nach dem Tod ihres Großvaters war der Landsitz an ihren Onkel gefallen, und es war unsicher, was künftig aus Meyrignac werden würde. Doch bei aller Vorfreude auf das Landleben war Simone in diesem Jahr erfüllt von der Sehnsucht nach den Menschen, die sie in Paris zurückgelassen hatte.

Auf der langen Zugfahrt sprach sie kaum. Während ihre Mutter über die unbequemen Sitze in der zweiten Klasse stöhnte und ihr Vater sich darüber aufregte, dass sie keinen Gepäckträger gefunden hatten und ihre Koffer selbst in das Abteil wuchten mussten, blieb sie in sich gekehrt und still. Poupette stieß sie mit dem Fuß an, weil sie keine Antworten auf ihre Fragen gab.

In Simones Kopf kreisten Jacques, Maheu und Sartre. Und das Gefühlswirrwarr in ihrem Herzen war nun wirklich kein Gesprächsthema in Anwesenheit ihrer Eltern.

Sie freute sich auf die Einsamkeit von Meyrignac. Dort hatte sie ein eigenes Zimmer. Es lag im ersten Stock über einer schattigen kleinen Terrasse, wo sie gern abends noch lange saß und las. Sie konnte es kaum erwarten, ihren Platz dort einzunehmen und ihre Gedanken mit ihrem Tagebuch zu teilen. Sobald Simone das Zimmer nach ihrer Ankunft bezogen hatte, wischte sie die feine Staubschicht von dem Tisch, der dort stand, und legte ihre Bücher und das Notizbuch ab.

Mit einer feierlichen Geste setzte sie sich.

Sie hatte sich vorgenommen, die Ferienwochen zu nutzen, um sich über ihre Gefühle klar zu werden und eine Entscheidung zu treffen. Sie fing damit an, dass sie drei Namen oben auf die Seite schrieb. *Sartre – Maheu – Jacques.* Sofort stutzte sie. Warum die Namen in dieser Reihenfolge?

Meine Zärtlichkeit für Sartre ist kein Verrat, weder am Lama noch an Jacques, schrieb sie. Sartre und Maheu, das waren ihre kleinen Kameraden, mit denen sie Abenteuer des Geistes erlebte, die ihr das Gefühl gaben, etwas zu sagen zu haben. Mit Sartre hatte sie geschlafen, aber wie oft hatte sie sich dasselbe mit Maheu gewünscht, dem liebevollen und zurückhaltenden Maheu? Sie hätte Ja gesagt, aber er hatte nie gefragt, hatte seiner Zuneigung zu ihr nie einen körperlichen Ausdruck gegeben. Jacques dagegen war ein Teil ihrer unschuldigen Kindheit, der keine Ahnung davon hatte, wie sehr er sie mit seinem Schweigen ins Unglück gestürzt hatte. Doch genauso wenig wusste er, wie weit sie sich inzwischen von ihm entfernt hatte. Wie hatte Sartre noch gesagt? Dass Jacques genau zu der Art Männer gehörte, den romantischen, gütigen, launenhaften, die sie unglücklich machen würden.

Simone seufzte. Sie liebte alle drei Männer, wenngleich auf ganz verschiedene Art und Weise. Mal war es der eine, dann der andere, den sie am meisten schmerzlich vermisste. Sie hatte zwar vor, sich bis zum Ende der Ferien für einen von ihnen zu entscheiden, aber was wäre, wenn sie das nicht könnte, nicht wollte? Und mit einem Mal fragte sie sich, wer sie eigentlich daran hinderte, diese drei völlig unterschiedlichen Männer gleichzeitig zu lieben? Simone legte den Stift nieder. Darüber müsste sie erst einmal nachdenken.

Die ersten Tage auf dem Land waren himmlisch, genau wie sie sie sich erträumt hatte. Voller Begeisterung nahm Simone die vertraute Umgebung wieder in Besitz. Sie lief zu dem kleinen Bach, der am Ende des Grundstücks gurgelte, und hielt die Füße in das eiskalte Wasser. Sie suchte nach den Vogelnestern vom letzten Jahr und freute sich, wenn sie von Neuem bewohnt waren, ging an die Stellen, wo sie wilde Alpenveilchen gefunden hatte, und kam mit dicken Sträußen zurück. Wie einen alten Freund umarmte sie die riesige Zeder, die ihr Urgroßvater gepflanzt hatte, und streckte sich in ihrem Schatten aus.

»Aus dir hätte eine Botanikerin werden können«, neckte Poupette sie, wenn sie durch die Gegend streiften und Simone sich nach einem Blatt reckte oder eine Schnecke, eine Libelle oder ein anderes Tier entdeckte. Aber für Simone war es, als würde sie all diese geliebten Dinge zum letzten Mal tun, deshalb gab sie sich ihnen mit ganzem Herzen hin.

Ihre Eltern und den Rest der Familie sah sie oft nur zum Abendessen, und es war ihr recht so.

Manchmal fuhr sie mit Poupette und ihrer Cousine Madeleine in die nächste Stadt, nach Uzerche, aber die Eisdielen und

Modegeschäfte boten nichts wirklich Interessantes für sie. Sie war immer froh, wenn sie am Abend in die Beschaulichkeit von Meyrignac zurückkehrte.

Zu anderen Zeiten lag sie Stunden im sonnenverbrannten Gras ausgestreckt, ein Buch vor der Nase, umgeben von dem Duft nach feuchter Erde und frisch gemähtem Getreide und dem Gesumme der Insekten. Sie träumte vor sich hin, bis an einem tiefblauen Himmel der erste Stern aufging, wobei sie eine innere Ruhe, einen stillen Frieden empfand und sich fragte, ob sie dieses Gefühl schon früher einmal gehabt hatte.

Abends schrieb sie lange Briefe voller Sehnsucht an Sartre, in denen sie ihm minutiös ihren Tagesablauf schilderte. Wenn sie an ihn dachte, erstand Paris vor ihren Augen wieder auf, die vielen Plätze, die sie mit ihm besucht hatte, die Straßen, die sie entlanggegangen waren, tief ins Gespräch versunken, die Cafés und Restaurants, in denen sie gesessen hatten. Sie musste es ihm schreiben: *Sartre, Sie sind für mich Paris. Wenn ich Sie verliere, verliere ich Paris. Wissen Sie, dass ich Sie in meinem Herzen trage, wenn ich über die taufeuchten Wiesen laufe?*

Am 21. August kam er dann endlich. Zehn lange gemeinsame Tage lagen vor ihnen. Er hatte sich ein Zimmer im vier Kilometer entfernten Saint-Germain-les-Belles genommen und machte jeden Tag zu Fuß den Weg nach Meyrignac. Simone verließ das Haus wie jeden Tag, aber nun, um sich mit Sartre zu treffen.

Es war, als wären sie nie getrennt gewesen, stellte sie glücklich fest. Sie nahmen ihr Gespräch dort wieder auf, wo sie es abgebrochen hatten. Und überrascht nahm Simone wahr, dass, sobald Sartre da war, sich in ihrem Kopf kein Platz mehr für den kleinsten Gedanken an Maheu und Jacques fand. Gegen seine

Präsenz kamen sie nicht an, er ließ ihr keinen Raum, um an jemand anderen zu denken. Aber auf eine aufregende Weise.

Wenn sie morgens gegen sieben Uhr vom Gesang der Vögel vor ihrem geöffneten Fenster erwachte, galt ihr erster Gedanke Sartre und dass er an ihrem Treffpunkt auf sie warten würde. Sie schlang in der Küche ein Croissant und einen Kaffee hinunter und machte sich auf den Weg. Poupette war eingeweiht, sie packte ihnen ein paar Sandwiches oder ein Stück Gewürzkuchen sowie ein Stück Käse ein. Simone hätte das Picknick gern selbst vorbereitet, aber das hätte Misstrauen erregt, denn alle in der Familie wussten, wie sehr sie Küchenarbeit verabscheute. Poupette fand die Treffen ihrer Schwester jedoch rührend romantisch und war auf ihrer Seite.

Sie und Sartre saßen an einem ihrer Lieblingsplätze, auf einer von der Sonne beschienenen Lichtung in der Nähe des kleinen Flusses, und beobachteten eine Eidechse, die sich auf einem Stein wärmte.

»Und wenn hier nun keine Beute für sie vorbeikommt?«, fragte Simone versonnen, ohne groß darüber nachzudenken.

Doch Sartre wurde sofort hellwach. »Dann wird sie verhungern. Oder sie sucht sich einen anderen Platz, um zu jagen.«

Und schon war er mitten in einer philosophischen Erläuterung seiner Theorie des Zufalls, den er Kontingenz nannte.

»Diese Eidechse verdankt ihre Existenz ausschließlich dem Zufall, und ebenso zufällig ist es, ob sie Beute macht oder verhungert. Es gibt keine höheren Mächte«, sagte er. »Es gibt keinen Gott, der unser Schicksal vorbestimmt. Es sind vielmehr Zufälle, die unserem Leben eine Richtung geben. Und natürlich unsere Handlungen.«

Simone sah ihn mit offenem Mund an. Dafür liebe ich ihn, dachte sie. Weil er noch so kleine Begebenheiten in Philosophie verwandelt. Sie wollte, dass er weitersprach, und fragte: »Aber wenn der Zufall gewollt hätte, dass wir uns nicht begegnen?«

»Jetzt spricht Mademoiselle de Beauvoir, nicht mein kleiner mutiger Castor.«

»Und aus Ihnen spricht der Baladin, der Wanderer, der die Lügen und die Mittelmäßigkeit der Welt aufdeckt.«

Er lachte. »Baladin, das gefällt mir.«

Ebenso faszinierend wie die philosophischen Gespräche fand sie seinen Blick auf sie selbst. Immer, wenn ihm etwas an ihr auffiel, wenn er etwas an ihrem Charakter, ihrem Äußeren oder auch nur an ihrer Art zu gehen hervorhob, fand er dafür Bilder und Umschreibungen, die einfach zu schön waren. Sie legte sogar eine Liste seiner schönsten Komplimente in ihrem Tagebuch an. *Sie sind wirklich sehr kostbar und sehr zerbrechlich, mein lieber Castor. Man muss sehr zart mit Ihnen umgehen, weil Sie die Neigung haben, sich hundertprozentig hinzugeben. Sie wissen ja gar nicht, welche Zärtlichkeit auf Ihrem kleinen Gesicht leuchtet.*

Wann hatte er das zu ihr gesagt? Nachdem sie sich auf dem Waldboden geliebt hatten? Und stundenlang Gesicht an Gesicht dort gelegen und geredet hatten?

Sie dachten gar nicht daran, ihre Treffen zu verheimlichen, und machten oft lange Spaziergänge, die Sartre allerdings nicht so liebte, weil er, wie er sagte, eine Chlorophyllallergie habe. Simone lachte ihn aus. Sie saßen am Markttag auf einer Bank vor Sartres Hotel, und Simone grüßte die Nachbarn aus Meyrignac, die vorbeikamen. Manchmal wartete Sartre auf sie am Ende des Gartens und war vom Haus aus zu sehen. Und so kam es, wie es kommen musste: Eines Tages, sie lagen nebeneinander im hohen Gras und lasen, kam ihr Vater wutschnaubend auf sie zugeeilt.

»Monsieur, ich fordere Sie auf, unverzüglich zu gehen. Sie bringen unsere Tochter ins Gerede«, rief Georges erbost schon von Weitem.

Sartre erhob sich betont langsam und zog Simone an der Hand hoch.

»Papa …«, begann sie, aber Sartre kam ihr zuvor.

»Nein, Monsieur, ich werde nicht gehen. Ihre Tochter ist erwachsen, und wir bereiten eine Arbeit vor.«

»Papa, das ist Jean-Paul Sartre. Er hat den Concours gewonnen, wir studieren zusammen. Und das lasse ich mir nicht verbieten.«

Ihr Vater sah Sartre drohend an, und Simone glaubte schon, er würde ihn tätlich angreifen.

»Monsieur, Sie können tun, was Sie wollen, meinetwegen schlage ich mich auch mit Ihnen, aber ich werde mich nicht vertreiben lassen.« Sartre blieb ganz ruhig, und damit nahm er Georges den Wind aus den Segeln.

»Papa, ich bin einundzwanzig. Das ist doch lächerlich«, versuchte es Simone.

Aber Georges war durch nichts zu beruhigen. Er wollte einfach nicht glauben, dass dieser freche junge Student sich nichts von ihm sagen ließ.

Und doch musste er unverrichteter Dinge wieder gehen.

Simone machte sich auf alles gefasst, als sie gegen Abend zurück ins Haus kam. Aber ihr Vater schwieg verbissen, und ihre Mutter verlor kein Wort über die Sache.

Als Sartre dann nach Paris zurückfuhr, fasste Simone die Eindrücke seines Besuchs in ihrem Tagebuch zusammen. Die letzten zehn Tage mit ihm hatten ihr seine unverbrüchliche Zuneigung bewiesen – nichts würde sie auseinanderbringen, das wusste sie nun.

Sartre ist in meinem Herzen und in meinem Körper, aber vor allem (denn in meinem Herzen und Körper können die anderen auch sein) ist er der unvergleichliche Freund meiner Gedanken ...

Ein paar Tage nachdem er abgereist war, kam das Lama auf dem Bahnhof in Meyrignac an. Simone war mutig geworden und hatte ihren Eltern die Erlaubnis abgetrotzt, ein Zimmer im Bahnhofshotel zu nehmen. Auch Maheu würde dort wohnen, selbstverständlich in einem eigenen Zimmer. Weil sie ihn ihren Eltern bereits in Paris vorgestellt hatte und sie ihn mochten, willigten sie ein. Vielleicht fürchteten sie auch das Gerede der Nachbarn, wenn ihre Tochter schon wieder unbegleitet mit einem Mann herumspazierte, und zogen es deshalb vor, sie außer Sichtweite zu wissen. Für Simone spielte das keine Rolle, sie war nur fassungslos über die Gedankengänge ihrer Mutter, die es tatsächlich für eine ausgemachte Sache hielt, dass eine Tochter aus gutem Hause den Mann, mit dem sie ein paarmal spazieren ging oder Tennis spielte, auch heiratete.

Als Maheu aus dem Zug stieg, in seinem hellen Anzug und mit dem kleinen Koffer und der Müdigkeit im Gesicht, flog ihm Simones Herz entgegen. Sie war voller Zärtlichkeit für ihn. Sie bezogen ihre Zimmer im Hotel, und Simone hörte ihn nebenan singen, während er sich frisch machte. Am ersten Abend trank sie im Restaurant eine ganze Flasche Wein, weil sie so viel redete, dass sie überhaupt nicht mitbekam, wie sie Glas um Glas leerte. Und es war nichts als Sartre und die vergangenen Tage mit ihm, wovon sie redete. Sie erzählte Maheu jede Einzelheit.

Der war verstimmt, tat jedoch so, als mache er sich nur Sorgen um sie. »Sartre wirst du nie für dich allein haben. Ich bezweifle, dass du mit ihm glücklich wirst.«

Als sie gegen Mitternacht auf ihre Zimmer gingen, war Simone übel von dem Wein, und Maheu kam in einem blauen Seidenpyjama zu ihr, setzte sich an ihr Bett und küsste ihr die Hand, bis es ihr besser ging.

In den folgenden Tagen unternahmen sie lange Wanderungen, bei denen sie in einem Fluss badeten, wobei Maheu einen Sonnenbrand bekam. Später kletterte er auf einen Baum, um sie zum Lachen zu bringen. Beide gaben sich Mühe, die alte Freundschaft aufleben zu lassen, aber zwischen ihnen blieb eine merkwürdige Fremdheit.

Als Simone ihn wieder zum Zug brachte, hatte sie das Gefühl, dass etwas zwischen ihnen stand. Die Leichtigkeit ihrer Beziehung war verloren gegangen. Maheu winkte zum Abschied traurig aus dem Fenster.

Mit der Hilfe ihres Tagebuchs versuchte sie zu verstehen, wo der Unterschied zwischen dem Lama und Sartre liegen mochte. Maheu gehörte zu den schönen Männern, die einen immer auf eine Weise ansahen, dass man ihnen nichts abschlagen konnte. Die mit einem Augenzwinkern um Entschuldigung baten und darauf vertrauten, dass eine Frau schon verstehen würde, dass ein Mann nun mal anders sei, und genau damit das Prickeln auslöste. Männer wie Maheu – oder Jacques – spielten die Zerknirschten und täuschten ihre Ehefrauen mit einem Lächeln wie ein Prinz über ihre Geliebten und andere Betrügereien hinweg.

Sartre hingegen würde sich derartige Manipulationen niemals erlauben. Er war ehrlich auch in den allerkleinsten Fragen, und vor allem gab er Simone die Freiheit, in aller Aufrichtigkeit sie selbst zu sein und die Dinge einfach zu nehmen, wie sie waren. Ohne Kompromisse, ohne Drängen oder Erwartungen, ohne Interpretationen und Entschuldigungen. Und nebenbei war Sartre der Einzige, der ihr intellektuell gewachsen war.

Simone saß in der Dämmerung auf der Terrasse unter ihrem Fenster. Auf dem Tisch, an dem sie saß, brannte eine Petroleumlampe, deren schwacher Schein die aufkommende Dunkelheit nicht mehr als zwei Meter weit durchdringen konnte. Um sie herum waren das Zirpen der Grillen und die Rufe eines Steinkauzes zu hören, an ihren nackten Füßen spürte sie die Feuchtigkeit, die nach einem langen Sommertag vom Rasen aufstieg. Sie hatte ihr Tagebuch vor sich und bemühte sich, schreibend zu erfassen, was ihre Beziehung zu Sartre so besonders machte. Anfangs ahnte sie deren Auswirkungen eher, als dass sie sie in klaren Worten beschreiben konnte. Und dennoch fühlte sie mit Gewissheit, dass Sartre ihr mit dieser Form des Zusammenseins etwas anbot, auf das sie lange gewartet hatte, ohne sich dessen bewusst zu sein. Sartre machte ihr das Geschenk einer Beziehung auf Augenhöhe, ohne Manipulationen oder Drohungen, ohne Versprechungen, ohne den Ausweg von Entschuldigungen, ohne den Ballast, den Vergangenheit und Rollen und Erwartungen bedeuteten.

Neben ihm fühlte sie sich frei. Dafür liebte sie ihn, und sie war stolz auf diese ganz besondere Beziehung.

Diesen verzauberten Abend widme ich Ihnen, mein Frosch,
schrieb sie.

Sie ließ den Stift sinken und gab sich dem Rascheln und den Düften der Nacht um sie herum hin. Und vor lauter Glück kamen ihr die Tränen.

Das Ende der Ferien nahte. Simone wusste nicht, ob sie traurig sein sollte, weil sie wahrscheinlich nie wieder an diesen Ort zurückkehren würde, oder doch glücklich, weil sie Sartre und Paris wiedersehen würde. Wie so oft erstellte sie eine Liste mit den Dingen, die sie im kommenden Jahr tun wollte, um sich Klarheit zu verschaffen.

Ganz oben stand Sartre. Er war inzwischen ein selbstverständlicher Teil ihres täglichen Lebens, und sie würde ihn so oft wie möglich sehen. Dann kam Jacques, mit dem sie immer noch nicht ganz gebrochen hatte, obwohl sie auch über ihn viel nachgedacht hatte. Sie würde ihn treffen, mit ihm zu Abend essen, aber die Idee einer Heirat mit ihm war längst passé. Dann folgten die anderen Freunde, Maheu, Nizan, Poupette und all die anderen. Und natürlich Zaza, auf die sie sich besonders freute. Dann würde sie ein Buch schreiben, egal, ob es gut oder schlecht würde. Und die Lektüre dürfte sie nicht vernachlässigen, Bücher zur Geschichte und zur Philosophie, Romane, mindestens drei Stunden täglich, in der Bibliothèque nationale oder zu Hause. Natürlich würde sie ausgehen, in Konzerte, zum Tanzen, ins Theater und ins Kino. Sie würde Unterricht geben, vielleicht zwei Stunden pro Tag, damit würde sie genügend Geld für alles andere verdienen. Ach, noch etwas: Im kommenden Jahr würde sie mehr Sorgfalt auf ihre Garderobe verwenden, um den *petits camarades* eine Freude zu machen. Sie hatte neulich sogar schon eine Modezeitschrift gekauft, um sich einen Eindruck zu verschaffen, worauf es ankam.

Als sie mit der Liste fertig war, skizzierte sie einen Tagesablauf. Von neun bis ein Uhr nachmittags: Schreiben; von zwei bis fünf: Lektüre; von halb sechs bis sieben: Unterricht; danach Besuch bei ihrer Mutter; danach Ausgehen mit ihrer Schwester oder Zaza. Oder, an den Abenden, an denen Sartre in der Stadt war: Treffen mit ihm. Um Mitternacht zu Bett.

Beim Anblick ihres Plans dachte Simone sich, wie glücklich sie doch sei. Die Zukunft leuchtete vor ihr auf und war voller Verheißungen.

Kapitel 9

Simone presste ihre Tasche an den Körper und eilte durch den Jardin de Luxembourg. Sartre wartete auf sie am Medicibrunnen, und sie war spät dran. Sie war froh, dass sie im letzten Moment an einen Schal gedacht hatte, denn pünktlich zum Ende der Ferien war es herbstlich geworden. Es hatte geregnet, und von den Blättern tropfte es leicht, aber die Luft war klar. Simones Herz machte einen Hüpfer, als sie Sartre an seinem blauen Regenmantel erkannte. Er hatte den Kragen hochgeschlagen und unter dem Dach des kleinen Wärterhäuschens Schutz gesucht.

»Wie schön, Sie wiederzusehen, Castor«, sagte er zur Begrüßung und nahm sie in die Arme. Für einen Moment blieben sie so stehen, und Simone war ganz atemlos vor Glück.

Weil es wieder anfing zu regnen, gingen sie zum Frühstück in ein Café, dann begannen sie zu reden. Alles war interessant. Was hatte Simone an jedem einzelnen Tag in den Ferien gemacht? Und Sartre in Paris? Sie saßen nebeneinander und lasen sich gegenseitig Passagen aus ihren Tagebüchern und aus Briefen vor, um genau Bescheid zu wissen. Erst spät am Abend verließen sie einander widerstrebend, um schlafen zu gehen. Dieser erste Tag nach den Ferien wurde zum Muster für die nächsten

Wochen. Sie sahen sich an fast allen Tagen, sobald es ihnen möglich war.

Simone und Sartre wurden unzertrennlich. Man traf sie fortan fast immer gemeinsam an, und das mussten ihre Freunde akzeptieren. Auch wenn andere dabei waren, wurden sie Zeugen, wie Simone und Sartre die Köpfe zusammensteckten und sich in ihr Gespräch vertieften, das nie abriss. Es konnte passieren, dass Sartre am Abend vor ihrem Haus einen Gedanken äußerte, und am nächsten Morgen sagte sie ihm, was sie davon hielt, ohne ihn noch einmal zu wiederholen. Stets wussten beide ganz genau, was der andere meinte. Nichts musste in ihren Unterhaltungen erklärt, kein Buch für den anderen zusammengefasst, kein Film nacherzählt werden. Sie hatten beide alles gelesen und verstanden sich ohne Umwege.

Zwei Wochen später war auch Zaza wieder in Paris. Glückstrahlend berichtete sie Simone, dass sie und Merleau-Ponty sich ausgesprochen und sich sogar heimlich verlobt hatten.

Simone war unendlich erleichtert. »Ihr beiden passt perfekt zusammen. Ich kann mir keinen besseren Mann für dich vorstellen als den gütigen Ponty.«

Allerdings hatten Zaza und Ponty kaum Gelegenheit, sich zu sehen, da Madame Le Coin ihre Tochter den ganzen Tag über beschäftigte. Daher kam Simone auf die Idee, dass sie ihre Tennispartien am Sonntagvormittag wieder aufnehmen könnten. Poupette war die Vierte im Bunde, und so hatte alles einen unschuldigen Charakter. Aber an Zazas verschwörerischen Blicken sah Simone, dass dem nicht so war.

»Ich werde es Maman bald sagen«, sagte sie.

Doch bereits das erste Tennis-Match sagte sie ab. Sie kam außer Atem in der Bibliothèque nationale vorbei, um es Simone zu sagen.

»Wenn Maman in Paris wäre, könnte ich mit ihr streiten und ihr die Erlaubnis abtrotzen und mit euch gehen. Aber jetzt, wo sie nicht da ist, kann ich ihr Vertrauen in mich nicht enttäuschen.«

Simone war außer sich.

»Warum lässt du dir das gefallen?«, fragte sie. »Dann sage ihr doch, du gehst anderswo hin. Zaza!« Sie sprach so laut, dass der Bibliotheksaufseher einen strengen Blick zu ihr herüberwarf.

»Ich kann Maman nicht belügen«, gab Zaza zurück. »Ich bin lieber unglücklich, als sie zu enttäuschen.«

Damit wandte sie sich zum Gehen. An ihren zuckenden Schultern konnte Simone erkennen, dass sie weinte.

Simone sah ihr nach und schüttelte unwillig den Kopf. Obwohl Zaza sie mit ihrer Duldsamkeit zunehmend wütend machte, fühlte Simone mit ihr. Ihre beste Freundin steckte in ernsten Seelenschwierigkeiten, das war unübersehbar. Sie war unnatürlich blass und schien stets in sich gekehrt, außerdem hatte sie stark abgenommen. Simone fragte sich erschrocken, ob ihr Kummer sie ernsthaft krank gemacht habe.

In den nächsten Tagen schrieb sie ihr immer wieder aufmunternde Zeilen, aber sie bekam Zaza nicht zu Gesicht. Als sie in der Rue de Berri klingelte, wies Madame Le Coin sie ab. »Zaza fühlt sich nicht wohl.« Auch zum Tennis ließ sie sich nicht blicken.

Erst zwei Wochen später erschien Zaza überraschend in der Rue de Rennes. Sie trug ein helles Kleid aus Musselin und einen

Strohhut. Auf den ersten Blick sah sie wie das blühende Leben aus, aber dann entdeckte Simone die Tränen in ihren Augen und die roten Flecken auf den Wangen.

»Ich komme, um mich von dir zu verabschieden«, sagte Zaza hastig. »Ich habe nicht viel Zeit. Maman wartet unten mit dem Auto.«

Simone zog sie in die Wohnung. Zum Glück war niemand da, und sie konnten ungestört reden.

»Erzähle mir alles. Was ist los?«, forderte Simone sie auf.

Zaza hatte endlich ihrer Mutter von Ponty erzählt, worauf Madame Le Coin nichts Besseres einfiel, als ihre Tochter für einige Wochen nach Berlin zu schicken. Offiziell sollte Zaza Deutsch lernen, aber es war klar, dass ihre Mutter sie von Maurice fernhalten wollte.

»Aber warum?«, rief Simone aus. »Maurice ist ein *Normalien*, ein Absolvent der École normale mit besten Zukunftsaussichten und stammt aus einer alten katholischen Familie.«

»In unseren Kreisen sind Liebesheiraten nicht üblich, das weißt du doch.« In Zazas Stimme schwang Überheblichkeit mit, sie klang auf einmal wie ihre Mutter.

Simone sah ihre Freundin verständnislos an. War das ein Seitenhieb auf Simones eigene Entfremdung von den Sitten ihrer Klasse? Warf Zaza ihr vor, dass sie sich von Gott und der Kirche losgesagt und einen Geliebten hatte? Sartre mochte sie nicht und nannte ihn einen schrecklichen kleinen Gelehrten. Simone spürte Zorn in sich aufsteigen.

Sie nahm Zazas Unterwerfung unter ihre Mutter als persönlichen Affront. Die Geisteswelten von ihr und ihrer Freundin drifteten immer weiter auseinander. Zaza lebte ihre christlichen

Werte und war darin Ponty sehr ähnlich, während Simone all diese Werte lange über Bord geworfen hatte und sich nur noch darüber lustig machen konnte. Das wiederum schockierte Zaza.

»Du musst dich gegen deine Mutter zur Wehr setzen«, verlangte Simone. »Fällt es dir denn so leicht, auf Ponty zu verzichten? Und auf mich?«

Zaza schluckte, dann hob sie den Blick und sah Simone an. »Das verstehst du nicht, hast es noch nie verstanden. Und außerdem hast du ja Sartre.«

Der Hieb saß. Simone hatte selbst schon ein schlechtes Gewissen gehabt, weil sie ihre Zeit fast ausschließlich mit Sartre verbrachte. Dennoch wollte sie nicht nachgeben.

»Dann erkläre es mir doch! Zaza, du liebst Ponty, du hast dich sogar mit ihm verlobt, warum erlaubst du deiner Mutter mit ihren überkommenen Wertvorstellungen, dein Glück zu zerstören? Ich verstehe das nicht. Entscheide dich endlich zwischen deiner Familie und Ponty.« Und zwischen deiner Familie und mir, dachte sie.

Zaza stand auf. »Ich muss jetzt gehen«, sagte sie steif. »Maman wartet. Und dann muss ich Koffer packen. Mein Zug geht heute Abend.«

»Wird Maurice da sein, um sich von dir zu verabschieden?«

»Nein, um Gottes willen! Ich habe ihm geschrieben. Und du darfst auch nicht kommen.« Sie drehte sich noch einmal zu Simone herum. »Tust du mir einen Gefallen?«

»Jeden.«

»Pass auf Maurice auf. Er kann nicht gut allein sein.« Sie kam auf Simone zu und nahm sie in die Arme. Simone spürte, wie sie zitterte. Auf einmal bekam sie Angst um Zaza.

Sobald Zaza in Berlin angekommen war, erhielt Simone Briefe von ihr, die sie verstörten. *Die Dinge, die ich liebe, lieben sich nicht untereinander. Warum?* Was meinte ihre Freundin, wenn sie schrieb: *Kann man Kinder für die Sünden ihrer Eltern büßen lassen? Sind sie mitschuldig? Müssen ihre Nächsten darunter leiden?* Simone fing an, sich ernsthaft Sorgen zu machen. Wieder und wieder las sie die Sätze. Zaza war doch keine Sünderin, niemand war weniger sündig als sie, auch wenn man ihre, Zazas, eigenen strengen Maßstäbe anlegte. Warum nur unterwarf sie sich dem Diktat ihrer Mutter, nicht aus Angst, sondern weil sie ihre Mutter liebte? Und warum war Madame Le Coin so grausam zu ihrer Tochter, die sie doch liebte?

Anfang Dezember kehrte Zaza endlich aus Berlin zurück. In Paris waren die Geschäfte und Boulevards schon weihnachtlich geschmückt. Simone und Zaza trafen sich »zufällig«, wenn Zaza in der Bibliothèque nationale vorbeikam. Sie hatte immer nur wenig Zeit, kaum hatten sie einen hastigen Kaffee getrunken, musste sie schon wieder los. Simone fand sie verändert, irgendetwas war mit ihr, sie hatte stets hektische rote Flecken auf der Haut, und ihre Fröhlichkeit wirkte aufgesetzt und ging Simone bisweilen auf die Nerven.

Dann kam ihr ein Gerücht zu Ohren, dass Pontys Mutter jahrelang einen Geliebten gehabt haben solle, der auch der Vater ihrer Kinder war. Simone beschloss, der Sache auf den Grund zu gehen, und verabredete sich mit Ponty im *Deux Magots*. Sobald er ihr gegenübersaß, fing sie an, ihm Vorwürfe zu machen. »Sie begehen Verrat an Zaza, wenn Sie sich nicht zu Ihrer Liebe bekennen. Tun Sie etwas, erklären Sie sich. Sprechen Sie endlich mit Madame Le Coin!«

Ponty wandte den Blick ab. »Das habe ich vor, aber im Moment ist kein guter Zeitpunkt. Meine Mutter ist leidend, und mein Bruder heiratet. Ich kann ihr nicht zumuten, zwei Söhne zur selben Zeit zu verlieren.«

Simone glaubte nicht richtig zu hören. Eine solche Argumentation hätte glatt von ihrer Mutter stammen können. »Wie können Sie derart borniert sein? Wieso verliert Ihre Mutter Sie, wenn Sie heiraten? Und warum stellen Sie sie über Zaza? Sehen Sie denn nicht, wie schlecht es ihr geht? Wie können Sie das mit ansehen? Sie sind ein Feigling!«

Bevor sie Dinge sagte, die nicht wiedergutzumachen wären, stand sie abrupt auf und ließ ihn allein zurück.

Dann erzählte ihr Vater ihr, dass Jacques von seinem Militärdienst zurück war. Simone war enttäuscht, weil er ihr nicht persönlich Bescheid gesagt hatte. Dennoch konnte sie es kaum erwarten, ihn wiederzusehen – ohne genau zu wissen, was sie von ihm erwartete. Doch er sagte mehrere Treffen kurzfristig ab, schließlich lud sie ihn zu sich nach Hause ein, aber auch dort erschien er nicht. Am nächsten Tag hielt sie es nicht länger aus und fuhr zu ihm.

Er öffnete die Tür, und sie bereute ihren spontanen Entschluss augenblicklich. Bittere Enttäuschung machte sich in ihr breit. Sie hatte sich vorgestellt, dass sie einander jubelnd um den Hals fallen und ihr Wiedersehen feiern würden, er schaute sie jedoch nicht einmal richtig an. Er wirkte wie jemand, der zu viel trank, war schlaff geworden, und seine Augen waren gerötet.

»*Salut*, Simone. Gut siehst du aus. Du hast dich verändert«, sagte er etwas lustlos.

Du dich auch, hätte sie am liebsten entgegnet. Sein Anzug saß zu eng, um die Augen zeigte sich ein bitterer Zug. Von dem früheren charmanten Lebemann war nichts mehr übrig. Simone wollte ihn fragen, was los war und ob sie ihm irgendwie helfen könne, doch er kam ihr zuvor.

Er lehnte sich an den Kamin und wies auf das Foto einer jungen Frau. »Das ist meine Verlobte, wir werden nächsten Monat heiraten. Ich wusste es schon, bevor ich nach Algerien gegangen bin.« Er stieß die Worte aus, wie um die unangenehme Wahrheit möglichst schnell loszuwerden, und Simone merkte, wie verlegen er war.

»Ich wünsche dir Glück«, sagte sie nur und ging. Unten auf der Straße brach sie in hysterisches Gelächter aus.

Was war er nur für ein Feigling, dass er ihr nichts gesagt hatte. Dann fing sie an zu weinen, weil sie so viel kostbare Zeit und Tränen an diesen erbärmlichen Charakter verschwendet hatte. Als ihr auffiel, dass sie schon wieder seinetwegen weinte, trocknete sie ihre Tränen.

»*Adieu*, Jacques«, sagte sie und meinte es so.

Am Abend war sie mit Stépha verabredet und erzählte ihr die ganze Geschichte.

»Ich wäre niemals glücklich mit ihm geworden«, rief sie aus. »Im Grunde bin ich froh darüber, wie alles gekommen ist. Stell dir nur vor, er hätte um meine Hand angehalten ...« Sie brach in prustendes Gelächter aus, weil die Vorstellung derart absurd war.

Stépha fiel in ihr Lachen ein. »Und was hättest du dann bloß mit Sartre gemacht?«

Simone wurde wieder ernst. »Ich glaube, ich habe heute meinen Mädchenträumen ein für alle Mal Lebewohl gesagt. Ich werde niemals eine brave Hausfrau sein, die ihr Leben einem Mann und Kindern widmet. Ich will schreiben und frei von all diesen Konventionen sein.«

»Und damit hat sich deine Niederlage wohl gerade in einen Sieg verwandelt«, meinte Stépha trocken und traf damit den Nagel auf den Kopf.

Kapitel 10

Simone erwachte und streifte die Bettdecke von sich. Die Morgensonne schien durch das Fenster, es musste schon spät am Vormittag sein. Sie sah sich in dem kleinen orangefarbenen Zimmer um, und auf einmal war die Gewissheit wieder da. Sie war in ihrem eigenen Zimmer, angekommen in ihrem neuen Leben!

Ihr Blick ging automatisch zu ihrer Uhr, die neben dem Bett lag, doch dann wandte sie ihn wieder ab. Sie wollte gar nicht wissen, wie spät es war. Es war einerlei. Mit einem Lächeln sprang sie aus dem Bett.

Vor zwei Wochen war sie in dieses Zimmer in der Wohnung von Mémé gezogen. Am Ende hatte ihre Mutter sie nur ungern ziehen lassen, aber es war ja schon lange abgemacht, dass sie nach dem Sommer in die Wohnung ihrer Großmutter ziehen würde. Seitdem machte Simone jeden Tag zu einem Fest. Sie führte ein Leben in Freiheit. Sie konnte tun und lassen, was ihr gefiel. Wenn sie die ganze Nacht lang lesen wollte, dann war das ganz allein ihre Entscheidung. Wenn sie tagsüber schlafen wollte – egal. Sie konnte Freunde empfangen, vor sich hin träumen und arbeiten. Sie verbrachte ganze Tage, ohne ihr Zimmer zu verlassen, einfach nur auf dem Bett liegend, machte sich den

Ofen an und kochte Tee, genoss, dass es warm und gemütlich war. Sie rauchte und las Proust und Jaspers und war einfach nur glücklich. Sie hätte die ganze Welt umarmen können. Seit dem Sommer war ihr Leben so unendlich reich geworden.

Sie hatte ihre Ausbildung zur Lehrerin in der Tasche und könnte jederzeit an einer Schule anfangen. Vorerst wollte sie sich mit Privatstunden über Wasser halten, sie brauchte nicht viel Geld. Sie wollte lieber frei sein und Zeit haben, um ihr erstes Buch zu schreiben. Seit ihrer Entscheidung, Jacques und mit ihm die Vorstellung, dass sie heiraten und eine Ehefrau sein müsste, aus ihrem Leben zu verbannen, fühlte sie sich leicht und geradezu trunken von ihrer Freiheit. Sie hätte den ganzen Tag tanzen können bei dem Gedanken, dass ihre Zukunft ganz allein ihr gehörte und niemand ihr Vorschriften machte.

Das Leben, wie sie es für sich plante, würde ihr Zeit für Sartre lassen. In den letzten Wochen waren sie Seite an Seite durch Paris gewandert und hatten sich gegenseitig ihre Lieblingsorte gezeigt, wobei sie feststellten, dass es oft dieselben waren. Sie saßen nebeneinander und lasen, sie lagen Wange an Wange. Vor allem aber redeten sie, in einem unaufhörlichen Strom flossen die Worte zwischen ihnen. Der Tag hatte nicht genügend Stunden, damit sie sich alles sagen konnten, was ihnen durch den Kopf ging. Und noch nie hatten sie sich auch nur eine Sekunde miteinander gelangweilt. Besonders gefiel ihr an ihm, dass er ihr stets seine ungeteilte Aufmerksamkeit schenkte. Alles, was sie sagte, schien für ihn von Bedeutung zu sein. Nicht einmal Poupette hörte ihr so gut zu.

Aber Sartre war vor ein paar Tagen zum Militärdienst eingerückt. Zu ihrem großen Glück lag seine Kaserne nur eine knappe

Zugstunde südwestlich von Paris, im Fort de Saint-Cyr. Dort gab es eine Wetterbeobachtungsstation, wo er seine Ausbildung machen sollte. Seine ersten Tage waren sehr ruhig verlaufen, und er fand genug Zeit zum Lesen und Schreiben. Sie hatten einen genauen Plan ausgearbeitet, an welchen Tagen sie abends zu ihm fahren würde, um zwei Stunden bei ihm zu verbringen und dann den letzten Zug zurück nach Paris zu nehmen. An den Wochenenden und einen Tag in der Woche würde Sartre nach Paris kommen. An den anderen Tagen würden sie sich lange Briefe schreiben. Die Aussicht, ihn regelmäßig zu sehen, nahm Simone den Schrecken, den sie vor seiner Einberufung gehegt hatte.

Jetzt knurrte ihr vernehmlich der Magen, doch sie konnte sich nicht durchringen, ihr Zuhause zu verlassen. Sie wollte noch ein paar Minuten dem kostbaren Gefühl ihres Glücks nachhängen.

Sie stand auf und ging langsam durch das Zimmer. Ihr Heim war zwar nur der ehemalige Salon ihrer Großmutter, aber es war ihres. Mit Poupettes Hilfe, die sie glühend beneidete, hatte sie alle alten Möbel hinausgeworfen und bei einem Trödler einen Tisch und zwei Stühle gekauft, die sie eigenhändig hell gestrichen hatte. Das war schwieriger gewesen, als sie gedacht hatte, sie war jedoch mit dem Ergebnis zufrieden. Das Wichtigste waren die Regale für ihre Bücher. Dann gab es noch ein Sofa, das ihr als Bett diente und über das sie tagsüber eine Decke in Orange breitete. In der Ecke stand der Petroleumofen, der stank, wenn man ihn heizte, aber sehr gut wärmte. Das Beste war der Balkon, von dem aus sie auf die Place Denfert-Rochereau und auf die riesige Figur des liegenden Löwen, der den Platz schmückte, hinaussehen konnte.

Simone trat auf den kleinen Balkon und rauchte eine Zigarette, während sie auf die Autos hinuntersah, die sich auf den Platz einfädelten. Ihr wurde schwindlig vom Rauchen auf nüchternen Magen. Aber schwindlig war ihr ohnehin – vor Glück. Draußen auf dem Flur hörte sie ihre Großmutter rumoren, aber Mémé würde nicht einfach hereinkommen. Sie behandelte Simone wie jeden anderen ihrer Mieter und wahrte ihre Diskretion. Simone trat wieder in das Zimmer und blickte auf die Tür, um sich davon zu überzeugen, dass sie geschlossen war. Und sie würde es auch bleiben, solange sie es wollte.

Sie nahm das Buch zur Hand, in dem sie gestern Abend gelesen hatte. Einen der Krimis von Edgar Wallace, die sie im Dutzend verschlang und über die sie sich mit Sartre amüsierte und lustvoll gruselte. Sie hatte die halbe Nacht gelesen, obwohl sie schon auf Seite fünfzig gewusst hatte, wer der Mörder war. Darauf kam es nicht an.

Sie legte das Buch zurück und sah sich noch einmal in ihrem neuen Reich um. An den Wänden hingen die frechen Zeichnungen der kleinen Kameraden und ein Druck von Michelangelo, den Maheu ihr geschenkt hatte. Dann strich sie die Tagesdecke auf dem Bett glatt und verließ die Wohnung, um auf dem Markt in der Rue Daguerre, auf der anderen Seite des Löwen, Blumen, eine Flasche Portwein und etwas zu essen zu kaufen.

Sartre wollte am Abend kommen. In ihrem kleinen Zimmer wären sie ungestört. Mit einem Schnauben dachte Simone an die vielen Stunden, die sie sich auf regennassen Straßen hatten herumdrücken müssen, weil sie keinen Ort für sich gehabt hatten.

Leichtfüßig lief sie die fünf Treppen hinunter und grüßte die Concierge mit einem fröhlichen »*Bonjour, Madame Malakoff. Comment-allez vous?*«. Dann eilte sie über den großen Platz, unter dem ein riesiger Steinbruch lag, der ab 1875 als Beinhaus genutzt worden war. Tausende Gebeine ruhten dort unten, aber Simone war heute mehr nach Leben. Sie erreichte die schmale Rue Daguerre auf der anderen Seite, wo schon die Stände des Marktes aufgebaut waren.

Vor einem Stand, an dem duftende Steinpilze angeboten wurden, blieb sie stehen. Das Wasser lief ihr im Mund zusammen, sie wusste jedoch nicht, wie sie die zubereiten sollte, und hätte auch keine Lust dazu gehabt, also schlenderte sie weiter und kaufte nebenan Käse und Brot und eine Wurst. Noch den Portwein, und sie hätte alles beisammen. Sie sah auf die Uhr. In fünf Stunden wäre ihr Geliebter da. Und er würde das ganze Wochenende in Paris bleiben.

Gegen fünf Uhr stand Simone oben auf ihrem Balkon, und bei jedem Taxi, das unten vorüberfuhr, bei jedem Bus setzte ihr Herzschlag aus. Da hielt unten ein Auto, ein Mann stieg aus, im blauen Anzug, frisch rasiert. Simone rannte ihm auf der Treppe entgegen.

»Endlich sind Sie da!«

Sartre folgte ihr in die Wohnung, um seine Tasche abzustellen. Und dann fühlte sie seinen Arm um ihre Schulter gelegt, und sie marschierten los, in Richtung Fluss, um zu reden. Wie immer machten sie halt am Blumenmarkt und bei den Bouquinisten. Sie zeigten sich gegenseitig interessante Bücher und handelten den Preis herunter. Dann machten sie kehrt und spazierten zurück nach Saint-Germain, um eine heiße Schokolade im *Café de Flore* zu trinken. Sie saßen dort nebeneinander auf einer roten Bank aus Kunstleder und lasen in den Büchern, die sie gerade gekauft hatten.

Als es Abend wurde, machten sie sich auf den Weg zu Simone nach Hause. Während der ganzen Zeit redeten sie. Ihr Gespräch riss auch beim Essen nicht ab. Aber dann, endlich, kam Sartre zu ihr auf das Sofa, und sie liebten sich.

»Sie haben einen so charmanten Körper«, sagte er, und Simone fand seine Beschreibung in ganz überraschender Weise passend.

Am Sonnabend war Sartre mit seinem alten Studienfreund Raymond Aron in einem Café verabredet.

Simone wartete zu Hause auf ihn, sie fragte sich, ob sie womöglich das richtige Thema für einen Roman gefunden hatte, und wollte sich Notizen dazu machen. Ihr schwebte ein etwas verträumter junger Mann vor, der ein emanzipiertes Mädchen traf. Die beiden passten nicht zusammen, die Geschichte sollte im Limousin, in der Gegend von Meyrignac, spielen. Doch sie kam nicht recht voran. Sie hatte zwar eine Menge Ideen für einen Anfang und die eine oder andere Figur, doch sobald sie sie aufschreiben wollte, verflüchtigten sie sich, als mangelte es ihnen an Substanz, oder sie gefielen ihr plötzlich nicht mehr. Als Sartre endlich zurückkam, war sie heilfroh, nicht mehr darüber nachdenken zu müssen, und warf sich in seine Arme. »Wenn Sie wüssten, wie sehr ich Sie vermisst habe!«, rief sie.

Sartre nahm ihre Hände, die auf seinem Rücken lagen, und schob sie sanft von sich. »Ich wünsche mir, dass Sie bereit wären, von heute auf morgen aufzubrechen, fern von mir zu sein, auch wenn Sie dabei unglücklich würden. Ich fürchte, dass Sie aus Bequemlichkeit bei mir bleiben würden, auch wenn etwas anderes Sie ruft, mein Castor.«

Simone wusste nicht, was sie antworten sollte. Sie war getroffen. Noch während er das sagte, wusste sie schon, dass er recht hatte. Manchmal bekam sie selbst Angst vor ihren Gefühlen, Angst, dass ihre Liebe zu Sartre ihr eines Tages die Luft nehmen könnte. Sie merkte, dass sie viel zu sehr an diesem Glück mit ihm klebte, ständig mehr verlangte. Ihm gefiel das nicht.

»Sie wissen, dass unsere Liebe nicht zwangsläufig ist, dass wir sie immer wieder auf den Prüfstand stellen und niemals als gegeben nehmen werden, nicht wahr?«, fragte er und sah sie dabei an.

Simone nickte. Ihr wurde bewusst, dass Sartre und sie nicht ein Castor waren, sondern zwei. Dass es sie gab und ihn. Im Grunde wusste sie das schon lange, seit sie erkannt hatte, dass auch sie und ihre Umwelt zwei getrennte Dinge waren. Bisher war das für sie kein Problem gewesen, aber jetzt, wo es ihre Gefühle zu ihm so unmittelbar betraf, wurde es zu einem. Das machte ihr Angst, aber sie musste sich der Wahrheit beugen. Nur nicht unaufrichtig sein. Und da hatte sie schon wieder eine ihrer philosophischen Kategorien im Kopf. Freude durchzuckte sie, als sie erkannte, dass sie mit ihren Erklärungsmustern der Welt offensichtlich richtiglag. Genau das müsste sie in einem Roman ausdrücken. Sie war in ihren Gedanken weit abgeschweift, aber jetzt sah sie Sartre an und sagte mit einem kleinen Lächeln:

»Ich glaube, da hat gerade eben Mademoiselle de Beauvoir gesprochen«, sagte sie vorsichtig. »Es tut mir leid.«

»Ich würde Ihnen nie wehtun, deshalb würde ich Sie sogar gewähren lassen, wenn Sie sich an mich klammerten.«

Simone nahm seine Hand. »Lassen Sie mich darüber nachdenken.«

Sie rang die ganze Nacht mit sich. Sie durchdachte die Sache von allen Seiten. Ihre Gier nach seinen Berührungen, ihr hoffnungsloser Romantismus, ihre Gefühlsausbrüche, mit denen sie ihn überfiel und von denen sie ahnte, dass sie ihm peinlich waren, all das war ihr selbst unangenehm. Sie hatte den Verdacht, dass das alles eher Selbstliebe war als Liebe zu ihm. Meine Güte, sie wollte doch nicht eine dieser unwürdigen Frauen sein, die sich an den Arm eines Mannes krallten und nur für seine Liebe lebten! Sartre würde ihr all das nie zum Vorwurf machen, er würde dennoch zu ihr stehen. Aber er würde ihr nicht immer wieder bestätigen, was sie ihm bedeutete. Es reichte, wenn Simone das wusste.

Erst gegen Morgen fiel sie in einen unruhigen Schlaf.

»Ich glaube, was es so schwierig macht, ist, dass wir keine weiblichen Vorbilder haben«, sagte Poupette, mit der sie am Montag über alles sprach. Sartre hatte morgens den ersten Zug nach Saint-Cyr genommen, und Simone war in ihrem Zimmer zurückgeblieben, das ihr plötzlich fremd war, und hatte gegrübelt, die Sachen angefasst, die Sartre berührt hatte. Schließlich hatte sie ihrer Schwester einen Hilferuf per Rohrpostnachricht geschickt, und Poupette war sofort gekommen.

Sie lagen nebeneinander auf Simones Bett und tranken Portwein, obwohl es erst Mittag war. Sartre hatte ihn am Vortag nicht gewollt, und jetzt trank Simone ihn eben mit ihrer Schwester, weil ihr danach war.

»Sieh es doch mal so«, sagte Poupette. »Du bist die erste Frau, die Jungen in Philosophie unterrichtet hat. Du hast die *Agrégation* bestanden, und einige sagen, du warst besser als Sartre. Trotzdem bist du nur Zweite geworden, weil eine Frau nicht besser sein darf als ein Mann.«

»Sartre ist ein brillanter Denker, er ist mir um Längen voraus«, widersprach Simone.

»*Turlututu*, papperlapapp. Er hatte nur mehr Zeit, zu studieren. Er *konnte* gar nicht anders, als sich zur *Agrégation* zu melden. Bestimmt hat er nicht eine Sekunde darüber nachdenken müssen, geschweige denn sich gegen Widerstände durchsetzen oder gegen Zweifel bestehen.«

Simone nickte. »Mich haben alle für verrückt gehalten. Niemand hat an mich geglaubt.«

»Siehst du, das meine ich. Es gab vorher keine Frau, die das gemacht hat. Und es geht ja weiter.«

Simone drehte sich etwas schwerfällig zu Poupette herum. »Was meinst du?«

»Die Art, wie ihr zusammenlebt. Ihr beide seid nicht verheiratet und trotzdem ein Paar. Niemand hat euch einen Segen gegeben.«

»Na ja, Stépha …«

»Sie zählt nicht. Und selbst sie ist inzwischen verheiratet.«

Simone zündete sich eine Zigarette an und pustete den Rauch an die Decke. Poupette hatte recht mit den fehlenden Vorbildern für Frauen. Männer konnten unter vielen Vorgängern auswählen, wem sie nacheifern, wen sie überflügeln wollten. Für

Frauen galt das nicht. Es gab kaum weibliche Genies, schon gar nicht in der Literatur und der Philosophie. George Sand fiel ihr ein, aber dann hörte es auch schon auf.

Als Poupette gegangen war, setzte Simone sich mit dem Stift in der Hand an ihren Schreibtisch, um eine Liste mit Frauen zu erstellen, die sie bewunderte. Doch sie geriet ins Stocken, bevor sie auch nur den ersten Namen niedergeschrieben hatte. Ihr fiel niemand ein, den sie kannte. Es gab keine Professorinnen an der Sorbonne, keine Philosophinnen, keine Vorbilder. Madame Coulmas? Ihre Mutter? Madame Le Coin? Zaza? Sie lachte bitter auf. Stattdessen kamen ihr die Worte ihres Vaters in den Sinn, der ihr und Poupette mehr als einmal gepredigt hatte, dass Kreativität etwas Männliches sei und Frauen nicht in der Lage seien, Neues zu schaffen. Mit einem Laut des Unwillens nahm sie ein neues Blatt und schrieb eine weitere Rohrpostnotiz an ihre Schwester:

Liebe Poupette, ich werde ein Genie sein. Und wenn es keine weiblichen Vorbilder gibt, dann werde ich eben eines sein.

Kapitel 11

Bevor Sartre das nächste Mal nach Paris kam, nutzte Simone seine Abwesenheit, um über ihre Beziehung nachzudenken. Was für ein Leben wollte sie? Würde sie mit Sartres Vorstellungen einer Liebe bei völliger Freiheit der Liebenden zurechtkommen? Was wäre, wenn doch noch jemand wie Jacques um ihre Hand anhielte? Hatte sie sich wirklich ganz und gar von der bürgerlichen Idee der Ehe verabschiedet? Sie erwog lange das Für und Wider, wie es ihre Art war. Bevor sie eine Entscheidung traf, wollte sie sich absolut sicher sein.

Sartre kam am 14. Oktober 1929. Es war ein Montag. Am Wochenende hatte er Dienst gehabt, nun hatte er zwei Tage frei. *Wir müssen reden*, hatte er ihr geschrieben, *über uns*.

Sie gingen ihren Lieblingsweg: in Richtung Seine, bei den Bouquinisten vorbei, wo sie heute jedoch nicht anhielten. Ihnen war nicht nach Stöbern in alten Büchern. Stattdessen überquerten sie den Pont Neuf und genossen einen Moment lang stumm den Blick auf Notre-Dame, deren Türme in der klaren Luft viel näher erschienen. Auf der anderen Seite des Flusses durchquerten sie den Innenhof des Louvre. Simone fröstelte in dem leichten Wind, und Sartre zog sie zu einer Bank, die windgeschützt lag, wo sie sich setzten. Simone wickelte ihren Mantel enger um sich, und Sartre legte fürsorglich den Arm um sie. Irgendwo miaute eine Katze, eine alte Frau kam vorüber und lockte sie mit melodischen Rufen und einer Tüte Futter, ansonsten war es still.

Simone lehnte sich an Sartres Schulter. Seine Wange streifte ihre Stirn, sie spürte seinen Atem.

»Ich habe darüber nachgedacht, was Sie letzte Woche zu mir gesagt haben«, begann sie.

»Ich auch.«

Sie sah ihn fragend an.

»Simone, Sie wissen, dass ich die bürgerliche Institution der Ehe ablehne. Ich würde sterben, wenn man mich dazu zwingen würde. Wie ich generell alles ablehne, was bürgerliche Zwänge bedeutet. Daher werde ich auch nie Kinder haben. Mir schwebt für mein Leben etwas ganz Neues vor: ein Verhältnis, das zu meiner Philosophie passt. Ich will mich weder von Gefühlen noch von sexuellen Bedürfnissen leiten lassen, weil sie meine Freiheit einschränken. Auch für mich soll gelten, was ich mir für Sie gewünscht habe: dass ich jederzeit aufbrechen kann, wohin ich will und ohne Rücksicht nehmen zu müssen.« Er nahm ihre Hand. »Und dennoch will ich nichts mehr, als mit Ihnen zusammen zu sein. Sie sollen an meiner Seite sein. Aber ich habe den Eindruck, dass Sie zu sehr dem Glück nachrennen. Sie richten sich so sehr darin ein, dass es Ihnen zum Gefängnis zu werden droht.« Es klang wie eine Warnung.

Simone nickte. Sie hatte längst begriffen, dass eine bürgerliche Beziehung mit Sartre nicht möglich wäre. Und sie fand inzwischen selbst Gefallen an der Vorstellung, eine ganz neue Art der Beziehung zu leben. Sie musste nur an ihr Leben in ihrem eigenen Zimmer denken. Niemals würde sie das für einen Mann aufgeben wollen. So, wie es jetzt zwischen ihr und Sartre war, war es perfekt. Das Einzige, was ihr Angst machte, war, dass er sich von ihr abwenden könnte. Ihr Glück hing immer noch von Sartre ab, und das schränkte sie in ihrer Freiheit ein.

Sartre räusperte sich. »Mein reizender Castor, ich möchte Ihnen einen Pakt vorschlagen: Lassen Sie uns für die nächsten zwei Jahre ein Paar sein, wollen Sie das? In dieser Zeit werden Sie für mich die einzige Beziehung sein, die notwendig und beständig ist. Alle anderen wären zufällig. Wir werden absolut ehrlich zueinander sein. Unsere Liebe wird unabdingbar und ohne Bedingungen sein. Sie wird nicht infrage gestellt. Aber wir beide geben uns die Erlaubnis, nach einer gewissen Zeit andere Lieben nebenbei zu haben, kontingente, zufällige Beziehungen, die aber unsere eigentliche Beziehung nicht tangieren.«

In Simones Kopf überschlugen sich die Gedanken. Zwei Jahre, war ihre erste Eingebung, das war eine lange Zeit, in der sie in Sicherheit wäre, zwei Jahre, in der ihr Glück Bestand hätte. Sie zweifelte nicht eine Sekunde, dass Sartre es ernst meinte und sie niemals hintergehen würde.

»Wir geloben uns absolute Wahrheit – keine Lügen, keine Ausflüchte. Wir erzählen uns alles. Auch wenn es andere gibt«, sagte Sartre in diesem Moment, als hätte sie ihre Gedanken laut ausgesprochen.

Ein anderer Gedanke durchzuckte sie. Er war so groß und so wichtig, dass sie Sartre mit einer Geste zu verstehen gab, einen Moment lang nachdenken zu müssen. Dann hatte sie es: Dieser Pakt würde bedeuten, dass auch sie frei wäre, nicht nur er. So hatte sie das bisher noch nicht gesehen. Es bedeutete, sie müsste

sich nicht zwischen ihrer Romanze mit Maheu, ihrer Jugend-
liebe Jacques und ihrem geistigen Ebenbild Sartre entscheiden.
Nicht sofort und auch nicht später. Sie könnte sich Zeit lassen,
könnte ihren Gefühlen nachgeben, das eine versuchen, ohne das
andere verleugnen zu müssen.

Was für einen weiten Weg hatte die Tochter aus gutem Hause
zurückgelegt. Sie hatte sich von Sartre küssen lassen, und sie
hatte mit ihm geschlafen, ohne mit ihm verheiratet zu sein. Und
nun vertraute sie ihm so sehr, dass sie auch den nächsten Schritt
mit ihm gehen würde.

Ein strahlendes Lächeln breitete sich auf ihrem Gesicht aus.
»*D'accord*. Ich bin einverstanden«, sagte sie.

Auch Sartre lächelte. Dann zog er sie an sich.

»Ich werde Sie trotzdem meinen kleinen Ehemann nennen«,
sagte Simone.

»Aber ja. Und wir beide werden ab und zu ein braves Ehepaar
spielen, Monsieur und Madama Morganatique …«

»Wie kommen Sie auf den Namen?«, unterbrach ihn Simone.

»Na ja, weil wir keine Ehe nach dem Bürgerlichen Gesetz-
buch führen werden, sondern so etwas wie eine Ehe zur linken
Hand. Wir werden kleine Szenen in der Öffentlichkeit provozie-
ren.«

»O ja, und dann könnte es noch die Morgan-Hattics aus New
York geben, die in Paris sind, um einmal die Sünde zu erleben.
Wir tun einfach so, als ob wir verheiratet wären.«

Sartre nahm ihre Hand und sah sie liebevoll an. »Wir werden
ein mythisches Paar. So wie einst Abaelard und Héloïse. Nein,
ich weiß es, wir werden die Curies der Literatur sein.«

»Und irgendwann wird es uns entsetzlich peinlich sein, dass

wir überhaupt in Betracht gezogen haben, zu heiraten«, sagte Simone.

Sie standen auf, und er umarmte sie und küsste sie leidenschaftlich.

Ein älteres Ehepaar kam an ihnen vorbei, und der Mann entrüstete sich über ihr Benehmen.

»Schämen Sie sich«, rief er aus.

Sartre starrte ihn an und fing an, unbändig zu lachen.

»Aber Madame ist meine Frau«, sagte er und küsste Simone erneut und machte ein paar Tanzschritte auf die beiden zu.

Das Paar eilte kopfschüttelnd weiter.

Und plötzlich hatten sie es sehr eilig, in Simones Wohnung zu kommen, wo sie sich die ganze Nacht über liebten.

An seinem gleichmäßigen Atem konnte Simone hören, dass Sartre eingeschlafen war. Ihr Kopf lag auf seiner Schulter, es fühlte sich gut und geborgen an, aber sie war viel zu aufgeregt, um zu schlafen.

Sie dachte über den Pakt nach. Was Sartre und sie da beschlossen hatten, war absolut einmalig und entsprach in nichts den gesellschaftlichen Erwartungen ihrer Zeit. Und dennoch würde es in einigen Jahren womöglich anderen Paaren als Vorbild dienen.

Aber was bedeutete der Pakt für sie als Frau? Ihr war klar, dass sie ein viel größeres Risiko einging als ein Mann. Die Widerstände, die sie zu erwarten hatte, von ihren Eltern, von ihrer Umwelt, waren viel stärker. Sogar Zaza, ihre beste Freundin, missbilligte ihr Verhältnis zu Sartre. Sartres Stiefvater galt als sehr konservativ. Höchstwahrscheinlich würde er sich weigern, sie kennenzulernen, weil sie weder verlobt noch verheiratet waren. Sie legte keinen besonderen Wert auf die Bekanntschaft mit Monsieur Mancy, doch es erregte ihren Widerspruch, dass es einem Mann zugestanden wurde, unverheiratet zu sein, so lange er wollte, um sich zu bilden, um die Welt zu sehen, selbst um sich »die Hörner abzustoßen«, wie es hieß. Jacques war das beste Beispiel dafür. Für sie als Frau galt all das nicht. Sartre hatte sich für ein Studienjahr in Japan beworben. Ihm würde die Welt offenstehen, er würde neue Erfahrungen machen, die ihn überhaupt erst so weit brächten, jene Freiheiten auszuleben, die ihm ihr Pakt gab. Sie selbst hingegen würde auf ihn warten müssen, würde passiv bleiben. Lief sie damit nicht gleichsam Gefahr, eine dieser Frauen zu werden, die für eine Ehe, für einen Mann alles aufgaben und nach ein paar Jahren nur ein Schatten ihrer selbst waren – nur eben unter dem Deckmantel des Pakts? Eine jener Frauen, die, Parasiten gleich, nur an der Seite des Mannes lebten und von ihm abhängig waren? Die jeden Mut verloren hatten, ihr Leben allein zu bestreiten, die ihre Talente, ihre Sehnsüchte und Ziele aus den Augen verloren hatten?

War das Glück zugleich auch immer eine Gefahr? Wie konnte sie sich Sartre hingeben – denn nur das bedeutete für sie Liebe – und sich nicht gleichzeitig verlieren?

O Gott, und wenn sie erst an ihre Eltern dachte. Wie bitter wären sie enttäuscht. Sie müsste es Georges und Françoise sagen, und sie wusste, sie wären absolut schockiert und würden sich für ihre Tochter schämen. Vielleicht würde ihr Vater sie verstoßen. Sie seufzte tief. Es würde nicht einfach werden, aber den einfachen Weg hatte sie ohnehin nie gehen wollen.

Sie drehte sich vorsichtig in dem schmalen Bett um, um Sartre nicht zu wecken, und betrachtete die glatte, junge Haut auf seiner Brust.

Nein, sagte sie sich mit aller Entschiedenheit. Ich werde nicht in solch eine Falle wie die Ehe laufen. Weil ich es nicht will und weil Sartre es nicht will. Er ist es, der mich zum Denken bringt, der mein Denken vorantreibt, der mich zum Schreiben bringt. Er versteht und bewundert mich, er will hören, was ich zu sagen habe. Er lässt nicht zu, dass ich nachlässig oder bequem werde. Er ist der Garant dafür, dass ich mich nicht in den Erwartungen meiner Umwelt verliere. Und er traut mir zu, dass ich Bücher schreibe. Das tut niemand sonst. Allein dafür bleibe ich bei ihm.

Die Sache hatte sogar noch eine weitere Dimension. Es ging nicht allein um das Verhältnis zwischen ihr als Frau und Sartre als Mann. Ihr war nur allzu bewusst, dass ihre Stellung als Frau in der Gesellschaft eine andere war als die Sartres. Aber selbst in einer utopischen, absolut gleichberechtigten Welt wäre sie sich immer des Problems bewusst: Es kam auch in einer Partnerschaft, in einer Liebe darauf an, dass jeder bei sich blieb, sich selbst treu blieb und sich nicht für den anderen verbog oder seine Ziele verriet.

»Nur nicht bequem werden«, flüsterte sie vor sich hin. »Das verspreche ich mir hiermit. Keine faulen Kompromisse – nur weil Sartre Sartre ist und ich ihn liebe. Ich werde mir immer treu sein, vor allen anderen.«

Sie hatte keinen Zweifel, dass ihr Geliebter sich von ihr entfernen würde, wenn sie ihren Pakt brechen und mehr von ihm verlangen würde. Aber dafür war sie ihm dankbar. Sie wollte es so und brauchte diese Mahnung, um ihr Ziel nicht aus den Augen zu verlieren.

Zufrieden schloss sie die Augen.

Am nächsten Tag gingen sie ins Kino und sahen sich einen Film mit Buster Keaton an. Simone achtete kaum auf die Leinwand. Er ist wie mein Doppelgänger, dachte sie und betrachtete Sartre im flackernden Licht von der Seite. Wenn er bei mir ist, brauche ich niemand anderen, am allerwenigsten Jacques.

Später saßen sie aufgekratzt in einem Café und tratschten über die gemeinsamen Freunde. Sie gaben tatsächlich ein Ehepaar, das über andere herzog. Amüsiert beobachteten sie die Reaktionen der anderen Gäste.

»Ich hätte nie für möglich gehalten, dass Sie sich für so etwas hergeben«, rief Simone, als sie wieder auf der Straße standen.

Sartre lachte. »Und ich war mir sicher, dass Sie für Klatsch empfänglich sind.«

Sie konnten durchaus kleine Klatschmäuler sein, aber sie meinten es immer gut und redeten nie schlecht über ihre Freunde. Und sie taten es in dem festen Wissen, dass mehr dahintersteckte. Es ging ihnen darum, die Gefühle für andere und gemeinsame Erfahrungen zu teilen, um über sich selbst besser Bescheid zu wissen. Dazu gehörte auch, dass sie versuchten, sich mit den Augen von Fremden zu sehen. So wie eben im Café, als die anderen Gäste sie angesehen und über sie getuschelt hatten.

Alles gehörte für sie zusammen und bildete ihre Welt: ihre Freunde, Amüsement, Neuigkeiten über Nizan oder Poupette oder Merleau-Ponty, aber auch die Diskussion eines Begriffs bei Platon.

Sie verbrachten noch eine Nacht zusammen, am nächsten Morgen musste Sartre jedoch früh aufbrechen.

Trotz all ihrer Schwüre sah sie ihm traurig nach, und als er fort war, brach Simone in Tränen aus, weil ihre Sehnsucht, ihm nahe zu sein, sie übermannte.

Kapitel 12

Zaza ist tot.

Nur diesen einen Satz konnte Simone in ihr Tagebuch schreiben. Ihre Tränen ließen ihre Schrift zerlaufen. Sie war erschüttert.

Einige Tage zuvor hatte Madame Le Coin ihr eine knappe Nachricht geschickt, um Simone mitzuteilen, dass Zaza mit hohem Fieber und Kopfschmerzen ins Krankenhaus nach Saint-Cloud gekommen sei.

Sie ist sehr schwach. Bitte sehen Sie davon ab, sie zu besuchen, hatte sie geschrieben.

Simone traf sich noch am selben Abend mit Merleau-Ponty, um mehr zu erfahren. Er berichtete, dass Zaza einige Tage zuvor bei seiner Mutter erschienen war, völlig aufgelöst, den Tränen nahe, ohne Hut. Immer wieder hatte sie gefragt, ob Maurice schon im Himmel sei und warum Madame Merleau-Ponty sich dagegen sträube, dass sie ihren Sohn heiratete. Als Ponty endlich nach Hause gekommen war, war Zaza vollends im Fieberwahn.

»Ich habe sie im Taxi nach Hause gebracht. Auf dem Weg hat sie mich gebeten, sie zu küssen.« Er brach ab und fing an zu schluchzen. »Ich habe mich mit Madame Le Coin ausgesprochen und formell um Zazas Hand angehalten. Auch meine Mutter war einverstanden. Alles hätte gut werden können. Aber Zazas Fieber stieg immer mehr, und dann …« Ihm versagte die Stimme. Noch einmal fasste er sich. »Im Krankenhaus hat sie deliriert. Aber sie hat immer wieder nach Ihnen verlangt. Nach Ihnen, nach ihrer Geige und Champagner.«

»Und nach Ihnen?«, fragte Simone.

Maurice nickte traurig. »Nach mir auch.«

Bis zum Schluss wussten die Ärzte nicht, woran sie gestorben war. Sie sprachen von einer Art Hirnhautentzündung und übergroßer Erschöpfung.

Simone war sich sicher, dass Zaza an gebrochenem Herzen gestorben war. Ihre Kraft war aufgebraucht, und alle hatten sie enttäuscht, allen voran Maurice, aber auch sie selbst, Simone.

Ich bin schuld, dachte sie immer wieder verzweifelt. Während ich meine Freiheit genossen habe, ist Zaza gestorben. Ich habe ihr glauben wollen, als sie sagte, sie werde die Zeit in Berlin nutzen, um viel zu lesen und zu lernen. Dabei war ich unaufrichtig. Ich wusste doch, dass sie sich wie in der Verbannung fühlen musste.

Simone hätte sich mehr kümmern müssen. Doch sie war allzu sehr mit Sartre beschäftigt gewesen, damit, sich ein Leben aufzubauen, während das ihrer besten Freundin zu Ende ging.

Simone las in ihrem Tagebuch nach, was sie über den Tod und über Zaza geschrieben hatte. Sie suchte nach Zeichen, nach Momenten, wo sie hätte eingreifen können.

Sartre wurde irgendwann ungeduldig mit ihr und sagte, dass es nun genug sei mit dem Selbstmitleid. »Wissen Sie, Castor, auch Sie zahlen einen hohen Preis – aber für Ihre Freiheit.«

Simone war erschrocken über seine Kälte. Doch er war tatsächlich der Meinung, dass man als denkender Mensch die Freiheit besitzen sollte, seine Gefühle auszublenden. Simone musste an eine Szene denken, die sich vor einigen Wochen ereignet hatte. Sartre hatte Fisch gegessen, der wohl verdorben gewesen war. Doch obwohl er sich in Krämpfen gewunden hatte, hatte er es abgelehnt, seine Übelkeit anzuerkennen, und war mit ihr ausgegangen. Er weigerte sich schlicht, sich von körperlichen Beschwerden wie von Emotionen regieren zu lassen.

Simone wehrte sich gegen diese Sicht. »Ich glaube nicht, dass ich mir von meiner Trauer über Zaza das Gehirn vernebeln lasse. Ich bin nicht gestorben. Ich lebe noch, und ich will leben. Zaza dagegen hat beides verloren. Erst ihre Liebe und dann ihr Leben. Das macht mich wütend und traurig – und das soll auch so bleiben.«

»Aber Sie haben beides. Das Leben und die Liebe. Glauben Sie, Sie können mich mit Ihrer Traurigkeit rühren? Traurigkeit führt zu geistiger Trägheit, und die wollen Sie nicht, Castor.«

»Deshalb haben Sie mir nicht zugehört, als ich Ihnen von Jacques erzählt habe.«

»Ich habe Ihnen zugehört, aber Ihr Schmerz hat Sie in meinen Augen nicht interessanter gemacht. Sie waren für mich auch ohne Ihren Liebeskummer interessant.«

Als sie allein war, dachte Simone über Sartres Worte nach. Wieder einmal hatte er sie mit seiner unkonventionellen, völlig unverstellten Sicht auf die Dinge überrascht. Und er hatte wieder einmal recht. Wenn sie sich nicht von ihrer Traurigkeit und ihren Schuldgefühlen wegen Zazas Tod ablenken ließ, erschien er nämlich auf einmal in einem anderen Licht: Zaza hatte es nicht geschafft, sich ihrer vermeintlichen Bestimmung als Frau zu entziehen. Ihre Freundin hatte es als ihre Aufgabe gesehen, »weiblich« zu sein, zu gefallen, und zwar ihren Eltern ebenso wie ihrem zukünftigen Ehemann, im Grunde allen Männern. Das ließ ihr kaum eine andere Möglichkeit, als auf die Verbindung mit Ponty zu hoffen, ja passiv darauf zu warten, von ihm zur Frau genommen zu werden. Und so ging es allen Frauen, während Männer ihr Leben planen konnten, ohne dass ihnen eine Ehe oder die Vaterschaft dazwischenfunkten. Wenn Männer Erfolg hatten, schmälerte das ihre Chancen auf dem Heiratsmarkt keinesfalls. Bei Zaza und bei allen Frauen war es anders. Sie hatten nur die Wahl zwischen Pest und Cholera, und ihre Freiheit war nicht mehr wert als die Freiheit einer Frau in einem Harem. Beim Gedanken an dieses Bild musste Simone lächeln. Aber es stimmte. Eine Frau wie Zaza konnte zwar frei sein, aber dann wäre sie in den Augen vieler nicht liebenswert. Oder sie konnte den Erwartungen entsprechen und gehorchen – und dabei unfrei sein und auf wahres Glück und echte Liebe verzichten.

Als ihr das Dilemma klar wurde, in dem ihre beste Freundin über Jahre gesteckt hatte und das ihr so viel Kraft geraubt hatte, dass sie sich nicht länger gegen den Tod hatte wehren können, wurde Simone von einer wilden Wut gepackt.

Jemand sollte darüber schreiben, dachte sie. *Ich* sollte darüber schreiben. Ich sollte eine Frau erfinden, die sich beides nimmt. Und dann wurde ihr klar, dass sie selbst diese Frau war. Auf der einen Seite stünde sie selbst, mit der Aussicht auf eine Zukunft an Sartres Seite, voller Glück, voller Ideen, mit Büchern, die sie schreiben würde. Und auf der anderen Seite starb Zaza. Eine junge Frau, der all das verwehrt wurde. Die nicht lieben durfte, die nicht studieren, die nicht einmal denken durfte, was ihrer Mutter missfiel.

Der Gedanke brachte sie erneut zum Weinen. Ich hätte an ihrer Seite sein müssen, dachte sie. Ich hätte ihr beistehen müssen. Stattdessen denke ich darüber nach, ob ich Zazas Unglück zu einem Roman machen sollte.

Mit Sartre sprach sie nicht über ihre Skrupel. Sie wusste, dass er sie nicht akzeptiert hätte. Mit ihm besprach sie ihr Romanthema, das sie nicht mehr losließ.

Zazas Beerdigung fand auf dem Friedhof Père Lachaise statt. Der Trauerzug wand sich langsam auf den sandigen Wegen den Hügel hinauf. Die Grabstelle der Familie Le Coin lag an einer der großen Alleen. Es regnete schon seit Tagen, große Pfützen machten den Gang noch beschwerlicher, als er ohnehin schon war. Simone schritt neben Ponty ziemlich weit vorn im Trauerzug. Madame Le Coin war zu ihr gekommen, von Trauer gebeugt, und hatte ihr erzählt, dass sie Zaza noch im Krankenhaus die Hochzeit mit Ponty erlaubt hatte, als sie gesehen hatte, wie sehr Zaza litt. Aber es war zu spät gewesen. Simone hoffte inständig, dass diese Worte noch zu Zaza durchgedrungen waren, dass sie noch um die Erfüllung ihres Traums gewusst hatte.

Als alle um das offene Grab herumstanden, überkam Simone die verrückte Vorstellung, sie sei auf Zazas Hochzeit. Und während Zazas Schwester Geige spielte, fing Simone an zu weinen.

Gegen Ende des Jahres, als der größte Schock über Zazas Tod überwunden war, wurde Simones Lust am Schreiben immer größer. Stundenlang saß sie in ihrem Zimmer an ihrem kleinen Schreibtisch. Sie hatte Bücher über den Tod und den Selbstmord und einen Haufen Liebesromane gelesen, alles, um einen Zugang zu einer Geschichte zu finden, die von Zaza erzählte. Sie machte zig Anfänge, überlegte, grübelte, strich aus und formulierte neu, und am Ende des Tages zerknüllte sie die Seiten und warf sie ins Feuer. Wenigstens zum Heizen taugen meine Ergüsse, dachte sie frustriert. Sie ging viel aus, mit Poupette und Stépha, manchmal auch mit Ponty, aber die Abende mit ihm waren so von Trauer angefüllt, dass sie nicht immer die Kraft dafür hatte. Sie schleppte sich durch den Pariser Winter, der grau und kalt war, und selten hatte sie die Natur mehr vermisst als in diesen dunklen Tagen. Ihr fehlten die Sonne, ihre Spaziergänge im Jardin de Luxembourg. Manchmal versank sie in ihrem Elend und raffte sich nur daraus auf, wenn Sartre da war.

Doch auch er war frustriert. Er hatte noch immer keine Nachricht aus Japan. Was sollte er nach seiner Dienstzeit tun? Ihn schreckte die Aussicht, sich als Lehrer in der Provinz verdingen zu müssen. Er wollte all seine Ideen niederschreiben, ganze Bücher verfassen, er schrieb jetzt schon ohne Unterlass, fand jedoch niemanden, der bereit war, seine Texte zu verlegen, und so musste er anderweitig Geld verdienen.

Beide lebten nach wie vor für die Momente, wenn er aus Saint-Cyr kam oder sie zu ihm fuhr. Ohne Sartre war Paris leer und einsam. Simone versuchte dann, die Liste mit Büchern abzuarbeiten, die er ihr schickte, und sandte ihrerseits Bücher an ihn. Aber sie konnte sich nicht richtig konzentrieren, weil er ihr so fehlte. Ohne ihn an ihrer Seite war sie zu nichts fähig. Sartre bekam natürlich bald mit, wie sie sich in seiner Abwesenheit gehen ließ. In einem Brief erklärte er ihr, dass er seine Einsamkeit in Kreativität ummünzen würde, indem er ihr schriebe und dabei auf Ideen komme. *Meine kleinen persönlichen Sorgen werden zu etwas Allgemeinem und riechen nach Ideen. Ich finde mich intelligent, ich setze mich an meinen Tisch und schreibe.*

Simone wurde böse.

»Warum darf ich Sie nicht vermissen? Warum darf ich mich nicht in Ihre Arme werfen? Wir sind doch ein Paar!«, rief sie aufgebracht.

»Sie sind zu glücklich«, sagte er.

Simone war so verblüfft, dass ihr nicht gleich eine Erwiderung einfiel.

»Und Sie bevormunden mich«, sagte sie dann, doch seine Worte ließen sie ratlos zurück.

Abends, als er gegangen war, versuchte sie zu verstehen. *Er spricht zu mir, wie man zu einem kleinen Mädchen spricht, er sagt, er will, dass ich glücklich bin. Aber wenn ich das auch will, dann ist ihm das nicht recht,* schrieb sie in ihr Tagebuch. Versonnen spielte sie mit dem Stift in ihren Händen und dachte darüber nach, was eigentlich das Problem zwischen ihnen war. Und schließlich war sie sich sicher, dass sie lernen musste, sich neben ihm zu behaupten. Vielleicht hatte sie in den letzten Monaten zu sehr durch ihn, nicht mit ihm gelebt. *Ich will meinen Stolz nicht verlieren, ich will nicht nur durch Sartre leben und darüber mein eigenes Leben vernachlässigen.*

Sie erinnerte sich, was sie sich im Oktober, als sie und Sartre ihren Pakt geschlossen hatten, selbst versprochen hatte: dass sie nicht bequem werden wollte, dass sie sich selbst treu bleiben musste, wenn sie glücklich sein wollte – und wenn sie Sartre nicht verlieren wollte, was ungefähr dasselbe war.

Noch etwas anderes beschäftigte sie: Sartre hatte die körperliche Lust in ihr geweckt. Weder Hunger noch Durst noch Kälte hatten sie bisher aus dem Konzept bringen können, aber jetzt fühlte sie mehr und mehr, wie sie ihrem Körper untertan wurde – und wie sehr ihr dies gefiel. Simone hatte lange gebraucht, um ihre katholische Erziehung abzustreifen und sich das einzugestehen. Wenn ihre Mutter eine Ahnung davon hätte, was ihrer Tochter nun bisweilen beim Anblick eines gut aussehenden Mannes durch den Kopf ging oder wenn sie schlaflos in ihrem Bett lag, sie würde für ihre Tochter beten. Aber es war eine Tatsache: Simone spürte immer häufiger Lust in sich aufsteigen, und sie fing an, dieses Gefühl zuzulassen, ja sogar zu genießen. Als sie jedoch eines Tages im Gedränge von einem Mann angefasst wurde und dies für eine Sekunde zuließ, war sie entsetzt und schämte sich. Sie stürzte aus der Métro und übergab sich oben auf dem Trottoir.

»Kann ich Ihnen helfen, *Mademoiselle*?«, fragte ein Passant besorgt.

Simone wies ihn brüsk ab und setzte ihren Weg völlig verwirrt fort.

»Was passiert da mit mir?«, fragte sie schließlich Stépha. »Was soll bloß werden, wenn Sartre für längere Zeit fort ist?«

»Ihr habt doch diesen Pakt, Sartre und du. Dann nimmst du dir eben einen Liebhaber.«

Simone brach in hysterisches Gelächter aus, als sie daran

dachte, dass sie bis vor Kurzem noch Zazas Vorstellungen von Liebe, Ehe und Monogamie geteilt hatte. Bis vor Kurzem wäre es für sie völlig unvorstellbar gewesen, einen Pakt mit Sartre zu unterzeichnen, der nicht auf sexueller Treue und Monogamie beruhte.

»Ich denke darüber nach«, sagte sie zu Stépha.

Das brachte wiederum Stépha zum Lachen. »Dass du aber auch immer über alles erst nachdenken musst«, sagte sie kopfschüttelnd.

Inzwischen kam es zu weiteren Auseinandersetzungen zwischen ihr und Sartre. Die ersten Monate mit ihm waren alles andere als harmonisch. Sie mussten ihrer beider Vorstellungen von einem Zusammenleben in Einklang bringen und ihre Rollen in ihrem gemeinsamen Leben festlegen. Das kostete sehr viel Kraft und war durchaus peinvoll für sie, aber beide waren wild entschlossen, zu versuchen, sich diese neue Form des Zusammenlebens zu gestalten. Ein Leben ohne den anderen konnten weder Simone noch Sartre sich vorstellen. Sie brauchten einander, sie brauchten das Gespräch, das gemeinsame Nachdenken über Philosophie und Literatur, ihre geistige Nähe und Verbundenheit. Sie brauchten die vielen Stunden, die sie Arm in Arm durch Paris wanderten, ohne dass ihr Gespräch jemals abriss. Ebenso wichtig waren ihnen die Stunden, die sie lesend nebeneinandersaßen, nur unterbrochen dadurch, dass sie sich auf einen Satz, einen Gedanken aufmerksam machten, der ihnen wichtig erschien.

»Sie sind und bleiben meine große Liebe, der sich alles andere unterordnet«, sagte Sartre zu ihr.

Im Januar wurde er nach Saint-Symphorien in der Nähe von

Tours versetzt, wo er nach seiner Grundausbildung eine Wetterstation betreute. Mehrmals am Tag nahm er Messungen vor und trug die Ergebnisse in Listen ein, für die sich dann niemand interessierte. Mehr hatte er dort nicht zu tun, und er nutzte die viele freie Zeit, um zu lesen und zu schreiben.

Tours war weiter entfernt von Paris als Saint-Cyr, und so sahen sie sich nicht mehr so häufig.

Für Simone waren diese Wochen der Einsamkeit eine Qual. Sie hatte oft Zahnschmerzen, weil sie ihre Kiefer verkrampfte. Ziellos lief sie durch Paris und bekam regelmäßig eine ihrer Nervenkrisen. Sartre vertraute darauf, dass auch sie ihre Zeit zum Schreiben nutzte. Doch sie verzweifelte fast daran. Tag um Tag saß sie an ihrem Tisch vor einem Stapel Papier, den Stift in der Hand, schrieb ein paar Zeilen oder Stichwörter, von denen sie jedoch wusste, dass sie nichts taugten, und sie zerriss die Seiten. Statt zu schreiben, dachte sie nach, über sich, über ihr Leben, über Sartre, sie träumte vor sich hin, nahm ein Buch zur Hand und legte es wieder weg, stand auf, ging herum, meinte, einen guten Gedanken zu haben, und eilte an ihren Schreibtisch, aber in dem Moment war die Idee wieder fort.

Mir fehlt ein Thema, dachte sie verzweifelt.

Entnervt griff sie nach ihrer Jacke und machte sich auf in den Jardin du Luxembourg. Dort, beim Entdecken einer neuen Pflanze, die in all ihrer Schönheit blühte, beim unverwechselbaren Geruch der Rosen und des Lavendels, im stillen Schatten der Buchenhecken, hatte sie noch immer zu innerer Ruhe gefunden. Während sie durch die Landschaft in ihrer immer neuen Pracht und Tiefgründigkeit flanierte, ordneten sich ihre Gedanken. Sie blieb bis zum späten Nachmittag dort, saß auf einer

Bank und beobachtete die Schatten, die immer länger wurden. Nach zwei Stunden wusste sie zwar immer noch nicht, worüber sie schreiben sollte, aber immerhin hatte sich ihr innerer Aufruhr gelegt.

Gestärkt machte sie sich auf den Weg nach Hause.

Kapitel 13

La Coupole am Boulevard du Montparnasse war die größte Brasserie der Stadt. Seit das Lokal vor drei Jahren eröffnet hatte, lief es vielen anderen den Rang ab, besonders der *Rotonde*, die schräg gegenüberlag. Die Bohème und snobistische Dinergäste saßen auf der beleuchteten Terrasse, um zu sehen und gesehen zu werden und das berühmte *poulet au curry*, ein Curryhühnchen, zu speisen und dazu türkischen Kaffee zu trinken. Simone liebte diese Terrasse, aber es machte ihr keinen Spaß, allein dort zu sitzen. So betrat sie an diesem Abend den hohen Saal. Die vierundzwanzig eckigen Stützpfeiler waren von verschiedenen Malern bemalt, unter ihnen Chagall, Kisling und Léger. Dazwischen hingen Art-déco-Lampen mit Messingrahmen und Perlmuttglas. Sie ging an der Treppe vorüber, die in den Keller führte. Dort befand sich ein *dancing*, in dem nachts eine Band amerikanischen Swing und Jazz spielte und wo auch Simone schon Nächte durchgetanzt hatte. Die *Coupole* war zu einem ihrer Lieblingslokale geworden. Hier gab es die besten Meeresfrüchte der Stadt. Auf drei großen Tellern, die in einem Gestell übereinandergestapelt waren, wurden Austern und Herzmuscheln, Langusten sowie Schnecken auf einem Bett aus Seetang präsentiert, die der Austernmann an seinem Stand auf der Terrasse für die Kunden anrichtete. Serviert wurden sie mit prallen Zitronen, gesalzener Butter und Brot und vor allem allerlei Werkzeug, um an das Innere der Schalentiere heranzukommen: Nussknacker und Gabeln, kleine Nadeln, mit denen sonst Geldscheine zusammengehalten wurden, Stricknadeln ...

Simone mochte das Lokal nicht nur wegen der Meeresfrüchte, die sie sich ohnehin nicht regelmäßig leisten konnte. Sie kam hierher, um in ihrer winzigen Schrift ihre Hefte mit ihren Gedanken zu füllen. Der Lärm um sie herum beruhigte sie, und das stete Gemurmel weckte ihre Kreativität. Wenn sie zwischen zwei Sätzen aufsah, nahm sie wahr, dass die Welt um sie herum noch existierte, dann neigte sie beruhigt den Kopf wieder über das Blatt.

Drinnen atmete sie erleichtert auf, weil sie der Hitze auf der Straße entkommen war. Henri, der Kellner, eilte auf sie zu. »*Bonsoir, Mademoiselle.* Welcher Tisch darf es heute sein? Bleiben Sie allein?« Er wedelte mit seiner weißen Serviette wie ein Stierkämpfer mit dem Tuch.

»Ein Platz in der Mitte«, sagte Simone, und er wusste Bescheid. »Ich warte auf jemanden.« Sie stellte sich vor, wie es wäre, wenn sie sagen würde: »Und nachher kommt noch mein Mann.« Bei dem Gedanken lächelte sie.

Henri führte sie in die Mitte des riesigen Raumes, wo rund um einen Pfeiler, auf dem sich Paradiesvögel tummelten, ein paar Tische standen. Dort stellten die Kellner gebrauchtes Geschirr ab und filetierten in Sekundenschnelle die Seezungen. Von hier aus sah Simone jeden, der hereinkam. Es war ihr Lieblingsplatz. Allerdings durfte man hier nur sitzen, wenn man mindestens Austern und ein Glas Chablis bestellte. Wenn sie nur Geld für einen kleinen Kaffee hatte, setzte sich Simone lieber ganz an den Rand, auf eine der Bänke mit den hohen Rückenlehnen. Solange sie sich klein machte, wurde sie von den Kellnern nicht so schnell gesehen, denn nicht alle waren so nett wie Henri. Sie mochten es nicht, wenn die Gäste stundenlang vor ihrem kalten Kaffee saßen.

Doch heute würde Simone sich etwas leisten, und sie ließ sich erleichtert auf die Bank fallen und griff durstig nach dem Krug Wasser, den Henri ihr vorsorglich hingestellt hatte. Sie bestellte eine *crêpe suzette* und ein Glas Wein, obwohl das nicht zusammenpasste, aber es war ihr egal. Sie hatte Lust auf etwas Süßes, und sie brauchte einen Schluck Wein, um sich zu beruhigen.

Kaum war Henri gegangen, um ihre Bestellung weiterzugeben, setzte bei Simone wieder diese Kribbeligkeit ein, die sie immer überfiel, wenn sie auf Sartre wartete. Er hatte dienstfrei und würde das ganze Wochenende in Paris bleiben. Sie würden stundenlang, bis tief in die Nacht, reden.

Alles war in Ordnung, solange Sartre noch Soldat war und sie sich regelmäßig sehen konnten. Doch im Januar, spätestens im Februar des kommenden Jahres würde er entlassen werden. Und was kam dann? Würde er heute beim Hereinkommen mit dem Brief wedeln, der ihn zu seinem Aufenthalt in Japan einlud? Und sie selbst? Sie hatte kein Geld mehr, und mit ihrem Roman war sie noch kein Stück weitergekommen. Also hatte sie beschlossen, im nächsten Jahr als Lehrerin zu arbeiten. Wahrscheinlich würde man sie irgendwo in die Provinz schicken.

Bei dem Gedanken überkam sie blanke Panik.

Hastig nahm sie einen Schluck Wein, sobald Henri das Glas vor sie hingestellt hatte, und dann gleich noch einen. Aber es gelang ihr nicht, sich zu beruhigen, der Alkohol machte sie eher noch nervöser.

Sie und Sartre hatten darüber gesprochen, wie sehr sie sich vor der Trennung fürchteten. Zwei lange Jahre wären sie getrennt voneinander. Jedes Mal, bevor sie ihn traf, war sie nun nervös, und ihr Magen schmerzte. Einzig die Gewissheit, dass sie diesen Pakt geschlossen hatten, bewahrte sie davor, verrückt zu werden.

»Und?«, rief sie ihm entgegen, wenn sie sich trafen.

Wenn er den Kopf schüttelte, war der Tag gerettet. Er würde nicht ans andere Ende der Welt gehen. Noch nicht. Sie freute sich, aber sie hatte auch ein schlechtes Gewissen. Er wollte ja gehen. Hatte sie das Recht, ihm das Gegenteil zu wünschen? Nur weil sie sich ein Leben ohne ihn nicht vorstellen konnte?

Sie nahm ein Blatt Papier und einen Stift aus ihrer Tasche, war jedoch zu aufgebracht, um zu schreiben.

»Henri!«, rief sie und bestellte ein weiteres Glas Wein. Ungeduldig sah sie auf die Uhr. Warum kam er denn nicht? Es war schon eine halbe Stunde über die verabredete Zeit. Er verspätete sich oft und war dann zerknirscht und entschuldigte sich, meist hatte er jedoch einen guten Grund. Der Zug hatte Verspätung, er hatte einen seiner Freunde getroffen. Simone konnte ihm keinen Vorwurf machen, und dennoch grollte sie ihm.

Sie merkte, wie ihr die Tränen in die Augen schossen. Sie bestellte ein drittes Glas Wein und zündete sich mit unsicheren Fingern eine Zigarette an. Sie betrachtete ihre zitternden Hände und fing leise an zu weinen. Henri sah zu ihr herüber und wandte dann diskret den Blick ab. Es war nicht das erste Mal, dass ihr das passierte, Simone kannte diese Ausbrüche seit ihrer Jugend. Ihr Weinen steigerte sich in haltloses Schluchzen, das sie nicht kontrollieren konnte. Sie presste die Serviette vor den Mund, während ihr Körper zuckte. Ebenso unvermittelt, wie er gekommen war, war der Anfall vorüber. Simone atmete tief durch, tupfte sich die Tränen ab, nahm ihre Tasche und ging zu den Toiletten im Untergeschoss, um sich das Gesicht zu waschen und sich die Nase zu pudern. Dann ging sie zurück an ihren Platz und setzte sich, als wäre nichts gewesen.

Henri brachte ihr einen der kleinen Fächer, die die *Coupole* für besondere Gäste vorrätig hatte. »Das ist aber auch eine Hitze heute Abend«, sagte er und schenkte ihr ein aufmunterndes Lächeln.

Zehn Minuten später kam Sartre. Mit der unvermeidlichen Pfeife im Mund kam er freudestrahlend auf sie zu. Er beugte sich zu ihr herunter und küsste sie auf beide Wangen. Simone sog tief seinen Duft nach Pfeifentabak und seiner Lederjacke ein.

»Wie geht es Ihnen, *mon amour*?«, fragte er und setzte sich neben sie.

»Mir geht es ganz hervorragend. Wollen wir bestellen?«

Am nächsten Tag erlitt sie eine weitere Nervenkrise, während Sartre zu seiner Mutter ging, um dort seine Post abzuholen. Sie versuchte, sich zu beruhigen, sie hasste sich ja selbst, wenn sie so außer sich geriet, aber sie konnte nichts dagegen tun. Sie schluchzte, zitterte und weinte, und als Sartre wiederkam, war er so erschrocken über ihren Zustand, dass er einen Arzt holte, der ihr eine Beruhigungsspritze gab.

Das Einzige, woran sie denken konnte, war, dass sie einen ganzen Sonntag mit Sartre verpatzt hatte.

Als er am folgenden Wochenende wiederkam, empfing sie ihn freudestrahlend in ihrem Zimmer.

»Ich habe auf Sie gewartet. Ich habe Ihnen so viel zu erzählen.« Sie wollte sich in seine Arme schmiegen, doch er verharrte abweisend. Sie sah ihn fragend an.

»Ich will nicht, dass Sie auf mich warten.«

»Aber ich liebe Sie. Ich vermisse Sie. Ich habe mich für Sie schön gemacht.« Sie drehte sich vor ihm in ihrem neuen Kleid, für das sie ein Heidengeld ausgegeben hatte, den Verdienst von zwei Wochen.

Sartre hatte kaum einen Blick dafür. »Ich vermisse Sie auch, wenn Sie nicht bei mir sind. Aber Sie sollen nicht Ihr Leben damit vergeuden, auf mich zu warten. Sie sollen schreiben, während ich nicht da bin. Sie sollen Ihr Leben leben und glücklich sein.«

»Und Sie wollen keine Schuldgefühle haben, wenn Sie nicht kommen, obwohl Sie wissen, dass ich auf Sie warte.«

»Ja. Auch das.«

Er gab es einfach zu. Woher nahm er diese Freiheit, seinen Anspruch einfach zu behaupten – gegen ihre verletzten Gefühle, gegen ihre Liebe?

Je länger Simone darüber nachdachte, desto zwiespältiger fand sie seine Reaktion. Ihr Gefühl wehrte sich dagegen, Sartres Wunsch zu akzeptieren; ihr Verstand indes hatte längst den Widerspruch zwischen Liebe und Freiheit erkannt, mit dem sie rang. Am schlimmsten war für sie die Unsicherheit. Manchmal wünschte sie sich geradezu, dass er nach Japan gehen würde. Dann wüsste sie wenigstens, woran sie wäre, und könnte sich an die Situation gewöhnen.

Eine Woche später erhielt sie einen Brief der Schulbehörde. Es war, wie befürchtet: Man schickte sie zu Beginn des nächsten Schuljahrs an eine Mädchenschule nach Marseille. Simone hielt den Bescheid mit zitternden Fingern von sich, als würde sie sich ekeln. Marseille war ja fast genauso weit von Paris entfernt wie Japan – acht Stunden mit dem Zug, mindestens. Nicht einmal an den Wochenenden würde sie nach Hause kommen können. Sie sah sich in ihrem Zimmer um, das sie so liebte. Mit Entsetzen stellte sie fest, dass sie schon wieder dabei war, die Fassung zu verlieren. Sie kühlte ihr Gesicht mit Wasser, um sich zu beruhigen. Sie musste den Tatsachen ins Gesicht sehen: Sartre und sie würden das kommende Schuljahr getrennt voneinander verbringen.

Als er eine Stunde später zu ihr kam, hatte sie sich zwar in der Gewalt, aber in ihrem Innern brodelte es. Sie öffnete ihm die Tür und setzte sich mit dem Rücken zu ihm auf das Sofa.

»Was ist los, Castor?«, fragte er besorgt.

Simone hielt ihm den Brief hin, ohne ihn anzusehen. Er überflog ihn und wusste sofort, was die Nachricht bedeutete. Er lachte kurz auf, und Simone sah ihn irritiert an.

»Und dabei habe ich gute Nachrichten. Sie haben jemand anderen für Japan gefunden. Stattdessen werde ich nach meinem Militärdienst als Philosophielehrer nach Le Havre geschickt.«

Langsam wandte sie sich zu ihm herum und versuchte zu begreifen, was er ihr sagte. »Das heißt, Sie bleiben hier, aber dafür gehe ich? Soll das ein Witz sein?« Die Erkenntnis traf sie wie ein Schlag. Sie würden das nächste Jahr an Schulen in entgegengesetzten Teilen des Landes verbringen und sich kaum sehen können. Sie rechnete sich aus, wie lange sie mit dem Zug von Marseille nach Le Havre brauchen würde: mindestens einen Tag. Selbst wenn sie am Sonnabend nach Ende des Unterrichts den Zug nehmen würde, hätte sie gerade mal ein paar Stunden mit Sartre, bevor sie wieder zurückfahren müsste, um am Montagmorgen wieder ihren Unterricht halten zu können. Und umgekehrt wäre es genauso. Das war zu viel. Sie konnte sich nicht mehr kontrollieren und fing an zu weinen. Sartre setzte sich zu ihr auf das Sofa und nahm sie in die Arme.

»Ich werde Sie so vermissen«, schluchzte sie. »Ich will nicht ohne Sie sein. Ich werde nicht arbeiten können, weil ich immerzu an Sie denken muss. Ich werde eine schlechte Lehrerin sein.«

»Jetzt beruhigen Sie sich doch. Bitte hören Sie auf zu weinen.« Es war offensichtlich, dass er in Panik geriet und befürchtete, die Situation würde wieder eskalieren. Simone schämte sich entsetzlich dafür und musste noch mehr weinen.

Sartre legte die Arme um sie und hielt sie ganz fest. Dabei summte er eine Melodie vor sich hin und murmelte immer wieder ihren Namen. Das half ihr, sich allmählich zu beruhigen. Er schob sie ein Stück von sich weg, um sie ansehen zu können. »Lassen Sie uns in Ruhe überlegen, was wir tun können. Vielleicht brauchen wir eine grundsätzliche Regelung. Vielleicht gibt es doch einen Ausweg.«

»Wo sollte der liegen? Können Sie sich nicht auch nach Marseille versetzen lassen?«, fragte sie.

»Sie wissen, dass das nicht geht.«

Simone sackte in sich zusammen. »Le Havre ist ja noch weiter von Marseille entfernt als Paris!« Sie stieß einen kläglichen Schrei aus, legte die Arme vor die Brust und krümmte sich auf dem Sofa.

Sartres Stimme wurde eine Spur fester. »Wir machen jetzt einen kleinen Spaziergang. Sie müssen hier raus und an die Luft«, sagte er. Er stand auf und reichte ihr ihre Jacke, die an einem Haken hinter der Tür hing. »Nun kommen Sie schon.« Er stand in der Tür und lächelte sie ein wenig gequält, aber zuversichtlich an.

Sie spazierten in den Jardin du Luxembourg. Am Bassin war es jetzt, gegen Abend, schon ruhiger. Die Kinder waren mit ihren Gouvernanten bereits gegangen. Nur vereinzelt saßen noch Passanten auf den Stühlen. Am Himmel zeigten sich Wolken, die in der untergehenden Sonne lila leuchteten. Der Anblick nahm Simone gefangen. Das und Sartres Gegenwart beruhigten sie.

Sartre ging stumm neben ihr. Es war ihm anzumerken, dass er mit etwas kämpfte.

»Ich kann es kaum mit ansehen, wie sehr Sie leiden, Castor«, sagte er schließlich.

»Sie können keine Frau leiden sehen«, entgegnete sie.

»Es stimmt, Tränen bei einer Frau machen mich völlig hilflos.«

»Es tut mir leid, und ich schäme mich. Aber ich kann es nicht ändern. Was können wir denn nur tun?« Simone kamen schon wieder die Tränen.

Sartre seufzte und nahm seine Brille ab. Er hielt sie gegen das Licht und putzte sie mit seiner Krawatte. Sie sah ihm dabei zu und bemerkte so etwas wie Unwillen in seinem Gesicht. Plötzlich setzte er die Brille wieder auf und sagte:

»Lassen Sie uns heiraten. Dann wird man uns in dieselbe Stadt schicken, und wir können zusammen sein. Es wird schön werden. Ich kaufe Ihnen sogar einen hübschen kleinen Ring.«

Simone starrte ihn an und sah in seinen Augen wieder diesen Ausdruck von, sie wusste es nicht genau, doch dann fiel es ihr ein – von Resignation und verhaltenem Zorn. Aber sie wollte ihn nicht wahrhaben.

Wir werden nicht getrennt sein, dachte sie glücklich. Und das war alles, was sie in diesem Moment denken wollte, denken konnte. Ich werde mich nicht von Sartre trennen müssen. Keine tagelangen Zugfahrten, keine hastigen Begegnungen mit der Uhr im Nacken, keine Einsamkeit, keine Sehnsucht nach ihm.

»Eine Heirat wäre auch finanziell von Vorteil«, sagte Sartre neben ihr.

Sein Einwand ernüchterte sie. »Aber eine Ehe bedeutet, dass wir uns unter bürgerliche Maßstäbe zwingen lassen.«

Er winkte ab. »Sie werden sich doch nicht für Ihre Prinzipien zur Märtyrerin machen! Das wäre ebenso sinnlos wie verlogen.«

Simones erste Euphorie klang ab, als sie an den Preis dachte, den sie würde zahlen müssen, wenn sie Sartre heiratete. Eine Ehe, das bedeutete auch Kinder. Aber sie wollte keine Kinder. Jetzt nicht, wahrscheinlich nie. Kinder waren eine Falle für die Frau, die plötzlich Mutter war und nichts anderes mehr. Wie sollte sie schreiben, wenn sie Kinder hätte? Und Sartre? Was würde er erwarten? Dass sie ihm seine Hemden bügelte und seine Wäsche in Ordnung hielt? Dass sie Schnittchen schmierte, wenn seine Freunde zu Besuch kämen? Dann wäre er nicht mehr der Mann, den sie liebte. Wenn sie sich all die braven Frauen ansah, die die Ehefrauen ihrer Männer waren, auf sie warteten, ihnen die Sorgen des Alltags abnahmen, Kinder bekamen, ob sie wollten oder nicht, dann wurde ihr angst und bange. So wollte sie nicht leben. Sie hatte nicht studiert, um jetzt zu heiraten. Als Ehefrau würde sie vielleicht nicht einmal eine Stelle bekommen. Doch was das Wichtigste war: Wenn sie Sartres Vorschlag annähme, dann würde sie sich kleiner machen, als sie in ihrem Leben hatte sein wollen. Dann wäre sie nicht die Simone aus ihren Träumen. Und womöglich würde er sie irgendwann dafür verachten. Und sie selbst sich auch.

»Eine Ehe würde das Ende unserer Freiheit bedeuten, Ihrer und meiner«, sagte sie.

»Nur weil wir einen Trauschein haben?«

»Weil wir in eine Falle tappen würden. Weil wir Erwartungen wecken würden, weil wir nachgeben würden.« Weil ich mir selbst untreu werden würde. Ich wäre nicht mehr die Simone de Beauvoir, die ich sein will, dachte sie.

»Sie sind so schweigsam«, sagte Sartre neben ihr.

»Weil ich Sie so sehr brauche. Ich brauche die Gespräche mit Ihnen, ich will Ihre Gedanken hören und Ihnen meine vortragen, ich brauche Ihre Ermutigung. Ich brauche Sie ganz einfach. Aber nicht als meinen Ehemann, obwohl ich Sie manchmal so nenne.« Sie machte eine Pause, bevor sie fortfuhr: »Ich habe gerade Zaza verloren, und jetzt soll ich Sie verlieren?« Sie blieb abrupt stehen.

»Jetzt übertreiben Sie aber. Ich würde ja nicht aus Ihrem Leben verschwinden, wir würden uns sehen, sooft es geht, und spätestens nach einem Jahr bewerben wir uns beide um eine neue Stelle, die uns näher zueinanderbringt.«

Simone hob den Blick und sah den Himmel über dem westlichen Ende des Parks. Die letzten Sonnenstrahlen brachten die Dächer des Port Royal zum Leuchten, als wären sie aus Gold.

Das ist schön, dachte sie plötzlich. Diese Welt ist schön, sie spendet Trost.

Der Parkwächter blies in seine Trompete.

»Der Park schließt gleich«, sagte sie. »Wir sollten nach Hause gehen.«

Traurig liefen sie nebeneinanderher. Es war ihr kein Trost, dass Sartre mit ihr trauerte. Sie versuchte, sich zusammenzureißen, aber es gelang ihr nicht. Ich verderbe uns die gemeinsamen Stunden, dachte sie. Anstatt diesen Sommerabend an seiner Seite zu genießen, mache ich ihn mit meiner Traurigkeit kaputt.

Als sie vor ihrem Haus ankamen und Simone hineingehen wollte, hielt Sartre sie zurück.

»Castor«, sagte er, »wir haben vor zwei Jahren einen Pakt geschlossen. Lassen Sie uns diesen Pakt verlängern, bis wir dreißig sind.«

Er sah sie mit einem zuversichtlichen Lächeln an.

»Bis wir dreißig sind? Das ist eine Ewigkeit. Und es wird sich nichts zwischen uns ändern, egal, ob wir getrennt sind oder nicht?«

Sartre nickte und nahm sie in seine Arme.

»Kommen Sie, rasch. Lassen Sie uns nach oben gehen. Ich will Sie lieben, die ganze Nacht.«

Jetzt fühlte sie sich sicher.

Kapitel 14

»Ich habe etwas geschrieben, ich will, dass Sie es lesen und mir sagen, ob es so richtig ist.«

Was? Simone räkelte sich schläfrig. Sie war noch ganz erfüllt von den Zärtlichkeiten der Nacht und wollte nach Sartres Arm greifen, doch er stand auf und ging zum Tisch hinüber, wo seine Tasche stand.

»Ich habe die Abhandlung *Legende der Wahrheit* genannt. Achten Sie bitte besonders auf die Plausibilität der Gegenthese.« Er reichte ihr die Seiten.

Simone sah ihn verblüfft an. Nach allem, was gestern passiert war, nach ihrem halben Nervenzusammenbruch und nachdem sie ihren Pakt auf zehn Jahre verlängert und sich dann bis in den Morgen geliebt hatten, konnte er einfach so zu seiner Arbeit zurückkehren? Wie schaffte er das nur?

Sartre kam zurück zum Bett und setzte sich neben sie. Er küsste sie liebevoll, dann sagte er: »Ich brauche Sie, *mon amour*.«

Und Simone verstand, dass ihm diese Verabredung, der neue Pakt, so viel Sicherheit gab, dass er einfach weitermachen konnte. Für ihn war ihre gemeinsame Zukunft gesichert, die ihm bei der Arbeit helfen würde. Und sie? Würde es für sie auch so sein? Sie würde es versuchen. Mit einem Seufzer setzte sie sich auf.

»Lassen Sie uns ins *Deux Magots* gehen und frühstücken. Ich habe Hunger. Dort lese ich Ihr Manuskript.«

Im Café bestellten sie Croissants und Kaffee, dann beugte Simone sich über die Seiten und vergaß alles andere um sich herum. Sartre brauchte sie, um zu arbeiten, er würde nie eine einzige Zeile veröffentlichen, ohne dass sie sie gelesen und für gut befunden hätte. Simone blickte auf, sah die anderen Gäste an den Nebentischen, sah Sartre, der ihr gegenübersaß und schon wieder neue Gedanken in ein Heft schrieb.

Ich bin die Muse eines Genies, dachte sie glücklich. Und bald werde ich mein eigenes Buch schreiben.

Am Nachmittag musste Sartre zurück zu seiner Einheit. Simone saß in ihrem Zimmer am Schreibtisch, einen großen Packen Papier vor sich.

»Und, was haben Sie geschrieben?«, fragte er sie vor seinem Abschied.

Sie konnte ihm nichts zeigen, und er verbarg seine Enttäuschung nur halb.

Als er gegangen war, sah sie zu ihrem Schreibtisch hinüber, auf dem ein ziemliches Durcheinander herrschte. Es lagen nicht nur Bücher und Zettel dort, sondern auch Dinge, die da gar nicht hingehörten: eine Bürste, ihre Tasche und Weingläser. Ihr wurde mit einem Mal klar, dass ihre Beziehung zum Scheitern verurteilt wäre, wenn es ihr nicht gelänge, ihren Weg zum Schreiben zu finden. Und nicht nur Sartre würde sie verlieren, sondern auch sich selbst. Das, was sie und Sartre anstrebten, war eine Liebe in Freiheit – und eine Liebe auf Augenhöhe. Sie wollte schreiben, seit sie fünfzehn war. Sie durfte es nicht zulassen, dass sie, aus welchen Gründen auch immer – aus Bequemlichkeit, aus Liebe, weil sie glaubte, dass andere Dinge wichtiger seien –, von diesem Ziel abkam, das doch immer Mittelpunkt ihres Lebens hatte sein sollen.

Simone dachte darüber nach, wie ihr Leben vor Sartre gewesen war. Sie hatte gelesen und ganze Bibliotheken studiert, immer wieder Pläne für ihren großen Roman gemacht. Und dann war die Angst vor der Trennung von ihm gekommen und hatte alles andere überlagert. Sie konnte Sartre verstehen, wenn er das nicht akzeptieren wollte.

Sie schrieb *Einsamkeit* auf ein Blatt Papier und versuchte, sich das Leben, das sie in Marseille erwartete, vorzustellen. Früher war ihr das Alleinsein eine willkommene Gelegenheit gewesen, sich mit Projekten zu befassen und Pläne zu schmieden. Wann war daraus ein Quell der Angst geworden?

Ich würde gern wieder lernen, allein zu sein und die Vorzüge der Einsamkeit als Quell der Inspiration zu schätzen, nahm sie sich vor.

Auf einmal sah sie Zaza vor sich. Auch Zaza war einsam gewesen, auf eine ganz andere Art allerdings. Ein Gedanke stieg in ihr auf, ein aufregendes Gefühl: Einsamkeit konnte ins Verderben, aber auch in die Freiheit führen. Das war es! Sie hatte das Thema für ihren Roman gefunden. Er würde von Zaza und von ihr selbst handeln. Zaza würde sie im Roman Anne nennen, sich selbst Lucy.

Sie schob alles, was auf ihrem Schreibtisch lag, an den Rand, um Platz zu haben, beugte sich über das Blatt Papier und entwarf rasch die Grundzüge des Themas. Und statt dass ihre

Furcht, den Geliebten zu verlieren, sie länger lähmte, gab ihr nun die Gewissheit, dass sie und Sartre die nächsten zehn Jahre ein Paar sein würden, eben jene geistige Freiheit und Sicherheit, kreativ zu sein, die sie so lange entbehrt hatte.

In den nächsten Wochen gewann sie ihre Zuversicht zurück. Sie arbeitete unermüdlich an der Idee für ihren Roman, sie las und studierte Texte, um Material dafür zu sammeln. Am Abend traf sie sich mit Freunden, ging bis in die Nacht tanzen, oft mit Freunden von Sartre, die er ihr vorbeischickte, damit sie ihnen Paris zeigte. Sie hatte nicht viel Geld, es reichte gerade so aus, aber sie brauchte auch nicht viel. Sie trug ihre drei oder vier Kleider, bis sie ihr in Fetzen vom Leib fielen. Das Wichtigste in ihrem Leben war Sartre, und seitdem sie ihren Pakt erneuert hatten, erschien ihr auch die Trennung nicht mehr als Katastrophe. Ihre Beziehung war nie enger und vertrauensvoller gewesen. Simone vertraute niemandem mehr als ihrem Geliebten, seit sie wusste, dass er ihretwegen sogar in den Klub der verheirateten Männer eingetreten wäre, den er doch so verachtete. Egal, was geschah, er wäre an ihrer Seite. Allein die Gewissheit machte sie stark.

Ihr Leben wurde wieder farbig, etwas, was ihre Eltern sehr wohl zur Kenntnis nahmen, wenngleich sie es alles andere als guthießen. »Du versumpfst in Paris«, schimpfte ihr Vater. »Du machst nichts als Ferien.«

Doch trotz ihrer neuen Kreativität bekam sie ihren Roman nicht in den Griff. Etwas stimmte nicht, ihre Protagonistin Anne blieb seltsam statisch, wurde nicht lebendig. Sie haderte mit der Erzählstruktur. Wie stark sollte der Erzähler sein? Oder sollte sie ihre Figuren in der Ich-Form sprechen lassen? Ihr größtes

Hemmnis war aber weiterhin die Frage, ob sie Zaza gerecht wurde oder ob sie ihr Unglück benutzte.

»Vielleicht sind Sie zu nahe dran«, schlug Sartre vor. »Vielleicht stellen Sie nicht die Personen, sondern ein Konzept in den Vordergrund Ihres Romans. Eifersucht oder Freiheit.«

Simone stand ratlos vor ihrem Kleiderschrank. Was sollte sie für einen Urlaub in der Bretagne einpacken? Dort konnte es auch im Sommer kühl und windig sein. Sobald Sartre aus dem Militärdienst entlassen war, wollten sie losfahren. Sie dachte voller Liebe an ihn. Sie hatten bisher einige Tagesausflüge in die nähere Umgebung gemacht, Sartre hatte sie dazu eingeladen, damit sie auf andere Gedanken kam. Aber jetzt würden sie zum ersten Mal eine richtige Reise unternehmen. Ach ja, die Fahrkarten müsste sie auch noch besorgen. Sie nahm ihr Wollkleid aus dem Schrank, das sie so oft trug. Es wäre auch für die Bretagne passend. Mit einem Knall schloss sie den Schrank wieder. Sie würde einfach ein, zwei Sachen einpacken, die sie immer trug, und fertig.

Doch dann kam ein Brief von Stépha. Sie und Fernando luden sie ein, nach Madrid zu kommen. Fernando arbeitete inzwischen für eine große Elektronikfirma in Spanien, und die Familie pendelte zwischen Paris, Barcelona und Madrid hin und her. Auch als Künstler war Fernando erfolgreich, er hatte bereits Einzelausstellungen gehabt und Bilder verkauft. Stépha hatte ihre Leidenschaft für das Kochen entdeckt und gab oft große Partys, auf denen sich Künstler trafen.

Spanien? Simone konnte ihr Glück kaum fassen. Endlich sollte sich ihre Sehnsucht nach anderen Ländern erfüllen. Wie lange schon träumte sie davon, zu reisen? Weiter als Meyrignac war sie bisher nicht gekommen, und schon allein dieser Weiler in der französischen Provinz hatte sie glücklich gemacht und ihre Kreativität geweckt. Zazas schwärmerische Begeisterung nach ihren Italienreisen fiel ihr ein. Und jetzt sollte sie selbst nach Spanien fahren? Noch dazu mit Sartre als Reisegefährten? Sie dachte an sonnendurchglühte Landschaften, an das Mittelmeer, an die Emotionen beim Stierkampf oder Flamenco.

Doch ihre Euphorie erhielt schon bald einen empfindlichen Dämpfer. »Ich kann mir diese Reise nicht leisten«, sagte sie traurig zu Sartre, nachdem sie sich nach Zügen und Hotels erkundigt hatte. »Es ist unmöglich.«

»Aber ich kann. Ich habe noch etwas Geld aus dem Erbe meiner Großmutter.«

»Aber das ist Ihr Geld«, sagte Simone.

Er breitete kopfschüttelnd die Arme aus. »Aber Simone, mein Geld ist auch Ihr Geld, und umgekehrt. So werden wir es von nun an halten. Dass wir nicht an die Regeln einer Ehe gebunden sind, soll nicht bedeuten, dass wir nicht füreinander einstehen.«

Also tauschten sie Francs in Peseten, und allein die fremden Münzen in ihrer Hand zu betrachten erfüllte Simone mit Begeisterung. Sie hatte eine genaue Reiseroute ausgearbeitet, und als sie am ersten Abend nach einer atemberaubenden Fahrt durch die Pyrenäen jenseits der Grenze im katalanischen Figueres aus dem Zug stiegen, sagte sie immer wieder: »Wir sind in Spanien«, als könne sie es selbst noch nicht glauben. Sie setzten sich auf die Terrasse des ersten Cafés, an dem sie vorbeikamen, und genossen den Zauber ihrer ersten gemeinsamen Reise in die Ferne.

»Niemand ist so zum Glück begabt wie Sie«, sagte Sartre zärtlich zu ihr, weil sie sich über jede Kleinigkeit freuen konnte.

»Aber was könnte denn auch schöner sein, als zu reisen und fremde Länder kennenzulernen?«, fragte sie.

»Mit Ihnen in fremde Länder zu reisen«, sagte Sartre und küsste sie innig.

In diesem Augenblick fuhr ein prächtiges Auto vorbei, in dem ein Mann und eine Frau von vollkommener Eleganz saßen. Die Männer am Straßenrand zogen respektvoll die Hüte.

»Und zum Glück brauchen Sie kein Geld, um glücklich zu sein«, sagte Sartre und küsste sie noch einmal.

Von Figueras aus fuhren sie kreuz und quer durch das Land.

Ihren ersten längeren Aufenthalt hatten sie in Barcelona. Simone hatte ein schäbiges kleines Hotel in der Nähe der Kathedrale gefunden, das ihrem Budget entsprach und dennoch zentral gelegen war. Von dort aus brachen sie frühmorgens auf, um die Stadt zu erkunden, wobei sie sich nicht nur für die berühmten Bauwerke und Kirchen interessierten, sie wollten einfach alles sehen – die Märkte, die engen Gassen, die einfachen Leute, nichts war vor Simones Neugier sicher. Sie probierte an den Ständen exotische Früchte und fremde Gerichte, sie roch an unbekannten Blüten und berührte Stoffe und Spitzen. Mittags, wenn es zu heiß wurde, machten sie eine Siesta in ihrem Hotelzimmer, das wegen des roten Vorhangs, durch den die Sonne gleißte, ganz in Purpur getaucht schien. »Hier sieht es aus wie in einem Bordell«, gluckste Sartre. Simone hielt es jedoch nie lange in diesem Zimmer. Nach spätestens einer Stunde war sie wieder auf den überfüllten Straßen unterwegs. Ihre Neugierde war einfach zu groß, und sie hatte immer Angst, etwas zu verpassen. Sie vermutete hinter jeder Ecke der Stadt ein Geheimnis, das sie erkunden wollte. Sartre blieb nachmittags lieber im Hotel oder auf der Terrasse eines Cafés, um zu arbeiten. Überall kritzelte er in seine Hefte, nie ging er ohne. Für Sartre ist das Leben Schreiben, dachte Simone bewundernd. Und irgendwann wird es für mich auch so sein.

Aber vorerst wollte sie Spanien sehen. Es kam vor, dass sie sich heillos verlief, und weil sie kein Spanisch sprach, brauchte sie manchmal Stunden, um zurück zu ihrer Unterkunft zu finden. Dort wartete Sartre auf sie, um ihr seine beschriebenen Seiten zu zeigen, und sie tranken billigen spanischen Wein, aßen Sardinen und redeten. Später trieb es sie dann in eine der Bars, wo Frauen trotz ihrer Leibesfülle grazile Tänze aufführten und mit ihren dunklen, rauchigen Stimmen sangen, was Simone und Sartre fasziniert beobachteten. Dabei fesselten nicht nur die Tänzerinnen ihre Aufmerksamkeit, sondern auch die Zuschauer. Und so spielten sie wieder ihr Spiel aus Paris, bei dem sie sich Geschichten zu den Menschen ausdachten, was hier noch viel einfacher war, weil sie nicht ein Wort von dem verstanden, was die Leute um sie herum sagten.

Über Saragossa fuhren sie weiter nach Madrid. Simone hatte sämtliche Reiseführer gelesen, aus Sorge, irgendwo eine Sehenswürdigkeit zu verpassen. Auf dem Weg in die Hauptstadt gab es Salinen und einen künstlichen Salzberg, den Simone besichtigen wollte, obwohl man dafür einen mehrstündigen Marsch auf sich nehmen musste. Doch Sartre weigerte sich rundweg. Wenn es etwas gab, das er nicht mit Simone teilte, dann waren es ihre Begeisterung für die Natur und ihr Wunsch, sich diese in Wanderungen zu erschließen, so anstrengend sie auch sein mochten.

»Sie können nicht alles sehen, Castor. Kirchen, meinetwegen, Naturdenkmäler auch, aber irgendwelche Hügel aus Salz?« Er schüttelte den Kopf. »Nein, nicht mit mir. Sie haben Ameisen in Ihrem hübschen Hintern.«

Simone musste lächeln. »Das mag stimmen, aber Sie meinen wohl, es sei damit getan, sich auf Wanderungen des Geistes zu beschränken, Sie Baladin.«

»Manchmal schon. Ich werde heute Abend für Sie singen, das wird viel schöner als ein Salzberg.«

Damit hatte er sie überredet.

In Madrid holte Fernando sie in einem großen Wagen vom Bahnhof ab und brachte sie in seine herrschaftliche Wohnung an der Plaza de Toros, wo Stépha auf sie wartete.

Simone freute sich unendlich, ihre Freundin wiederzusehen. Doch als sie vor Stépha stand, stutzte sie. Stépha war schwanger. Sie war die erste von Simones Freundinnen, die ein Kind haben würde.

Auch der Lebensstandard der beiden war neu für Simone und Sartre. Fernando gab am Vormittag den Generaldirektor und abends den malenden Bohème. Stépha hatte gekocht, ein vielgängiges Menü.

»Das ist das Beste, was ich während unserer gesamten Reise gegessen habe«, sagte Simone und ließ sich noch einmal von dem Rindfleisch geben.

Dann zeigte Fernando seine neusten Bilder, und sie verbrachten einen ausgelassenen Abend. Sie fingen sogar an zu tanzen. Stépha und Fernando waren glücklich, das war unübersehbar.

Sie küssten sich am Tisch, worauf Sartre erst die beiden und dann Simone mit einem strahlenden Lächeln bedachte und ihr dann ein Stückchen Fisch aus dem Mundwinkel wischte.

»Ich habe mich nicht getraut, es dir zu sagen«, sagte Stépha, als Simone sie in einem ruhigen Moment nach ihrer Schwangerschaft fragte. »Ich weiß ja, dass du die Mutterschaft für wenig erstrebenswert hältst.«

»Sie ist ein Mythos, der Frauen davon abhält, zu tun, was sie wirklich tun wollen«, sagte Simone knapp.

»Aber ich will diese Schwangerschaft, und ich will dieses Kind. Fernando und ich haben darüber gesprochen. Wir werden uns die Arbeit teilen. Es wird funktionieren.«

»Stépha hat sich das so ausgesucht«, sagte Sartre, als sie im Bett lagen und ausgiebig darüber sprachen. »Und sie hatte immerhin die Wahl.«

In den nächsten Tagen veränderte sich der Charakter ihrer Reise sehr, da Fernando sie an Orte führte, die wenig touristisch waren. Sie aßen in volkstümlichen Restaurants Oliven und pulten Krabben aus, und Simone kam sich in ihrem abgerissenen Kleid und den Espadrilles ein wenig deplatziert vor, denn um sie herum saßen ausnahmslos Männer, die trotz der Hitze formell mit Hemd und Weste gekleidet waren. Stépha nahm sie mit auf einen Markt und schenkte ihr dort einen geblümten Rock und eine kurzärmlige Bluse, womit sie Simone eine große Freude machte. Doch während Fernando ihnen die Geschichte einzelner Häuser und Stadtviertel erklärte, in denen die Reichen und die Kirche das einfache Volk gedemütigt und geknechtet hatten, verloren ihre Spaziergänge in Simones Augen die naive Unschuld der Unwissenden. Die Gerassis hatten für die Abdankung des spanischen Königs und für die Spanische Republik gekämpft, die noch kein Jahr alt war. Sie freute sich mit ihnen über die politischen Entwicklungen in ihrer Heimat, dennoch spürte sie ein immer größeres Unbehagen in sich aufsteigen.

Abends im Bett überkam es sie auf einmal, und sie fing an zu weinen.

»Was haben Sie denn, Castor?«, fragte Sartre erschrocken.

»Ich vermisse die Zweisamkeit der letzten Wochen mit Ihnen«, schluchzte sie. »Ich liebe Stépha und Fernando, aber ich bin gar nicht mehr mit Ihnen allein. Und wenn ich mir vorstelle, dass ich bald in Marseille ganz ohne Sie sein werde, habe ich den Eindruck, in die Hölle zu blicken.«

Sie sollte recht behalten. Die nächsten Tage waren angefüllt mit Ausflügen, mit Besuchen im Prado, wo sie sich für Greco begeisterten und Sartre sich angewidert von Tizian abwendete. Am Sonntag gingen sie zum Stierkampf, dessen Faszination Simone genauso wenig verstand wie Stépha. Warum buhten die Zuschauer jetzt? Und warum klatschten sie? Simone begnügte sich wie so oft damit, die Reaktionen der Zuschauer zu beobachten. Sie amüsierte sich über Fernando, der sich aufregte, schrie und klatschte und Sartre heftige Stöße gab und ihn mit seiner Begeisterung anzustecken versuchte. Abends gingen sie in Restaurants, und so blieb Simone keine Minute für sich, und sie vermisste ihre zufälligen Wanderungen, das Durch-die-Straßen-Streifen, die willkürlichen Entdeckungen, die sie dabei gemacht hatte. Und mehr noch die Gespräche unter vier Augen mit Sartre.

Dennoch fiel der Abschied von den Gerassis schwer, weil er auch das Ende ihrer Reise bedeutete.

Von Madrid aus fuhren sie über Burgos, Pamplona und San Sebastián wieder in Richtung Frankreich.

Nach zwei Monaten überquerten sie in Hendaye die Grenze und stiegen in den Zug nach Paris. Sie saßen sich gegenüber und wussten zum ersten Mal nicht, was sie sagen sollten, obwohl es so viel zu sagen gegeben hätte. Simone seufzte ab und zu. Sartre sah stumm aus dem Fenster.

»Ich werde Sie vermissen, *mon amour*«, sagte er traurig.

»Ich Sie auch. Ich sehne mich jetzt schon nach Ihnen.«

Sartre nahm ihre Hand. »Wir werden das schaffen. Wir wissen, dass wir zusammengehören. Alles andere ist nebensächlich. Und länger als höchstens ein Jahr wird unsere Trennung nicht dauern. Ich will nicht, dass Sie gleich beim Abschied Tränen vergießen. Ich will Sie schön und fröhlich und neugierig in Erinnerung behalten, so wie Sie in Spanien waren.«

Simone nickte. Sie wollte auch nicht vor ihm weinen. Nach einer viel zu kurzen Fahrt hielt der Zug in Bayonne. Sartre hob ihren Koffer auf den Bahnsteig und nahm sie in die Arme. Der Schaffner pfiff zur Weiterfahrt, und sie küssten sich ein letztes Mal. Dann stieg Sartre wieder ein und sah aus dem Fenster. Simone sah ihn an, und es gelang ihr zu lächeln. »Ich liebe Sie«, sagte sie leise, während der Zug anfuhr.

Ihr Zug nach Marseille ging in einer halben Stunde. Sie stand die ganze Zeit bewegungslos neben ihrem Koffer und wartete. Von der Zugfahrt, die immerhin durch eine der schönsten Landschaften Frankreichs führte, bekam sie nichts mit. Ihr Enthusiasmus, den sie noch vor ein paar Tagen an den Tag gelegt hatte, wenn es darum ging, Bergzüge, Flusstäler oder Städte in Spanien zu bewundern, hatte sich verflüchtigt. Während der Zug durch die Landschaft ratterte, war sie in sich gekehrt und rief sich die schönsten Momente ihrer Reise in Erinnerung. Die konnte ihr niemand nehmen. Sie lehnte sich an das Fenster, und der Wunsch, dass es stattdessen Sartre wäre, nahm ihr beinahe den Atem. Stumpf saß sie auf ihrem Platz und konnte nichts anderes tun, als die Kilometer zu zählen, die sie von ihrem Geliebten trennten.

Kapitel 15

Es war früher Abend geworden, als Simone in Marseille aus dem Zug stieg. Sie hatte nur ihren Koffer aus Spanien bei sich. Einen zweiten Koffer mit Büchern und anderen Dingen hatte sie vorausgeschickt. Nur das Nötigste wollte sie bei sich haben. Sie hatte nicht vor, sich hier einzunisten.

Als sie auf den Bahnhofsvorplatz trat, der sich auf einer kleinen Anhöhe befand, blendete sie die Abendsonne. Nach ein paar Schritten stand sie oben an einer der breitesten Treppen, die sie je gesehen hatte. An den Seiten standen fünfkugelige Kandelaber, neben der Treppe erhoben sich riesige Steinskulpturen von aufreizenden Damen, die die einstigen Kolonien verkörpern sollten. Verblüfft blieb Simone stehen und stellte ihren Koffer ab, um die Szene vor sich aufzunehmen. Es waren nicht viele Menschen unterwegs, und sie hatte die breite Treppe aus hellem Sandstein fast für sich allein. Unter ihr lag die Stadt, die so ganz anders war als Paris, von ganz eigener Schönheit. Von der Sonne verblichene Dächer legten sich übereinander, dazwischen das helle Grün der Platanen und einzelner Kiefern. Sie hob die Nase und bemerkte einen fremden Duft, orientalisch, nach Minze und Koriander. Sie erinnerte sich, dass in Marseille viele Nordafrikaner lebten, die natürlich ihre Küche mitgebracht hatten. In der Ferne, auf der anderen Seite der Stadt, erhob sich auf einem anderen Hügel eine majestätische, strahlend schöne Kirche. Das musste Notre-Dame de la Garde sein, wie sie aus ihrem Reiseführer wusste. Und irgendwo dazwischen lag der alte Hafen, *le vieux port,* gegründet in den Tagen der Antike.

Sie verharrte unbeweglich an derselben Stelle und konnte sich nicht entschließen, zu gehen. Dabei wurde es schon dunkel, und sie hatte noch kein Zimmer für die Nacht.

Ihre Gedanken wanderten zu dem Jahr, das vor ihr lag.

Würde es das unglücklichste Jahr ihres Lebens werden? Ein Jahr voller Einsamkeit, das wäre es sicher. Sie hätte nicht mehr als vierzehn Stunden in der Woche zu unterrichten, ansonsten wäre sie ganz auf sich allein gestellt. Es würde Momente der Trauer geben, Augenblicke der Verzweiflung, weil sie nicht bei Sartre sein konnte. Aber er würde genauso fühlen, und gemeinsam könnten sie es schaffen, diese Trennung zu bewältigen, ja womöglich sogar etwas Gutes daraus entstehen zu lassen. Sie würden sich sehen, sooft es möglich wäre. Ihnen blieb die Aussicht auf eine gemeinsame Zukunft. Und vielleicht dauerte das alles wirklich nicht länger als ein Jahr.

Simone sah über die Stadt, die ihr zu Füßen lag, und atmete einige Male tief ein und aus. Marseille versprach ein Leben in mediterraner Stimmung, wo es fast immer warm und sonnig war.

Ich werde dieses Jahr nutzen, versprach sie sich, und auf einmal bekam die Aussicht etwas Verlockendes. Ich werde ganz allein sein, und das wird mir Zeit zum Nachdenken und zum Schreiben verschaffen.

Und mit einem Mal überkam sie eine haltlose Freude, denn ihr wurde etwas bewusst: Für Sartre war es selbstverständlich, die *Agrégation* zu machen und einen Posten als Lehrer anzunehmen. Für sie als Frau galt das keineswegs. Sie hatte all das *gewählt*, für sie war es ein weiterer Schritt zu ihrer Befreiung, während es für Sartre lediglich ein selbstverständliches Stück Freiheit war. Dass sie hier oben stand, erfüllte sie plötzlich mit tiefem Stolz, denn es war die Verwirklichung ihrer Philosophie, es war *gelebte* Philosophie, auch wenn es dafür noch keinen Namen gab.

Marseille, dachte sie. In dieser Stadt werde ich allein sein, ohne Freunde, ohne meine Gewohnheiten, als Frau ganz auf mich gestellt. Ich werde mir meinen Alltag selbst einrichten müssen. Niemand wird da sein, um mir zu raten, mich abzulenken, mich zu lieben. Ich werde viel Zeit haben. Vielleicht wird es mir hier gelingen, endlich meinen Roman zu schreiben. Vielleicht werde ich hier unglücklich und einsam sein, aber ich werde damit fertig werden. In jedem Fall werde ich mir Mühe geben. Ich will Sartre nicht enttäuschen – und mich selbst auch nicht. In diesem Jahr werde ich der Simone, die ich sein will, ein Stückchen näherkommen. Ich werde mich weiter erschaffen.

Sie nahm ihren Koffer wieder auf und ging die Stufen hinunter. Bei jeder Stufe wurden ihre Gefühle stärker, gewann ihr Schritt mehr Sicherheit, obwohl sie nicht wusste, ob es dazu einen Grund gab.

Ein paar Straßen weiter las sie auf einem Schild, dass ein Zimmer zu vermieten sei. Das Zimmer wäre nahe am Bahnhof, also auch möglichst nahe an Paris. Sie ging hinein und wurde sich sogleich mit der Besitzerin, einer Witwe mit Damenbart, einig. Das Zimmer war groß und mit Möbeln vollgestellt. Eine monströse Anrichte war überladen mit Fotos und Andenken. Den

Ausschlag gab der große Tisch, an dem sie arbeiten könnte. Und als am nächsten Tag der Duft von Seife aus der benachbarten Manufaktur zu ihrem Fenster aufstieg, war sie vollkommen zufrieden mit ihrer Unterkunft.

Am folgenden Morgen hatte sie ihren ersten Arbeitstag in der Schule.

Die Mädchen, denen sie nun gegenübertrat, waren pummelig, provinziell und unbegabt. Sie waren die buchstäblichen Töchter aus gutem Hause, die ihre Pflichtjahre in der Schule möglichst rasch hinter sich bringen wollten, um dann schnell einen Mann zu finden.

Ich hätte eine von ihnen werden können, dachte Simone mit einer Mischung aus Mitleid mit diesen bedauernswerten Geschöpfen und Stolz auf das, was sie selbst aus ihrem Leben gemacht hatte. Sie bemühte sich nach Kräften, in ihren Schülerinnen Neugierde und Widerspruchsgeist zu wecken. Sie gab ihnen Proust und Gide zu lesen, weil sie die gerade selbst gelesen hatte und der Meinung war, vor allem der linke Pazifismus André Gides könne den Mädchen nur guttun. Außerdem wollte sie nicht allzu viel Zeit mit der Unterrichtsvorbereitung verbringen. Sie war nur wenig älter als ihre Schülerinnen, oft wurde sie selbst für eine gehalten.

Ihren Kolleginnen, die im Grunde die Erwachsenenversionen ihrer Schülerinnen waren, gefiel Simones Auftreten gar nicht. Die meisten waren nicht verheiratet und vorzeitig gealtert, und es war keine Frau darunter, die Simone reizte oder auch nur interessierte. Von ihrem ersten Gehalt kaufte sie sich zwei dunkle

Röcke und einfache Blusen, die sie mit einer Krawatte kombinierte, um sich auch äußerlich von ihren Kolleginnen zu unterscheiden. Ihr Haar flocht sie zu Zöpfen und legte es sich um den Kopf, oft wickelte sie ein Haarband wie einen Turban darüber. Dieser Turban war in Paris zu ihrem Markenzeichen geworden, hier erregte er Aufsehen. An den Füßen trug sie Espadrilles, leichte Stoffschuhe, die sie in Spanien gekauft hatte. Ihr Auftreten weckte die Aufmerksamkeit der Mädchen, die sie neugierig ansahen, wenn sie den Klassenraum betrat.

Weil sie viel freie Zeit hatte, begann sie die Stadt zu erkunden. Sie lief einfach vor ihrem Haus los und ließ sich treiben. Marseille gefiel ihr. Was ihr die große Treppe vor dem Bahnhof versprochen hatte, erfüllten die engen Gassen mit ihrem Gewirr von Stimmen und Gerüchen. Am alten Hafen sog sie den Duft von Teer und frischen Seeigeln ein. Sie stieg zu Notre-Dame de la Garde hinauf und versuchte, auf der anderen Seite der Stadt den Hügel mit dem Bahnhof auszumachen. Sie badete in der Menschenmenge auf der Hauptstraße im historischen Viertel, la Canebière, und an den Stränden der Stadt. Sie erfreute sich an den bimmelnden *Tramways* mit ihren klingenden Endstationen: La Madrague, Mazargues, Roucas-Blanc. Bald kannte sie jeden Winkel, jeden Garten von Marseille.

Dann fing sie an den freien Donnerstagen und Sonntagen an, lange Wanderungen zu unternehmen. Sobald es hell wurde, ging sie zum Busbahnhof, der ganz in ihrer Nähe lag, und nahm einen der kleinen grünen Busse, die sie in die nähere Umgebung der Stadt brachten.

Meistens war sie auf den alten Zollwegen unterwegs, die einigermaßen zuverlässig markiert waren. Anfangs wanderte sie fünf oder sechs Stunden, dann wurden ihre Ausflüge immer länger, und sie kam erst in der Dunkelheit wieder nach Hause.

Eine ihrer Kolleginnen, eine Frau Mitte dreißig, deren Mann in einem Sanatorium lebte, fragte sie am Ende des ersten Monats, ob sie nicht mit ihr wandern gehen wolle.

»Wir haben doch so viel gemeinsam«, sagte sie und jagte Simone damit einen gehörigen Schrecken ein. Sie war doch nicht wie Madame Tourmelin.

»Gehen Sie am besten zu Monsieur Hallier gleich hier um die Ecke. In seinem Geschäft verkauft er alles, was Sie für eine Wanderung brauchen. Vor allem Schuhe werden Sie benötigen. Die Wege in den Bergen sind steinig. Ich würde Ihnen auch einen Stock empfehlen. Und natürlich einen Rucksack.«

Simone sah sie verständnislos an, und Madame Tourmelin erklärte es ihr:

»Ich will morgen in die Calanques. Wenn Sie mich begleiten wollen, dann brauchen Sie doch eine Ausrüstung.«

Simone hatte ihr Budget für Kleidung bereits ausgegeben, außerdem war sie immer in ihrer Alltagskleidung gewandert und fragte sich, ob sie tatsächlich eine eigene Ausrüstung brauchte, um doch nur zu tun, was sie seit jeher liebte: durch die Natur zu laufen.

Es reizte Simone sehr, die Calanques kennenzulernen, jene steilwandigen Einschnitte aus Kalkgestein, die sich an der Küste zwischen Marseille und Cassis erstreckten und dort malerische Klippenbuchten bildeten, doch sie fragte sich, was der Ausflug mit ihrer Begleiterin wohl für sie bereithielte. Als sie sich am frühen Morgen am Busbahnhof trafen, warf Madame Tourmelin einen abschätzigen Blick auf das abgetragene Kleid und die Leinenschuhe, die Simone trug. Als Verpflegung hatte sie eine Flasche Wasser und zwei Kekse in einem Stoffbeutel dabei. Ihre Kollegin trug Wanderkleidung und teure Schuhe, dazu einen vollgepackten Rucksack. Sie war Mitglied eines der vielen Wanderklubs, die es in Marseille gab. Jede Route wurde vorher genau besprochen und in einem Bulletin ausführlich geschildert.

Während der Fahrt im Bus nach La Madrague berichtete Madame Tourmelin ihr sämtliche Klatschgeschichten aus der Schule, die man sich erzählte. Dann ließ sie sich über ihren Mann aus. Er hatte Tbc und war deswegen in einem Sanatorium untergebracht. Sie sei im Grunde froh, dass sie ihn nur selten sehe. Simone fand sie gehässig und bedauerte schon, auf ihren Vorschlag eingegangen zu sein. In Callelongue stiegen sie aus. Zwischen den *Cabanos*, einfachen Wochenendhütten ohne Wasser und Strom, schlängelte sich der Weg entlang in Richtung Küste.

»Dann los«, verkündete Madame Tourmelin. Allzu bald wurde jedoch deutlich, dass Simone über mehr Ausdauer verfügte als ihre beleibte Kollegin. Nach zwei Kilometern lief Madame Tourmelin ein paar Schritte hinter ihr und schnaufte hörbar. Als es auf einem steilen Weg bergauf ging, japste sie nach Luft. Simone konnte muffigen Schweiß riechen, der sogar den Duft der Pinien übertönte. Die erste der schmalen Buchten mit dem herrlich türkisgrünen Wasser und den strahlend weißen Felswänden erreichten sie nach einer guten halben Stunde. Sie beschlossen, bis zum Calanque de Sormiou weiterzulaufen, der ungefähr zwei Stunden entfernt lag.

»Jetzt warten Sie doch. Ich komme ja kaum hinterher«, rief Madame Tourmelin hinter ihr.

»Wir machen eine Pause, wenn wir dort sind«, rief Simone

über die Schulter zurück. Auf einmal schöpfte sie Kraft daraus, schneller und kräftiger zu sein als die dünkelhafte Madame Tourmelin. Simone merkte, wie sehr sie vorankommen und ihr Ziel erreichen wollte, ohne auf andere Rücksicht zu nehmen. Sie wollte sich nicht aufhalten lassen, nicht beim Wandern und auch nicht in anderen Dingen.

Nach einer letzten Serpentine kam sie oben auf dem Felsplateau an. Die Aussicht nahm ihr den Atem, und sie blieb stehen, um sie zu bewundern. Unter ihr, am Fuß eines jäh abfallenden Steilhangs, lag eine der kleinen Buchten. Wie eine grüne Zunge leckte das Meer in die Landschaft hinein. An der Spitze lag ein schmaler Streifen Sand. Ringsherum erhoben sich blendend weiße Kalkfelsen. Das Meer war durch den steinigen Untergrund türkisfarben. Von hier oben sah die Bucht klein aus, aber Simone konnte ein paar Menschen ausmachen, die sich dort sonnten und badeten. Sie sah sich nach einem Abstieg um und entdeckte einen schmalen Pfad, der zwischen den Felsen hindurch nach unten führte.

»Ich warte unten auf Sie«, rief Simone und achtete nicht auf das Gezeter ihrer Kollegin. Leichtfüßig nahm sie den steilen Pfad nach unten. Alles zog sie zum Meer, sie wollte unbedingt die Füße in dieses Türkis halten.

Am Ufer angekommen, setzte sie sich in den Sand und genoss die Aussicht. Sie trank einen Schluck Wasser und aß eine ihrer Madeleines. Dann trat sie mit den Füßen ins Wasser. Es war so klar, dass sie kleine Fische und Muscheln sehen konnte.

Nach einer Weile kam ihre Kollegin mit hochrotem Kopf und offensichtlich erschöpft bei ihr an. Sie ließ sich neben Simone in den Sand fallen und rieb sich die schmerzenden Beine.

»Bin ich froh, dass es ab jetzt mit dem Schiff weitergeht. Ich kann keinen Schritt mehr laufen«, schnaufte sie.

»Wieso mit dem Schiff?«, fragte Simone.

»Jede Stunde kommt ein Boot und bringt Leute aus Cassis und nimmt andere mit zurück.«

»Also ich möchte mir auch noch die nächste Bucht ansehen.« Simone stand auf und packte ihre Sachen zusammen. Sie hatte gesehen, dass es einen weiteren Pfad auf die nächste Bergkuppe gab. Den würde sie nehmen, und von dort würde sie schon irgendwie zum Bahnhof zurückkommen. »Wir treffen uns dann in Cassis am Busbahnhof«, rief sie ihrer Kollegin zu.

Am späten Nachmittag kam Simone an der Bushaltestelle an, rechtzeitig genug, um sich in ein Café zu setzen und Zeitung zu lesen. Madame Tourmelin kam aus der Richtung des Hafens, als der Bus schon abfahrbereit war. Mit wilden Gesten bat sie den Fahrer, zu warten, und ließ sich ohne ein Wort neben Simone auf den Sitz fallen.

Am nächsten Tag war sie krank, und als sie wieder zum Unterricht kam, erklärte sie, ihr Arzt habe ihr verboten, noch einmal mit Simone zu wandern.

Nach diesem Tag hatte sie ihren Ruf als unnahbar und arrogant an der Schule endgültig weg. Simone kümmerte es nicht, sie legte keinen Wert auf die Gesellschaft ihrer Kolleginnen und sagte sich, dass sie niemals erreicht hätte, was sie bisher geschafft hatte, wenn sie viel darauf gegeben hätte, was andere Leute von einer Frau wie ihr dachten.

Am nächsten Wochenende fuhr sie mit dem Bus in die Camargue. Als sie an einem der großen Salzseen hinter Fos-sur-Mer ausstieg, überkam sie ein Glücksgefühl. Glatt wie ein Spiegel lag er im Morgenlicht vor ihr, nur vereinzelt ragten kleine Felsen heraus. Der See war von einem silbrigen Blau, das sich erst ganz weit am Horizont in einem flachen, rot leuchtenden Schilfstreifen brach. Sie musste die Augen zusammenkneifen vor der gleißenden Helligkeit und der überbordenden Schönheit. Lange blieb sie so stehen und sah dem sich verändernden Licht in der aufgehenden Sonne zu, dann machte sie sich auf den Weg, der Sonne entgegen. Sie würde den Tag allein verbringen, in ihrer Geschwindigkeit, könnte der Energie ihres Körpers folgen. Wenn sie bis zum Abend die gut dreißig Kilometer bis Saintes-Maries-de-la-Mer schaffen und dort den Bus zurück nach Marseille erwischen wollte, musste sie sich beeilen.

Die baumlose Landschaft, die von Kanälen und unendlich vielen Seen durchzogen war, die der Salzgewinnung dienten, faszinierte sie. Sie hätte nie gedacht, dass eine so flache, karge Weite ihr Herz auf diese Weise berühren könnte. Dann stob direkt vor ihr eine Schar Flamingos in den hellblauen Himmel, und sie war regelrecht ergriffen von diesem rosafarbenen Flug in die Freiheit. Allein diese kleine Begebenheit lohnte die Mühe.

Als sie nach stundenlanger Wanderung in Saintes-Maries-de-la-Mer angekommen war, stellte sie sich an die Bushaltestelle, aber es kam kein Bus. Über eine Stunde wartete sie dort, bis schließlich ein Lastwagen die Straße entlangkam, der Salz geladen hatte. Der Fahrer hielt an und öffnete die Tür.

»Hier fährt schon lange kein Bus mehr«, brummte er. »Wohin soll's denn gehen?«

»Marseille.«

»Steigen Sie ein.«

Sie fuhren der untergehenden Sonne entgegen, und der Fahrer kniff die Augen zusammen. Er sprach nicht viel, aber Simone merkte, dass er mit etwas rang, machte sich aber keine weiteren Gedanken darüber. In einem kleinen Waldstück kurz vor der Stadt fuhr er auf einmal rechts heran und beugte sich zu ihr herüber. Er packte ihre Arme und hielt sie fest, dann versuchte er, sie zu küssen. Simone schrie und wehrte sich mit aller Kraft, bis es ihr gelang, ihm in den Unterleib zu treten.

Der Mann brüllte auf vor Schmerz und Wut und gab ihr eine Ohrfeige, die ihren Kopf gegen die Scheibe knallen ließ.

Er öffnete die Tür, und sie fiel halb aus dem Wagen. Dann fuhr er davon.

Simone musste bis in den nächsten Ort zu Fuß gehen und kam mitten in der Nacht, halb verdurstet und mit geschwollener Wange, zu Hause an. Gerade noch mal gut gegangen, dachte sie, aber die Knie zitterten ihr.

Sie schrieb Sartre von diesem Erlebnis, und er beschwor sie, vorsichtiger zu sein. Doch manchmal gab es keine andere Möglichkeit, als per Anhalterin zu fahren, und es kam weitere Male zu solchen Szenen, aus denen sie sich jedoch immer mit heiler Haut rettete. Sie hatte so etwas auch schon in Paris erlebt, als sie sich von fremden Männern einladen ließ, die sie dann nur schwer wieder loswurde. Mir wird schon nichts Schlimmes passieren, sagte sie sich, obwohl sie wusste, dass ihre Freundinnen in Paris entsetzt von ihrer Leichtsinnigkeit gewesen wären. Aber Simone wollte sich ihre Freiheit um keinen Deut beschneiden lassen. Daher stellte sie ihre kräftezehrenden und immer wieder auch gefährlichen Wanderungen nie infrage, wollte von diesen Bewährungsproben für ihren Körper und sich selbst nicht lassen, auch nicht, wenn sie sich im Nebel auf der Montagne Sainte-Victoire verlief oder ihr der eisige Herbststurm die Mütze vom Kopf wehte oder ein bissiger Hund sich ihr in den Weg stellte. Sie hatte den Anspruch, jeden Winkel, der sie reizte, abzulaufen, wie sie als Kind die Idee gehabt hatte, die ganze Welt zu Fuß zu durchwandern. Dieses verbissene Festhalten an ihrem Ziel half ihr, ihr Exil zu meistern. Die Tage in der Natur entschädigten sie für ihre Einsamkeit, sie wollte einfach nicht darauf verzichten. Und so wurde ihr Radius immer größer. Sie besichtigte Kirchen und Dörfer auf dem Weg, entdeckte neue Pflanzen und berauschte sich an ihrem Duft. Als sie im zeitigen Frühjahr zum ersten Mal blühende Mandelbäume sah, stiegen ihr Tränen in die Augen.

Sie war zufrieden mit sich, weil sie sich in ihrer Einsamkeit eingerichtet hatte, genau wie sie es sich auf der großen Treppe versprochen hatte. Manchmal saß sie allein in einem Café und sah sich selbst als einsame, aber unabhängige Frau dort sitzen, und das Bild gefiel ihr. Nach dem Unterricht kaufte sie sich eine Kleinigkeit zu essen und setzte sich in ihrem Zimmer an den Schreibtisch, um zu lesen oder an Sartre zu schreiben.

Die Sehnsucht nach Sartre wurde immer dann am schlimmsten, wenn sie sich gesehen hatten. Sie fuhr nach Paris, sooft es möglich war und sie einige Tage frei und genügend Geld zusammengekratzt hatte. Wie sie diese stundenlangen Zugfahrten hasste, die sie nach einem viel zu kurzen gemeinsamen Wochenende wieder in ihr Exil nach Marseille zurückbeförderten. Einmal war ihre Sehnsucht nach ihm und nach Paris so groß, dass sie eine Grippe vortäuschte und sich an der Schule krankmeldete. Sartres glückstrahlendes Gesicht ließ sie ihr schlechtes Gewissen gegenüber ihren Schülerinnen vergessen. Als sie dann wieder oben an der Treppe vor dem Bahnhof von Marseille stand, atmete sie tief durch, um Kraft für die nächsten Wochen zu schöpfen.

Poupette traf sich oft mit Sartre in Paris und schrieb Simone, dass er dabei immer von ihr sprach und wie sehr er sie liebe.

In den Weihnachtsferien kam es dennoch zu einer Verstimmung zwischen ihnen.

Sartre hatte ihr seine vollgeschriebenen Hefte gezeigt. Es waren viele Hefte. Simone hatte fast die ganze Nacht gebraucht, um sie zu lesen. Er war inzwischen gut vorangekommen. Sein Essai über die Legenden der Wahrheit war vom Verlag abgelehnt worden, aber er ließ sich nicht entmutigen.

»Vielleicht versuchen Sie, das Thema in einem Roman zu verarbeiten«, schlug Simone vor. »Und bringen Sie ein wenig Spannung hinein, Sie lieben doch Krimis so sehr. Lassen Sie dafür die vielen Adjektive und Vergleiche weg.«

Sartre nickte. »Das ist ein sehr guter Vorschlag. Bis wir uns das nächste Mal sehen, habe ich alles überarbeitet. Und, Castor, was haben Sie in den letzten Wochen geschrieben?«, fragte er und sah sie erwartungsvoll an.

Simone zuckte mit den Schultern. »Ich habe es versucht«, sagte sie und dachte an ihr Romanprojekt über Zaza, das sie nicht weiterverfolgt hatte. »Aber es ist nichts dabei herausgekommen.«

»Dann zeigen Sie mir Ihre Versuche.«

»Ich habe sie weggeworfen. Es waren auch nicht viele Seiten.«

Sie sagte das leichthin, aber er wurde zornig. »Sie leben da unten wie eine Autistin«, schimpfte er. »Reißen Sie sich zusammen.«

Er hat recht, dachte sie niedergeschlagen. Sie mochte es ja nicht einmal, wenn sie eine Kollegin bei einer Wanderung begleitete. Sie wollte alles für sich allein haben.

Während der ganzen Rückfahrt grübelte sie darüber nach. War sie dabei, ihre großartigen Vorsätze, die sie auf der Treppe erneuert hatte, zu verraten? Sie wollte doch schreiben, schon seit ihrer Kindheit. Das gemeinsame Schreiben gehörte zu ihrem Pakt mit Sartre. Wann war das verloren gegangen? Sie musste daran arbeiten. Sie musste schreiben. Aber vorerst beschloss sie, es bei Übungen zu belassen. Sie setzte sich in Cafés oder auf eine Parkbank und dachte sich Geschichten zu den Leuten aus, die sie sah, und schrieb sie auf.

Während ihrer einsamen Wanderungen dachte sie an die Bücher, die sie schreiben wollte. Sie labte sich an der Natur, obwohl das ein altertümliches Wort war, aber es traf zu. Eine Wolkenformation, eine alte Eiche, ein davonhuschendes Tier oder eine geschnitzte Haustür regten ihre Phantasie zu Geschichten an. Wenn sie kräftig ausschritt, in ihrem eigenen Tempo, hing sie ihren Gedanken nach, die kamen, wie sie wollten. Manchmal hatte sie ein Gedicht auf den Lippen, manchmal sang sie. Wenn sie dann wieder in ihrem Zimmer war, hallte dieses Gefühl der Freiheit in ihr nach, ihre Kreativität entfaltete sich, und etwas fiel ihr ein, was sie unterwegs gesehen oder gedacht hatte. Auf diese Art sammelte sie Szenen für ihr Buch. Sie schrieb sie in ein

Notizbuch, das sie extra dafür angeschafft hatte und dessen Seiten sich nach und nach füllten. Ein Nachmittag in einem Café, ein Tag in der Natur, wo sie gar nicht an ihre Bücher dachte, konnte sich im Nachhinein als Inspirationsquelle entpuppen. Manchmal blitzten diese Gedanken Tage später auf, völlig unerwartet, und Simone zückte den Stift und schrieb sie auf. Auf diese Weise kamen ihr ihre Beobachtungsgabe und ihr Sinn für die kleinen Begebenheiten des Alltags zugute. Allerdings ergaben all diese Szenen, auch wenn sie bedeutungsvoll waren, noch kein Buch, ja nicht einmal eine Geschichte.

Ende März bot man ihr für das folgende Schuljahr eine Stelle an einem Gymnasium in Rouen an. Rouen lag nur eine Stunde mit dem Zug von Le Havre entfernt, wo Sartre unterrichtete. Vor lauter Glück schickte sie ihm ein Telegramm, das ein Vermögen kostete, und er antwortete sogleich: *Ich werde Sie lieben.*

Im Juni, kurz vor Ende des Schuljahres, kam Sartre nach Marseille, und sie hatten ganze zehn Tage für sich. Voller Begeisterung zeigte ihm Simone ihre Lieblingsplätze in der Stadt, die Cafés am Hafen, die Calanques, die verträumten Buchten, das Chateau d'If, eine Festung auf einer Felseninsel vor der Stadt, das sehr viel bürgerlichere, aber dennoch bezaubernde Aix-en-Provence, und verwundert stellte sie fest, dass sie begonnen hatte, Marseille zu mögen.

Im Juli nahm sie die Prüfungen ab, dann packte sie ihren Koffer, um die Stadt zu verlassen. Bei jedem Stück dachte sie daran, was dieses Jahr ihr gebracht hatte. Sie war eine gute Lehrerin geworden. Einige Schülerinnen hatten ihr gesagt, dass sie Simone und ihren Unterricht vermissen würden. Sie hatte an einem Roman gearbeitet, der missraten war, dennoch hatte sie dabei gelernt und würde es beim nächsten Mal besser machen. Als sie ihre Wanderkarten in den Koffer legte, dachte sie voller Stolz an ihre langen, einsamen Touren, die ihr bewiesen hatten, wie mutig und ausdauernd sie war – weder hatte sie jemals ihre Furcht übermannt, noch hatte ihr Körper sie im Stich gelassen. Sie hatte gelernt, mit ihrer Einsamkeit fertigzuwerden, und vor allem hatte sie gelernt, sich auf sich selbst zu verlassen.

Voller Vorfreude bestieg sie den Zug, um wie im vergangenen Jahr den Sommer mit Sartre in Spanien zu verbringen. Inzwischen waren sie auch auf Reisen ein eingespieltes Team. Während Simone den ganzen Tag herumlief und Besichtigungen machte, verbrachte Sartre den Nachmittag auf Caféterrassen und arbeitete an seinen Texten. Wenn sie dann von ihren Ausflügen und Entdeckungen zurückkam, konnte er genauso viel erzählen wie sie, obwohl er sich nicht vom Fleck bewegt und nur seinen Geist auf Wanderschaft geschickt hatte. Sie fand das immer wieder faszinierend. Ein wenig außer Atem setzte sie sich neben ihn und nippte von seinem Wein, bevor sie entschlossen sagte:

»Im nächsten Jahr werde ich auch schreiben, Sie werden schon sehen. Ich werde das Schreiben über alles andere stellen. Ich werde mein Leben danach ausrichten. Und es wird mir helfen, dass Sie in meiner Nähe sind.«

Sartre stützte das Kinn auf die Hand und sah sie an. »Ich werde Sie daran erinnern, verlassen Sie sich darauf.«

Kapitel 16

Sechs Stunden schreiben täglich. Sechs Stunden, am besten am Stück, ohne Unterbrechung. Morgens, mittags, abends oder nachts. Am liebsten am späten Abend, wenn der Tag hinter ihr lag, voller Erlebnisse, die sie freuten oder ärgerten, die aber in jedem Fall Eingang in ihre Texte fanden. Wenn sie eine gute Szene schrieb, vergaß sie alle Müdigkeit. Den Stift zwischen den Zähnen, den Blick nach innen gerichtet, suchte sie nach dem richtigen Wort, der richtigen Metapher, die genau das ausdrückte, was sie meinte. Es war harte Arbeit. Und dann kam das Glücksgefühl, wenn ein Satz gelungen war. Das Abenteuer war so groß, dass sie vergaß zu schlafen. Manchmal öffnete die Müdigkeit Türen zu ihrem Inneren und riss Denkbarrieren ein. Es konnte passieren, dass ihre Hand sich wie in Trance über das Papier bewegte, dass etwas für sie zu schreiben schien.

Wenn sie diese Zeilen am nächsten Tag von Neuem las, ausgeruht und wach, strich sie bisweilen große Teile wieder aus. Aber etwas blieb meist übrig, ein Gedanke, ein Wort, das ihre Kreativität reizte und in Gang brachte und auf dem sie aufbauen konnte.

Es kam auch vor, dass sie nachts wach lag und über den Roman nachdachte, den sie eines Tages schreiben wollte, während draußen vor ihrem Zimmer die Züge vorbeifuhren. Sätze fielen ihr ein, Formulierungen. Im halbwachen Zustand erschien ihr alles ganz einfach und klar. Sie stand dann auf, um rasch zu notieren, was eben gerade noch so deutlich gewesen war. Aber auf dem Weg vom Kopf zur Hand, die den Stift hielt, verflüchtigten sich die Gedanken, bis sie nur noch einen Zipfel in der Hand hielt. Was hatte sie noch mal schreiben wollen? Wie war das genau gewesen? Doch die Worte kamen nicht wieder, und sie ging frustriert wieder ins Bett.

Simones Zimmer in Rouen lag in einem Hotel direkt am Bahnhof und war eher schäbig. Der Direktor ihrer neuen Schule hatte ihr zwar ein Zimmer mit Kochgelegenheit im Landhaus einer alten Dame inmitten eines Parks angepriesen, doch als Simone die Beschaulichkeit des Ortes gesehen hatte, hatte sie das Angebot ausgeschlagen. Sie wollte weder Ruhe noch Zurückgezogenheit, und kochen würde sie ohnehin nicht. Das Leben im Hotel, das sie in Marseille kennengelernt hatte, passte viel besser zu ihr, weil es jegliche Häuslichkeit und Routine vermied. Hier wie in Marseille gefielen ihr die Nähe des Bahnhofs und die Geräusche der Stadt. In der Nähe gab es ein Café, in dem sich Sozialisten und Arbeiter trafen. Es war ein wenig heruntergekommen, das Essen miserabel, aber Simone wählte sich diesen Ort mit seinen Bänken aus gerissenem Moleskin als eine Art Heimat. Hier frühstückte sie und lauschte dabei den Gesprächen der Männer, und es war genau diese lärmende, einfache Umgebung, die sie brauchte, um Inspiration zu finden.

Die Stadt und ihre Einwohner verschanzten sich hinter mittelalterlichen dicken Mauern, und schon bald merkte sie, wie sehr ihr die mediterrane Leichtigkeit des Südens fehlte. Aber all die Spießbürgerlichkeit, die klamme Kälte in ihrem Zimmer und das ungemütliche Wetter konnten ihr nichts anhaben, denn Sartre und Paris waren in Reichweite. Mit dem Zug brauchte sie eineinhalb Stunden bis Paris und eine Stunde bis Le Havre, wo Sartre nach wie vor unterrichtete. Allein die Möglichkeit, ihn und die Pariser Freunde zu sehen, ließ ihre gute Laune und ihre Kreativität sprühen. Sie war nicht länger die meiste Zeit allein und nur mit sich beschäftigt, sondern hatte sich sogar vorgenommen, in Rouen Anschluss zu finden.

Paul Nizan erzählte ihr von einer Freundin, Colette Audry, die an dieselbe Schule versetzt worden war wie Simone. Sie sei bestimmt die einzige interessante Person in Rouen, sagte er.

Am folgenden Tag stürmte Simone in das Lehrerzimmer der Schule. Ohne Guten Tag zu sagen, rief sie in den Raum: »Wer von Ihnen ist Colette Audry?« Sie erntete vorwurfsvolle und empörte Blicke der anderen, die über ihre Bücher gebeugt dasaßen, und merkte, wie unhöflich sie war, aber nun war es ohnehin zu spät. »Also? Colette Audry?«

Eine dunkelhaarige Frau in einem weißen Hemd und einer braun gemusterten Krawatte, deren Gesicht halb unter einem wilden Lockenkopf verschwand, erhob sich. Simone bewunderte ihre Eleganz und die schöne Kleidung.

»Ich bin Colette Audry«, sagte sie und sah Simone dabei erwartungsvoll an. Die beiden gingen zum Mittagessen, und noch bevor sie bestellt hatten, fühlte Simone sich verpflichtet, ihr von ihrer Beziehung zu Sartre zu erzählen. »Für uns ist Wahrheit wichtiger als Leidenschaft. Worte zählen mehr als Küsse.« Sie sagte das mit ihrer schnellen Stimme und sehr entschlossen.

Colette sah sie verwundert an. »Warum sind Sie denn nur so brüsk?«

»Bin ich das?«, fragte Simone und musste lächeln. »Dann erzählen Sie mir, was Sie bewegt.«

Colette sprach von ihrer politischen Arbeit. Sie war Marxistin und in der Partei, und als Simone zugab, dass sie selbst lieber die vermischten Notizen als die politischen Nachrichten in der Zeitung las, war Colette entsetzt über ihre politische Naivität.

»Aber sehen Sie denn nicht die Ungleichheit in der französischen Gesellschaft? Und den Aufstieg der Rechten? Haben Sie keine Angst vor diesem verrückten Hitler? Sie waren doch in Spanien. Sie müssen doch gesehen haben, wie sich die Situation der einfachen Leute nach der Wahl der Republikaner gebessert hat.«

Simone schüttelte den Kopf. Sie nahm kaum Notiz von den Verwerfungen der französischen Innenpolitik oder dem Aufstieg der Nazis in Deutschland. Und als sie während ihrer Reise nach Spanien zufällig Zeugin eines Umsturzversuchs geworden war, bei dem der republikanische Bürgermeister von Sevilla von aufständischen Militärs verhaftet wurde, hatte sie mehr auf die bunte Kleidung der Frauen geachtet als auf die Gefahren, die ein solches Verhalten für die Demokratie bedeutete. Zwar hatte sie Kenntnis vom Marxismus, aber nur in der Theorie, sie hatte Marx als Philosophen gelesen, nicht als Anleitung zum politischen Handeln.

Nun redete Colette mit so viel Engagement auf sie ein, dass Simone aufmerkte. Sie hatte noch nie eine Frau getroffen, die bereit war, für ihre politische Überzeugung zu kämpfen, und das imponierte ihr. Sie selbst wäre nie auf den Gedanken gekommen, auch wenn sie sich genauso eine gerechtere Gesellschaft wünschte. Aber dieser Wunsch blieb bei ihr eher diffus und führte nicht zu politischen Handlungen. Schreiben und das Leben mit Sartre waren ihr viel wichtiger. Wie immer, wenn sie etwas Interessantes hörte, beschloss sie, ihm davon zu erzählen.

»Am Wochenende kommt Sartre«, sagte sie bei ihrer nächsten Begegnung zu Colette. »Sie sollten ihn kennenlernen.« Sie stellte Sartre nur sehr selten Leute vor. Nur wenn sie sicher war, dass er sie mögen würde. Für Simone bedeutete das, dass Colette in ihren Kreis aufgenommen war.

Diese lud sie für den Sonntagabend zu sich nach Hause ein. »Da können wir in Ruhe reden. Ich kaufe eine Flasche Whisky.«

Wie Simone es sich gedacht hatte, war auch Colettes Zimmer unkonventionell. Auf dem Boden lag ein orientalischer Teppich. Räucherstäbchen verströmten einen würzigen Duft nach Nelken, an den Wänden hingen knallbunte Tücher und politische Plakate mit kyrillischer Schrift, die die Oktoberrevolution feierten. Colette trug ein weites Kleid mit einer Goldborte am Ausschnitt.

»*Bonjour*, Simone«, sagte sie und küsste sie auf die Wange.

Simone trat zur Seite. »Und das ist Sartre.«

Sie hatten kaum Platz genommen, da begannen Sartre und sie Colette nach ihren Ansichten zum Marxismus auszufragen, auch weil sie selbst so entschieden dagegen waren, Parteisoldaten zu werden. »Wir kämpfen mit dem Wort, mit unseren Büchern, nicht mit dem Parteibuch in der Hand«, sagte Sartre, worauf Colette versuchte, sie vom Gegenteil zu überzeugen.

Sie kamen vom Hundertsten ins Tausendste und tranken zu dritt Whisky und redeten sich die Köpfe heiß. Alle drei fanden es beglückend und befreiend, ihre Ideen auszutauschen und zu streiten, bis ihnen schwindlig wurde. Irgendwann sah Sartre auf die Uhr und sprang auf. Er musste sich beeilen, um seinen Zug zu erwischen.

»Ich mag die destruktive Kraft und die Art, wie ihr beide polemisiert«, sagte Colette am Montagmorgen zu Simone, als sie sich auf dem Schulflur über den Weg liefen. Sie hatten am Vorabend beschlossen, sich als Beinahe-Genossen zu duzen. »Und jetzt verstehe ich auch, wieso du mir gleich im zweiten Satz von Sartre erzählt hast. Zu sehen, wie sehr ihr beide zusammengehört, kann einen direkt neidisch werden lassen. Wie vertraut du und Sartre miteinander seid, wie ihr euch gegenseitig ins Wort fallt, wie du Sartre korrigierst und er seinen Denkfehler einsieht, und im nächsten Satz ist es umgekehrt. Ich habe so etwas noch nie erlebt. Er ist völlig verzaubert von dir, zwischen euch ist eine Verbindung in einer Intensität, die man förmlich sehen kann.«

»Ich beneide dich auch«, sagte Simone, die Colettes Worte überglücklich machten. »Die Art, wie du wohnst. Der Vogelkäfig in deinem Zimmer. Und die Art, wie du dich kleidest. Sind das maßgeschneiderte Hosen?« Sie zeigte auf Colettes Beine.

Colette nickte. Sie trug an diesem Tag weite Hosen mit tiefen Taschen, in die sie ihre Hände vergrub, und dazu einen karierten Herrenpullover, der ihr zu groß war, was weiblich und praktisch zugleich wirkte.

Neben der gepflegten Erscheinung ihrer neuen Freundin fühlte sich Simone in ihren abgetragenen Kleidern, die allzu oft Flecke hatten oder an denen ein Knopf fehlte, geradezu abgerissen, und sie wusste, dass Sartre ihr Erscheinungsbild bisweilen ebenso wenig schätzte. Er gab sich seit einiger Zeit große Mühe mit seiner Kleidung, bürstete seine Anzüge aus und legte die Hosen in Bügelfalten. Kürzlich hatte er sich rundweg geweigert, mit ihr auszugehen, weil ihre Strumpfhose eine Laufmasche hatte.

Dann sollte es so sein, sagte sich Simone. Stépha hatte ihr gezeigt, wie sie ihre Prüderie überwinden konnte, von Colette würde sie nun also lernen, wie sie sich besser anzog. Ihr Äußeres war ihr zwar noch immer nicht besonders wichtig, dennoch fand sie die Wirkung von Colettes Auftreten berückend.

»Kannst du mir nicht einen Rat geben, welche Kleider mir stehen? Ich habe davon einfach absolut keine Ahnung«, bat sie.

Colette ging mit ihr in Kaufhäuser und Modegeschäfte und zeigte ihr Kleider, die Simone tatsächlich gefielen. Und als Sartre sie das nächste Mal sah, trug sie ein fast elegantes neues Kleid aus dunkelbraunem Kreppstoff, der ihren schlanken und sehnigen Körper umspielte, und sie fand sich schön. Sie ließ sich von Colettes Leidenschaft für Nagellack anstecken und konnte sich ausgiebig damit beschäftigen, welche Farbe am besten zu ihrem Kleid passte: Zyklamrot oder doch lieber Kirsche? Sie lackierte sich die Nägel am liebsten, wenn Sartre ihr dabei zusah. »Lassen Sie sich Zeit«, sagte er, der von ihren schönen Händen fasziniert war, »ich lese Ihnen derweil vor.« Ihre neuen hohen Schuhe ließ sie allerdings im Schrank. Neben Sartre trug sie am liebsten flache Modelle, damit der Größenunterschied nicht so auffiel.

Wenn Sartre nun in Rouen war, gingen sie zu dritt aus, und oft fuhren Colette und Simone gemeinsam nach Paris. Colette hatte Verbindungen zum Film, und sie lernten den Regisseur Charles Dullin kennen, der rasch ein guter Freund wurde. Sartre und Simone durften bei den Proben zu *Richard III.* zusehen und waren fasziniert von der Art, wie Dullin arbeitete. Er war berüchtigt für seine Wutanfälle und ließ Szenen zigmal proben, bevor er endlich zufrieden war. An diesem Abend triezte er eine Schauspielerin so lange, bis sie in Tränen ausbrach. Simone hatte Mitleid mit ihr, aber sie konnte nachvollziehen, warum der Regisseur das tat und was er damit erreichen wollte. So wurde das Theater für sie und Sartre ein neues Thema, das sie philosophisch durchleuchteten. Was machte es mit den Schauspielern, wenn sie in eine Rolle schlüpften? Wie sehr identifizierten sie sich mit dem Mörder, den sie auf der Bühne gaben? Und war die kritisierte Schauspielerin unaufrichtig, wenn sie Dullin für dessen Zurechtweisungen recht gab?

»Müsst ihr zwei eigentlich alles kommentieren und analysieren?«, fragte Colette fassungslos.

»Das sagt ausgerechnet die Dialektikerin?«, fragte Sartre mit einem Grinsen.

»Das müssen wir beim nächsten Mal klären. Ich muss los. Ich habe noch eine Parteisitzung.«

Sartre und Simone gingen mit den anderen bei der Probe in ein *dancing* an der Place de Clichy. Auch die Schauspielerin, die Dullin vorher so angebrüllt hatte, war dabei, und sie amüsierte sich von allen am meisten. Sie forderte Simone zum Tanzen auf und schmiegte sich mit ihrem Körper an sie, während sie das Lied dicht an Simones Ohr mitsang. Simone ließ sich mitreißen und fing Sartres amüsierte Blicke auf. Später kamen Gégé und ihr Mann und Poupette dazu, und sie feierten bis weit nach Mitternacht, so dass sie den letzten Zug verpassten. Also tanzten sie einfach weiter und taumelten am frühen Morgen, als es noch dunkel war, in den ersten Zug des neuen Tages. Um sie herum saßen Arbeiter mit grauen Gesichtern, die verständnislos ihrem Gespräch über all die Begegnungen und Abenteuer des Wochenendes lauschten.

Simone stellte Sartre und sich in den Mittelpunkt der Welt, aber darum herum kreisten ihre Freunde und Bekannten wie kleine Monde. Simone war nicht immer nett oder besonders nachsichtig, wenn sie über ihre Bekannten redete, und wenn sie jemanden nicht mochte, hielt sie mit ihrer Kritik nicht hinter dem Berg. Durch ihre privilegierte Kindheit und später durch ihre trotzige Einsamkeit neigte sie dazu, eine gewisse Arroganz an den Tag zu legen, die Sartre ihr manchmal vorwarf. Worin sie sich jedoch stets einig waren, war die Freude darüber, wenn sie in ihrem Umfeld eine weitere Spielart der Unaufrichtigkeit ausgemacht hatten.

»Wie finden Sie Gégés Ehemann?«, fragte er.

Simone schnaubte. »Wie kann man denn seinen ehemaligen Lehrer heiraten?«, gab sie zurück.

»Sie hat mir erzählt, dass die Familie ihres Mannes sie ablehnt, weil sie ihnen nicht fromm genug ist. Und er hat nicht den Mut, zu ihr zu stehen.«

Simone nickte. »Sie streiten sehr viel. Gégé ist unglücklich. Sie haben den ganzen Abend nicht einmal miteinander getanzt.«

»Wir auch nicht.«

»Das ist wahr, aber Sie haben so schön mit Dullin über sein Stück gesprochen.«

»Und Sie haben so schön eng mit dieser Schauspielerin getanzt, dass es sogar Poupette aufgefallen ist.«

Aus den Augenwinkeln konnte sie sehen, dass der Mann neben ihr missbilligend die Augenbrauen hob.

»Ich habe Hunger«, sagte Sartre unvermittelt.

»Warten Sie«, sagte Simone und holte die Walnüsse aus ihrer Tasche, die Poupette ihr mitgegeben hatte. Ihre Schwester hatte ihr auch ein Bügeleisen geliehen, und so saßen sie im Zug und knackten die Nüsse mit dem Bügeleisen auf. Dabei analysierten sie den spektakulären Mordfall, über den die Morgenzeitungen berichteten: Die achtzehnjährige Violette Nozière hatte ihre Eltern vergiftet, der Vater war gestorben, ihre Mutter hatte wie durch ein Wunder überlebt. Als man Violette festnahm, gestand sie sofort, während ihr Geliebter, der sie angestiftet hatte, alle Schuld auf sie schob. Während des Prozesses kam heraus, dass ihr Vater sie regelmäßig missbraucht hatte, seitdem sie zwölf war.

Für Sartre und Simone war Violette jemand, die eine Situation, unter der sie litt, bewusst veränderte und die Konsequenzen dafür trug.

»Sie hat einen Akt der Freiheit begangen«, sagte Simone.

»Und ihr Freund ist unaufrichtig. Und Sie müssen hier aussteigen.«

Simone hatte gar nicht bemerkt, dass sie schon in Rouen waren. Rasch raffte sie ihre Sachen zusammen und packte das Bügeleisen wieder in ihre Tasche. Mit einem langen Kuss verabschiedete sie sich von Sartre, der weiter nach Le Havre fuhr. Am Bahnhofskiosk kaufte sie ein Croissant und ging direkt in den Unterricht. Sie war so müde, dass sie während des Nachmittagsunterrichts für ein paar Sekunden einnickte. Aber um nichts in der Welt hätte sie diese Nächte in Paris und das Zusammensein mit Sartre und ihren Freunden für ein paar Stunden Schlaf geopfert.

Natürlich fielen ihren Kolleginnen ihre Müdigkeit und ihr zerknittertes Kleid auf, und die Eltern ihrer Schülerinnen, die Simones Lebenswandel schon lange skandalös fanden, sorgten sich nun bei der Schulleitung lautstark um ihre moralische Integrität und den Einfluss auf ihre Töchter. Der Direktor nahm Simone ins Gebet, ließ es aber bei einer Mahnung bewenden, weil er sie für eine so gute Lehrerin hielt, wie er sagte.

»Was ist Ihnen denn nun wichtiger«, fragte Simone ihn daraufhin ungerührt, »dass Ihre Schülerinnen etwas lernen und einen guten Abschluss machen oder dass sie als gute Ehefrauen zugerichtet werden?«

Kapitel 17

Simone beobachtete ihre Schülerin schon eine ganze Weile. Ihr Name war Olga Kosakiewicz, und sie bereitete sich in Simones Klasse auf das Philosophie-Abitur vor. Sie saß in der letzten Reihe und zeigte ihr Desinteresse auf unübersehbare Weise, indem sie ihr außergewöhnlich schönes Gesicht hinter ihrem dicken blonden Haar versteckte. Sie meldete sich nie, aber vor einigen Monaten hatte sie einen bemerkenswerten Aufsatz über Kant abgegeben, der vor Intelligenz sprühte.

An diesem Tag ließ Simone eine Arbeit schreiben, und am Ende der Stunde gab Olga ein leeres Blatt ab. Trotzig legte sie es Simone auf das Pult. Simones Neugierde auf die junge Frau war endgültig geweckt. Sie weigerte sich offensichtlich, erwachsen zu werden, und damit erinnerte sie Simone an ihre eigene Sorge, ihre jugendliche Spontaneität zu verlieren. Sie selbst war inzwischen Mitte zwanzig, und manchmal überfiel sie die Panik, dass in ihrem Leben nichts mehr geschehen werde. Noch immer hatte sie keinen Roman geschrieben, noch immer saß sie in diesem Nest herum und befürchtete, bald ebenso griesgrämig und spießig zu werden wie die Leute, denen sie hier auf der Straße begegnete. Aber diese junge Frau war so anders.

Sie wollte schon den Klassenraum verlassen, als Simone sie zurückrief und sie zu einem Kaffee einlud.

»Sie denken unkonventionell, sozusagen ohne Geländer, das gefällt mir«, sagte Olga und rührte Unmengen Zucker in ihren Kaffee, als sie zwanzig Minuten später in der kleinen Bar gleich neben dem Lycée Jeanne d'Arc saßen.

»Sie sind so anders als die anderen Lehrerinnen, so schön und jung, und Sie schminken sich. Die anderen haben erzählt, dass Sie sich am Wochenende immer mit Ihrem Liebhaber treffen. Stimmt das?«, fragte Olga mit großen Augen, und es war ihr anzusehen, wie sehr ihr die Vorstellung gefiel.

Simone lächelte. Sie hatte doch gewusst, dass in Olga mehr steckte als eine verstockte Jugendliche. »Erzählen Sie mir von sich.«

Olga war in Russland geboren und neun Jahre jünger als Simone. Ihre Mutter war Französin und als Hauslehrerin in Russland in die großbürgerliche Familie ihres russischen Vaters gekommen. Sie hatten geheiratet, Olga wurde geboren, und nach der Revolution war die Familie nach Frankreich ins Exil gegangen. Dort war Olgas jüngere Schwester Wanda zur Welt gekommen. Beide Mädchen hatten in den ersten Jahren eine sehr freiheitliche Erziehung genossen, waren dann jedoch auf eine streng katholische Klosterschule geschickt worden. Olga sollte nach dem Willen ihrer Eltern nach dem Abitur Medizin studieren. Eine Vorstellung, die sie hasste.

Neben der Weigerung, sich den Regeln zu fügen, faszinierten Simone die Ambivalenzen in Olgas Persönlichkeit: Sie war halb Russin, halb Französin, halb modern, halb religiös, halb Philosophin, halb Medizinerin. Olga hatte etwas sehr Verletzliches und

Verwirrtes an sich, was daran liegen mochte, dass sie drei Sprachen fließend sprach und manchmal von der einen in die andere wechselte, ohne es zu bemerken. Sie suchte verzweifelt ihren Platz in der Welt, und in Simone fand sie von nun an eine Verbündete darin, sich gegen die Erwartungen ihrer Eltern zu wehren. Simone erkannte in ihr indes so etwas wie eine jüngere Ausgabe ihrer selbst.

Sie fingen an, sich regelmäßig zu treffen. Olga wartete nach der Schule auf Simone und begleitete sie nach Hause, wo sie Tee auf einem eingeschmuggelten Kocher zubereiteten und stundenlang redeten. Die junge Frau hing an Simone und war traurig, wenn diese keine Zeit für sie hatte, weigerte sich dabei aber kategorisch, Pläne zu machen, sei es für den kommenden Abend, sei es für ihr Leben. Trotz ihrer Intelligenz war sie eine schlechte Schülerin, und ihre Eltern setzten ihr zu.

Simone beschloss, diese merkwürdige junge Frau unter ihre Fittiche zu nehmen und sie Sartre vorzustellen.

Vor ihrem ersten Treffen, das in einem Café stattfinden sollte, holte Simone sie ab. Olga öffnete die Tür, und Simone war verblüfft. So hatte sie ihre Schülerin noch nie gesehen. Sie trug ein aufreizendes Kleid und hatte Lippenstift aufgelegt.

»Finden Sie mich schön?«, fragte sie.

Simone nickte. Als sie hinter ihr das Café betrat, wo Sartre schon wartete, bemerkte sie Olgas wiegenden Gang und roch den Duft ihres Parfüms.

Olga hatte nur Augen für Sartre. Sie hing an seinen Lippen, sie lachte, wenn er einen Scherz machte. Ihm schien das zu gefallen.

Als er zum Tresen ging, um neue Zigaretten zu holen, herrschte Simone sie an.

»Was fällt dir ein?«

Olga sackte in sich zusammen. »Ich will doch nur Ihrem Sartre gefallen, damit Sie mit mir zufrieden sind. Ich wollte eine gute Figur machen.« Ihre Augen füllten sich mit Tränen, und als Sartre zurück an den Tisch kam, stand sie abrupt auf und verließ das Lokal, ohne sich zu verabschieden.

Ihr Verhalten hatte Sartre neugierig gemacht, und er fühlte sich sichtlich geschmeichelt. Wie es vorauszusehen war, fiel Olga bald darauf durch ihre Prüfungen. Sie verschwand tagelang, und niemand wusste, wo sie war, bis sie sich am helllichten Tag betrank und sich mitten in das Foyer eines Hotels legte, um zu schlafen. Der Direktor weckte sie mit Fußtritten, worauf Olga ihm sagte, er solle Simone benachrichtigen.

»Meine Eltern wollen, dass ich nach Hause komme. Das überlebe ich nicht. Sie müssen mir helfen«, gestand sie unter Tränen.

Simone fühlte sich für sie verantwortlich und setzte sich in ihrer Funktion als Lehrerin mit Olgas Eltern in Verbindung. Diese kamen nach Rouen, und in einem langen Gespräch rang sie ihnen die Erlaubnis ab, dass Olga im selben Hotel wohnte und sich mit Simone gemeinsam auf das Abitur vorbereitete.

Als ihre Eltern gegangen waren, stürzte Olga auf Simone zu, kniete vor ihr nieder und nahm ihre Hände, um sie mit vielen kleinen Küssen zu bedecken.

»Aber Olga, was tust du denn?«, fragte Simone, die von diesem Gefühlsausbruch völlig überrascht wurde.

Olga sah mit tränenverschwommenen Augen zu ihr auf. »Ich liebe Sie, Simone, ich bin Ihnen so dankbar. Sie sind der wichtigste Mensch in meinem Leben.«

Simone war berührt von diesem Bekenntnis, und Olgas Küsse

hatten ein unbekanntes, kribbelndes Gefühl in ihr ausgelöst. Sie freute sich aufrichtig für ihren Schützling, aber sie fragte sich ein wenig bang, wohin diese Beziehung driften werde und ob sie sich nicht zu viel Verantwortung aufgeladen hatte.

Da Olga einen immer wichtigeren Platz in Simones Leben einnahm, sprach sie oft mit Sartre über sie. Olga gab ihnen viel Diskussionsstoff, wenn sie wieder mal nicht auftauchte, obwohl sie verabredet waren, und sie so lange auf sie warteten, bis es zu spät für die Theatervorstellung oder die Vernissage war. Manchmal bekamen sie Streit ihretwegen; und wenn Simone mal keine Lust verspürte, dass Olga dabei war, insistierte Sartre, sie trotzdem mitzunehmen. Es war offensichtlich, dass Olga sich immer besonders zurechtmachte, wenn Sartre dabei war. Sie himmelte ihn regelrecht an, hing an seinen Lippen und spielte die Verführerin wie bei ihrem ersten Treffen. Schon bald war Simone sich sicher, dass Sartre dabei war, sich in sie zu verlieben, während Olga versuchte, ihn gegen Simone auszuspielen. Zugleich war sie eifersüchtig auf die Liebe zwischen Sartre und Simone und versuchte, einen Keil zwischen sie zu treiben, indem sie beständig Andeutungen machte, spitze Bemerkungen oder kleine Geheimnisse verriet, die ihr einer von beiden anvertraut hatte. Sie brachte es fertig, mitten im Gespräch aufzustehen und mit einem anderen Mann Händchen haltend aus dem Café zu verschwinden, während Simone und Sartre ihr fassungslos hinterhersahen.

Je unbequemer sie wurde, umso mehr faszinierte sie die beiden. Olga war wie ein Versprechen auf ein Leben in Unordnung, in völliger Zwang- und Rücksichtslosigkeit. Ein Leben ohne Arbeit, ohne lästige Pflichten, ohne bürgerliches Maßhalten. Zum einen machte sie Simone schmerzhaft klar, dass sie keine ganz junge Frau mehr war, dann wieder war sie wie ein Jungbrunnen. Sie war ein unbeschriebenes Blatt, das darauf wartete, von ihr und Sartre beschrieben zu werden.

Colette Audry ärgerte sich furchtbar über das Eindringen der jungen Frau in die Beziehung der beiden. »Was gebt ihr nur für ein merkwürdiges Trio ab«, schimpfte sie. »Die reinste Pygmalion-Schmierenkomödie! Olga ist kein Kind aus der Gosse, das ihr nach eurem Gusto formen könnt. Sie ist manipulativ und ein verwöhntes kleines Biest.«

Simone hatte manchmal selbst das Gefühl, dass in der Beziehung zu Olga irgendetwas nicht stimmte. Sie hingen zu sehr aneinander, immerhin war Olga ihre Schülerin, und sie war ihre Lehrerin. Es gab etwas Falsches darin, fast hätte sie gesagt: etwas Unaufrichtiges. Aber dann sagte sie sich, dass die üblichen moralischen Kategorien für sie nicht galten und dass sie drei erwachsene Personen waren, die frei entscheiden konnten, was sie taten. Und Olgas Mutwilligkeit, ihre Lust an der Provokation tat ihr einfach gut.

An diesem Wochenende war Sartre nach Rouen gekommen. Sie blieben in der Stadt. Simone ging nicht mehr auf Wanderschaft wie in Marseille. Die Landschaft der Normandie langweilte sie, weil sie keine Überraschungen und zu wenige Herausforderungen für sie bereithielt. Das oft trübe und regnerische Wetter tat ein Übriges. Wenn in Rouen schlechtes Wetter war, dann war es einfach nur ungemütlich, neblig und trüb und nasskalt. Hier gab es keine Romantik mit Tropfen, die von Bäumen fielen und die Blätter zum Glänzen brachten.

»Mir gefällt es, dass Sie nicht mehr so viel umherstreifen«, sagte Sartre mit einem hinterhältigen kleinen Lächeln. »Da muss ich nicht stundenlang hinter Ihnen herlaufen.«

Stattdessen saßen sie im *Café Victor* am Ufer der Seine. An diesem Abend hatten sie an einem Tisch auf der Terrasse Platz genommen, weil das Wetter schön war. Ein Mann näherte sich, an seinem Blaumann war er als Hafenarbeiter auszumachen. Er sah müde und abgekämpft aus, wahrscheinlich kam er gerade von seiner Schicht im Hafen. Er hatte sich kaum hingesetzt, da kam der Patron von drinnen herbeigestürzt und verscheuchte ihn mit einem Wedeln seiner gestärkten Serviette. »Wir schließen gleich«, bellte er.

Der Mann stand wortlos auf und ging.

»Warum wehrt er sich denn nicht?« Simone sah Sartre ratlos an.

»Er kennt es nicht anders. Frankreich ist eine Klassengesellschaft, und diese Szene ist das beste Beispiel dafür.«

Zwischen ihnen entspann sich eine Diskussion über das Thema. Simone berichtete von einem Theaterabend einige Tage zuvor, als ihr plötzlich bewusst geworden war, dass sich hier die bessere Schicht der Gesellschaft ihre Ration Kultur und Schönheit abholte und sich dabei an ihrem höheren Status delektierte.

»Ich habe mich plötzlich unwohl gefühlt«, sagte sie. »So, als gehörte ich dort nicht hin, aber ich war immerhin da, was vielen anderen verwehrt ist.«

»Vielleicht hat Colette recht, und ich sollte doch in die Kommunistische Partei eintreten«, sagte Sartre und sog nachdenklich an seiner Pfeife. Davon hatten sie schon häufiger gesprochen, Colette verlangte es immer wieder von ihnen.

»In den *PC*? Glauben Sie, dass Sie im *Parti Communiste* etwas bewirken können? Sie gehören ja nicht einmal zum Proletariat. Außerdem glaube ich, dass Ihr Freiheitsbegriff sich ausgesprochen schlecht mit der Parteidisziplin vertragen würde.«

Sie sahen dem Mann nach, der mit hängenden Schultern über die Straße ging.

Am nächsten Tag erzählte Simone Colette von dem Erlebnis. Colette machte ihr schwere Vorwürfe. Sie bebte vor Empörung.

»Und ihr habt einfach noch ein Bier bestellt und wart insgeheim vielleicht sogar froh, dass der Mann nicht mehr am Nebentisch saß, weil er euch nicht länger ein schlechtes Gewissen wegen eurer Privilegien machen konnte? Und worin hast du dich eigentlich von den anderen Theaterbesuchern unterschieden?«

Simone starrte sie an. Erst war sie wütend, dann begriff sie, dass Colette recht hatte.

»Was hätten wir denn tun können?«

»Du hättest dem Patron sagen können, dass du nicht einverstanden bist. Du hättest den Mann an euren Tisch einladen und deine Solidarität zeigen können. Aber ihr hättet auf keinen Fall stumm zusehen und den Abend weiterhin genießen dürfen. Wenn alle nur stumm zusehen, wird sich nie etwas ändern.« Colette machte eine Pause, dann sagte sie: »Sagt ihr nicht immer, wie sehr ihr Unaufrichtigkeit verabscheut?«

Simone fühlte sich ertappt und dachte lange darüber nach. Versuchte sie nicht, ihren Schülerinnen einen anderen Weg aufzuzeigen als den, den ihre Eltern für sie im Sinn hatten? Versuchte sie nicht, sie zu kritischen Geistern zu erziehen, die sich fragten, ob sie wirklich eine konventionelle Ehe eingehen und jeden Anspruch auf Selbstverwirklichung aufgeben wollten? Wenn ihr der Kampf für eine Gleichberechtigung der Frauen so am Herzen lag, wie konnte sie dann die Gleichberechtigung der gesellschaftlichen Klassen vernachlässigen? Zumal der *PC* doch predigte, dass mit der Befreiung der Massen automatisch die Befreiung der Frau kommen werde?

Sie diskutierte diese Fragen lang und breit in einem Brief an Sartre. Er antwortete, dass er sich nicht als aktiven Kämpfer sehe. *Wir engagieren uns auf unsere Weise, durch unsere Bücher, durch das, was wir unseren Schülern beibringen, durch unsere Kritik an dem, was in Frankreich passiert.*

Doch Simone ahnte, dass in dieser Diskussion das letzte Wort noch nicht gefallen war.

Kapitel 18

Olga blieb ein wichtiger Teil ihres Lebens. Sartre und Simone hatten einen Studienplan für sie aufgestellt, mit dessen Hilfe sie das Abitur bestand, dann aber ließ sie sich endgültig gehen. Simone bebte vor Wut, als Olga zweimal nacheinander durch eine Medizinprüfung fiel und schließlich ihr Studium schmiss. Von nun an tat sie nur noch, was sie wollte, ohne sich für irgendetwas zu interessieren. Sie lag den ganzen Tag auf ihrem Bett, aß nicht einmal, und auch zu schlafen schien sie nicht, denn manchmal sah sie so müde aus, dass sie schon ganz grau im Gesicht war.

An diesem Abend waren sie zu dritt zum Essen in ein Restaurant gegangen, und Olga bestellte sich ein Omelett, das sie dann aber doch nicht anrührte. Mit einem gehässigen Seitenblick auf Simone sagte sie, sie wolle auf keinen Fall dick werden.

»Dann geh doch schlafen«, mahnte Simone. Sie hatte Mühe, ihren Ärger nicht zu zeigen. »Wenn du schon nicht essen willst.«

Olga explodierte, vielleicht auch weil sie sich kaum noch auf den Beinen halten konnte. »Ihr mit eurer scheiß Bürgerlichkeit. Wer sagt denn, dass der Mensch essen und schlafen muss?« Wütend stand sie auf und verließ den Tisch.

»Manchmal könnte ich sie auf den Mond schießen«, sagte

Simone. »Ich komme mir neben ihr alt vor, wie eine Mutter, die ständig an ihrem Kind herumnörgelt. Aber ich kann sie doch nicht einfach fallen lassen. Sie ist meine Freundin, und sie hat ja auch ihre guten Momente. Und ich weiß, was in ihr steckt.«

Sartre legte ihr die Hand auf den Unterarm. »Gerade das macht Olga doch so faszinierend. Dass sie jede Form von Regeln ablehnt.«

»Aber es macht es so verdammt schwer, mit ihr befreundet zu sein. Außerdem fühle ich mich für sie verantwortlich.«

Als sie Olga am nächsten Tag wiedertrafen, machte Sartre ihr den Vorschlag, sie könne doch Schauspielerin werden. »Ich könnte Dullin fragen, wenn Sie es wünschen. Er kann Ihnen bestimmt helfen.«

Olga war begeistert. Sie umarmte Sartre, dann ließ sie ihn abrupt wieder los, als habe sie eine Grenze überschritten.

Simone fragte sich, ob sie das absichtlich machte, diese Keckheit und dann wieder diese gespielte Unschuld. Als sie später Sartre darauf hinwies, sagte er, sie würde zu viel in eine harmlose Umarmung hineininterpretieren.

Simone war erleichtert, als sie am Wochenende allein nach Paris fuhr. Zwei Tage ohne Olgas anstrengende Anwesenheit würden ihr guttun. Aber Olga schaffte es vorher noch, ihr ein schlechtes Gewissen einzureden.

»Ich kann ja verstehen, dass ich Sie langweile und dass Sie Momente mit Sartre allein haben wollen.« Dabei zitterte ihre Unterlippe, und sie sah so unglücklich aus, dass Simone sie fast doch noch eingeladen hätte mitzukommen.

Sie blieb zwar standhaft, aber während der ganzen Zugfahrt dachte sie über ihr Verhältnis zu Olga nach. Es war wirklich anstrengend und brachte sie manchmal an ihre Grenzen. Wie schaffte Olga es nur, sich ständig in ihre Gedanken zu drängen? Manchmal machte sie komische Bemerkungen, bei denen Simone sich alt und hässlich vorkam. Und dann wieder hing sie mit einer kindlichen Ergebenheit an Simone und schwor ihr ewige Treue.

Als der Zug in Paris einfuhr und sie die schneeweißen Kuppeln von Sacré-Cœur sehen konnte, atmete Simone tief ein. Und wenn sie einen Roman über eine Dreiecksbeziehung schrieb? War das nicht der perfekte Ausgangspunkt, um die Frage nach der Freiheit und dem Umgang mit dem anderen zu stellen? Wobei es in diesem Fall eine andere wäre.

Vielleicht würde ihr dieser Roman helfen, ihre Beziehung zu Olga besser zu verstehen. Der Zug fuhr im Bahnhof ein, und Simone nahm nachdenklich ihre Tasche und stieg aus.

Erst auf dem Bahnsteig übermannte sie die Vorfreude auf Sartre. Mit raschen Schritten strebte sie dem Ausgang zu. An diesem Wochenende würde Olga einfach aufhören zu existieren.

Sartre wartete auf sie im *Bec de Gaz*, einem Café am Montparnasse. Simone trug ihr neues Kleid und hatte ihre Nägel knallrot lackiert. Um den Kopf trug sie wie fast immer einen Turban. Sie lächelte bei dem Gedanken, dass sie diesen Turban anfangs als Notlösung getragen hatte, um ihr ungewaschenes oder unansehnliches Haar zu verbergen. Sie betrat das Café und sah Sartre sofort. Er war in seine Arbeit vertieft, gebeugt über ein Buch, die kalte Pfeife im Aschenbecher vor sich.

»Sartre«, sagte sie leise.

Er hob den Kopf, und sein schiefes Lächeln erschien. Er stand auf, ohne sie aus den Augen zu lassen, und nahm sie in die Arme. »*Mon Castor*«, sagte er.

Dann wies er auf die Bank neben sich. »Ich muss Ihnen unbedingt etwas zeigen, das ich geschrieben habe. Ich finde es gut und fundiert, aber ich will Ihre Meinung hören. Sie müssen sich aber beeilen, denn gleich kommt noch Aron vorbei. Er ist auf Heimaturlaub aus Deutschland, er arbeitet inzwischen in Berlin am Institut Français. Los, kommen Sie, lesen Sie.« Er machte Platz und zog sie neben sich auf die Bank.

Raymond Aron kam eine halbe Stunde später. Sie bestellten Cocktails, und Aron erzählte von Berlin.

»Dort ist man in der Philosophie viel weiter«, sagte er gerade. »Die deutschen Philosophen haben das Leben selbst zum Gegenstand ihrer Betrachtung erhoben. Das Leben und die Dinge, denen wir begegnen.« Aron rührte in seinem Aprikosencocktail. »Wenn du zum Beispiel Phänomenologe wärst und jetzt über diesen Cocktail sprechen würdest, dann wäre das Philosophie.«

Simone sah, wie Sartre erbleichte. »Wie bitte?«

»So nennen es Husserl und Heidegger.«

Sartre winkte nervös ab. »Husserl und Heidegger? Gibt es die Bücher auf Französisch?«

Aron schüttelte den Kopf. »Nur eine Abhandlung von Levinas über diese Philosophie.«

Sartre sprang so ungestüm auf, dass Simones Glas ins Wanken geriet. »Ich bin gleich zurück.«

Simone sah ihm nach. Er eilte über die Straße und wurde dabei beinahe von einem Auto angefahren. Sartre machte einen Satz und verschwand in der Buchhandlung gegenüber. Kurz darauf kam er mit einem Buch in der Hand wieder heraus. Noch im Gehen fing er an zu lesen, ungeduldig fuhr er mit dem Zeigefinger durch die Seiten, die noch nicht aufgeschnitten waren. Simone hielt den Atem an, als er quer über die Straße wieder zu ihnen herüberkam. Sie wusste genau, was er in diesem Buch zu lesen befürchtete: Und wenn diese deutschen Philosophen seine eigene Theorie von den Dingen bereits beschrieben hatten? Wenn sie ihm zuvorgekommen waren?

Als er wieder bei ihnen angekommen war, war ihm die Erleichterung anzusehen.

»Sie haben meine Theorie nicht vorweggenommen. Ich hatte Angst. Aber sie beschäftigen sich mit ähnlichen Dingen. Ich muss diese Bücher im Original lesen, unbedingt. Das ist faszinierend, ein ganz neuer Blick auf die Philosophie. Wir alle haben doch die klassischen Philosophen bis zum Erbrechen studiert und durchexerziert.«

Aron klatschte in die Hände. »Dann komm nach Berlin. Du könntest mein Nachfolger am Institut werden.«

Simone blieb fast das Herz stehen. Sie wünschte Sartre nichts mehr, als dass er seine Ideen ausarbeiten könnte. Doch wenn er nach Deutschland ginge, würde das eine erneute Trennung bedeuten.

Ihre Liebe würde diese Herausforderung bestehen, das wusste Simone, aber sie ahnte, wie schwer es werden und wie viel Kraft es sie kosten würde.

Sartre bekam die Zusage für die Stelle in Berlin. Nach den Sommerferien würde es losgehen, schon in ein paar Wochen.

»Kommen Sie mit mir nach Deutschland«, sagte Sartre. »Das wäre schön.«

Simone lehnte ab. »Ich werde hierbleiben. Einer von uns muss Geld verdienen. Außerdem sind es nur ein paar Monate. Ich werde Sie besuchen kommen. Berlin ist nicht weit.«

Simone sah die Zweifel in Sartres Blick. Aber es ging nur so, das wussten sie beide.

»Ich werde Sie so sehr vermissen«, flüsterte sie.

Sartre nahm sie in seine Arme. »Ich liebe Sie, Castor. Sie sind der stärkste Biber, den ich kenne.«

Die Ferien verbrachten sie auf Reisen und im Sommerhaus von Madame Morel, der Mutter eines von Sartres früheren Nachhilfeschülern, die zu einer Gönnerin und Freundin geworden war. Sie war in Argentinien aufgewachsen und hatte einen französischen Arzt geheiratet, der mit einem Trauma aus dem Krieg heimgekommen war und seitdem völlig zurückgezogen in einem Zimmer in der großen Villa in Juan-les-Pins lebte. Aber Madame Morel war fröhlich, jung geblieben und stets modisch gekleidet. Sie nahm Simone in ihrem Haus auf wie eine Freundin, und Simone war begeistert von dem guten Essen und den vielen Büchern, die es dort gab. Sie ruhte sich aus, las, schlief und schwamm im Meer.

Danach blieben ihnen noch wenige Tage in Paris, dann fuhr Sartre im Herbst 1933 nach Berlin. In seinen Briefen berichtete er von seinen Studien, er hatte so viel Deutsch gelernt, dass er die deutschen Philosophen im Original lesen konnte, obwohl seine Aussprache eine Katastrophe war. Von den politischen Verwerfungen schrieb er wenig, obwohl in Deutschland inzwischen Hitler an der Macht war und man sogar in Frankreich von Verhaftungen und Lagern für politische Gegner hörte. Aber am Institut Français bekam er davon wenig mit.

Seit Sartre weg war, verbrachte Simone noch mehr Zeit mit Olga. Sie war das genaue Gegenteil von Sartres Kollegen in Berlin, über deren festgefahrene Sicht der Welt, ihre Unfähigkeit, sich auf Neues einzulassen und es wertzuschätzen, worüber Sartre sich unablässig in seinen Briefen beschwerte. Simone war froh, dass sie Olga hatte, die sie nach wie vor mit ihrer Jugendlichkeit und ihrem Horror vor Kompromissen und Anständigkeit vor jeder Bürgerlichkeit bewahrte. Solange ich Olgas Freundin bin, werde ich niemals so werden wie diese Menschen, die Sartre und ich so verachten, sagte sie sich.

Wenn ein Brief aus Deutschland eintraf, fragte Olga jedes Mal begierig, ob Sartre auch an sie einen Gruß geschrieben hatte, und irgendwann bat Simone ihn, ihr ein paar Zeilen zu schicken. Er tat es, und Olga drückte den Brief an ihr Herz und trug ihn seitdem ständig bei sich.

Dieser Brief war allein für Simone bestimmt. Sie saß in ihrem trostlosen Zimmer auf dem Bett. Wie erstarrt ließ sie das Blatt sinken und blickte ins Leere. Sie hatte immer gewusst, dass dieser Moment kommen würde. Und dennoch … Trotz allem war sie nicht darauf vorbereitet gewesen, wie schmerzhaft er sich anfühlen würde. Sartre schrieb von einem Verhältnis, das er mit der Frau eines Kollegen angefangen hatte – *einfach nur, weil hier alle so bürgerlich sind*. Simone stellte sich vor, wie Sartre die andere Frau mit seinen weichen Lippen küsste, wie er sie auszog und ihren Körper betrachtete. Ob er der anderen die gleichen

Liebesworte ins Ohr flüsterte wie ihr, Simone? Eine heiße Welle überlief sie auf einmal, sie brauchte frische Luft und riss das Fenster auf. Draußen regnete es, der Wind zerrte an der Gardine. Simone achtete nicht darauf, sie ließ sich auf das Bett zurückfallen. Auch Paul und Henriette Nizan lebten eine offene Beziehung, und es schien sie völlig gleichgültig zu lassen, wenn da zwischendurch jemand anderes war. Henriette hatte erst vor ein paar Wochen eine Frau ins Café mitgebracht und sich freundschaftlich mit ihr unterhalten. Hinterher hatte sie Simone erzählt, dass Nizan ein Verhältnis mit ihr hatte. Simone war beeindruckt gewesen.

Doch das half ihr jetzt nicht. Mit Entsetzen stellte sie fest, dass die Vorstellung, wie Sartre mit einer anderen Frau zusammen war, ihr eine brennende, heiße Eifersucht verursachte. Sie las die Zeilen noch einmal, aber das Gefühl blieb. Warum tun Sie mir das an, Sartre, dachte sie. Sie fing an zu schluchzen, und ehe sie sich versah, war sie in Tränen aufgelöst und steigerte sich so in ein Gefühl des Verlusts hinein, dass sie eine ihrer Nervenkrisen bekam. Über Stunden lag sie auf ihrem Bett, weinte und grübelte und haderte. Wie hatte sie sich nur auf diesen Pakt einlassen können? Und warum musste Sartre ihn ausnutzen? Bisher war die Erlaubnis zu Affären mit anderen nicht mehr als eine reine Theorie gewesen, und sie hatten beide gut damit gelebt. In Gedanken verfluchte sie Sartre, verfluchte sich selbst. Warum nur konnte sie nicht rational mit der Situation umgehen? Das hier war ihrer unwürdig. Und dann sah sie wieder ein Bild von Sartre mit der anderen Frau vor sich, und die Tränen flossen erneut. Sie hatte nicht gewusst, dass sie eifersüchtig war, und es gefiel ihr nicht, mit welcher Wucht sie dieses Gefühl überkam.

Sie hatte ihr Bekenntnis zur Liebe in Freiheit ernst gemeint, sie wollte ihm diese Freiheit zugestehen, ebenso wie sie sie für sich selbst wahrnehmen wollte.

Erst nach Stunden hatte sie sich ausgeweint. Irgendwann hatte sie einfach keine Tränen mehr.

Sie setzte sich auf. Ihre Stärke war schon immer der pragmatische Zugang zu Problemen gewesen. Selbst wenn die Gefühle sie übermannten, setzte irgendwann der Verstand wieder ein.

Was war genau passiert? Sartre war eine zufällige, nicht notwendige Beziehung eingegangen, er hätte es eine kontingente Liaison genannt. Er hatte eine Frau getroffen, die ihn reizte und sexuell anzog, und hatte dieser Anziehung nachgegeben. Zum ersten Mal seit Jahren, seit ihrem Pakt, den sie vor vier Jahren geschlossen hatten. Vier Jahre waren eine lange Zeit. Sie hatten beide fest damit gerechnet, dass irgendwann eine Zufallsbekanntschaft daherkommen würde. Auch ihr hätte das passieren können, es war Zufall, dass Sartre der Erste war. Er hatte ihr sofort davon berichtet, damit sie Bescheid wusste, und damit seinen Teil des Paktes eingehalten, immer die absolute Wahrheit zu sagen und nichts vor ihr zu verheimlichen. Ihr erster Impuls beim Lesen des Briefes: Warum hat er mir das geschrieben, warum hat er mich nicht verschont, war falsch gewesen. Natürlich musste er ihr davon berichten, alles andere wäre unaufrichtig und hätte ihre Beziehung vergiftet.

Simone nahm den Brief noch einmal zur Hand. Was genau hatte er geschrieben? Sie hieß Marie und war die Frau eines Kollegen, und er war eine Beziehung mit ihr eingegangen, mehr aus Langeweile denn aus echter Liebe.

Ganz am Ende stand eine seiner unübertroffenen Liebeserklärungen. Sie konnte nicht sagen, was sie lieber hatte, wenn er sich ihr direkt erklärte oder wenn er ihr von seiner Liebe schrieb. Vielleicht doch die schriftlichen, weil sie seine Worte so immer wieder lesen konnte, wann immer ihr danach war.

Mon cher amour, hatte er geschrieben, *Sie können nicht wissen, wie ich jede Stunde des Tages an Sie denke, die ganze Welt hier ist erfüllt von Ihnen. Ich bin ganz glücklich, zu denken, dass der Castor existiert und sich Maronen kauft und spazieren geht; nie verlässt mich der Gedanke an Sie, und ich führe im Geist kleine Gespräche mit Ihnen. Wir sind eins, kleiner Zauberhafter.*

Das gab den Ausschlag.

Am nächsten Tag ging Simone zu einem Arzt und erzählte, sie habe einen Nervenzusammenbruch, weil ihr Verlobter eine andere habe. Der Arzt glaubte ihr sofort und schrieb sie für zwei Wochen krank. Von der Arztpraxis fuhr sie direkt zum Bahnhof und nahm einen Zug nach Berlin.

Sartre freute sich unendlich, sie zu sehen, aber Simone bemerkte, wie mutlos er war, er wirkte geradezu depressiv auf sie. Er kam mit seinem Buch nicht voran, außerdem redete er sich ein, kahle Stellen auf dem Kopf zu bekommen.

»Wer mit achtundzwanzig nicht berühmt ist, der wird es nicht mehr«, sagte er niedergeschlagen. »Und ich bin schon achtundzwanzig.«

Simone versuchte ihn aufzuheitern. Und sie fragte sich, ob das Techtelmechtel mit der Frau seines Kollegen vielleicht auch dazu diente, dass er sich wieder jung fühlte.

Er erzählte ihr im Detail, wie er Marie kennengelernt habe, dass sie sehr weiblich und hübsch sei, er es mochte, sie zu küssen, und dass er sich von ihrer stillen Melancholie angezogen fühle und sie deshalb »die Mondfrau« nenne. Irgendwann im Laufe seiner Erzählung verstummte Simone vollends, Sartre bemerkte es anfangs gar nicht.

Sie spricht nicht, und sie ist schöner als ich, dachte Simone. Mit jedem Wort, das Sartre über sie sagte, stieß er Simone weiter in einen Abgrund hinein. Ich bin tatsächlich eifersüchtig, dachte sie voller Erstaunen, und ich kann es nicht ändern. Sie hatte immer geahnt, dass sie zu diesem Gefühl fähig war, aber nicht, welche Ausmaße es annehmen, welche Macht es über sie gewinnen könnte. Als Sartre davon anfing, wie die Liebe mit Marie war, hielt sie es nicht mehr aus. »Lassen Sie das. Ich will es nicht wissen«, rief sie und merkte, wie ihr die Tränen kamen.

Sartre sah sie an. Bestürzt nahm er ihre Hände in seine. »Aber was haben Sie denn, Castor? Ich erzähle Ihnen das alles, um Ihnen zu zeigen, wie vertraut ich mit Ihnen bin. Ich habe Marie kein Wort von Ihnen gesagt. Und im Grunde halte ich mich doch nur an das, was wir vereinbart haben.«

»Wenn Sie keine anderen Frauen haben, müssen Sie mir auch keine Geständnisse machen.«

»Sie meinen, wenn ich Marie nicht getroffen hätte, hätte ich Ihnen auch nicht von ihr erzählen müssen.«

Simone nickte.

»Aber ...«

Sie putzte sich die Nase, dann sagte sie: »Sie haben ja recht. Wir haben uns zugestanden, dass wir andere Liebhaber haben dürfen. Ich habe mir das alles so einfach vorgestellt. Tatsächlich war ich wohl nicht darauf gefasst, dass es geschehen würde.«

»Aber, Simone ...«

Sie wusste nicht, ob er Mitleid mit ihr hatte oder wütend auf sie war. Beides wollte sie nicht.

»Ich will Marie kennenlernen«, sagte sie bestimmt und stand auf. »Jetzt gleich.«

Sie trafen sich in einem Restaurant. Marie und ihr Mann waren da, dann zwei Kollegen von Sartre, ein kleiner Korse mit dunklem Teint und gelocktem Haar und ein gut aussehender großer Blonder.

»Er ist Jude«, sagte Sartre mit einem Grinsen in Richtung des Blonden. »Der Korse nicht, aber die Nazis halten ihn für einen Juden und den Blonden für einen waschechten Arier.«

Simone bekam sich nicht wieder ein vor Lachen. Am Tisch wurden hinter vorgehaltener Hand unzählige weitere Geschichten über die Dummheit der Nazis zum Besten gegeben. Man war sich einig, dass der Spuk bald vorüber sei, niemand machte sich allzu große Sorgen. Während die anderen lachten, betrachtete sie Marie, die ihr schweigend gegenübersaß. Sie war schön, ihr Haar fiel in Wellen auf den Kragen ihres kostbaren Kleides, und sie machte den Eindruck einer Frau, die sich verwundert fragte, wie sie an diesen Tisch geraten sein mochte. Simone verstand, dass sie in ihrer Passivität auf Männer anziehend wirkte. Aber aus der Nähe betrachtet, verlor sie all ihre Gefährlichkeit. Simone beschloss, sich an diesem Abend zu amüsieren. Sie trank Bier aus riesigen Krügen und war ganz die charmante Plauderin, die die Männer am Tisch in ihren Bann zog. Sie bemerkte Sartres begehrliche Blicke. Alles war wieder in Ordnung.

In den folgenden Tagen tat Sartre alles, um ihr den Aufenthalt angenehm und schön zu machen. Er war die ganze Zeit für sie da, seine ungeteilte Aufmerksamkeit galt ihr. Sie durchwanderten die Straßen Berlins, flanierten die Prachtstraße Unter den Linden entlang, wo Simone sich an Paris erinnert fühlte. Sie spazierten über den Kurfürstendamm und über den Alexanderplatz, aber auch durch die Arbeiterbezirke im Wedding und in Neukölln, wo allerdings keine roten Fahnen mehr hingen, sondern die Hakenkreuzfahne der Nazis. Nachts gingen sie in die berüchtigten Kneipen und standen am Tresen, um Bier zu trinken und Eintöpfe zu essen, auf denen Fettaugen schwammen. Dennoch genossen sie das reichhaltige deutsche Essen, weil sie nachts kaum schliefen und jede Stärkung gebrauchen konnten.

Sie unternahmen einen kurzen Abstecher nach Hannover, um das Geburtshaus von Leibniz zu sehen, aber es regnete in Strömen, und sie waren froh, wieder im Zug zu sitzen. Während der Zugfahrt erzählte Sartre ihr von seinen Studien zu Husserl.

Er glaubte, auf dem Weg zu einer neuen Philosophie zu sein, die nicht nur theoretisch, sondern ganz praktisch und handlungsweisend war. Sie stellte das eigene Ego, das Individuum in den Mittelpunkt. Ihm gegenüber stand das Ego des anderen, von dem es jedoch durch absolute Unabhängigkeit des Bewusstseins getrennt war. Für Sartre war dieses philosophische Konstrukt unbedingt positiv, weil es den Menschen frei machte. »Verstehen Sie, Castor? Ich bin ich, und Sie sind Sie. Freud hatte unrecht«, rief er aus, denn in seinen, Sartres, Augen war alles dem Menschen äußerlich. Man könne die Welt nicht durch Subjektivität verändern. Die Welt, die Dinge, alles sei nur, was es sei, und nichts anderes.

»Verstehen Sie, was ich meine, Castor?«, fragte er noch einmal.

Wie immer hatte Simone nicht die geringste Mühe, seinen komplizierten Ausführungen bis in die letzten Winkel zu folgen. »Spricht Husserl nicht von Intentionalität? Das ist doch ein Begriff, unter den man das menschliche Streben stellen könnte«, schlug sie vor.

Sartre klatschte in die Hände, und mit Begeisterung machte sie sich mit ihm über seine Texte her, die sie aufmerksam hinterfragte und in denen sie ihn auf Denkfehler aufmerksam machte. Dabei spürten sie beide, wie glücklich sie ihre philosophische Zweisamkeit machte. Der Schaffner musste sie mehrfach ermahnen, ihm die Fahrkarten zu zeigen. Sie hatten ihn einfach nicht bemerkt, weil sie ganz in ihrer eigenen Welt gefangen waren, in der für Banalitäten wie eine Fahrkartenkontrolle kein Platz war.

»Ich bin Ihnen so dankbar, dass Sie gekommen sind, Castor«, sagte er beim Abschied auf dem Bahnhof zu ihr und legte zärtlich die Arme um sie.

Nach zehn prall gefüllten Tagen fuhr Simone zurück nach Rouen, bestärkt in ihrem Vertrauen in ihre Liebe.

Kapitel 19

Auf dem Rückweg machte Simone einen Tag Station in Paris. Sie musste ohnehin dort umsteigen, und sie wollte unbedingt Poupettes neuen Unterschlupf sehen.

Ihre Schwester wohnte immer noch zu Hause, und das Zusammentreffen mit Simones Eltern war frostig. Ihr Vater konnte ihr nicht verzeihen, welche Art von Beziehung sie mit Sartre eingegangen war. Er würde es nie akzeptieren, dass sie nicht verheiratet waren. »Du bist die Hure dieses Gnoms«, zischte er, dann ging er in sein Arbeitszimmer und schloss die Tür. Ihre Mutter hatte sich merkwürdigerweise mit ihrem Verhältnis zu Sartre abgefunden und ihn sogar einige Male getroffen und sympathisch gefunden. Aber natürlich war sie unglücklich über Simones schlechten Ruf.

Poupette und sie machten sich ziemlich schnell wieder auf den Weg.

»Wie hältst du das nur aus?«, fragte Simone, als sie hintereinander die fünf Treppen hinunterliefen.

»Ich kann mir nicht leisten, auszuziehen«, gab Hélène zurück. »Aber immerhin habe ich jetzt mein Atelier, in das ich flüchten kann.«

Sie arbeitete halbtags als Sekretärin in einer Galerie, und ihr kompletter Verdienst ging für Farben und Leinwände drauf.

»Wir haben bald eine Ausstellung mit Salvador Dalí. Wirst du kommen?«

Simone nickte.

Sie gingen am Bahnhof Montparnasse vorbei und kamen in die Rue Castagnary. In dem winzigen Atelier unter dem Dach war es eiskalt, aber durch ein Oberlicht fiel Licht in den Raum. Draußen donnerten die Züge vorbei. Sie ließen ihre Mäntel an, während Hélène Teewasser aufsetzte.

»Im Sommer könntest du hier übernachten«, sagte Simone.

Poupette grinste. »Im Sommer ist das hier ein Backofen.«

»Aber es ist dein Backofen, und darauf kommt es an.«

Die beiden sahen sich an und lachten.

Es regnete. Und wenn es in Rouen regnete, dann schüttete es wie aus Kübeln und hörte so schnell nicht wieder auf. Danach waren die Straßen voller Pfützen, und man ruinierte sich Schuhe und Mäntel.

Simone war missmutig auf dem Heimweg von der Schule. Sie hatte eine äußerst unangenehme Unterredung mit dem Direktor des Gymnasiums hinter sich, weil sich wiederholt Eltern wegen ihres Lebenswandels über sie beschwert hatten. Zu spät sah sie eine tiefe Pfütze, trat mitten hinein und spürte, wie das Wasser in ihren linken Schuh drang. »Verflixt«, schimpfte sie und wollte einen großen Schritt über die Wasserlache machen, trat aber dann auch noch mit dem anderen Fuß hinein und schimpfte wieder. Da vorn war endlich das Café, in dem sie mit Olga verabredet war. Hoffentlich war es gut geheizt, der Regen war inzwischen durch ihren dünnen Mantel gedrungen, und ihr war eisig kalt.

Sie trat ein, das Café war gut besucht, aber Olga konnte sie nicht entdecken. Simone setzte sich an einen Tisch nahe am Ofen. Sie wollte ein paar Aufsätze korrigieren, bis Olga erschien, aber dann nahm sie das letzte Kapitel ihres Romanmanuskripts aus der Tasche. Lustlos blätterte sie in den Seiten. Der Text war misslungen. Sie hatte in den letzten Monaten geschrieben, wann immer sie Zeit dafür gefunden hatte. Eigentlich hatte sie sich vorgenommen, Sartre mit einem fertigen Roman zu überraschen, wenn er aus Berlin zurückkkam. Sie sah ihn schon vor sich, wie er emsig die Seiten umschlug, bis er alles gelesen hatte, und ihr dann glücklich sagte, dass ihm der Text gefiel. Es war im Grunde eine Variation ihrer früheren Idee. Auch diesmal ging es um das Verhältnis der eigenen Person zu den anderen, wieder war eine Figur an Zaza angelehnt. Es war ihr gelungen, die Geschichte der Personen zu Ende zu erzählen. Von der Struktur her war der Roman in Ordnung. Aber vom Inhalt, vom Gewicht her nicht. Simone hatte wieder die Leben von Menschen, die sie kannte, in einem Roman verwoben, aber sie hatte keine Geschichte erzählt, die trug, die etwas bedeutete.

Sie schlug das Heft wieder zu. Am liebsten hätte sie es gleich hier in den Ofen geworfen. Wenn doch nur Sartre da wäre und sie mit ihm darüber reden könnte. Sie ahnte, was er sagen würde: »Trösten Sie sich. Sie haben gelernt. Beim nächsten Mal wird es Ihnen gelingen.« Ob er sich in diesem Augenblick mit Marie traf? Oder vermisste er sie auch gerade?

In seinem letzten Brief hatte er wieder von Marie geschrieben und was für eine bereichernde Erfahrung diese kontingente Beziehung mit ihr sei. Ob Simone das nicht auch probieren wolle? Unwillig schüttelte sie den Kopf. Sie konnte sich doch nicht auf die Suche nach einem Liebhaber begeben, nur damit Sartre zufrieden war.

Sie hob den Blick und sah, wie Olga das Lokal betrat. Schwungvoll, mit einem hinreißenden Lächeln in dem schönen Gesicht, kam sie auf Simone zu, während die Männer ihr hinterherstarrten, doch Olga hatte nur Augen für Simone.

Sie umarmte Simone stürmisch und gab ihr vier Küsse auf die Wange. »Bin ich zu spät?«

»*Bonsoir, ma belle*. Nicht der Rede wert«, sagte Simone und zog sie neben sich auf die Bank.

»Und dabei habe ich Ihnen so viel zu erzählen. Stellen Sie sich vor, Charles Dullin hat mich zum Vorsprechen eingeladen, nächste Woche soll ich kommen. Das habe ich nur Ihnen und Sartre zu verdanken. Und dann haben meine Eltern mir Geld geschickt. Lassen Sie uns Champagner bestellen«, sagte Olga und winkte dem Kellner, der nur darauf gewartet zu haben schien. »Eine Flasche vom besten Champagner«, rief sie. Dann drückte sie Simone noch einmal fest an sich. »Ach, ich bin so glücklich!«

Während sie den Champagner tranken, machten sie übermütig Pläne für Olgas Karriere als Schauspielerin.

»Warten Sie es nur ab, bald bin ich beim Film. Prost!« Olga hob ihr Glas und stieß mit Simone an.

Es tat so gut, Olga bei ihren Träumereien zuzusehen, dass Simone nicht wagte, die schöne junge Frau daran zu erinnern, dass sie auch dafür hart würde arbeiten müssen. Heute wollte sie einmal ihren Rationalismus vergessen und genauso verrückt sein wie Olga. Die strahlte und steckte Simone mit ihrer guten Laune an. Sie waren ziemlich beschwipst, als sie zwei Stunden später vor Simones Zimmer standen. Simone fand nur mit einiger Mühe das Schlüsselloch, und Olga schlüpfte mit hinein. Als Simone sich kichernd auf ihr Bett setzte, um ihre Schuhe auszuziehen, ließ Olga sich neben sie fallen und zog Simone mit sich. Simone wollte sie erst zurückstoßen, aber sie fühlte sich so herrlich leicht und beschwipst von dem Champagner. Das Kribbeln fiel ihr wieder ein, als Olga kürzlich ihre Hände geküsst hatte, und jetzt berührte sie zärtlich mit ihren Lippen ihren Hals, dort, wo sie besonders empfindlich war. Warum eigentlich nicht, dachte sie und überließ sich den Zärtlichkeiten.

Am nächsten Tag schrieb sie an Sartre, dass sie eine Geliebte habe. Sie wollte keine große Sache daraus machen, aber ihre Beziehung zu Olga war schon immer etwas Besonderes gewesen. Und Simone musste sich eingestehen, dass ihr diese neue Entwicklung gefiel, Olgas Berührungen brachten ihren Körper zum Klingen. Also warum nicht?

Im Sommer kam Sartre zurück aus Berlin und nahm seine Arbeit am Gymnasium in Le Havre wieder auf. Im Gepäck hatte er einen fast abgeschlossenen Roman. Es war das Projekt, an dem er schon seit Jahren schrieb und das er ursprünglich als philosophischen Essai angelegt, auf Simones Rat hin jedoch in fiktionaler Form erzählt hatte. Nun war daraus eine Geschichte entstanden, in der es um einen Historiker in der Provinz ging, der an einem Buch schreibt. Antoine Roquentin empfindet Ekel angesichts der Sinnlosigkeit und Zufälligkeit seines Lebens und muss eine Entscheidung zwischen dem Nichts und der Freiheit treffen. Er entschließt sich, einen Roman zu schreiben, um seinem Leben im Erzählen einen Sinn zu geben. Sartre hatte das Buch *Melancholia* genannt. Mit fliegender Feder füllte er Seite um Seite und machte die letzten Korrekturen, oft las er nicht einmal, was er geschrieben hatte, weil seine Gedanken ihn mit sich fortrissen.

Simone bewunderte ihn dafür. Für Sartre war Schreiben Leben und Leben Schreiben. Wie sehr wünschte sie sich, es könnte für sie ähnlich sein!

Jetzt, da Sartre wieder in ihrer Nähe war, waren ihre Tage bis zur letzten Sekunde angefüllt. Sie verbrachten so viel Zeit wie möglich miteinander, und einen Abend in der Woche reservierte Simone für ihre Beziehung zu Olga. Wenn sie am Wochenende nicht nach Paris fahren konnten, weil sie kein Geld für den Zug und ein Hotel hatten, trafen sie sich lieber in Le Havre als in Rouen. Letzteres erschien Simone zunehmend provinziell und langweilig, während Le Havre immerhin den Duft einer Stadt am Meer atmete.

Gallimard lehnte *Melancholia* ab, und Sartre war tief enttäuscht. An diesem Tag im November saßen sie in ihrem Stammcafé am Hafen. Ihr Gespräch stockte, Simone und Sartre hingen trüben Gedanken nach.

»Wir sind bald dreißig. Und wir haben noch nichts im Leben erreicht. Mein Roman ist abgelehnt«, sagte Sartre düster.

»Sie haben wenigstens schon einen Roman vorzuweisen. Wenn ich das nur von mir behaupten könnte. Das, was ich verfasst habe, kann ich noch nicht einmal einen Roman nennen.« Simone nahm den letzten Schluck aus ihrem Glas und gab dem Kellner ein Zeichen, dass er Wein nachschenkte. »Ob wir in zehn Jahren immer noch in miesen Hotelzimmern in der Provinz leben und verwöhnte Schüler unterrichten?«

»Na ja, ein paar vielversprechende sind ja dabei.« Sartre meinte natürlich Olga, aber auch Bost.

Jacques-Laurent Bost wurde von ihnen stets »der kleine Bost« genannt, weil er mehrere ältere Brüder hatte. Einer von ihnen war Lektor bei Gallimard. Bost selbst war ausgesprochen intelligent und stammte aus einem Pfarrershaushalt, er war jung und schön mit seinen grünen Augen und dem dichten, dunklen Haar. Er hatte sich Sartre angeschlossen und war von einem Schüler zum Freund geworden. Sartre hatte ihn Simone vorgestellt, die von ihm von Anfang an verzaubert gewesen war. Sie mochte sein strahlendes Lächeln und sein Auftreten eines Prinzen. Bost fand, dass in dieser Welt jeder ein König sei. Mit seiner natürlichen Anmut wirkte er manchmal fast unverschämt. Er legte keinen Wert auf Ehrgeiz, hatte aber eine Menge hartnäckiger kleiner Wünsche, über deren Erfüllung er sich maßlos freute.

Oft, wenn Simone in Le Havre war, trafen sie sich zu dritt, manchmal auch zu viert, wenn Olga mitkam.

Simone bedauerte, dass die beiden an diesem Tag nicht mit am Tisch saßen, in ihrer Gesellschaft wäre die Ablehnung des Manuskripts leichter zu verwinden gewesen. Sie bestellte sich noch ein Glas Wein, was Sartre zu der Bemerkung veranlasste, dass Wein auch keine Lösung sei.

Das wusste Simone natürlich selbst. Wenn sie melancholisch war, trank sie häufig Wein, wobei der Alkohol sie weinerlich machte, und alles wurde nur noch schlimmer. Sie beklagte dann unter Tränen das Elend ihres Daseins und zweifelte den Sinn des Lebens an. Am nächsten Tag hatte sie Kopfschmerzen und war zu nichts in der Lage.

Dennoch provozierte Sartres Einwand ihren Widerspruchsgeist.

»Sie irren sich«, sagte sie. »Der Wein hilft mir, Schranken in meinem Denken niederzureißen und mich selbst zu erkennen. Es heißt ja nicht umsonst, dass im Wein die Wahrheit liegt.« Sie nahm einen weiteren Schluck.

Sartre legte ein paar Münzen auf den Tisch und stand auf. »Kommen Sie, wir laufen ein Stück.«

Sie wanderten an der Kreideküste entlang, während Nieselregen auf sie niederging.

»Ich werde langsam alt«, sagte Simone niedergeschlagen und mit einem vom Wein schalen Geschmack im Mund.

Sartre lachte auf. »Sie und alt? Sie sind immer noch die schnellste und ausdauerndste Wanderin, die ich kenne. Und Ihre Neugierde auf die Welt versetzt Berge.«

Simone sah ihn überrascht an. »Finden Sie?«

»Aber ja. Und ich weiß, dass Sie eines Tages wichtige Bücher schreiben werden. Sie haben mir geraten, aus einem philosophischen Essai einen Roman zu machen. Vielleicht muss es bei Ihnen umgekehrt sein: Sie sollten aus Ihrem Romanprojekt einen theoretischen Text machen. Und jetzt lassen Sie uns umkehren, bevor wir komplett durchnässt sind.«

Kapitel 20

Paris! Als Simone den Brief in der Hand hielt, in dem ihr eine Lehrtätigkeit am Lycée Molière in Paris angeboten wurde, machte sie einen Luftsprung. Endlich wäre sie wieder in ihrer Stadt. Endlich keine nächtlichen Zugfahrten mehr, kein Herumsitzen auf tristen Bahnhöfen. Ihr Leben würde wieder bunter werden, und ihre Selbstzweifel würden hoffentlich verschwinden. In Paris würde sie den Antrieb finden, an dem es ihr mangelte – sie bräuchte dazu nur durch irgendein Viertel zu bummeln und sich in ein Café zu setzen und den Leuten aufs Maul zu schauen. In Paris konnte man an jeder Ecke Inspiration finden, man musste manchmal aufpassen, dass es nicht zu viel wurde.

Wenn sie allein an die vielen Momente dachte, an denen der Jardin du Luxembourg ihr Trost gespendet hatte. Ab jetzt könnte sie wieder hingehen, wann immer sie wollte, und den Verlauf des Jahres an der Vegetation beobachten. Sie könnte wieder die unbeschreibliche Ruhe im Palais Royal genießen, auf dem Pont Neuf stehen und den Fluss hinuntersehen …

Sartre unterrichtete inzwischen in Laon, einer Kleinstadt nordöstlich von Paris, aber er kam jedes Wochenende und an zwei Abenden in der Woche in die Stadt. Und er hatte um seine

Versetzung nach Paris gebeten, es war nur eine Frage der Zeit, bis man seinem Gesuch stattgeben würde.

Bis es so weit war, holte Simone ihn zweimal wöchentlich an der Gare du Nord vom Zug ab. Sie kannte den Weg bald im Schlaf. Nach seiner Ankunft tranken sie immer einen Kaffee im Bahnhofsbüfett, dieser Moment und dann noch die gemeinsame Fahrt in der Métro blieben erst mal die einzige Gelegenheit, bei der sie Sartre für sich allein hatte, denn sobald er in Paris angekommen war, eilte er von einer Verabredung zur nächsten. Nicht nur Bost, auch andere seiner ehemaligen Schüler lebten jetzt in der Hauptstadt, und für sie war Sartre immer noch eine Autorität und ein Lehrer, für manche sogar ein Freund. Zu ihnen gehörte auch Lionel de Roulet, in den sich Poupette verliebte. Dann waren da noch Sartres Mutter, Madame Morel, Nizan, Aron und Ponty und die Verlagsleute. Alle diese Menschen wollten etwas von ihm, und er zog immer einen ganzen Schwarm von Leuten hinter sich her. Während sie am Bahnhof ihren Kaffee tranken, machten sie einen Plan für das Wochenende und verabredeten sich, aber mehr als ein paar Stunden Zeit blieben für sie nicht.

Seine erste Frage, wenn er aus dem Zug stieg, galt oft Olga.

»Wann war Olga in der Stadt? Wie geht es ihr? Hat sie von mir gesprochen?«

Er war unübersehbar eifersüchtig auf die Beziehung, die Simone mit ihr hatte. Und er konnte nicht ertragen, dass Olga seine Avancen zurückwies.

Einige Monate später bekam er dann eine Stelle an einer Schule in Neuilly, im noblen Westen der Stadt, und sie konnten mehr Zeit miteinander verbringen. Sartre fand ein Hotel, das *Mistral*, ganz in der Nähe des Bahnhofs Montparnasse, in dem er zwei Zimmer buchte, die in verschiedenen Stockwerken lagen. Simones Zimmer hatte ein bequemes Bett, ein paar Bücherregale und einen Tisch, an dem sie arbeiten konnte. Sie war selig, denn nun führte sie genau das Leben, von dem sie immer geträumt hatte. Sie lebte mit Sartre in einem Haus, doch nicht zusammen. Sie teilten ihr Leben, ohne die Gefahr, sich gegenseitig einzuengen. Sie konnten sich sehen, wann immer sie wollten, und wahrten dennoch ihre Unabhängigkeit. Simone musste weder seine Sachen aufräumen noch für ihn kochen.

Morgens fuhren sie gemeinsam mit der Métro zur Schule und besprachen, was sie am Vorabend getan hatten, wen sie gesehen, was sie gelesen hatten. An anderen Tagen verabredeten sie sich und mussten für ihr Treffen nur den Flur hintergehen.

»Wir sehen uns morgen um zehn, wenn es Ihnen recht ist.«

»Aber sicher doch. Ich freue mich auf Sie.«

Und dann tat Simone, als müsse sie den Bus oder den Zug nehmen, zog ihren Mantel über und griff nach ihrer Tasche, um ihn zu besuchen, und stand eine Minute später vor ihm.

An anderen Tagen war es umgekehrt. Er fragte, ob er sie besuchen dürfe, und sie zog ein hübsches Kleid an und freute sich auf sein Klopfen an der Tür.

Für Simone hätte es ewig so weitergehen können, aber da war Olga. Sie langweilte sich allein in Rouen und machte nichts als Unsinn. Sie betrank sich am hellen Tag und beleidigte ihre Vermieterin, die drohte, sie hinauszuwerfen.

»Wir sollten sie nach Paris holen. Sie kann doch auch ein Zimmer hier haben«, schlug Sartre vor.

Simone willigte ein. Sie freute sich, ihre Freundin wieder in ihrer Nähe zu haben, obwohl sie wusste, dass Olgas Anwesenheit die Dinge zwischen ihr und Sartre verkomplizieren würde. Olgas destruktive Wirkung hatte sich schon in Rouen angekündigt, und je näher Simone ihr gewesen war, desto mehr hatte sie diese Seite Olgas zu spüren bekommen. Auf der anderen Seite reizte sie die Vorstellung, herauszufinden, wie Olga die Beziehung zwischen ihr und Sartre wahrnahm, denn ihre junge Geliebte war diejenige, die ihnen beiden am nächsten war und den genauesten Einblick in ihrer beider Seelenleben hatte.

Olga war vor Freude außer sich, als sie ihr den Vorschlag machten, und versprach, in Zukunft ernsthaft ihre Texte zu lernen und pünktlich zu den Vorsprechen am Theater zu gehen. Eine Woche später wurde ein Zimmer im Hotel frei, und Olga zog ein. Ihre Eltern strichen ihr den monatlichen Wechsel, und so kamen Sartre und Simone für die Miete und alles andere auf.

Am Anfang lief alles erstaunlich glatt. Olgas Bewunderung und ihre Zärtlichkeit taten Simone gut. Die beiden verbrachten so manchen Abend in einem der Cafés für Frauen, von denen es in Paris einige gab. Simone gefiel die Atmosphäre dort, es ging freizügig zu, es war heiß und die Musik laut, und sie und Olga tanzten eng umschlungen und küssten sich. Dennoch riskierte man hier als Frau keine Schwierigkeiten, wenn man allein nach Hause gehen wollte.

Doch dann fing Olga wieder an, mit Sartre zu flirten, weil sie eifersüchtig auf seine Beziehung zu Simone war. Sartre indes konnte es nicht ertragen, dass Olga Frauen und vor allem Simone ihm vorzog. Olga erfasste die Situation sofort und setzte alles daran, sie auf die Spitze zu treiben.

Als Sartre bei Simone in ihrem Zimmer saß, sie hatten an einem Text gearbeitet, den er an den Verlag geben wollte, kam Olga wie zufällig vorbei und küsste Simone lange auf den Mund. Dann sah sie Sartre herausfordernd an und gab ihm zur Begrüßung nur nachlässig die Hand. Simone räusperte sich verlegen, während Olga und Sartre sich lauernd ansahen.

»Sie ist abgebrüht«, sagte sie später zu Sartre.

»Sie ist noch ein Kind«, gab er zurück.

»Ist sie nicht.«

»Sie sind eifersüchtig«, sagte Sartre.

»Aber nein, nicht ich, Sie sind eifersüchtig.«

Sartre wurde geradezu besessen von Olga. Simone musste zusehen, wie er um sie warb. »Wie ein Hahnrei«, warf sie ihm vor.

»Wir sollten eine *ménage à trois*, ein Trio bilden. Drei Personen, die unabhängig bleiben und jeweils eine Beziehung mit den beiden anderen haben«, sagte er eines Abends, wenige Tage nachdem Olga ihn mit ihrem Kuss provoziert hatte.

»Mit einem Trio wäre ich einverstanden, aber Sie vergessen, dass wir fast so etwas wie Eltern für Olga sind. Sie ist von uns abhängig, nicht nur finanziell.«

Sie sprachen lange darüber, kamen jedoch zu keiner Einigung.

Einige Tage später kam Olga triumphierend zu ihr. »Sieh mal, was Sartre mir geschenkt hat.« Sie zog eine kleine Porzellanfigur aus der Tasche und hielt sie Simone hin. »Hast du nicht eine ganz ähnliche?«, fragte sie unschuldig.

Simone erbleichte. Olga wandte sich ab, aber Simone hatte ihr kleines hinterhältiges Grinsen dennoch gesehen. Natürlich wusste sie, dass Sartre ihr, Simone, eine ähnliche Figur geschenkt hatte, sie hatte sie ihr ja selbst gezeigt. Simone war zutiefst getroffen, sie fühlte sich von beiden verraten.

In den folgenden Wochen spielte Olga ihr Spiel weiter. Sie lockte Sartre und machte ihm schöne Augen, und wenn er sich ihr nähern wollte, stieß sie ihn von sich. Das machte ihn verrückt.

Hinzu kam, dass er vor einiger Zeit mit der Droge Meskalin experimentiert hatte, um sein Bewusstsein zu erweitern und seine Schreibhemmungen zu überwinden. Doch alles, was vom Rausch zurückgeblieben war, waren Wahnvorstellungen, die ihn nun in Schüben übermannten. Auf einmal sah er riesige Hummer, die ihn auf der Straße verfolgten, um ihn zu beißen. Simones Lieblingsschuhe hatten ein Reptilienmuster, weshalb sie sie in seiner Gegenwart nicht mehr tragen durfte, denn es bestand immer die Gefahr, dass Sartre plötzlich in Panik aufsprang, auf ihre Schuhe zeigte und meinte, Krokodile würden ihn angreifen. Einmal musste sie all ihre Kraft aufbringen, um ihn daran zu hindern, nackt auf die Straße zu fliehen.

Und natürlich wandte Sartre sich immer, wenn es ihm nicht gut ging oder er mit seinen Dämonen rang, mit seiner Angst vor Misserfolgen oder mit seinen Zweifeln an sich selbst ausschließlich an Simone. Und während sie ihn wieder aufbaute und alles unternahm, um ihn aufzuheitern, war Olga für die schönen Seiten des Lebens zuständig und durfte den erfolgreichen, charmanten Sartre genießen.

Einige Wochen später wurde Olga dann Sartres Geliebte. Er erzählte es Simone eines Abends in allen Einzelheiten.

Simone fühlte sich beinahe erleichtert, dass das Unausweichliche endlich geschehen war. Aber Sartres Reaktion ärgerte sie: »Meine Güte, Sartre, Sie sind doch kein kleiner Junge, der auf das Lob seiner Mutter aus ist«, rief sie aufgebracht.

Sartre schmollte. »Das sieht Ihnen aber gar nicht ähnlich, Castor.«

Die Spannungen zwischen ihnen ließen nach. Sie bildeten jetzt tatsächlich eine Art Trio, eine kleine Familie. Sartre war zufrieden, weil Olga sich ihm nicht länger verweigerte, er war auch nicht länger eifersüchtig auf ihre Beziehung zu Simone. Sie verbrachten viel Zeit zu dritt, aber auch in wechselnden Zweiergruppen. Als dann jedoch Olga und Bost ihre Gefühle füreinander entdeckten, wurde alles wieder kompliziert. Olga begann sich Sartre zu entziehen, und beide beklagten sich bei Simone über den jeweils anderen. Und dann war da noch Marco, ein angehender Opernsänger, ebenfalls ein ehemaliger Schüler Sartres, der unsterblich in Bost verliebt war und nun im Gegenzug bei Simone Trost und Rat suchte. Es war ein heilloses emotionales Durcheinander, und manchmal dachte Simone, dass sie eine unmögliche Ansammlung egozentrischer Menschen waren, die viel zu dicht aufeinanderhockten und immer neue Zwistigkeiten produzierten, die aber auch nicht ohne einander konnten.

Endlich hatte Simone an diesem Tag die Zeit gefunden, um sich an ihren Schreibtisch zu setzen. Wie immer war sie voller Vorfreude, weil sie sich endlich dem widmen konnte, was sie am liebsten tat: schreiben. Es war schon acht Uhr abends, draußen war es schon lange dunkel, und sie sah ihr erschöpftes Gesicht vor sich in der Fensterscheibe. Sie hatte am Vormittag unterrichtet, dann mit Sartre zu Mittag gegessen und fünfzig Seiten gelesen, die er geschrieben hatte. Er überarbeitete seinen Roman *Melancholia* ein weiteres Mal nach den Vorgaben des Lektors bei Gallimard, und er würde keine Zeile herausgeben, ohne dass Simone sie gelesen und gebilligt hätte. Danach war sie bei ihrer Mutter gewesen, die sich über ihren Vater beklagt hatte; am späten Nachmittag hatte Simone dann noch dreißig Aufsätze korrigiert. Nun taten ihr die Augen weh, und die Müdigkeit machte sich bemerkbar, aber sie kämpfte dagegen an. Schreiben war wichtiger als Schlafen. Ein Tag, an dem sie nicht schrieb, war ein verlorener Tag.

Sie fing damit an, dass sie las, was sie am Vortag verfasst hatte, was in der Regel kein guter Anfang war, denn er bedeutete, dass sie während des Tages keinen neuen Einfall gehabt hatte, wie ihre Geschichte weitergehen könne. Solche Glückstage gab es: Sie tat irgendetwas, ging spazieren, machte eine Beobachtung oder hatte ein Erlebnis, und eine Szene entstand in ihrem Kopf. Dann konnte sie es kaum erwarten, sie endlich niederzuschreiben.

Heute war ihr dieses Glück nicht beschieden. Resigniert nahm sie die in ihrer winzigen Schrift beschriebenen Seiten auf. Ihren Roman hatte sie vorerst zur Seite gelegt und arbeitete jetzt an einer Reihe Erzählungen, die das Leben ganz normaler Frauen schilderten, die auf die eine oder andere Weise mit ihrer religiös-konservativen Erziehung haderten. Diese Vorherrschaft des Geistigen drückte sie auch im Titel aus, *Primauté du spirituel*. Jede der fünf Erzählungen hatte einen Frauennamen zum Titel, gerade ging es um Chantal, was wiederum eine Frauenfigur geworden war, die Züge von Zaza trug. In Marguerite beschrieb Simone ihre eigene Jugend unter dem Diktat der Religion. Sie sah auf und dachte nach. Was war das nur, das sie dazu trieb, immer wieder von Neuem über ihre alte Freundin zu schreiben?

Sie hatte schon mehrere Versuche gestartet, sie in einem Roman zum Leben zu erwecken, und jedes Mal hatte sie alles weggeworfen, weil es hoffnungslos verworren und missraten war. Warum versuchte sie es immer wieder, wenn sie doch ahnte, dass auch dieser Versuch nicht tragen würde?

Ehe Simone es verhindern konnte, waren ihre Gedanken bei Olga angelangt, was ihr ein grimmiges Lachen entrang. Im Gegensatz zu ihren literarischen Figuren kam Olga bestens damit klar, ihre Erziehung hinter sich zu lassen, allerdings stets auf Kosten anderer. Oft genug war Simone die Leidtragende, an deren Nerven Olga mit ihrem kapriziösen Gebaren zerrte. Verabredungen mit ihr waren immer ein Tanz auf brüchigem Eis. Nie wusste Simone, wie Olga aufgelegt war, nie konnte sie sich darauf verlassen, dass sie Vereinbarungen einhielt. Wie viele Stunden hatte Simone schon damit verbracht, auf sie zu warten, sie von etwas zu überzeugen, sie wiederaufzubauen? Wie viele Nächte hatte sie sich mit ihr um die Ohren geschlagen, weil Olga nicht nach Hause gehen wollte? Simone lächelte bei dem Gedanken, wie leidenschaftlich und schön diese Nächte meist waren. Olga wusste ihre Sinnlichkeit zu stillen, und Simone mochte es sehr, stundenlang neben ihr zu liegen und ihren schönen Körper zu liebkosen. Doch neben Olga forderte auch Sartre ständig ihre Aufmerksamkeit. Wenn es darum ging, dass sie seine Texte las, ließ Simone nur allzu bereitwillig ihre eigene Arbeit ruhen. Das alles hatte in den vergangenen Monaten dazu geführt, dass sie viel zu wenig schlief. Olga legte sich tagsüber hin, Sartre ging einfach in sein Zimmer, wenn er müde war, Simone jedoch blieb wach und kam ihren Pflichten nach.

Wie euphorisch war sie anfangs gewesen, wie sehr hatte sie sich auf das Zusammenleben mit Sartre gefreut. Mit Olga und

Bost und ihrer eigenen Schwester hatte sie so etwas wie eine Familie gefunden. Eine Familie, die ihr inzwischen viel wichtiger war, als ihre eigene es in den letzten Jahren hatte sein können. Weil sie diese Familie gewählt hatte, weil sie hier – trotz aller Schwierigkeiten und Abgründe – so geliebt wurde, wie sie war. Sie hatte so große Hoffnungen gehabt. Aber es war schwierig und forderte sie alle täglich aufs Neue.

Mit einem Mal fühlte sich Simone mutlos und erschöpft, und sie ertappte sich bei dem Gedanken, wie viel leichter ihr Leben ohne die komplizierte Beziehung zu Sartre sein könnte.

Draußen auf dem Flur ging jemand vorbei. Simone wachte mit einem Ruck wieder auf. Sie konnte nicht sagen, wie lange sie geschlafen hatte. Sie sah auf die Uhr. Es waren nur ein paar Minuten gewesen. Mit beiden Händen fuhr sie sich über das Gesicht, um wieder wach zu werden, und senkte den Blick zurück auf die Seiten.

Wenn sie doch nur etwas Gutes schreiben könnte! Sie blätterte vor und zurück, las hier und da, und dann hatte sie plötzlich eine Eingebung. So würde sie es machen. Ihr Stift flog fieberhaft über das Papier.

Es klopfte an die Tür. Simone zuckte zusammen. Sie überlegte, einfach nicht aufzumachen, aber das Klopfen wurde lauter und dringlicher.

Sie warf den Stift auf den Schreibtisch und ging öffnen.

Draußen stand Marco, mit wirrem Haar, in Tränen aufgelöst.

»Ich wollte eben bei Olga klopfen, und da habe ich von drinnen Geräusche gehört. Ich habe durch das Schlüsselloch gesehen, und da habe ich sie erwischt.« Er brach in hemmungsloses Schluchzen aus.

»Wen hast du erwischt?«

»Olga und Bost. Sie haben sich voller Leidenschaft geküsst. Ich will nicht mehr leben.« Marco schluchzte noch lauter und warf sich in Simones Arme. Gegenüber wurde die Tür geöffnet, die Nachbarin sah neugierig herüber.

Olga und Bost, dachte Simone und wusste nicht, ob sie eifersüchtig sein sollte oder ob es vielleicht manche Dinge innerhalb der Familie vereinfachen würde. Wahrscheinlicher war, dass alles noch viel komplizierter würde. »Komm rein und erzähl mir alles«, sagte Simone und zog Marco in ihr Zimmer.

Auch an diesem Abend würde sie weder schreiben noch schlafen.

Kapitel 21

Als Simone auf die Straße trat, kamen ihr ein paar Männer entgegen, die Plakate der rechtsradikalen *Action française* in die Höhe hielten. *Juden sind keine Franzosen* musste sie lesen. Sie kannte das Gedankengut dieser erzkatholischen Gruppierung gut, denn ihr Vater sympathisierte mit ihr. Die Männer machten nicht den Eindruck, als wollten sie Simone ausweichen, weshalb sie in den Hauseingang zurückwich und wartete, bis sie um die nächste Ecke verschwunden waren. Dann ging sie weiter. Fast rechnete sie damit, dass von der anderen Ecke nun Kommunisten kommen und beide Parteien aufeinander losgehen würden. Ein großer Finanzskandal, losgetreten von einem Russen mit jüdischen Wurzeln, hatte viele Franzosen ruiniert, was rechte Gruppen nutzten, um den Antisemitismus aufblühen zu lassen. Die Schlagzeilen der Zeitungen an den Kiosken waren hasserfüllt, auf den Straßen war das Geschrei der Radikalen von beiden Seiten zu hören. Das ist nicht mein Paris, dachte Simone. In ihrer Welt diskutierte man Probleme, statt sich die Köpfe einzuschlagen und einander zu hassen.

Im *Deux Magots* traf sie auf Nizan. Sie hatte ihn lange nicht gesehen und setzte sich zu ihm, während draußen das Geschrei weiterging.

»Sie fühlen sich siegessicher, und Deutschland macht es ihnen vor«, sagte Nizan angewidert.

Auch die Emigranten aus Deutschland, die an einem Tisch in der Ecke saßen und Schach spielten, ohne viel zu reden, sahen auf die Straße hinaus. Simone kannte einige der Gesichter. Sie waren oft hier, jedenfalls die, die sich einen Besuch im Café noch leisten konnten. In den Zeitungen waren ihre Arbeitsgesuche zu lesen: Deutschunterricht, billige Putzarbeiten, Haarschnitte. An den Straßenecken sah Simone manchmal die Frauen der Vertriebenen, die selbst gebackene Kekse anboten. Sie versuchte, ihnen zu helfen, indem sie ihnen etwas abkaufte. Bei einem Flüchtling aus Köln nahm sie Deutschunterricht.

»Wird das nicht bald vorübergehen?«, fragte sie.

Nizan nickte eifrig. »Die Komintern hat endlich eine ideologische Wende vollzogen und sieht nun die Faschisten als Hauptfeind, nicht länger die Sozialdemokraten.« Er hob die Faust. »Schlagt die Faschisten, wo ihr sie trefft, das ist jetzt das Motto.«

Simone hatte davon gehört, Colette hatte ihr und Sartre die Beschlüsse des Weltkongresses der Kommunistischen Internationale in allen Einzelheiten vorgetragen. Kam es deshalb zu den hasserfüllten Auseinandersetzungen auf den Straßen?

»Wir müssen die Wahlen abwarten. Gemeinsam können wir die Faschisten schlagen.« Nizan stand auf. »Ich muss los, eine Sitzung der Partei.«

Simone sah ihm nach. Wie sie diese Zeiten hasste! Der Niedergang der Wirtschaft und die Radikalisierung in der Politik machten ihr Angst. Und es gab Leute, die glaubten, dass es bald einen Krieg geben würde. Sie hatte genug von alldem und eilte wieder nach Hause, um ihre Kräfte lieber für ihr Schreiben zu nutzen.

Nizan sollte recht behalten. Im Juni 1936 gewann der Sozialist Léon Blum die Wahlen in Frankreich und bildete eine linke Volksfrontregierung aus Kommunisten, Sozialisten und Radikalsozialisten. Zum ersten Mal in der Geschichte wurde Frankreich von einer linken Mehrheit regiert. Die Pariser waren in einem Freudentaumel, und Simone und Sartre ließen sich mitreißen. Am 14. Juli, dem Nationalfeiertag, strömten die Menschen auf die Place de la Bastille, um zu tanzen und zu feiern. Sartre und Simone waren unter ihnen. Gerührt sah Simone einen Jungen, der auf den Schultern seines Vaters saß und begeistert die Fahne Frankreichs schwenkte. Sie wanderten weiter zur Place de la Nation, wo Blum eine mitreißende Rede hielt. Die Menge war so gewaltig, dass Simone nicht jedes Wort seiner Rede hören konnte, aber er versprach den Franzosen *les lendemains qui chantent*, rosige Zeiten.

Niemanden ließ die neue Entwicklung kalt. Man war entweder dafür oder dagegen. Die verschiedenen rechten Gruppierungen waren von Anfang an nicht bereit, den Wahlsieg anzuerkennen, und vollends schäumte die Wut über, als die Regierung allen Franzosen Anspruch auf zwei Wochen bezahlten Urlaub garantierte. Im Sommer 1936 strömten die kleinen Leute an die Strände Frankreichs. Zum ersten Mal in ihrem Leben atmeten die Arbeiter der Pariser Vorstädte Landluft.

Simone betrachtete die Fotos in der Zeitung, die glückliche Arbeiter beim Baden zeigten. Die Concierge ihres Hotels war unter ihnen, und auch die *boulangerie* an der Ecke war zugesperrt. *Bin am Meer* stand auf einem Schild an der Tür. Sie gönnte den Leuten ihren Urlaub von Herzen. Auch wenn die Sozialausgaben der Regierung immer weiter stiegen und es bereits Stimmen gab, die vor einem Staatsbankrott warnten.

Anfang der Ferien war Sartre mit seiner Mutter und seinem Stiefvater auf einem Schiff nach Norwegen gefahren. Solange Simone ihn kannte, hielt er engen Kontakt zu Madame Mancy und ging jeden Sonntag zu ihr zum Mittagessen. Simone war bei seinen Eltern nach wie vor nicht erwünscht, weil sie nicht verheiratet waren. Sie verschmerzte das mit einem grimmigen Lächeln, wichtiger war ihr der Rückhalt ihrer eigenen kleinen Familie. In drei Wochen würde Sartre zurück sein, und dann wollten sie die restlichen Ferien miteinander verbringen.

Während Sartres Abwesenheit wollte Simone im Süden Frankreichs auf eine Wanderung gehen. Dort, in der Natur, würde sie ihre Niederlage beim Schreiben durch körperliche Anstrengung vergessen. Sie packte ein paar Kleidungsstücke, eine Decke, einen Wecker und einen Reiseführer ein und fuhr mit dem Zug das Rhone-Tal hinunter. Kurz hinter Orange stieg sie aus. Von hier aus wollte sie in Richtung der Ardèche wandern.

Sie übernachtete in einem kleinen Gasthof und rechnete damit, dass das für längere Zeit das letzte Bett sein sollte, in dem sie schlafen würde. Am nächsten Morgen machte sie sich früh auf den Weg. Den ganzen Tag lang kletterte sie in der zerklüfteten Landschaft bergauf und bergab, und immer war ein reißender Fluss in ihrer Nähe. Mal lief sie am Ufer entlang, dann überquerte sie ihn auf einer Brücke, von der Kinder ins Wasser sprangen; einmal watete sie mitten hindurch, weil sie keine Lust auf einen Umweg hatte. Am späten Nachmittag fand sie einen Stall am Fuß eines Hügels. Der Bauer erlaubte ihr, dort zu übernachten, erzählte ihr dann jedoch, dass es oben auf dem Hügel eine Hütte gebe, ungefähr zwei Stunden Fußmarsch entfernt. Simone konnte der Herausforderung nicht widerstehen. Nachdem sie bei ihm Brot und Wein gekauft hatte, machte sie sich wieder auf den Weg, der allerdings länger war, als sie gedacht hatte. Vielleicht war sie auch von der Route abgekommen. Es wurde schon dunkel, als sie die Hütte auf einem Plateau fand. Hier oben wuchs wilder Thymian, die Luft war ganz schwer von seinem Duft. Erschöpft, doch zufrieden aß sie ihr Brot und trank den Wein und genoss ihre Einsamkeit. Dann wickelte sie sich in ihre Decke und legte sich auf die einfache Holzpritsche, die sie in der Hütte vorfand. Als sie sich auf den Rücken drehte, konnte sie durch ein Loch im Dach den Sternenhimmel sehen und versuchte schläfrig, die unendlich vielen Sterne zu zählen. An Schlaf war indes kaum zu denken, denn hier oben pfiff der Wind durch die Ritzen der Hütte, und so verbrachte sie eine unruhige Nacht.

Sobald es hell wurde, stand sie auf und trat hinaus. Es verschlug ihr buchstäblich den Atem, denn der Wind war zu einem tosenden Sturm geworden. Aber auch die Aussicht machte sie atemlos. Das kleine Plateau, auf dem ihre Hütte sich befand, war von zwei Wolkenmeeren umschlossen. Unter und über ihr zogen sie mit rasender Geschwindigkeit dahin. Dabei wirkten die Wolken im Tal wie ein riesiges Federbett, so dicht und fest, dass sie fast meinte, hineinspringen zu können. Noch nie hatte sie etwas Derartiges gesehen, und sie lachte vor Freude, während der Wind an ihren Haaren und an dem Rock zerrte. Bei diesem Wetter war es unmöglich, sich an den Abstieg zu wagen, der Wind hätte sie schlicht mitgerissen. Also suchte sie sich eine geschützte Ecke vor der Hütte und betrachtete das Naturschauspiel der hinfort jagenden Wolkenbänke, während sie ihr letztes Brot und einen Keks aß, den sie noch in ihrem Rucksack fand. Erst gegen Mittag beruhigte sich das Wetter so weit, dass sie sich auf den Rückweg begeben konnte. Sie fühlte sich wie in einem Traum, als sie in das Wolkenband eintauchte. Doch dann löste die Sonne es auf, es wurde immer wärmer, bis sie kurz darauf richtig ins Schwitzen geriet. Als sie Stunden später unten eine Landstraße erreichte, hatte sie das Gefühl, aus einer fremden Welt wiederaufzutauchen.

Ein Bus kam vorbei, und der Fahrer hielt ungefragt an.

Simone stieg ein, und erst jetzt bemerkte sie den schmerzhaften Sonnenbrand auf den Schultern und den Waden. Am schlimmsten waren ihre Füße betroffen. Sie waren voller Blasen und an vielen Stellen aufgeschürft. Sie konnte keinen Schritt mehr tun und war froh, im Bus mitfahren zu können. Langsam zuckelte er durch ein enges Tal, an dessen Seite sich ein Fluss über große Steine schlängelte, und Simone träumte sehnsüchtig davon, ihre brennenden Füße in das sprudelnde Wasser zu halten. Der Bus nahm die nächste Kurve, und die Passagiere wurden auf ihren Sitzen herumgeschleudert. Simone prallte mit der Schulter gegen die Scheibe und stöhnte vor Schmerz auf. So ging es noch eine Weile weiter, und erst nach einer guten Stunde hielt der Bus in einem Dorf. Ein Dorf wie viele andere, hübsch und einladend, mit einem Café, der Kirche und einem Bouleplatz unter großen Platanen, in dem jetzt, am späten Nachmittag, die Männer auf der Terrasse des Cafés saßen oder Boule spielten. Simone konnte das Klicken der Kugeln hören. Sie stieg aus und verzog vor Schmerzen das Gesicht.

»Reiben Sie das lieber mit Honig ein«, riet ihr der Busfahrer zum Abschied.

Simone ging in das Café, und die Patronne gab ihr ein Zimmer mit Blick auf den Platz. Seufzend vor Erleichterung kühlte Simone die verbrannte Haut mit kaltem Wasser. Sie warf einen sehnsuchtsvollen Blick auf die Leinenbettwäsche und konnte schon die Kühle auf ihrer heißen Haut fühlen, aber noch schlimmer als ihr Ruhebedürfnis war der Hunger. Also ging sie hinunter und bestellte sich ein Omelett und einen Tomatensalat. Heißhungrig schlang sie alles hinunter.

»Nachschlag?«, fragte die freundliche Patronne, lud ihr unaufgefordert eine weitere Portion auf den Teller und stellte auch ein Glas Wein daneben. »Haben Sie eine Creme für Ihren Sonnenbrand?«

Simone schüttelte den Kopf.

»Ich bringe Ihnen etwas. Und morgen bleiben Sie am besten im Bett.«

Simone nickte und war auf einmal unendlich müde.

Dankbar nahm sie die Creme entgegen, die ihr die Wirtin gab, ging nach oben, rieb sich die Haut so vorsichtig wie möglich ein und ließ sich in die kühle Bettwäsche fallen.

Den ganzen nächsten Tag blieb sie in ihrem angenehm kühlen Zimmer und las einen Roman von Colette, den Olga ihr für die Reise mitgegeben hatte. *Ich liebe dich*, hatte sie auf die erste Seite geschrieben. Simone freute sich darüber, auch wenn ihr das Buch nicht besonders gefiel.

Bereits am folgenden Tag zog es sie wieder hinaus. Allerdings wurde sie vorsichtiger, was die Sonne anging. Sie kaufte sich einen Hut mit einer großen Krempe und auch ein Paar feste Schuhe, die ihre Füße besser schützten. Aber ihre tägliche Distanz von dreißig bis fünfunddreißig Kilometern behielt sie bei. Und sie übernachtete weiterhin im Freien, achtete jedoch von nun an darauf, nicht ganz so hoch zu steigen, bevor sie ihr Lager aufschlug, damit sie nicht noch einmal so frieren musste. Wenn sie sich abends niederlegte, ging sie im Kopf die schönen Erlebnisse und atemberaubenden Ausblicke des vergangenen Tages durch. Ein Murmeltier, das sie überrascht hatte, eine besonders schöne Felsformation. Abends schrieb sie an Sartre. Ob er in Norwegen auch solche Naturerlebnisse habe? Wohl eher nicht, vermutete sie, denn wenn er etwas nicht gern unternahm, dann waren es anstrengende Wanderungen. Meistens schlief sie tief und traumlos, und am nächsten Morgen wachte sie voller Vorfreude auf den vor ihr liegenden Tag auf.

In ihrer Zeit in der Natur fand sie tiefen inneren Frieden. Sie tat nur, wozu sie gerade Lust hatte, vergeudete keinen Gedanken an ihr kompliziertes Leben in Paris. Verschwenderisch beschenkt mit Chlorophyll und dem Blau des Himmels, mit Blicken über sanfte Hügel und tiefe Täler, die sie bereits durchwandert oder noch vor sich hatte, mit Bädern in der eiskalten Ardèche und verträumten Stunden, in denen sie zu den Wolken oder den Sternen aufsah, fühlte sie pures Glück in sich aufsteigen. Manchmal kam ihr der Gedanke an ihren Roman, aber sie schob ihn zur Seite. Dafür wäre später Zeit.

Anfang Juli war sie zurück in Paris, aber nur, um Sartres Ankunft abzuwarten und dann mit ihm in den Süden zu reisen. Sie wollten wie immer nach Spanien fahren, doch in diesem Jahr würde daraus nichts werden.

In Spanien war ein Bürgerkrieg ausgebrochen, nachdem General Franco einen Putschversuch gegen die republikanische Regierung unternommen hatte. Ein Großteil des Militärs hatte sich auf seine Seite geschlagen. Aber die Republik setzte sich zur Wehr, und die spanische Regierung rief internationale Freiwillige dazu auf, an ihrer Seite gegen die Putschisten zu kämpfen.

Simone eilte sofort zu Stépha. Sie wohnte mit Fernando, der inzwischen von seinen Bildern leben konnte, wieder in Paris, und sie hatten einen kleinen Sohn, den sie Juan oder Tito nannten. Er war ein entzückendes Kind, und Simone war zu ihrer eigenen Überraschung ganz vernarrt in ihn.

Stépha hatte ihren Sohn auf dem Arm, als sie ihr die Tür öffnete. Auf dem Tisch im Wohnzimmer lag die neueste Ausgabe von *VU*, einer linksgerichteten Illustrierten, die Simone schon kannte. *Spanien. Die Verteidigung der Republik*, stand dort über einem Foto von Männern mit Gewehren und einer riesigen roten Fahne.

»Wo ist Fernando?«, fragte sie, aber an Stéphas ernstem Gesicht glaubte sie die Antwort bereits gelesen zu haben.

»Er ist auf dem Weg nach Spanien«, sagte Stépha leise und küsste Juan auf das seidige Haar. »Er versucht, bei Figueras heimlich über die Grenze zu kommen. Wahrscheinlich ist er schon drüben.«

»Oh, Stépha«, sagte Simone traurig.

»Wir müssen uns wehren. Wenn niemand etwas tut ...«

Sie sprach nicht weiter, doch Simone wusste genau, was sie meinte. Sie wagte kaum, auf die Fotos in der Zeitung zu sehen: Städte in Trümmern, die panischen Gesichter flüchtender Frauen und Kinder, eine von Kugeln zerfetzte Fahne mit der Aufschrift *No pasarán* – Sie kommen nicht durch. Ein Bild nahm sie besonders gefangen: Es zeigte einen republikanischen Soldaten im Moment seines Todes. Von einer Kugel getroffen, warf er die Arme nach hinten und war im Fallen.

»Ich bin stolz auf Fernando, aber ich will nicht, dass er so stirbt«, sagte Stépha.

»Und ich bin stolz auf dich, weil du ihn gehen lässt«, sagte Simone. Dann merkte sie, was sie da gesagt hatte, und fügte rasch hinzu: »Er wird wiederkommen. Was wirst du tun?«

»Ich bleibe mit Juan in Paris, was soll ich sonst machen?«

Simone ging tieftraurig nach Hause. Und es war nicht der letzte Moment des Abschieds. In der nächsten Zeit gingen viele, die sie kannte, nach Spanien. Der Schriftsteller und Kommunist André Malraux sammelte Geld für Flugzeuge, auf den Straßen sah sie Kolonnen marschierender deutscher Flüchtlinge, die in den Internationalen Brigaden gegen Franco kämpfen wollten, der ein Verbündeter Hitlers war.

Und dann kam auch noch Bost zu Simone und Sartre und erklärte, sich den Internationalen Brigaden anschließen zu wollen. Simone war vor Angst wie gelähmt. Bost war doch ein halbes Kind. Die Vorstellung, dass ihm etwas passierte und dass sie nie wieder in seine grünen Augen sehen könnte, machte sie halb wahnsinnig. Sie ging zu Nizan und bat ihn um Hilfe. Nizan fragte Bost, ob er mit einem Maschinengewehr umgehen könne.

Als er verneinte, war die Sache erledigt – Bost würde in Paris bleiben, zumindest vorerst. Doch die Angst um Fernando und die anderen blieb, weshalb Simone oft zu Stépha ging, um ihr Beistand zu leisten.

Es brauchte noch einige Monate und viel Arbeit, bis Simone Anfang des Jahres endlich den Mut fand, ihr Manuskript über die fünf Frauen bei Gallimard einzureichen. Nizan, der Verbindungen zu dem Verlag hatte, legte ein gutes Wort für sie ein. Simone war zuversichtlich und erzählte ihrem Vater bei ihrem nächsten Besuch triumphierend, dass sie bald ein Buch herausbringen werde. Georges winkte ab. »Wer will denn so was lesen wie das, was du schreibst?«

Gallimard lehnte das Manuskript mit der Begründung ab, die Leser würden sich nicht für die Geschichten von Frauen interessieren. Auch Grasset wollte das Buch nicht. Sartre beschwor sie, es noch anderen Verlagen anzubieten, aber Simone wollte nicht. Sie verbot ihm, weiter von dem Buch zu sprechen. Im Grunde hatte sie gewusst, dass dieser Text nicht das Beste war, was sie geben konnte. Sie hatte dennoch die Anstrengungen der vergangenen Monate auf sich genommen und sie geschultert, weil sie die Hoffnung hatte, dass ihr erstes Buch veröffentlicht würde und sie dann den Mut zu weiteren finden würde. Als die Absagen kamen, fiel sie in ein tiefes Loch.

Sartre beschwor sie, nicht aufzugeben. »Sie werden ein Buch schreiben, das die Leute lesen wollen«, sagte er, Simone hatte jedoch Mühe, ihm zu glauben.

Sie fühlte sich zu Tode erschöpft. Über Stunden saß sie an

ihrem Schreibtisch, blätterte ratlos durch ihre Manuskripte und fragte sich, was sie besser machen solle. Um sich auf andere Gedanken zu bringen, schlug sie sich die Nächte in Bars und Cafés um die Ohren, trank zu viel und schlief zu wenig. Sartre fing an, sich Sorgen zu machen.

An diesem Abend war sie mit Bost im *Select* am Montparnasse verabredet, es war schon nach Mitternacht. Bost war haltlos in Olga verliebt, wusste jedoch nicht, wie er mit ihrer flatterhaften Art umgehen sollte. Weil er von Olgas Liebesbeziehung zu Simone wusste, wollte er ihren Rat. Verzweifelt und voller Leidenschaft redete er auf Simone ein. Sie hörte ihm zu, und plötzlich verschwamm sein Gesicht vor ihren Augen. Sie spürte ein Kribbeln am ganzen Körper und fuhr sich mit den Händen über die Arme, aber die Gänsehaut ging nicht weg.

»Ich muss gehen«, sagte sie und wollte aufstehen, doch die Beine versagten ihr. Sie ließ sich einfach wieder auf den Stuhl fallen.

Nur mit Mühe gelang es Bost, Simone in ihr Bett zu verfrachten. Er blieb bei ihr, bis er Sartres Schritte vor der Tür hörte und ihn hereinholte. Simone war unendlich froh, ihn an ihrer Seite zu wissen. Er redete die ganze Zeit beruhigend auf sie ein. »Das wird schon wieder, Castor, warten Sie es nur ab.« Simone bekam abwechselnd Fieber und Schüttelfrost, und Sartre machte ihr kalte Umschläge. Am nächsten Morgen fühlte sie sich ausgeruht und viel besser und wollte mit Sartre hinuntergehen, um im *Deux Magots* zu frühstücken. Auf der Treppe wurde ihr schwindlig, was sie jedoch ignorierte. Von einer aufziehenden Grippe hatte sie sich noch nie beeindrucken lassen. Als sie an Sartres Arm auf die Straße trat, traf sie ein eisiger Wind. Simone schwankte, ließ sich aber nichts anmerken, wenngleich sie das Gefühl hatte, durch eisigen Nebel zu waten. Bei jedem Atemzug schnitt die kalte Luft ihr in die Lungen, und sie fühlte sich so kraftlos wie nie zuvor. Mit jedem weiteren Schritt schien sämtliche Energie aus ihrem Körper zu entweichen, bis sie an der nächsten Hausecke einfach zusammenklappte. Sartre lief ins nächste Café und rief von dort einen Krankenwagen.

Jetzt ist alles vorüber, dachte Simone, während sie auf eine Trage gelegt wurde. Ich hätte nie gedacht, dass mir so etwas passiert. Die ganze Zeit über hatte sie das Gefühl, nicht sie selbst zu sein, sondern von oben herab zu beobachten, was mit ihr geschah. Ein Gefühl, das sie in Panik versetzte.

Dann sah sie Sartres Gesicht vor ihrem. »Sie bringen Sie ins Krankenhaus. Ich darf nicht mit Ihnen fahren, ich komme nach.«

Im Hospital wurde eine beidseitige Lungenentzündung diagnostiziert. Simone musste dortbleiben, und Sartre war sehr besorgt.

»Wir haben Ihnen zu viel zugemutet, *mon amour*. Sie müssen besser auf sich aufpassen und mehr schlafen. Ich habe mit den anderen gesprochen, sie wissen Bescheid und lassen Sie in Ruhe. Ab jetzt werde ich mich um Sie kümmern.«

Als er diesen Satz sagte, fing Simone an zu weinen.

»Das haben Sie schon einmal zu mir gesagt, wissen Sie noch? Ganz am Anfang, nach der *Agrégation* ...«

Nach zwei Tagen flehte sie Sartre an, sie nach Hause zu bringen, und er stritt mit den Ärzten herum, bis er die Erlaubnis bekam. Dann lag sie in ihrem Hotelzimmer im Bett. Ihre Mutter und Poupette kamen jeden Tag vorbei. Françoise achtete peinlich darauf, dass sie Sartre nicht begegnete. Aber Simone sah mit Staunen, wie gut sie sich mit Olga verstand. Sie war ihrer Mutter unendlich dankbar dafür, dass sie sich wieder annäherten.

Die nächsten Wochen musste sie das Bett hüten. Sartre kam, wann immer er konnte. Über Stunden las er ihr vor, mittags ging er in die *Coupole* hinüber und bestellte dort kräftige Suppen oder ein *Cassoulet*, einen kräftigen südfranzösischen Eintopf, die er mit größter Vorsicht an ihr Bett trug. Er setzte sich neben sie und hielt ihr den Löffel so lange vor die Lippen, wobei er ihr abwechselnd gut zuredete und sie zum Lachen brachte, bis sie aß.

»Castor, ich habe Angst um Sie gehabt. Ich wusste es schon längst, aber die letzten Tage haben es mir noch einmal bewusst gemacht: Ich kann nicht ohne Sie leben.« Er hielt ihr einen weiteren Löffel an die Lippen. Simone aß, um ihn zu beruhigen, obwohl sie keinen Appetit hatte. Aber es war so schön, ihn an ihrer Seite und ganz für sich zu haben.

»Machen Sie mir doch bitte noch eine Liebeserklärung«, bat sie. »Eine von den schönen.«

Er sah sie liebevoll an und fing an aufzuzählen, wie schön er sie fand mit ihrer zarten Haut, aber eigentlich sei er noch mehr verliebt in ihre blauen Augen und wie sehr er sie liebte, weil sie es immer so eilig hatte, weil sie die klügste Frau auf der Welt war und weil er ihr so dankbar war, dass sie ausgerechnet mit ihm zusammen war. »Ich würde Sie heiraten, wenn Sie es wollen«, sagte er.

Simone ließ sich zurück in die Kissen fallen. Mehr brauchte sie nicht, um glücklich zu sein.

Unter seiner nimmermüden Fürsorge kam sie langsam wieder zu Kräften. Als es ihr ein wenig besserging, sprach sie mit ihm über das Erlebnis, sich selbst von außen betrachtet zu haben, etwas, was ihnen beiden immer wichtig gewesen war, um ihr Leben im philosophischen Sinn zu verstehen.

»Ich beneide Sie um diese Erkenntnis«, sagte er, »sie hat Ihnen ermöglicht, Philosophie zu erleben.«

»Aber schön war diese Erfahrung nicht.«

Er sah sie nachdenklich an. »Wissen Sie was, Castor? Vielleicht ist Ihr Buch abgelehnt worden, weil Sie von anderen gesprochen haben. Dabei sind Sie selbst viel interessanter als alle anderen. Vielleicht sollten Sie über sich schreiben. Aber erst einmal werden Sie wieder ganz gesund. Ich laufe schnell in die Boulangerie, wo es die Buttercroissants gibt, die Sie so mögen. Sie sehen hungrig aus.«

Simone sah ihm nach, als er zur Tür ging. Dort drehte er sich um und schlug sich in gespielter Verzweiflung mit der Hand an die Stirn. »Wie konnte ich das vergessen«, sagte er. Dann kam noch einmal zurück, um sie zu küssen. »Ich vermisse Sie jetzt schon«, sagte er. »Ich liebe Sie.«

Und ich liebe Sie, dachte Simone. Wer außer Ihnen schenkt mir solche Beweise seiner Liebe, seiner Fürsorge und Zärtlichkeit? Wer außer Ihnen hat ein so unerschütterliches Vertrauen darin, dass ich eines Tages ein Buch schreiben werde, Vertrauen in mich als Denkerin, als Schaffende?

Sie nahm einen Zettel und schrieb ihm eine kleine Notiz: *Mir ist ganz beklommen vor Zärtlichkeit für Sie, mon amour, und es kommt mir etwas pathetisch vor, Sie so stark zu lieben. Ihr reizender Castor.*

Bevor sie zurück in einen glücklichen Schlaf fiel, gab sie sich selbst ein Versprechen: Niemals wieder würde sie an Sartre und an ihrer Liebe zu ihm zweifeln. Nie wieder.

Im Herbst zog Olgas Schwester Wanda nach Paris, angelockt durch Olgas schwärmerische Berichte über das Leben an der Seite Simones und Sartres. Wanda war womöglich noch schöner als ihre Schwester, und sie beherrschte die Kunst der Verführung noch besser. Sie ließ sich mit Wonne in das Nachtleben einführen, und Simone war oft mit den Schwestern unterwegs. Bald wurde sie ein Teil der Familie – und Sartre verfiel ihr vom ersten Augenblick an.

Simone ärgerte sich maßlos über sein Verhalten, und es kam zu handfestem Streit.

»Sie benehmen sich wie ein verliebter Gockel. Wo ist mein Philosoph geblieben? Und haben Sie nicht immer gesagt, dass körperliche Befindlichkeiten für Sie nicht zählen? Warum dann Ihre Verliebtheit?«

Sartre war geknickt. »Vielleicht liegt es daran, dass ich so hässlich bin. Ich muss mir beweisen, dass ich Frauen erobern kann. Aber wichtig sind nur Sie für mich.«

Das stimmte. Er war ein Verführer, für ihn galt allein der Akt des Werbens. An einer sexuellen Beziehung, an körperlicher Liebe lag ihm dagegen weniger. Hatte er eine Frau erst einmal in sein Bett gelockt, verlor er schnell das Interesse.

Simone seufzte, wenn sie daran dachte. Sie schlief nicht mehr oft mit Sartre, und es waren auch nicht länger sinnliche Höhenflüge, wenn sie es doch taten. Sartre betörte mit dem Klang seiner Stimme, mit seinem Charme und seiner Wortgewalt und seinem Wissen, mit seiner Fürsorge, mit seinen Komplimenten. Damit wurde er jeder Frau gefährlich, und er musste praktisch jede haben, wie Simone nun klar wurde. Wenn sich eine widersetzte, wie erst Olga und jetzt Wanda, dann litt er Höllenqualen. Und er tat Simone manchmal sogar leid.

Wenn es nicht so traurig gewesen wäre, hätte sie darüber lachen können. Im Grunde war es ihr recht, dass sie nicht mehr mit Sartre schlief. Sex lenkte nur vom Denken ab, und außerdem hatte sie für ihre körperlichen Bedürfnisse Olga, mit der sie nach wie vor eine zärtliche Verbindung hatte.

An diesem Tag waren sie und Sartre im *Dôme* am Montparnasse verabredet, das ihr neues Stammcafé geworden war, weil es über ruhige Ecken im hinteren Teil verfügte, wo sie ungestört arbeiten konnte.

Simone war direkt vom Lycée Molière dorthin gefahren. Sie war müde, weil sie die halbe Nacht mit Olga und Wanda in einer Bar verbracht und zu viel getrunken hatte. Aber Olga hatte ihre erste kleine Rolle am Theater ergattert, und das musste gefeiert werden. Sie hatten ausgelassen getanzt und den Männern die Köpfe verdreht. Simone lächelte bei der Erinnerung, als sie das Café betrat.

Sartre wartete bereits ungeduldig.

»Da sind Sie ja endlich, Castor.« Er küsste sie auf beide Wangen, dann zog er sie nach hinten. »Ich habe Ihnen alles bereitgelegt. *Garçon*, bringen Sie bitte Kaffee und ein Sandwich.« Er wies auf einen Tisch, auf dem bereits ein Stapel Blätter wartete, daneben ein Stift. »Bitte beeilen Sie sich, ich will das morgen zu Gallimard bringen.«

»Und Sie?«, fragte Simone.

Sartre hatte sich schon abgewendet. »Ich bin verabredet. Bis nachher.«

Mit einem Stirnrunzeln zog Simone ihren Mantel aus und setzte sich.

»Bringen Sie mir noch ein Glas Wein, nicht den teuren«, sagte sie zu dem Kellner, der ihr den Kaffee brachte. Sie biss von dem Schinkensandwich ab, dann nahm sie den Stift und machte sich an die Arbeit, obwohl sie sich eigentlich auf eine Plauderei mit Sartre gefreut hatte. Außerdem hatte sie selbst auch zu arbeiten. Aber seine Arbeit ging offensichtlich wieder einmal vor.

Eine halbe Stunde später erschien Olga. Sie war wütend, als sie Simone über dem Manuskript brüten sah.

»Wissen Sie, dass Sartre gerade eben bei Wanda aufgekreuzt ist? Er belästigt meine Schwester, während du seine Texte lektorierst. Du sitzt hier einsam rum und trinkst billigen Wein. Warum lässt du dir das gefallen? Weißt du, dass diese Marie aus Berlin wieder in der Stadt ist? Die ist die Nächste, mit der er dich betrügt.«

»Ich weiß, dass Marie wieder hier ist. Sartre hat es mir erzählt.« Aber dass er sich jetzt gerade mit Wanda traf, war ihr neu und ärgerte sie. Sie würde ihn nachher danach fragen.

»Er prahlt auch noch mit seinen Eroberungen? Und du sagst nichts? Warum nicht? Tut dir das denn nicht weh? Dabei ist er hässlich!« Olga war richtig wütend geworden. »Und statt deinen eigenen Roman zu schreiben, korrigierst du wieder und wieder seine. Das ist doch krank!«

Simone biss sich auf die Lippen. »Die Beziehung zwischen Sartre und mir folgt anderen Kriterien als den bürgerlichen«, sagte sie ein wenig steif. »Ich werde ihm nicht verbieten, andere Frauen zu treffen.«

Aber Olga hatte natürlich recht. Sartres Verhalten tat ihr weh. Am Anfang, mit Marie in Berlin, hatte sie noch geglaubt, dass diese Affäre eine einmalige Sache bleiben würde. Damals hatte sie nicht das Gefühl gehabt, dass seine Beziehung zu der anderen Frau ihr etwas wegnehmen würde. Auch jetzt war es nicht das körperliche Zusammensein mit ihm, das ihr fehlte, doch sie vermisste die gemeinsame Zeit, die er zunehmend mit anderen verbrachte. Vermisste ihn als Partner an ihrer Seite. Sie hätte das bei ihm einfordern können, und er hätte sich gefügt, aber genau hier lag das Dilemma. Es war wie damals, als er vorgeschlagen hatte, sie zu heiraten. Sie hätte ihn und sich selbst zu etwas gedrängt, hinter dem sie nicht stand. Sie hätte ihre Ideale verraten. Sie wäre dann nicht mehr die Simone de Beauvoir gewesen, die sie sein wollte. Aber das ging nur sie und Sartre etwas an, und sie erzählte es Olga nicht.

»Das verstehst du nicht. Zwischen Sartre und mir ist etwas, das über allem anderen steht«, sagte sie stattdessen knapp.

Als Olga gegangen war, machte Simone sich wieder an die Arbeit, konnte sich jedoch nicht gut konzentrieren. Olgas Worte gingen ihr nach. Sie selbst hatte ja auch schon oft darüber nachgedacht. War sie eifersüchtig? Ja. Natürlich war sie das, und sie hätte es bevorzugt, sich Sartre nicht in den Armen anderer Frauen vorstellen zu müssen. Und dennoch war es eine milde Form der Eifersucht, nicht vergleichbar mit den ersten Gefühlsstürmen, die sie überkommen hatten.

Sieben Jahre waren seit ihrem Pakt vergangen, ihre Beziehung war immer noch für beide die wichtigste von allen, und dennoch hatten sich einige Dinge geändert. Bei den seltenen Malen, die sie miteinander schliefen, ging es eher um Zärtlichkeit und das Gefühl der Verbundenheit, nicht mehr um Leidenschaft. Was Simone fehlte, war schlichtweg Zeit mit Sartre. Zeit, die sich dehnte und nie zu Ende ging. Sie sahen sich täglich, manchmal sogar mehrfach täglich, einmal morgens auf dem Weg zur Schule und dann wieder am Abend in einem Café. Wenn sie sich trafen, dann galt Sartres alleinige Aufmerksamkeit ihr, aber diese Stunden waren nie unendlich. Immer stand schon die nächste Verabredung im Raum. Das war allerdings nicht nur bei Sartre so, sondern auch bei ihr. Sie und Sartre waren mitten in einem innigen Gespräch, dann sah einer auf die Uhr und sprang auf, weil jemand anderes ihn erwartete.

Wie gern unternahmen sie noch immer ihre Wanderungen durch Paris, Arm in Arm, ins Gespräch vertieft, immer auf der Suche nach kleinen Besonderheiten, einem Park oder einem netten Café. Doch sie konnten sich nicht mehr in diese Bummel verlieren. Selbst wenn sie sich am Abend in ihr oder sein Zimmer zurückzogen, konnte es passieren, dass jemand klopfte oder einfach hereinkam. Simone seufzte resigniert und fing den fragenden Blick des Kellners auf.

»Ist alles in Ordnung bei Ihnen?«, fragte er.

Simone nickte, unterbrach ihren Gedankengang aber nicht.

Selbst auf ihren gemeinsamen Reisen war mindestens die Hälfte der Zeit jemand bei ihnen, meist jemand aus der Familie, fast nie konnten sie ihre alte Zweisamkeit genießen. Wenn sie es genau betrachtete, dann war das schon bei ihrer allerersten Reise nach Spanien so gewesen. Wie unglücklich war sie damals gewesen, als sie in Madrid angekommen waren und Fernando und Stépha zu ihnen gestoßen waren.

Ihr kam eine Idee, die sie ihm vorschlagen würde: Und wenn sie feste Tage verabredeten, die nur ihnen gehörten und die alle anderen respektieren mussten? Ja, das könnte funktionieren.

Ein wenig beruhigt warf sie wieder einen Blick auf die Textpassage, mit der sie sich gerade herumquälte. Nur sie allein war in der Lage, seine Texte zu redigieren. Er übernahm all ihre Vorschläge und Korrekturen, er hatte noch niemals etwas abgelehnt. Selbst wenn sie ganze Absätze strich oder neu schrieb. Er vertraute ihrem Urteil blind, was er auch jedem sagte, der es hören wollte.

Mit einem Ruck setzte Simone sich auf. Trotz allem, trotz der vielen Zeit, die sie nicht miteinander verbrachten, war sie ein Teil von Sartres Ideenwelt. Sie bewohnten beide die Welt der Philosophie und der Literatur, die sich nicht so leicht für sie erschließen würde, wenn sie sie ohneeinander betreten müssten. In diesem Punkt war ihre Beziehung einzigartig. Es gab kein anderes Paar, das sein Leben auf diese Weise miteinander verwoben hatte.

Der Gedanke machte sie froh. Sie atmete ein paarmal tief ein und aus, dann konzentrierte sie sich wieder auf den Text vor ihr.

Drei Stunden später erschien Sartre. Er wirkte zerknirscht.

»Ich war bei Wanda«, sagte er.

»Ich weiß.«

»Sie will immer noch nicht mit mir ins Bett gehen. Sie hat mir erzählt, dass Sie gestern einen lustigen Abend miteinander hatten.« Er klang unglücklich.

»Ja, wir haben uns blendend amüsiert.« Während sie das

sagte, merkte Simone, wie gut dieser kleine Moment der Rache ihr tat. Doch dann war es genug. Sie griff zu den Seiten vor ihr.

»Wie finden Sie es?«, fragte er.

»Jetzt ist es gut«, gab Simone zurück.

Sartre nahm ihre Hand in seine und drückte sie.

Kapitel 22

Endlich wieder wandern. Für ein paar Wochen das anstrengende Leben in Paris, die Sorgen um die politischen Verwerfungen und die Querelen in der Familie hinter sich lassen. Sie lebten einfach zu eng beieinander, jeder beanspruchte exklusive Zeit mit jedem, und es oblag Simone, alle Interessen unter einen Hut zu bringen. Sie hoffte, in der Natur zur Ruhe zu kommen und in der Einsamkeit ihren Gedanken nachzuhängen. In den letzten Monaten fühlte sie sich zunehmend erschöpft und ausgelaugt, fand kaum die Kraft, an ihrem Roman zu schreiben. Sie sehnte sich nach Erholung für ihren Geist und ihren Körper.

Um den ganzen Ballast hinter sich zu lassen, packte sie wie früher nur das Allernotwendigste in eine Tasche, dann brachte Sartre sie zum Bahnhof.

»Es gefällt mir gar nicht, dass Sie mich verlassen«, sagte er beim Abschied ein wenig traurig zu ihr.

Simone lachte. »Machen Sie keinen Unsinn, wenn ich nicht da bin«, gab sie zurück.

Der Schaffner pfiff zur Abfahrt, und Sartre sagte: »Erholen Sie sich gut. Schreiben Sie mir.«

In Chamonix stieg sie aus und atmete tief durch. Es war kühler, als sie gedacht hatte, jenseits des Ortes sah sie schneebedeckte Gipfel, aber das schreckte sie nicht. Nach einer Übernachtung in einem Gasthof machte sie sich in aller Frühe auf den Weg. Jeden Tag lief sie neun bis zehn Stunden bis zur völligen Erschöpfung, und das Gehen half ihr beim Nachdenken. Bei jedem Schritt galten ihre Gedanken Sartre.

Er war nach wie vor von Olga fasziniert, genau wie sie von ihm, obwohl sie ihn körperlich eher abstoßend fand. Aber Olga mit ihrer Weigerung, Pläne zu machen oder Verbindlichkeiten einzugehen, war das genaue Gegenteil von Simone, für die die Bindung zu Sartre auf dem Entwurf einer gemeinsamen Zukunft beruhte, auf dem Pakt, den sie einst geschlossen hatten. Völlig außer Atem blieb sie auf einer Bergkuppe stehen, und die Luft blieb ihr nicht nur wegen der Anstrengung, sondern vor Angst weg. Doch sie musste den Tatsachen ins Auge sehen: Sie hatte in der letzten Zeit manchmal das Gefühl, dass sie für Sartre nicht länger die lebensnotwendige Beziehung war, sondern dass sie ihn mit ihren Ansprüchen einschränkte. Sie hatte mit ihm darüber gesprochen, und er hatte das weit von sich gewiesen. Er gab sich größte Mühe, nichts zu sagen oder zu tun, was ihre Beziehung hätte ändern können. Aber das entsprach nicht Simones Wunsch nach Aufrichtigkeit. Sie glaubte ihm zwar, dennoch war da etwas, das nicht stimmte. Vielleicht lag es an ihr, die Dinge anders zu sehen? Sie hatte immer ein »Wir« gedacht, wenn es um Sartre ging. Aber wer wäre sie, wenn es dieses »Wir« nicht mehr gäbe? Und stand dieses »Wir« nicht ihrem eigenen Begriff der Freiheit und des Individuums entgegen? Hatte sie es nicht nur aus Bequemlichkeit eingeführt und sich selbst damit belogen? Auf einmal stand die Einsicht vor ihr: Es gab keinen Weg, der Getrenntheit zwischen zwei Individuen zu entgehen, da war immer ein Abgrund zwischen dem

Ich und dem Anderen, zwischen ihr und Sartre. Sie stand keuchend auf der Kuppe, und die Einsicht traf sie ungefähr so heftig wie damals, als sie erkannt hatte, dass es keinen Gott gab.

Ihre Beine gaben nach, und sie ließ sich zu Boden fallen. Gab es Erfahrungen, die jeder nur für sich allein erleben konnte? Musste die Liebe zwischen zwei getrennten Individuen immer wieder neu erarbeitet und erobert werden?

Sie blieb noch lange dort oben sitzen, bis die Sonne durch einen Spalt in den Wolken aufblitzte. Dann machte sie sich an den Abstieg.

In den nächsten Tagen fühlte sie sich ruhiger. Es machte sie stark, dass sie ihre Probleme mit eigener Kraft durchdringen konnte. Ihr kam sogar der Gedanke, ihre Einsichten in ihrem Roman zu verarbeiten. Sie hatte ihr früheres Projekt der Dreiecksbeziehung wiederaufgenommen, für das Olga die Inspiration gewesen war. Der Gedanke beflügelte sie. Den ganzen Tag war sie unterwegs, und abends aß sie voller Heißhunger die Riesenportionen, die man ihr hinstellte, und fiel todmüde ins Bett. Sartre berichtete in seinen täglichen Briefen wie üblich in allen Einzelheiten von endlosen Besuchen und Spaziergängen, Flirts und zufälligen Treffen im Café und versuchte, sie mit dem Duft der ersten Erdbeeren auf dem Markt zu locken. Simone lächelte beim Lesen. Walderdbeeren würde sie mit etwas Glück auch auf ihren Streifzügen finden, und auf all das andere konnte sie gerade sehr gut verzichten.

Es war vereinbart, dass nach zwei Wochen Bost zu ihr stoßen würde. Er war in der Schweiz gewesen, und sie wollten die letzte Woche gemeinsam wandern.

Simone setzte sich vor dem Bahnhof von Annemasse in die Sonne und wartete auf ihn. Sie mochte den kleinen Bost sehr, er war einfach immer liebenswürdig. Außerdem hatte sie ihn im Verdacht, in sie verliebt zu sein, was sie zum Schmunzeln brachte. Der Zug fuhr ein, und er stieg aus dem Zug und stach mit seinem zitronengelben Pullover wie ein Papagei aus der Menge. Simone musste lachen, als sie ihn sah. Auf einmal freute sie sich sehr auf ihn.

Am folgenden Tag unternahmen sie gleich einen anstrengenden Aufstieg. Die Markierungen waren schlecht, weshalb sie sich verliefen, dann mussten sie einen Umweg machen und kamen in eine Höhe, wo schon Schnee lag. Doch Simone genoss den Tag trotz allem. Es war schön, dass Bost bei ihr war. Mit ihm an ihrer Seite waren die Steigungen und auch die unerwartete Kälte leicht zu ertragen, weil sie die ganze Zeit plauderten. Unverdrossen marschierte er neben ihr her. Sie redeten über Gott und die Welt und freuten sich an der Aussicht.

Am Abend aßen sie in einem Lokal am See von Annecy, das voller lärmender Menschen war. Dort wartete ein weiterer Brief von Sartre auf sie. Simone nahm ihn in Empfang und setzte sich zu Bost an den Tisch, um ihn gleich zu lesen.

Sie absurder kleiner Globetrotter, Sie würden jetzt noch bei mir sein, ganz erfüllt von Ihrem guten kleinen Lächeln, wenn Sie nicht diese seltsame Manie hätten, Kilometer zu fressen. Wo zum Teufel sind Sie? Er schrieb weiter, wie er sich Simone oben auf einem Berg vorstellte und wie sie auf das Wolkenmeer unter sich sah wie ein Angler aufs Wasser. Er bat sie, sich um Gottes willen kein Bein zu brechen. *Und jetzt bin ich froh, weil ich mir vorstelle, dass Sie ganz selig Kohlsuppe essen und Ihren Halben Wein trinken. Ich habe Sie gern, Sie kleine Absurde.*

Ach, wie sehr liebte sie Sartres Worte. Er war ein echter Dichter, und seine Briefe glänzten von stilistischen Einfällen und schönen Sätzen. Meistens fingen sie mit einer seiner außergewöhnlichen Liebeserklärungen an, die sie abwechselnd zum Lachen und zum Träumen brachten.

Sie lächelte, sah auf und bemerkte Bosts Blick, der auf ihr ruhte.

»Lesen Sie weiter, ich sehe Ihnen zu«, sagte er.

Dann folgten Auslassungen über eine Frau, in die Merleau-Ponty sich verliebt hatte. Simone seufzte, als sie das las, denn sie ahnte, was kommen würde. Und richtig: Sartre beschrieb in allen Einzelheiten, wie er schließlich mit der Frau zu flirten begonnen habe, wie Ponty eifersüchtig geworden sei und ihn als Schwein beschimpft habe. Die Frau verliebte sich in ihn, worauf nun aber Sartre den Kühlen gab. Sie lauerte ihm in Lokalen auf, und er ließ sie doch an sich heran, sie war allerdings Jungfrau und wollte es bleiben, und als er meinte, gar nicht mit ihr schlafen zu wollen, reagierte sie vollends ungehalten, und so weiter und so weiter. Simone hatte diese Geschichte so oder so ähnlich schon so oft miterlebt, dass sie es nicht mehr hören konnte. Zu guter Letzt beschrieb er die Form ihrer Hinterbacken und die Art, wie sie küsste.

Sie ist übrigens charmant im Bett. Das ist das erste Mal, dass ich mit einer Dunkelhaarigen oder eher Schwarzen schlafe, sie ist behaart mit einem kleinen schwarzen Pelz im Kreuz …

Simone gab einen unwilligen Laut von sich. Warum musste er sie mit solchen Details belästigen? War es nicht genug, dass er sich diesen Spielchen hingab?

»Sie essen ja gar nicht. Was haben Sie?«, fragte Bost, dem ihr Ärger nicht entgangen war.

Simone schüttelte den Kopf. »Sartre meint wieder einmal, es allen Frauen recht machen zu müssen.«

»Nur Ihnen nicht«, gab er zurück und sah sie aus seinen grünen Augen aufmerksam an.

»Glauben Sie nicht, dass ich besonders eifersüchtig wäre. Aber ich finde, das ist seiner nicht würdig. Und nun lassen Sie uns von etwas anderem reden.« Sie faltete den Brief wieder zusammen und steckte ihn in die Tasche ihres Rocks. Aber ihre Gedanken waren noch bei Sartre und seinen Affären. All ihre Freunde und wahrscheinlich halb Paris wussten davon. Es gab Situationen, wo eine dieser Frauen sich auf Simone stürzte, um ihr zu berichten, wie die Nacht mit Sartre gewesen sei und dass er ihr versprochen habe, sich ihretwegen von Simone zu trennen. Das alles war nichts anderes als unwürdig, fand sie.

Am nächsten Morgen wanderten sie weiter, und Simone genoss das Zusammensein mit Bost. In seinem gelben Pullover, der seine grünen Augen zum Leuchten brachte, blieb er stets an ihrer Seite. Manchmal hielt sie inne, nur um sich daran zu freuen, dass er hier bei ihr war und nicht auf einem Schlachtfeld in Spanien. Er lächelte sie aufmunternd an, wenn sie vor Erschöpfung keuchte, und reichte ihr die Hand, wenn es eine besonders knifflige Stelle zu überwinden galt. Sie teilten die Liebe zur Natur und stellten fest, dass sie sich an denselben Dingen freuten. Bost stellte sich als begeisterter Pilzsammler heraus und zeigte ihr, wo sie Pfifferlinge und Wiesenchampignons finden konnten. Simone hatte davon keine Ahnung, aber die Lust am Pilzesammeln packte sie sofort. Im Gegenzug kannte sie sich mit Kräutern und Bäumen aus. »Unsere Wanderungen sind die reinsten Naturkundestunden«, sagte Bost und roch genussvoll an einem wilden Knoblauch, den Simone ihm hinhielt. Abends versuchten sie, ihre Funde auf einem Lagerfeuer zu garen, und so ausgehungert, wie sie waren, schmeckten sie ihnen ganz wundervoll. Die Nächte verbrachten sie in einem Zelt, weil sie kein Geld für Hotels hatten, aber auch, weil sie in der Natur bleiben und sich nicht mit der Suche nach einer Unterkunft aufhalten wollten. Sie schlugen das Zelt einfach irgendwo auf, wo es schön war. Bost hatte vergessen, sich seinen Schlafsack schicken zu lassen, und so teilten sie sich Simones, der zum Glück groß genug war, bis Bosts Bruder ihm seinen nachsandte. Sie lagen nebeneinander und erzählten sich Geschichten oder lasen.

Heute hatten sie einen schönen Platz unter leise rauschenden Fichten an einem Bach gefunden. Simone lag im Schlafsack und schrieb an Sartre. Sie berichtete, wo sie an diesem Tag gewandert waren. Früher war sie mit ihm in dieser Gegend gewesen, um Ski zu laufen, und die Orte, an denen sie mit Bost vorbeikam, riefen viele gemeinsame Erinnerungen an die Zeit mit Sartre wach. Sie schrieb ihm, wie sehr sie ihn liebte und dass sie ihn in genau diesem Augenblick vermisste. *Könnten Sie doch jetzt den See-Elefanten für mich machen,* schrieb sie. Wenn sie schlechter Laune war, schaute er sie manchmal von unten herauf an wie der alte See-Elefant, den sie im Zoo von Vincennes gesehen hatten, mit hängenden Schultern, die Augen verdreht, nichts als Elend. Er schürzte mokant die Lippen und brachte sie damit unweigerlich zum Lachen. Simone hielt inne und blickte zu den Bäumen hinauf. Wie schön müsste es sein, jetzt in Sartres Armen unter diesem Sternenhimmel zu liegen und leise mit ihm zu sprechen. Er würde sagen, wie sehr er es mochte, wenn sie ihren kleinen klugen Kopf an seine Schulter lehnte, und sie würde ihn auf die Wange küssen und ihm sagen, dass seine Wange so gut nach den Keksen schmeckte, die sie am Nachmittag gegessen hatten.

Ihr Blick wanderte zu Bost hinüber, der sich in dem eiskalten Wasser des Baches wusch. Er hatte sein Hemd ausgezogen, und im Abendlicht sah sie die Wassertropfen auf seinem muskulösen Oberkörper glänzen. Er kreiste mit den Armen, um sich abzutrocknen und die Kälte zu vertreiben. Als er bemerkte, dass sie ihn ansah, lächelte er und winkte ihr zu.

Simone zog den Schlafsack enger um sich und beobachtete Bost weiter. Da war noch eine andere Sehnsucht in ihr, die mit jedem Abend, wenn sie sich in den Schlafsack kuschelte, stärker wurde. Naturerlebnisse hatten sie schon immer sentimental gemacht, aber jetzt kam die Lust nach Berührung, nach körperlicher Nähe dazu. Natürlich vermisste sie Sartre und hätte ihn am liebsten jetzt bei sich gehabt. Aber sie wusste auch, dass er ihr nicht alles geben konnte. Sexuelle Lust gehörte nicht mehr dazu, dieses Kapitel war zwischen ihnen abgeschlossen. Und Simone ahnte, dass es in der körperlichen Liebe Dinge gab, die sie noch nicht kannte, die sie weder mit Sartre noch in den eher zurückhaltenden Umarmungen mit Olga erlebt hatte. Sie hätte gern gewusst, was das war und wie es sich anfühlte.

Aber nicht heute. Die Erlebnisse ihres gemeinsamen Tages in der Natur hatten sie so müde und so glücklich gemacht, dass sie unter den Sternen einschlief und gar nicht mitbekam, als Bost sich neben sie legte.

Am nächsten Tag stiegen sie auf fast dreitausend Meter auf. Als sie den Gipfel erreichten, zog Abendnebel auf, und sie mussten sich beeilen, um vor der Dunkelheit wieder im Tal zu sein. Der Weg war unübersichtlich und steil. Zu allem Überfluss fing es auch noch an zu regnen und hörte nicht wieder auf. Sie liefen, so schnell sie konnten, abwärts, und Simone rutschte auf ein paar losen Steinen aus und geriet ins Stolpern, konnte den Sturz jedoch nicht mehr aufhalten. Bei dem Versuch, sich irgendwo festzuhalten, zog sie sich eine klaffende Wunde an der Hand zu. Blut spritzte zwischen ihren Fingern hervor, und der Anblick erschreckte sie. Doch Bost behielt die Ruhe, stillte die Blutung notdürftig mit einem Taschentuch, so dass sie weiter absteigen konnten. Im Tal suchten sie einen Arzt auf, der die Wunde nähte und Simone einen dicken Verband anlegte.

»Heute übernachten wir in einem Gasthof. Wir müssen uns ausruhen«, bestimmte Bost.

In einem Hotel mit einem umlaufenden Holzbalkon, auf dem Geranien in Rot und Rosa bis hinunter auf den Gehweg wucherten, aßen sie ein riesiges Bauernfrühstück und tranken Schnaps, dann wuschen sie sich ausgiebig und genossen es, dass es ausnahmsweise warmes Wasser gab. »Das muss jetzt für eine Woche reichen«, sagte Simone, als sie aus dem Badezimmer kam und Bost den Raum überließ.

»Sie werden sich wundern, wenn Sie in unser Zimmer kommen«, sagte Bost lächelnd zu ihr. »Es gibt nur ein Bett, dafür aber mit einem Federbett, das fast bis zur Decke reicht.«

Simone lachte. »Es scheint unser Schicksal zu sein, dass wir das Bett teilen.«

Wenig später kam er aus dem Bad. Er öffnete das Fenster, weil es stickig war, und legte sich neben sie.

Simone rutschte zur Seite, um ihm Platz zu machen. Das dicke Plumeau schoben sie mit den Füßen von sich. Bosts Körper war kühl von der Dusche, und als seine Haut ihre streifte, bekam sie eine Gänsehaut. Ein köstliches Gefühl, dachte sie. Bost stützte sich auf den Ellenbogen und sah sie an. Etwas war an diesem Abend anders zwischen ihnen. Eine seltsame Unruhe hatte sie erfasst. Vielleicht lag es an der überstandenen Gefahr, vielleicht an der Nähe, die sie miteinander erlebt hatten. Sie lagen sich gegenüber, nur wenige Zentimeter voneinander entfernt. Simone war müde und Bost offensichtlich auch, und dennoch wandte sich keiner von beiden ab, um einzuschlafen, weil diesem Augenblick etwas so Besonderes anhaftete. Sie lagen in dem diffusen Licht, draußen rauschte der Regen auf den Balkon.

»Was für ein Schreck, als Sie vorhin ins Trudeln gekommen sind. Das hätte schiefgehen können, ich war voller Angst um Sie …«

»Ich bin so satt von diesem Bauernfrühstück. Warum gibt es so etwas nicht in Paris?«

»Fühlen Sie sich auch so wohl? Was so ein bisschen warmes Wasser ausmachen kann …«

Solche kleinen, nichtigen Sätze flogen zwischen ihnen hin und her, aber eigentlich ging es um etwas anderes. Und sie beide wussten es.

Schließlich lachte Simone auf.

»Warum lachen Sie?«

Simone kräuselte die Lippen und sah direkt in seine schönen

grünen Augen. »Ich frage mich, was Sie sagen würden, wenn ich Sie fragen würde, ob Sie mit mir schlafen wollen.«

»Vielleicht würden Sie denken, ich hätte schon die ganze Zeit Lust, Sie zu küssen, und würde es nur nicht wagen.«

»Ist es so?«

Bost seufzte. »Ich liebe Sie schon seit Langem, Simone.«

»Dann habe ich mich nicht getäuscht. Auch ich habe immer schon zärtliche Gefühle für Sie gehabt. Seit unserer allerersten Begegnung, als Sie mit Sartre nach Rouen gekommen sind.«

Bost war erstaunt. »Ist das wahr?«

Und als Simone nickte, nahm er sie in die Arme und küsste sie.

Am nächsten Morgen erwachte sie in seinen Armen. Er schlief noch, und sie drehte sich vorsichtig zu ihm herum und schlang ihre Arme um ihn. Draußen regnete es immer noch, und sie beschloss, einfach liegen zu bleiben und die Intimität dieses Moments zu genießen. Als sie sich an ihn schmiegte, spürte sie, wie ihre Lust von Neuem erwachte.

»Bost«, sagte sie, »du musst aufwachen und mich küssen.«

Simone schrieb Sartre erst drei Tage später davon. Vorher kam sie nicht dazu, weil ihr das Glück mit Bost keine Zeit ließ. Sie konnte selbst nicht fassen, wie sehr sie die Liebe zu ihm aufblühen ließ. Alle Zweifel waren durch ihn wie weggeblasen. Sie fühlte sich jung und schön und hatte den ganzen Tag ein Lächeln auf dem Gesicht, während sie mit ihm wanderte, manchmal Hand in Hand.

Das zwischen ihr und Bost war etwas ganz Besonderes, etwas

Eigenes, es war nicht mit Sartres manischen sexuellen Erobe-rungen vergleichbar, sondern beinahe zwangsläufig geschehen. Oder hatte es sogar etwas mit ihren langen Überlegungen der letzten Tage zu tun? Würde es das emotionale Wirrwarr zwi-schen ihr und Sartre stabilisieren, wenn da noch jemand außer Olga war? Sie nahm den Stift und schrieb:

Mir ist etwas höchst Angenehmes passiert, was ich mir bei der Abreise nicht hätte träumen lassen – ich habe mit dem kleinen Bost geschlafen, was mich sehr glücklich macht.

In den verbleibenden Nächten bis zu ihrer Abreise teilte sie mit Bost das Bett, und sie hätte sich keine einzelne dieser Nächte nehmen lassen wollen.

Sie war schon lange nicht mehr so glücklich gewesen. Bost gab ihr etwas, das ihr bislang fremd geblieben war. Er bewun-derte sie als Frau – nicht nur ihren Geist, sondern vor allem auch ihren Körper –, er schenkte ihr Leidenschaft und unge-kannte sinnliche Erfahrungen. Neue Entdeckungen, die in ihrem Verhältnis zu Sartre in dieser Form nie eine Rolle ge-spielt hatten, höchstens vielleicht bei ihrem allerersten Mal in seinem Zimmer in der Cité, als alles noch vollkommen neu für sie gewesen war. Als sie darüber nachdachte, kam ihr der Gedanke, dass diese Situation ähnlich war wie jene vor so vie-len Jahren, als sie sich zwischen Sartre, Maheu und Jacques entscheiden sollte. Aber hier und jetzt brauchte es keine Ent-scheidung. Sie musste auf nichts verzichten, weder auf die in-tellektuelle Zweisamkeit mit Sartre noch auf die körperliche Liebe mit Bost. Olga durfte nichts davon erfahren, denn sie und Bost waren ein Liebespaar. Aber sie würde Olga nichts wegnehmen.

Eine Woche später traf sich Simone mit Sartre in Marseille, um mit ihm nach Marokko zu reisen.

»Bost tut Ihnen gut. Sie sind schöner denn je«, sagte Sartre bei ihrem Wiedersehen.

Die Wochen mit Sartre in Marokko waren ereignisreich. Simone fuhr zum ersten Mal in die Wüste und vergoss Tränen über die Schönheit des Lichts. Nachts lag sie unter einem Himmel von Millionen Sternen. Sie freute sich an der Buntheit und dem Lärm in den Souks. In einem Basar versuchte ein Mann, sie auszurauben. Simone nahm es eher gelassen. Wie üblich verbrachte sie viele Stunden des Tages allein mit Besichtigungen, während Sartre arbeitete. Abends trafen sie sich und tauschten sich über ihre Erlebnisse und Eindrücke aus. Zurück in Frankreich, fuhr Simone wieder nach Marseille, wo sie Olga die Stadt zeigen wollte. Dann müssten sie zurück nach Paris, bevor Mitte Oktober das neue Schuljahr begann.

Ende September kehrte sie gerade mit Olga von einem Ausflug in die Calanques zurück, als sie ein Telegramm von Sartre erhielt, der sie bat, sofort nach Paris zu kommen. In München verhandelten Hitler und Mussolini, Daladier und Chamberlain über das Schicksal des Sudetenlands in der Tschechoslowakei, das Hitler für sich beanspruchte, weil dort viele Deutsche lebten. Sollte er abgewiesen werden, drohte er mit Krieg. Simone und Olga packten ihre Sachen, kauften alle Zeitungen, die sie bekommen konnten, und schon am nächsten Abend kam Simone in Paris an. Olga war unterwegs ausgestiegen, um zu ihren Eltern aufs Land zu fahren, und in den letzten Stunden allein im Zug hatte Simone entsetzliche Ängste ausgestanden. Am folgenden Tag wurde das Abkommen von München unterzeichnet. Hitler bekam das Sudetenland zugesprochen, ein Teil der Tschechoslowakei wurde abgetrennt, ohne dass man die Tschechen gefragt hätte. Als der französische Premier Daladier in Paris landete, befürchtete er, die Franzosen würden ihn lynchen, weil er Hitler nachgegeben hatte. Aber er wurde bejubelt, und Simone teilte diese Freude über die verhinderte Eskalation. Die Gefahr eines Krieges war vorüber.

»Daladier und die anderen hatten recht. Lieber ein ungerechter Frieden als ein Krieg.« Triumphierend schwenkte sie die Zeitung mit der Nachricht vom Münchner Abkommen, als sie das *Flore* betrat.

Eisiges Schweigen empfing sie. Colette Audry ergriff als Erste das Wort.

»Wie kannst du so naiv sein, Simone? Ist dir nicht klar, dass dieses Abkommen für Hitler nur ein Ansporn auf neue Forderungen ist? Er wird nie Ruhe geben.«

»Vielleicht müssen Sie sich damit abfinden, dass Hitler im Grunde den Krieg will und die anderen Staaten so lange unter Druck setzt, bis sie nicht anders können«, fügte Sartre vorsichtig hinzu.

Simone wollte sich nicht so leicht geschlagen geben, aber die nachfolgende Diskussion machte sie nachdenklich. Rührte ihre Erleichterung vielleicht nur von der Angst um Sartre und Bost und all die anderen jungen Männer, die in den Krieg ziehen müssten, wenn er denn ausbräche? Übersah sie dabei das Wesentliche, nämlich dass Freiheit ihren Preis hatte und dass ein Leben in Angst und Unterdrückung niemals frei sein konnte?

Ihre Freunde hatten ihr deutlich vor Augen geführt, was dieser Aufschub bedeutete: In absehbarer Zeit, in sechs Monaten oder in einem Jahr, würde Hitler die nächste Forderung stellen, und am Ende würden die Franzosen nicht mehr als Vasallen Deutschlands sein. Ihr wurde klar, dass sie blauäugig und unaufrichtig war, wenn sie sich länger der Politik entzog, die immer größeren Einfluss auf das Leben in Europa nahm. Ich kann mich nicht an den Frieden um jeden Preis klammern, solange andere den Kopf dafür hinhalten müssen, dachte sie.

Den ganzen Abend grübelte sie darüber nach, ob ihr Denken falsch war. Sie war in sich gekehrt und beteiligte sich nicht länger an dem Gespräch der anderen.

Als sie später mit Sartre nach Hause ging, sagte sie zu ihm: »Ich weiß wohl, dass wir nichts tun konnten, um Hitler zu verhindern, aber immerhin gehören wir zu der Generation, die es hat geschehen lassen – unsere Haltung, die darin besteht, politisch abzuwarten, scheint mir angemessen unter der Bedingung, dass man alles ohne Zorn akzeptiert, wie eine Katastrophe, an der man nicht beteiligt war und die man ohnehin nicht hätte verhindern können. Das wäre eine sehr egozentrische, aber dennoch korrekte Sicht der Dinge. Denkt man jedoch an die jungen Leute, die noch keine Gelegenheit hatten, den kleinen Finger zu rühren und aufzubegehren, und die nun womöglich die Konsequenzen unseres Handelns tragen müssen, wird sofort deutlich, wie ungerecht und anmaßend diese Haltung ist. Wir konnten nichts tun, ich habe keine Gewissensbisse, nichts getan zu haben, aber ich habe Gewissensbisse, wenn ich daran denke, dass ein anderer für unsere Ohnmacht bezahlen muss.«

Sartre griff nach ihrer Hand und drückte sie.

»Sie haben ein gutes Herz, kleiner Castor. Ich werde Sie immer dafür lieben, wie klug und dabei doch mitfühlend Ihr Blick auf die Welt ist.«

Zwei Wochen später, der Herbst ging schon dem Ende zu, waren sie alle wieder in Paris, das neue Schuljahr fing an.

»Du bist so schön in letzter Zeit, Simone. Und ist das etwa ein neues Kleid?«, fragte Olga. Sie hatte bei Simone geklopft, weil sie zusammen ins Kino gehen und später Bost und Sartre in der *Coupole* treffen wollten. Jetzt kam sie zu Simone herüber und legte die Arme um sie. In ihrer Stimme lag Bewunderung, aber auch ein leichtes Misstrauen. »Beim Friseur warst du auch. Man könnte meinen, du wärst verliebt, wenn wir nicht alle wüssten, dass Sartre dein einziger Mann ist.«

Simone fühlte augenblicklich eine lähmende Schuld auf sich lasten. Weder Bost noch sie hatten Olga etwas von ihrer Affäre gesagt. Der kleine Bost tat Olga gut, er war der Einzige, der sie wieder auf den Boden der Tatsachen holen konnte, wenn ihre Labilität sie wieder einmal über die Stränge schlagen ließ. Auf ihn hörte Olga, weil sie ihn liebte. Ihre Welt wäre zusammengebrochen, hätte sie von der Liebesbeziehung zwischen ihm und Simone erfahren. Olga war alles andere als gefestigt, vor allem war sie rasend eifersüchtig. Und sie vertraute Simone, die sich gar nicht vorstellen mochte, wie ihre Freundin reagieren würde, wenn sie erführe, wie ihre einzige Vertraute und der Mann, den sie liebte, sie gemeinsam hintergingen. Das durfte auf keinen Fall passieren.

»Was hast du, warum antwortest du nicht?«, fragte Olga und riss sie aus ihren Gedanken.

Simone versuchte ein Lächeln. »In wen sollte ich denn verliebt sein?«, fragte sie. Aber dabei hasste sie sich und die Täuschungen und Lügen, in die sie sich verstrickt hatte.

Als die gemeinsamen Wandertage mit Bost vorüber gewesen waren und sie sich getrennt hatten, hatten sie keine Vereinbarung darüber getroffen, wie es mit ihnen weitergehen sollte. Simone war stillschweigend davon ausgegangen, dass ihre Affäre vorüber war. Während der Reise mit Sartre durch Marokko hatte sie jedoch immer wieder sehnsuchtsvoll an Bost denken müssen. Sie hatte ihm sogar *Babouches* gekauft, prächtige, in Silber bestickte Pantoffeln.

»Sag Olga, sie seien ein Geschenk von Sartre«, hatte sie ihm geraten.

Als sie nach dem Film in die *Coupole* kamen, saßen Bost und Sartre schon an ihrem Lieblingstisch. Olga war völlig aufgekratzt und schmiegte sich an Bost.

»Der Film spielte in Marseille«, sagte sie, um dann begeistert von ihrer Reise mit Simone dorthin zu berichten.

»Ich hatte ein riesengroßes Zimmer im sechsten Stock mit Blick über den Alten Hafen. Wenn ich in meinem Bett lag, konnte ich die Boote auf dem Wasser sehen und nachts die blinkenden Lichter.« Sie machte eine ausladende Geste mit den Händen und warf einen koketten Blick unter ihrem blonden Pony in die Runde. »Es war, als würde ich mitten auf der Straße schlafen. Simone war neidisch, weil ihr Zimmer nicht so schön war. Aber meines hatte auch Nachteile. Da lag ein großer roter Teppich, komplett von Motten angefressen. Ich habe mich geweigert, ihn barfuß zu betreten, und bin immer außen um ihn herumgelaufen.«

Simone hörte nicht richtig zu, denn sie fühlte Bosts begehrliche Blicke auf sich. Gerade eben hatte er unter dem Tisch ihre Hand gestreichelt. Sie war verwirrt. Einerseits machte Bost sie mit seinen Gesten unglaublich glücklich und versetzte ihren Körper in Aufruhr. Auf der anderen Seite hatte sie schreckliche Angst, dass Olga etwas merken würde, und dieser moralische Konflikt, die Unaufrichtigkeit ihres Begehrens setzte ihr zu. Zum Glück war Olga gerade ganz von ihrer eigenen Erzählung eingenommen und flirtete nun mit Sartre, der an ihren Lippen hing. Als später Simone und Sartre von Marokko erzählten, ertappte Simone sich dabei, wie sie sich fast ausschließlich an Bost wandte. Sie wollte, dass *er* ihr zuhörte.

Es war schon lange nach Mitternacht, als sie sich trennten. Beim Hinausgehen hielt Bost sie zurück.

»Ich komme nachher noch zu dir. Ich muss dich sehen.«

Simone nickte.

Als er eine Stunde später leise bei ihr klopfte, öffnete sie mit einem Lächeln die Tür und zog ihn in ihre Arme.

»Was machen wir, wenn Olga vorbeikommt? Sie wohnt immerhin im selben Hotel.«

Bost gab ein trauriges Lachen von sich. »Ich habe sie in ihr Zimmer gebracht und gesagt, dass ich noch eine Verabredung hätte. Dann bin ich auf die Straße hinausgegangen und habe ihr gewinkt, wir machen das immer so. Danach habe ich an der nächsten Ecke herumgelungert wie ein verliebter Jüngling, bis bei ihr das Licht ausgegangen ist. Erst jetzt habe ich es gewagt, wiederzukommen.«

»Olga darf das hier nie erfahren.«

»Das wird sie nicht. Und wir nehmen ihr nichts weg, Simone. Ich liebe Olga, und daran wird sich nichts ändern. Aber das hier gehört nur uns beiden. Ich nehme an, Sartre weiß Bescheid?«

Simone nickte. »Sicher. Es gibt keine Geheimnisse zwischen uns. Aber er wird Olga nichts sagen.«

Bosts Stimme veränderte sich, wurde sanft. Langsam fing er an, die Knöpfe ihres Kleides zu öffnen. »Ich habe dich vermisst. Und ich hatte solche Angst, dass unsere Geschichte vorüber sein würde, wenn wir wieder in Paris sind.«

Simone legte die Arme um seinen Hals. »Ich brauche dich, Bost. Mein Körper braucht dich.« Dann fühlte sie nur noch seine Küsse.

Von da an trafen sie sich regelmäßig, mindestens ein Mal in der Woche, was manchmal nicht ganz einfach war. Sie mussten immer befürchten, dass Olga zufällig vorbeikam. Manchmal nutzten sie die Zeit, wenn sie mit Sartre verabredet war oder Probe am Theater hatte. Und je länger ihre Geschichte andauerte, desto klarer wurde ihnen beiden, dass sie ernsthaft ineinander verliebt waren. Keiner von ihnen wollte, ja konnte diese Beziehung aufgeben.

Ich habe nur ein Leben sinnlicher Erfüllung, und zwar mit dir, schrieb Simone in einem Rohrpostbrief voller Vorfreude an Bost, der am Nachmittag zu ihr kommen wollte. *Das ist für mich etwas unendlich Kostbares, Ernstes, Bedeutsames und Leidenschaftliches. Ich könnte dir nicht untreu sein, weil du dadurch nur mehr eine Episode meines Lebens würdest, wo du doch dieses Leben ganz und gar ausmachst und ich kein anderes will. Komm, so schnell du kannst, oder lass dir meinetwegen Zeit, damit ich mich länger auf dich freuen kann. Aber komm!*

Bost, der noch ein halbes Jahr jünger war als Olga, also fast zehn Jahre jünger als Simone, gab ihr das Gefühl, selbst wieder jung zu sein. Mit seiner Ausgelassenheit und Unbeschwertheit nahm er ihr die Angst vor dem Älterwerden, die sie in der letzten Zeit manchmal quälte, dieses Gefühl, dreißig zu sein und noch nichts Richtiges im Leben vollbracht zu haben. Und Bost liebte sie voller Innigkeit, die Liebe mit ihm war wie ein Rausch, so federleicht und schrankenlos, wie Simone sie zuvor nie erfahren hatte.

Bisweilen hatte sie das Gefühl, dass erst Bost ihr Leben komplett machte, weil er ihr jene Körperlichkeit gab, die sie von Sartre nicht bekam. Wenn nur nicht das schlechte Gewissen wegen Olga gewesen wäre. Wenn sie allein schon an die Verwicklungen und umfangreichen Vorkehrungen dachte, die es mit sich brachte, wenn sie heimlich mit Bost für ein Wochenende wegfuhr, ohne dass Olga etwas davon erfahren durfte. Sartre war stets eingeweiht, damit niemand etwas Falsches sagte.

Kapitel 23

Am 9. Januar 1939 wurde Simone einunddreißig Jahre alt.

Sartre kam am frühen Morgen, noch vor Beginn des Unterrichts in der Schule, bei ihr vorbei. Simone war trüber Stimmung.

»Aber Castor, was haben Sie denn?«, fragte er verwundert. »Heute ist Ihr Geburtstag. Heute Abend feiern wir.«

»Ich werde alt«, sagte sie. »Ich werde in diesem Krieg sterben, der bestimmt kommen wird, und ich werde nie einen Roman veröffentlichen. Mein Leben ist verpfuscht.« Während sie das sagte, wurde ihr selbst die Melodramatik ihrer Klage klar, und sie lächelte schmerzlich. Doch im Grunde fühlte sie tatsächlich so. Was hatte sie schon in ihrem Leben erreicht?

»Sie haben mich«, sagte Sartre. »Und Sie müssen bei mir bleiben. Ich kann ohne Sie nicht leben. Und nun kommen Sie, setzen Sie Ihren schönen Hut auf, nein, nicht den, nehmen Sie den roten. Warten Sie, ich habe da etwas für Sie ...« Er zog ein Paket hervor, in dem sich eine dunkelrote Ledertasche befand, groß genug für ihre Manuskripte, aber dennoch elegant. Die Farbe passte perfekt zu ihrem Hut. Simone liebte sie sofort.

»Poupette hat geholfen, sie auszusuchen«, sagte er. »Wir waren in jedem Geschäft in Saint-Germain, bis wir sie gefunden hatten. Gefällt sie Ihnen?«

Simone strich über das butterweiche Kalbsleder und probierte die Schnalle aus, die sich mit einem leisen Klicken öffnete. Noch nie hatte sie etwas so Kostbares besessen.

»Sartre ...«, sagte sie, dann wusste sie nicht weiter.

»Kommen Sie, wir trinken eine heiße Schokolade im *Dôme*, und ich lese Ihnen aus der Zeitung vor. Aber nur die guten Nachrichten.« Er hielt ihr seinen Arm hin, Simone hakte sich ein, und sie gingen kichernd nebeneinander die gewundene Treppe hinunter, die eigentlich viel zu eng dafür war.

Am 30. März überschlugen sich wieder einmal die Schlagzeilen: *Madrid gefallen!* Mit dem Fall Madrids hatte General Franco in Spanien die Republik besiegt, und Simone sah die Fotos des triumphierenden Generals und der Massen, die ihm mit ausgestrecktem Arm zujubelten. Einige Tage darauf gingen dann die Fotos vom Schicksal Tausender Republikaner, Männer, Frauen und Kinder durch die Presse, die über die Pyrenäen nach Frankreich geflohen waren und dort nun bei Regen und Kälte in Lagern unter freiem Himmel campierten. In den Pariser Cafés sah sie müde und verzweifelt die besiegten Rückkehrer aus den Internationalen Brigaden sitzen. Sie ließen sich einladen und erzählten ihre grauenvollen Geschichten. Und in Deutschland drohte Hitler nach wie vor mit Krieg, verlangte nun einen deutschen Korridor durch Polen und eine Angliederung Danzigs an Deutschland. *Für Danzig sterben?* titelte eine Tageszeitung und bezweifelte damit die Notwendigkeit eines Kriegseintritts Frankreichs, falls Deutschland sein Nachbarland Polen angreifen sollte. Wer realistisch war, konnte die Augen nicht länger davor verschließen, dass der Krieg kommen werde, so viel war inzwischen auch Simone bewusst. Wenn nicht in diesem Jahr, dann im nächsten. In Paris strandeten immer mehr Flüchtlinge aus Spanien und Deutschland, und immer mehr Franzosen wollten sie loswerden.

Dann kam Ende August der Kanonenschlag, als bekannt wurde, dass Stalin mit Hitler einen Nichtangriffspakt geschlossen hatte. Alle Hoffnungen, dass die Angst vor einem Zweifrontenkrieg Hitler davon abhalten könnte, seine Nachbarn anzugreifen, zerstoben. Und warum gerade Stalin, der Erzfeind Hitlers? Nizan trat aus der Kommunistischen Partei aus. Als Sartre und Simone ihn in einem Café trafen, war von dem Großherzog, wie sie ihn früher genannt hatten, nichts mehr übrig. Blass und wortkarg saß er vor einem Schnaps. Sein Kampf hatte immer dem Faschismus gegolten, und nun sollte Hitler ein Verbündeter sein? Wie für so viele Kommunisten war auch für ihn eine Welt zusammengebrochen. Er gehörte nirgends mehr dazu. Für die Partei war er ein Verräter, ein Renegat, und die Überheblichkeit der anderen, die immer schon vor dem Kommunismus gewarnt hatten, machte ihn krank. Sartre wollte mit ihm diskutieren, doch Nizan versank in Schweigen. Dieser Pakt war so abstrus, so jenseits jeder Logik, dass man ihn nicht einmal besprechen konnte.

Doch trotz all dieser Katastrophen der Weltgeschichte, die so viele Menschen um sie herum ins Unglück stürzten, musste Simone sich eingestehen, dass sie glücklich war. Vor zehn Jahren hatte sie Sartre getroffen und den Pakt mit ihm geschlossen, der sie seitdem in einem Abenteuer des Geistes verband. In Bosts Armen fand sie Leidenschaft und Jugendlichkeit, und in diesem Sommer fühlte sie sich so schön wie nie. Sie hatte sogar die *Marie-Claire* abonniert, weil sie inzwischen mehr auf ihre Kleidung achtete. Sie ließ sich ein helles Wollkostüm und einen schwarzen Plisseerock schneidern und kaufte eine schwarze und eine senfgelbe Bluse, die sie mit passenden Krawatten kombinierte. Wenn sie eine schöne Frau sah, mit eleganter, ausgefallener Kleidung oder besonderen Accessoires, dann ließ sie sich davon inspirieren. Sie lernte, sich die Augenbrauen zu zupfen, und trug nun immer Lippenstift und Nagellack, die farblich zu ihrer roten Tasche passten. Unter ihren Schülerinnen am Lycée Molière war sie ein Star. Die Mädchen rissen sich darum, sie morgens von der Métro bis zur Schule zu begleiten. Anfangs hielt Simone es für einen Zufall, wenn eine von ihnen am Ausgang der Métrostation stand. Dann merkte sie, dass die Mädchen dort auf sie warteten. Einige waren so kühn, sie abends in den Cafés zu suchen und schüchtern an ihren Tisch zu treten, um sie zu begrüßen.

»Diese Mädchen verehren Sie«, sagte Sartre zu ihr.

»Aber warum denn nur? Ich bin doch nur ihre Lehrerin«, wunderte sich Simone.

Sartre schüttelte amüsiert den Kopf. »Castor, ich glaube, Sie wissen gar nicht, wie anziehend Sie sind. Sie sehen anders aus als andere Frauen mit Ihrem Turban und neuerdings diesen Krawatten, mit Ihrem roten Nagellack und Ihren Augen, die bis in den hintersten Winkel einer Seele leuchten können. Und Sie sind klug und ein lieber, guter Mensch. Aber ich glaube, am meisten bewundern diese jungen Frauen Sie für die Art, wie Sie leben. Sie sind frei und unabhängig, Sie lassen sich nicht bevormunden. Sie gehen mit Ihren Schülerinnen in ein Café und leihen ihnen Bücher. Sie zeigen ihnen, dass Sie sich nicht als über ihnen stehend empfinden. Kein Wunder, dass Ihre Verehrerinnen sein wollen wie Sie. Und kein Wunder, dass die Männer Ihnen reihenweise verfallen.«

Simone sah ihn an, seinen immer ein wenig schiefen Mund, der so schön lächeln konnte. »Nun kennen wir uns schon so lange, und noch immer sind Sie es, der mir die schönsten Liebeserklärungen macht.«

Er lächelte und sah sie aus seinen klugen, warmen Augen an. »Oh, das ist ganz leicht, weil ich nur sagen muss, was wahr ist und was ich vor mir sehe.«

Noch etwas machte sie glücklich: Sartres Roman, den er ursprünglich *Melancholia* genannt hatte, war unter dem Titel *Der Ekel* endlich erschienen. Er hatte ihn Simone gewidmet. *Pour Castor* stand auf der ersten Seite, und er bezeugte jedem, dass er das Buch ohne sie nie hätte schreiben können. Mit diesem Roman wurde er zum aufstrebenden Star der Literatur Frankreichs. Die Kritiken in den Zeitungen waren sehr positiv, man sprach von einer frischen Stimme, einem Aufruf zur Freiheit. Viele Leute wollten nun etwas von ihm, man bat ihn um Artikel, Essais oder Stellungnahmen. Manchmal näherte sich schüchtern ein junger Mann oder eine Frau, wenn sie im Café saßen, und bat, ihm die Hand schütteln zu dürfen.

Sein Erfolg inspirierte auch Simone, und die Idee für einen Roman, in dem es um das Streben einer Frau nach Freiheit gehen sollte, wurde konkreter. In ihrem Kopf gab sie dem Manuskript den Titel *L'Invitée*, die Eingeladene.

Ohne dass Simone es anfangs gewollt oder bemerkt hätte, nahm die Figur der Xavière in ihrem Roman immer mehr Züge von Olga an. Xavière war die Dritte im Bunde eines schon älteren Paars, Pierre und Françoise, deren Liebe sie in Gefahr brachte. Der Roman spielte in Rouen und im Theatermilieu, wofür Simone ihre Erfahrungen mit Charles Dullin zugutekamen.

Sie gab Sartre die überarbeiteten Kapitel zu lesen, und er war beeindruckt.

»Machen Sie weiter, Castor. Und denken Sie daran, wie Sie mir bei meinem Buch geholfen haben. Jetzt helfe ich Ihnen. Sie werden einen guten Roman schreiben, das weiß ich ganz sicher.«

Doch Simone warf fast die Hälfte des Buches in den Papierkorb, nachdem ein Lektor von Gallimard ihr dazu geraten hatte, und fing wieder von vorn an. Sie war noch unschlüssig, wie der Konflikt zwischen den drei Figuren ausgehen sollte. Aber trotz ihres Neuansatzes war sie sich diesmal sicher, dass sie den Roman zu Ende schreiben und veröffentlichen würde.

Sartre entwickelte derweil neues Interesse an einer jungen Frau, obwohl er noch mitten in der kräftezehrenden Verbindung mit Olgas Schwester Wanda steckte. Wanda hatte sich lange gesträubt, aber nachdem sie Sartre nachgegeben hatte, verlangte sie nun, seine einzige Frau zu sein. Was wiederum Simone wütend machte. Und jetzt kam noch Bianca hinzu, eine weitere ihrer Schülerinnen. Sie war eine polnische Jüdin mit flammend rotem Haar, die der grassierende Antisemitismus in der französischen Presse in Angst und Schrecken versetzte. Simone hatte sie, gerührt von ihrer Verletzlichkeit, unter ihre Fittiche genommen, und prompt wiederholte sich eine altbekannte Geschichte: Sartre lernte Bianca kennen, die junge Frau war geschmeichelt von der Aufmerksamkeit des großen Autors, und Sartres Leidenschaft entflammte.

»Wann sehen Sie sie wieder? Bringen Sie sie mit. Erzählen Sie ihr auch von mir? Richten Sie ihr aus, dass ich sie bewundere …«

Eine neue komplizierte Liebesgeschichte nahm ihren Anfang. Sartre verlor jedoch rasch wieder das Interesse an Bianca, die launenhaft und Simone an Klugheit weit unterlegen war. Dann war es Simones Aufgabe, sie zu trösten, wenn Sartre Verabredungen nicht einhielt und sich vor ihr versteckte.

Aber dieses Mal war es Simone zu viel. Sie empfand fast so etwas wie Scham, wenn Sartre sich aufplusterte wie ein Gockel. Und sie fühlte sich solidarisch mit Bianca, die Liebeskummer hatte, während er sich bereits der Nächsten zuwandte. Als er eines Abends mit ihr schlafen wollte, weigerte Simone sich.

»Ich finde es unwürdig, wie Sie sich benehmen. Haben Sie eigentlich schon einmal darüber nachgedacht, was es für diese armen Dinger bedeutet, wenn Sie sie verführen und fallen lassen? Und was es für mich bedeutet, sie dann trösten zu müssen?«

Sartre reagierte zwar betroffen, aber er war nicht bereit, sein Verhalten zu ändern. Verführung gehörte zu ihm wie sein Schielen. Und er beteuerte stets, dass seine Amouren die besondere Beziehung zu Simone in keiner Weise infrage stellten.

»Darum geht es nicht«, schnitt Simone ihm das Wort ab. »Es geht nicht um mich oder um Sie. Eines haben wir bei unserem Pakt vergessen: Die anderen leiden und zahlen einen hohen Preis.«

Üblicherweise feierten sie immer im Oktober den Jahrestag ihres Paktes, den sie damals im Garten des Louvre geschlossen hatten.

Doch in diesem Jahr, kurz nach dem Streit wegen Bianca, kam es anders. Sartre und Simone waren für ein paar Tage ans Meer in das Haus von Madame Morel gefahren. Sie wollten dem Hexenkessel Paris entfliehen, in dem nur noch vom kommenden Krieg die Rede war, und sie ahnten, dass es vielleicht die letzten Ferien für lange Zeit werden könnten.

Sie saßen in dem Garten unter Pinien an der Côte d'Azur und sahen zu den Sternen auf. Simone war unendlich dankbar für diese Tage, die sie allein mit Sartre hatte. Doch Wanda und Bianca verfolgten sie unablässig mit Klagen und Forderungen. Kein Tag verging ohne ihre Briefe, und Sartre verbrachte Stunden damit, ihnen zu antworten, Vorwürfe zu entkräften, zu besänftigen. Am Nachmittag hatte Simone ihm das vorgeworfen, und er war erst wütend, dann nachdenklich geworden.

Sartre räusperte sich, dann griff er nach Simones Hand.

»Vielleicht haben Sie recht, Castor, und ich tue Ihnen weh. Das will ich nicht. Bitte seien Sie nicht traurig, sonst habe ich mein Lebensziel verfehlt, Sie glücklich zu machen.«

Simone horchte auf, aber er sprach schon weiter.

»Wissen Sie, Castor, in diesem Jahr jährt sich unser Pakt zum zehnten Mal. Ich finde, wir brauchen von nun an keine zeitlich beschränkten Abkommen mehr. Wir beide werden doch ohnehin immer zusammenbleiben, werden immer zusammenbleiben müssen, weil niemand uns je verstehen kann, wie wir beide uns verstehen. Ich für meinen Teil bin mir gewiss, dass ich bis an mein Lebensende mit Ihnen zusammen sein möchte. Sind Sie einverstanden?«

Simone war über diese Worte aus heiterem Himmel verblüfft. Für einen Moment saß sie schweigend da. Ein Pakt für ein ganzes Leben? Aber war sie nicht schon immer davon ausgegangen, Sartre bis an ihr Lebensende zu lieben? Ihr wurde klar, dass sie sich niemals etwas anderes würde vorstellen können als ihr Leben mit ihm zu teilen.

»Ja«, sagte sie. Mehr brachte sie vor Glück nicht heraus.

Als sie sich in dieser Nacht schlafen legte, hörte sie das Knarzen der alten Dielen.

Und dann kam Sartre in ihr Bett, und sie wies ihn nicht ab.

Die Rückfahrt nach Paris war chaotisch. Hitler drohte Polen offen mit Krieg, und diesmal würden Frankreich und England sich nicht heraushalten können und ihre Bündnisverpflichtungen einhalten müssen. Viele Züge waren überfüllt mit Soldaten, die aus dem Urlaub abberufen worden waren, die französische Armee machte mobil. Und so hatten alle verbleibenden Züge Verspätung oder fuhren gar nicht. Sie brauchten fast zwei Tage für die Rückkehr, und dann irrten sie durch die Straßen von Paris, immer darauf gefasst, dass es schlechte Nachrichten geben würde.

Am 1. September hatte Sartre einen Termin bei Gallimard, und Simone wartete auf ihn im *Dôme*, wo sie an ihrem Roman arbeitete. Plötzlich entstand Bewegung, die sie aufmerken ließ. Mehrere Gäste rannten schreiend und wild gestikulierend auf die Straße hinaus. Der Kellner folgte ihnen und kam kurz darauf mit einer Zeitung zurück, die er über dem Kopf schwenkte.

»Jetzt ist es so weit«, sagte er, als er an Simones Tisch vorüberkam. »Hitler ist in Polen einmarschiert. Wir haben Krieg.«

Simone stürzte los, um zu Sartre zu eilen.

Kapitel 24

Alle kriegstauglichen Männer wurden mobilisiert. Auch Sartre, der sich am nächsten Morgen um sechs Uhr auf einem Platz im Norden von Paris einfinden sollte. Simone war wie in Trance, als sie neben ihm in den Keller des Hotels hinabstieg, um seine Uniform zu suchen. Sie schlugen den Staub heraus und versuchten, sie notdürftig zu bügeln. Dann legten sie sich ins Bett und hielten sich umklammert. An Schlaf war nicht zu denken. In Simones Kopf rasten die Gedanken, sie konnte keinen davon aussprechen. Sollte sie ihn bitten, zurückzukommen? Wie sollte er so ein Versprechen halten? Sie versuchte, sich seine Angst vorzustellen, von einer Kugel getroffen, von einer Granate zerrissen zu werden. Es gelang ihr nicht. Und so lagen sie zum ersten Mal in ihrem Leben wortlos, hielten sich im Arm, im vergeblichen Bemühen, sich auszuruhen und einander Trost zu spenden.

Um drei Uhr in der Nacht klingelte der Wecker. Mit bleischweren Gliedern, aber gleichzeitig hellwach machten sie sich auf den Weg. Als sie am Sammlungsort ankamen, war niemand da, nur zwei Polizisten, die sie zur Gare de l'Est schickten. Dort standen am Gleis zwei völlig überfüllte Züge. Die Männer waren schon im Zug, die Frauen und Kinder und auch einige Mütter und Väter standen auf dem Bahnsteig. Viele Frauen weinten und schluchzten, andere riefen Ratschläge, hoben ihre Kinder hoch, damit sie noch einen Blick auf den Vater werfen konnten. Der Zug auf der linken Seite fuhr ab. Die Angehörigen dieser Männer verließen stumm den Bahnsteig. Sofort drängten andere nach, ein neuer Zug traf ein. Dann pfiff der Schaffner, und Sartres Zug hielt am Gleis. Die Frauen stürzten zu ihren Männern für einen letzten Kuss, eine letzte Umarmung. Auch Simone und Sartre nahmen Abschied, und dann ging er. Simone sah, wie er sich noch einmal umdrehte und winkte. Sie drängelte sich zu ihm durch und reichte ihm ein letztes Mal die Hand.

»Denken Sie immer daran, dass ich nur das Wetter beobachte, Castor. Sie werden mich wegen meiner Augen wohl kaum an die Front schicken, und ich werde nichts anderes tun, als Voraussagen zu formulieren, in welche Richtung der Wind sich drehen könnte. Sie kennen mich – wie sollte es mir gelingen, einen Deutschen zu erschießen?« Sie musste lächeln, und er strich ihr mit der Hand über die Wange. »Wir sehen uns wieder, seien Sie sich dessen immer gewiss. Und passen Sie auf meine Bücher auf«, rief er ihr zu.

Dann fuhr der Zug an, und Simone drehte sich um und ging mit raschen Schritten davon. Sie hätte es nicht ertragen, ihm noch länger nachzusehen. Ihr Kopf war völlig leer. Sie verbot sich stehen zu bleiben, das geringste Innehalten hätte sie nicht ertragen, sie musste weiter, fort von hier. Aus Angst, zusammenzubrechen, lief sie stur vor sich hin. Sie weinte nicht, es schien ihr sinnlos, weil danach noch genauso viele Tränen übrig wären. Die Idee, dass Sartre in den Krieg zog, war einfach außerhalb ihrer Vorstellungskraft, diese Welt war nicht mehr die ihre. Sie irrte durch die Straßen, unfähig, nach Hause zu gehen, denn dort stand das Bett, in dem sie mit Sartre geschlafen hatte. Alles dort erinnerte sie daran, dass er nicht mehr da war.

Es war inzwischen mitten in der Nacht, und ihre Füße taten ihr weh. Sie war zum Umfallen müde. Ohne es zu bemerken, fand sie sich vor dem Haus wieder, in dem Stépha und Fernando wohnten. Sie klingelte. Stépha nahm sie in Empfang, gab ihr ein Schlafmittel und machte ihr ein Lager auf dem Sofa.

Simone schlief mit dem Gedanken ein, dass sie nicht weiterleben würde, wenn Sartre etwas zustieß, und das nahm ihr die größte Angst.

Bald nannten die Pariser diesen Krieg den »komischen Krieg«, *une drôle de guerre*, weil er keiner zu sein schien. Die französischen Soldaten waren an der Grenze stationiert und warteten auf die deutsche Invasion. Sie starben eher vor Langeweile als durch deutsche Kugeln oder Granaten.

Alle rissen sich um die neusten Nachrichten, auch Simone stand lieber am Kiosk an als vor der Bäckerei. *Paris-Soir* und die anderen großen Tageszeitungen waren oft ausverkauft, und die Pariser erzählten sich die Schlagzeilen weiter. So hörte man mitunter die haarsträubendsten Gerüchte: Die Russen seien in Hamburg gelandet. Amerika sei in den Krieg eingetreten. Die Deutschen würden Babys die Hände abschneiden. Zu echten Kampfhandlungen kam es nach wie vor nicht, die deutschen und französischen Soldaten lagen sich in den Schützengräben gegenüber, ohne einen Schuss abzufeuern.

Simone zwang sich, ruhig zu bleiben. Sie hatte keine Ahnung, wo Sartre war, und wartete ungeduldig auf einen Brief von ihm. Als keiner eintraf, fragte sie im *Deux Magots* und in der *Coupole* nach. Vielleicht hatte er wegen der Zensur dorthin geschrieben. Aber der Kellner winkte kopfschüttelnd ab, wenn sie auf dem Weg zum Zeitungskiosk in der *Coupole* vorbeiging. Keine Nachrichten von Sartre.

Wie alle anderen arrangierte sich Simone in den ersten Septembertagen mit dem Krieg, der noch keiner war. Die Pariser trugen Gasmasken in komischen braunen Behältern mit sich herum. Sogar die Straßenmädchen in Clichy hatten sie wie schicke Handtaschen immer bei sich. Blaue Farbe wurde in den Läden knapp, weil alle sie kauften, um die Scheinwerfer der Autos und Fenster und Glastüren damit zu bemalen. Wegen des Verdunklungsgebots hängte Simone mit Olgas Hilfe dicke Stoffe vor ihre Fenster, damit sie abends Licht machen und lesen konnte. An den Schulen wurde noch unterrichtet, aber Simones Wege durch Paris wurden immer länger und beschwerlicher, weil zahlreiche Métrostationen geschlossen waren und die Züge einfach durch sie hindurchfuhren. Im Louvre wurden die Kunstwerke verpackt und aufs Land geschickt, die Mona Lisa reiste in einem Krankenwagen. Selbst auf ihre geliebten Kreuzworträtsel in der Zeitung musste Simone nun verzichten, sie waren verboten, aus Angst vor Geheimcodes. Alle Lokale hatten um dreiundzwanzig Uhr zu schließen, und ihr geliebtes *Café de Flore* machte ganz zu.

Ein Trost in diesen Zeiten waren ihre Freundinnen und ihre kleine Familie. Olga, Wanda, Gégé und Stépha wurden zu einer eingeschworenen Gemeinschaft. Sie sahen sich oft, tranken dünnen Tee, tanzten und redeten. Jede von ihnen hatte Angst um jemanden. Fernando war der einzige Mann unter ihnen. Nach der Niederlage der Republik war er gerade noch heil aus Spanien herausgekommen, und als Ausländer wurde er nicht eingezogen, was ihm auf den Straßen von Paris misstrauische, manchmal hasserfüllte Blicke eintrug.

An diesem Abend eilte Simone nach Hause, um rechtzeitig vor der Ausgangssperre von der Straße zu kommen. Plötzlich blieb sie verwundert stehen. Um sie herum war eine verzauberte Stimmung, auf dem Boulevard Saint-Germain war es still wie auf einem Dorfplatz. Es war eine helle Mondnacht, in der wie Glühwürmchen die blauen Lichter erstrahlten. Ein Auto kam um die Ecke gebogen, seine Scheinwerfer leuchteten wie riesige blaue Edelsteine. Der Anblick tröstete sie so sehr, dass ihr Tränen in die Augen schossen. Wie konnte eine derartig ergreifende Schönheit aus einem Krieg entstehen? Sie sah auf die Uhr und eilte widerstrebend weiter. Dann blieb sie doch noch einmal stehen und warf einen letzten Blick auf die Kirche von Saint-Germain, die silbern vor ihr leuchtete. Selbst wenn Bomben fallen, kann niemand mir das Erlebnis dieser Schönheit nehmen, dachte sie. Niemand kann mir nehmen, was ich bisher erlebt habe, was ich erreicht habe, meine Erfahrungen und Gedanken. Auf einmal fühlte sie sich lebendig. Ich werde weiterleben, dachte sie. Ich werde weiterschreiben.

Am nächsten Morgen setzte sie sich auf die Terrasse eines Cafés und nahm Briefpapier und Tinte aus der Tasche, um Sartre von ihrem Gefühl am Vorabend zu schreiben. Noch bevor der Kellner den Kaffee vor sie hingestellt hatte, hatte sie eine halbe Seite in ihrer winzigen Schrift gefüllt. *Wir haben gestern lange auf der Terrasse des* Deux Magots *gesessen; es war ein schöner kleiner Abend, an dem ich mich so gut mit Ihnen gefühlt hätte, kleines geliebtes Geschöpf.*

Sie schrieb auf gut Glück an ihn, denn sie wusste nicht, wo er stationiert war, und hatte keine Adresse. Sie verfasste einen mehrere Seiten umfassenden, genauen Bericht dessen, was sie getan hatte, was sie gelesen und gegessen, wen sie getroffen hatte. Es war ihr wichtig, ihm alles mitzuteilen. *Wenn ich Ihnen schreibe und vor allem wenn ich einen Brief bekomme, scheint es mir, dass wir miteinander sprechen, das kommt mir ganz nah, ganz nah vor …* Simone legte den Stift zur Seite und nahm ein Foto von Sartre aus ihrer Tasche, um es lange zu betrachten, dann schrieb sie weiter. *Ich glaube, ich habe noch nicht begriffen, dass ich Sie lange Zeit nicht wiedersehen werde – ich fühle mich so vereint mit Ihnen. Ich liebe Sie, mon amour.*

Sie nahm ein neues Blatt Papier. Ihre Hand war eingeschlafen, sie hatte einen schmerzhaften Krampf in den Fingern. Energisch schüttelte sie die Hand aus und beugte sich von Neuem über den Brief.

An den folgenden Tagen hielt sie es genauso.

Nach einer Woche bekam sie endlich Nachricht von Sartre. Sie fing vor Erleichterung an zu schluchzen und zerriss vor Ungeduld den Umschlag. Er beschrieb seine Arbeit in einer Wetterstation in Elsass-Lothringen. Den genauen Ort durfte er natürlich nicht nennen. Dreimal am Tag sollten er und seine Kameraden einen Ballon mit Wasserstoff füllen und ihn steigen lassen, um Messungen der Windrichtung und -stärke vorzunehmen. Weil die Ballons brüchig waren, platzten sie sofort nach dem Start – zur großen Belustigung der umstehenden Bauern. Also wartete er auf neue Ballons. Während seine Kameraden die Zeit totschlugen und sich langweilten, arbeitete er und schrieb Briefe. *Wenn ich an Sie denke, wie Sie sind, einfach nur so, wie Sie beständig sind, beständiger als Paris, wie Sie mein Leben sind, wie Sie großartig gewesen sind gestern bei der Abreise von Paris. Ich liebe Sie. Adieu, mein lieber Kleiner.* Sie las den Brief mehrmals. Dann trocknete sie ihre Tränen. Wenn Sartre es schaffte, die Fassung zu wahren, würde sie es auch schaffen.

Sie nahm sofort einen Bogen Papier, um ihm zu antworten und ihm Paris mit den blauen Fenstern zu schildern.

Zwei Tage später kam Nachricht von Bost. Auch er war vorerst in der Etappe, obwohl bei ihm jederzeit die Gefahr bestand, an die Front geschickt zu werden. Als Simone seine Zeilen las, bekam sie eine ihrer Nervenkrisen. Gégé fand sie und brachte sie dazu, sich zu beruhigen.

Die Gewissheit, dass die beiden Männer, die sie liebte, zumindest derzeit keiner unmittelbaren Gefahr ausgesetzt waren, ließ Simones Leben ein wenig erträglicher werden. Sie dachte an ihre Zeit in Marseille, als sie auch von Sartre getrennt gewesen war.

Sie beschloss, stark zu sein und sich eine tägliche Routine zuzulegen. Als Erstes ging sie zu *Gibert Jeune* und kaufte sich kleine Notizhefte. Ihr war eingefallen, wie ihr das Tagebuchschreiben früher über schwierige Phasen hinweggeholfen hatte, und sie wollte es jetzt ebenso halten. Dann beschloss sie, jeden Morgen im *Dôme* einen Kaffee zu trinken, um den Tag unter Menschen zu beginnen. Das Wichtigste aber war, dass sie das Manuskript ihres Romans *L'Invitée* wieder aus der Schublade holte, in der Hoffnung, die Beschäftigung mit ihrer Geschichte im Rouen des Jahres 1938 würde sie ablenken. Sie kaufte sich ein Päckchen Zigaretten, weil ihr das Rauchen immer schon geholfen hatte, sich zu konzentrieren, und fing mit einem mulmigen Gefühl an zu lesen. Zu ihrer Überraschung flog sie durch die ersten hundert Seiten und fand sie amüsant und lesenswert. Es gab kleinere Mängel hier und dort, aber diese Passagen könnte sie leicht überarbeiten. Sie sah von den Seiten auf und war zufrieden, weil sie wusste, dass sie das Buch nun endlich fertig schreiben könnte.

Es klopfte, und Simone öffnete bester Laune die Tür. Draußen stand Olga. Ohne Worte nahm sie Simone in die Arme und fing an, ihr russische Kosewörter ins Ohr zu flüstern. Simone überließ sich ihren Zärtlichkeiten.

In der folgenden Woche fing der Unterricht wieder an. Simone war froh, dass sie weiterhin als Lehrerin arbeiten konnte, denn sie brauchte das Geld. Zudem halfen ihr die regelmäßigen Stunden gegen die aufwallende Verzweiflung und das Gefühl der Nutzlosigkeit. Zu ihrem Verdruss hatte man ihr zwei Abiturklassen an unterschiedlichen Schulen zugewiesen. Vormittags am Lycée Camille-Sée im 15. Arrondissement, nachmittags im Lycée Fénelon, das bei ihr um die Ecke lag. Das bedeutete lange Fahrten mit der Métro. Dazu musste sie vier Stunden mehr unterrichten als vorher, was zwar mehr Einkommen bedeutete, ihr jedoch nicht viel Zeit für ihren Roman ließ. Wochentags war kaum an konzentriertes Arbeiten zu denken. Dazu ließ die Direktorin vom Camille-Sée nach dem Unterricht regelmäßig Alarmübungen durchführen und scheuchte alle, Schüler und Lehrer, in die Schutzräume.

Simones Leben war anstrengend, aber auch wenn ihr nach einem langen Tag die Augen vor Müdigkeit zufielen, nahm sie sich die Zeit, lange Briefe an Sartre und Bost zu schreiben. Sartre sollte ganz genau wissen, was sie dachte, damit der Gesprächsfaden zwischen ihnen nicht abriss. Sie fieberte jeden Tag auf Nachricht von ihm, antwortete penibel auf seine schriftlichen Fragen und forderte ihn auf, ihre Fragen ebenso zu beantworten. Es war ein Gespräch mit dem Stift. Manchmal gingen Briefe verloren, an manchen Tagen bekam sie keinen Brief, an anderen gleich drei. Das waren ihre Tage des Glücks.

In einem seiner nächsten Briefe fand sie ein getrocknetes Blütenblatt, das als Ersatz für einen Strauß stand. *Morgen ist es genau zehn Jahre her, dass wir morganatisch geheiratet haben.* Dann folgte ein ganzer Absatz, in dem er sie als die Vollkommene, die Intelligenteste, die Beste und die Leidenschaftlichste bezeichnete und in wortmächtigen Bildern ihre Liebe beschwor. Es waren große Worte, die Simone glücklich machten. Sie drückte den Brief an sich, bis er ganz warm wurde. Nie würde sie Sartre verlieren, ihre Liebe hatte schon so viel überstanden und würde auch fortan alles überstehen, ganz gleich, welche Verlockungen sie in Versuchung führten, ganz gleich, welches Unheil in der Welt geschah.

Wenn sie nun an ihrem Roman arbeitete, empfand sie Freude und Befriedigung. Sie mochte die Dialoge und einzelne Episoden, aber sie haderte mit der Beziehung zwischen Pierre und Xavière, die ihr zu wenig ausgeführt war, obwohl sie ja der Grund für das explosive Dreiecksverhältnis war und Françoises Eifersucht erregte. Beim Schreiben an Sartre hoffte sie, neue Gedanken dazu entwickeln zu können.

Ich finde den Stil nicht schlecht, und dann ist es ziemlich gut aufgebaut, schrieb sie ihm und bat ihn um seine Ratschläge. *Im*

Augenblick werde ich mit Vergnügen weitermachen – es schien mir ein aktuelles Thema, denn alles in allem ist dort die Frage des individuellen Glücks gestellt, das mit der Katastrophe in Widerstreit gerät, erläuterte sie. *Auf Wiedersehen, mon amour. Jetzt, wo ich arbeiten werde, wird mein Leben wieder einen Sinn bekommen. Ich liebe Sie, mein süßer Kleiner. Ihr reizender Castor.*

Sie verschloss den Umschlag und brachte den Brief gleich zur Post, obwohl es draußen wie aus Kübeln regnete. Dann kam sie zurück in ihr Zimmer und legte sich ins Bett, aber sie konnte nicht schlafen.

Wenn sie nur Sartre nicht so sehr vermissen würde. Ihr fielen schon gar keine Ausdrücke mehr ein, um ihm in ihren Briefen zu sagen, wie sehr er ihr fehlte. Seit zehn Jahren teilte sie jeden Gedanken mit ihm, und die Trennung von ihrem Seelengefährten machte ihr mehr zu schaffen, als sie sich je ausgemalt hätte.

Jetzt, da sie wusste, wo Sartre stationiert war, wollte sie ihn unbedingt sehen. Das war allerdings nicht ganz einfach. Sie ging zur Polizeipräfektur, wo sie naiv um einen Passierschein bat.

»Warum?«, fragte der Beamte nicht unfreundlich.

»Ich will meinen Verlobten besuchen. Er ist im Elsass stationiert.«

Der Mann schüttelte den Kopf. »Tut mir leid. Besuche bei Ehemännern an der Front sind verboten. Und bei Verlobten sowieso.«

Schon stand sie wieder auf der Straße.

Verflixt, warum hatte sie sich nicht vorher erkundigt? Aber sie gab nicht auf.

Beim nächsten Mal war sie klüger. Sie ging auf ein anderes

Kommissariat, damit man sie nicht wiedererkannte, und erfand eine lungenkranke Schwester im Elsass, die ihre Hilfe benötigte.

Sie konnte ihr Glück kaum fassen, als der Beamte ohne Weiteres einen Stempel auf ein Papier donnerte.

Jetzt musste sie noch einen Arzt finden, der sie krankschrieb. Als sie endlich alle Dokumente beisammenhatte, bekam sie von Sartre eine Nachricht: Er würde verlegt und wisse noch nicht, wohin. Wütend zerriss sie die Papiere.

Zwei Tage später nannte er in einem Brief zahlreiche Namen, die ihr nichts sagten. Wer sollten Bernard und René Ulmann sein, Maurice, Adrien und Thérèse, und was sollte ihr das sagen? Wieder und wieder las sie die Zeilen, bis sie verstand. Die Anfangsbuchstaben ergaben das Wort *Brumath*. Sie holte einen Atlas und sah nach. Tatsächlich! Es gab eine Stadt, die so hieß. Sie lag zwischen Straßburg und Baden-Baden. Dort musste er sein.

Am folgenden Tag nahm Simone ihre Bemühungen um einen Passierschein wieder auf. Sie stand an, flehte und bettelte, log mit fast krimineller Energie, bis sie alle Erlaubnisscheine zusammenhatte.

Am nächsten Morgen um sechs Uhr dreißig sollte ihr Zug fahren. Er war überfüllt, dennoch gelang es Simone, sich hineinzuquetschen und sogar einen Sitzplatz zu ergattern, wo sie lesen konnte. Aber ihr Blick ging oft nach draußen, wo eine leuchtende Herbstlandschaft an ihr vorüberzog. Die Wiesen waren zum Teil überschwemmt, die Sonne glitzerte auf den Wasserflächen. Der Zug hielt immer wieder unvermittelt auf freier Strecke, keiner wusste, warum, doch alle dachten an deutsche Fliegerangriffe. Simone erlaubte sich keine Angst. Sie war voller Glück über das baldige Wiedersehen mit Sartre. Gegen Mittag kam sie in Nancy an, wo sie umsteigen musste.

Da sie ein paar Stunden Aufenthalt hatte, beschloss sie, die Zeit zu nutzen und sich die Stadt anzusehen. Sie wunderte sich, dass am Ausgang niemand ihren Passierschien kontrollieren wollte. Aber es war kein einziger Beamter zu sehen. Als sie auf den Bahnhofsvorplatz trat, empfing sie absolute Stille. Auch hier war keine Menschenseele. Sie machte sich auf den Weg und kam an Schaufenstern vorüber, die prall gefüllt mit Lebensmitteln waren. Aus einem Geschäft duftete es betörend nach frischen Karamellbonbons. Simone schluckte bei dem Gedanken an den Geschmack von Sahne und Zucker. Aber sie hatte kein Geld für solche Extras, außerdem war das Geschäft verschlossen – wie all die anderen Läden auch, trotz ihres üppigen Angebots, was sie wunderte. Und wo waren nur die Menschen in dieser Stadt? Auf einmal ertönte eine Sirene. Fliegeralarm. Während Simone sich noch nach einem Ort umsah, wo sie Schutz finden könnte, strömten von überall her die Menschen, die sie eben noch vermisst hatte. Allerdings gaben sie sich völlig sorglos und gingen in die Geschäfte. Einige starrten sie an. Mit ihrem gelben Turban, den hochhackigen Schuhen und großen Ohrgehängen sah man ihr die Herkunft aus Paris von Weitem an.

Da erst bemerkte sie ihren Irrtum: Die Sirene hatte das Ende des Alarms angekündigt. Sie war ganz allein mitten in einem vermeintlichen Luftangriff auf der Straße gewesen. Davon musste sie unbedingt Sartre erzählen. Sie hatte eine »Situation« im Sartre'schen Sinn erlebt, war also mit bestimmten Gegebenheiten konfrontiert worden, hatte diese aber durch ihr Handeln überwunden. Wobei die interessante Frage war, dass sie ja von dieser »Situation« nichts gewusst beziehungsweise sie falsch interpretiert hatte. Sie freute sich jetzt schon darauf, das mit Sartre zu diskutieren. Ganz abgesehen davon freute sie sich, dass ihr nichts passiert war. Vor lauter Glück lief sie zurück in das Süßwarengeschäft und kaufte sechs der Karamellen. Sie zergingen auf der Zunge wie himmlisches Manna. Drei aß sie, die anderen hob sie für Sartre auf.

Mitten in der Nacht stieg sie in Brumath aus dem Zug und wurde am Ausgang von zwei Soldaten aufgegriffen, weil sie die Sperrstunde verletzte. Trotz ihrer mondänen Kleidung gab sie die völlig erschöpfte und verängstigte Frau, die wegen der Verspätung des Zuges noch kein Bett für die Nacht hatte. Die Soldaten hatten Mitleid und brachten sie zu einem Gasthof, wo schon alles dunkel war, und klingelten den Patron heraus.

»Aber nur für eine Nacht, ab morgen ist das Zimmer reserviert«, brummte er.

Es wurde eine unruhige Nacht, Simone schlief kaum in den eiskalten Laken. Außerdem war sie hungrig. Doch all das nahm sie mit Freuden in Kauf, wenn sie nur morgen nach zwei endlosen Monaten Sartre wiedersehen würde.

Er hatte ihr geschrieben, dass er immer in einem bestimmten Lokal frühstücke, also verfasste Simone eine Notiz: *Sie haben Ihre Pfeife im* Café du Cerf *vergessen. Sie liegt dort für Sie bereit.* Sie suchte den Weg zur Kaserne und bat den Wachhabenden, dem Soldaten Sartre die Nachricht zu übergeben. Dann ging sie in das Café und wartete auf ihn. Würde er den Hinweis verstehen? Dürfte er den Standort verlassen? War er überhaupt noch in der Stadt? Sie war so nervös, dass sie nur einen Kaffee herunterbrachte, obwohl sie halb verhungert war. Seit den Karamellen vom Vortag hatte sie nichts mehr gegessen.

Immer wieder schaute sie auf die Straße hinaus, und da – ihr Herz machte einen Satz – kam er. Sein Gang und seine Pfeife machten ihn auch aus der Ferne unverkennbar. Als er näher kam, bemerkte sie den struppigen Bart, der ihn wie einen zerzausten Jäger aussehen ließ. Langsam stand sie auf und trat vor die Tür, ohne ihn aus den Augen zu lassen. Jetzt sah er sie auch, und Simone las Erstaunen und ungläubige Freude in seinem Gesicht. Er fing an zu laufen, dann fielen sie sich in die Arme.

»Castor«, flüsterte er. »*Mon amour.*«

»Sie haben meinen Brief nicht erhalten«, sagte Simone.

»Nein«, sagte er glücklich.

Sie lösten sich aus ihrer Umarmung, weil das Soldaten verboten war, und gingen, stumm vor Freude, auf Simones Zimmer hinauf.

Sartre hatte nur eine Stunde Zeit. Als die Tür hinter ihnen ins Schloss fiel, sahen sie sich an. Sollten sie sich lieben? Sie legten sich nebeneinander auf das Bett, umarmten sich und fingen an zu erzählen, wie es ihnen in den letzten zwei Monaten ergangen war. Viel zu schnell musste er wieder zum Dienst. Simone konnte sich inzwischen vor Müdigkeit kaum noch auf den Beinen halten, das Wiedersehen mit dem gesunden, wenn auch zerzausten Sartre hatte sie vollends überwältigt. Sie legte sich ins Bett und schlief drei Stunden tief und traumlos. Dann hatte sie wieder genügend Kraft, um zur Kommandantur zu gehen und ihre Aufenthaltserlaubnis zu verlängern. Ohne viel Worte stempelte der Beamte ihr Papier. Sie hatte zwei weitere Tage bewilligt bekommen.

»Ich kann bis Sonntag bleiben«, jubelte sie, als sie Sartre während seiner Mittagspause wiedertraf. Er war frisch rasiert, und Simone erkannte in ihm ihren Geliebten wieder. Sie hielten sich lange einfach nur in den Armen.

»Ich habe mit meiner Vermieterin gesprochen, Sie können mein Zimmer haben«, sagte er. »Leider hat sie strenge Sitten und erlaubt nicht, dass wir unverheiratet gemeinsam in einem Zimmer übernachten. Und wundern Sie sich nicht, auf dem Bett liegt ein besticktes Kissen mit dem Spruch *Ruhe sanft*, auf Deutsch. Ich gehe so lange zu einem Kameraden. Aber ich werde mich in Ihr Bett schleichen. Sie hat einen sehr festen Schlaf.« Er grinste sie verschwörerisch an. »Ich habe Ihnen mitgebracht, was ich in den letzten Wochen geschrieben habe. Es ist ein Roman über die Wege der Freiheit. Sie müssen alles lesen und mir sagen, was Sie davon halten.« Er reichte ihr einen Stapel Papiere. Genau wie früher, dachte Simone glücklich. Als wäre kein Krieg.

»Ich habe auch etwas für Sie«, sagte sie glücklich und hielt ihm ihren Roman hin. »Ich habe ihn überarbeitet, ich will Ihre Meinung hören.«

Sartre musste wieder zurück, um seinen Wetterballon steigen zu lassen und die Ergebnisse in ein Buch einzutragen.

Bis zu ihrem nächsten Treffen am Abend hatten beide die Manuskripte und Tagebücher des anderen gelesen, und sie verbrachten die nächsten Stunden damit, sich darüber auszutauschen, nachdem sie vorzügliche Schweinekoteletts und Sauerkraut in sich hineingeschaufelt hatten. Simone war überglücklich, weil Sartre ihre Meinung teilte, dass ihr Roman nun gelungen war.

Auch über die Familie in Paris sprachen sie ausführlich. »Was ist mit Bost?«, fragte er.

Simone seufzte. »Es hat mich getroffen, zu sehen, dass er Olga Liebesbriefe schreibt, die länger sind als die an mich. Und wenn er Urlaub hat und nach Paris kommt, werde ich leiden, weil er seine Zeit mit Olga verbringen muss und ich ihn nicht ganz haben kann. Aber ich habe ein schlechtes Gewissen wegen Olga, ich komme mir richtig schäbig deswegen vor.«

Er strich ihr eine Haarsträhne aus dem Gesicht und kam ihr dabei ganz nahe. »Aber nein, warum denn nur? Sie gehören Bost nicht, und er gehört nicht Ihnen. Und Olga übrigens auch nicht.«

Sie lächelte ihn dankbar an. »Ich könnte ja so tun, als wäre die Beziehung zu Bost ohne mein Zutun über mich gekommen wie ein *coup de foudre*, aber das wäre gelogen. Ich habe den ersten Schritt getan. Aber verstehen Sie: Wenn ich die Sache von außen betrachtete, von einer höheren Warte aus, dann wäre ich arrogant und würde so tun, als hätte ich keine Gefühle für ihn und würde meine Liebe verleugnen. Das wäre unaufrichtig. Man müsste beides gleichzeitig können, sich seinen Gefühlen hingeben und sich trotzdem aufrichtig von außen betrachten.«

»Jetzt spricht mein lieber Castor«, rief Sartre bewundernd aus. »Was Sie sagen, ist von solcher Bedeutung, dass ich glaube, Sie sind gerade dabei, Amerika zu entdecken. Sie sollten weiter über diese Dinge nachdenken und sie aufschreiben.«

Simone nickte. Ihr war, als hätte sie gerade einen weiteren Schritt zur Selbsterkenntnis getan. »Ich fühle, dass ich dabei bin, etwas ganz Bestimmtes zu werden. Ich fühle mich wie eine fertige Frau, bin aber noch dabei, herauszufinden, welche. Ich frage mich also, in welcher Weise ich an meinem Geschlecht teilhabe oder auch nicht, was mich von anderen Frauen unterscheidet, wenn es da überhaupt etwas gibt. Darüber möchte ich länger nachdenken.«

Sie hielt inne und sah Sartre an, der es bemerkte. Sein Anblick hielt sie so gefangen, dass sie nicht weitersprechen konnte.

»Was haben Sie?«, fragte er zärtlich.

»Ich bin einfach nur glücklich, Sie als Gesprächspartner wiederzuhaben. Fast hätte ich vergessen, wie gut es sich anfühlt, mit Ihnen zu reden. Ohne Sie könnte ich mir mein intellektuelles Leben niemals vorstellen.«

»Sie fehlen mir auch. Nur Sie und Paris«, gab er zurück.

Am späten Sonntagabend nahm Simone den letzten Zug. Der Himmel funkelte vor Sternen, als Sartre sie zum Bahnhof brachte. Diesmal war sie es, die abfuhr, und Sartre blieb zurück. Der Abschied war traurig, aber nicht so hoffnungslos wie Anfang September. Als Simone im Zug saß und die Landschaft vorm Fenster vorbeirauschen sah, dachte sie: Ich bin nicht unglücklich. Ich werde niemals unglücklich sein, solange ich Sartre habe, und sei es fern von mir.

Kapitel 25

Der Zug hatte Verspätung und war überfüllt, wie immer in diesen Tagen. Es war schon nach acht Uhr, als Simone in Paris ankam. Sie war zum Umfallen müde und konnte ihr Glück kaum fassen, als beim Verlassen des Bahnhofs direkt vor ihr ein Taxi hielt. Sie ließ sich auf die Rückbank fallen und kam gerade noch rechtzeitig für den Unterricht im Camille-Sée an, der um halb neun begann. Nach Schulschluss holte sie Briefe von Bost ab, der sie stets an eine Poststelle schickte, weil Olga nicht wissen durfte, dass er ihr zärtliche Briefe schrieb. Dann fuhr sie ins Hotel und traf auf Olga.

»Wie schön, dass du wieder da bist. Wie geht es Sartre? Du musst mir alles erzählen, sofort.« Olga küsste sie.

Simone stopfte die Briefe noch ein bisschen tiefer in ihre Tasche. Sie würde sie später lesen. Es war schön, Olga wiederzusehen. Sie machten einen Spaziergang durch den Luxembourg und genossen den goldenen Altweibersommertag. Dann lud Olga sie in ein Restaurant ein.

Als Simone wieder zu Hause war, las sie in Ruhe Bosts Briefe, dann schrieb sie ein paar Zeilen an Sartre, über denen sie jedoch völlig erschöpft einschlief. Jetzt, da sie wusste, wie es Sartre ging, wie er lebte und dass er vorläufig nicht in Gefahr war, hatte sie ihre innere Ruhe wiedergefunden. Seit dem Gespräch mit ihm konnte sie ihr Leben im kommenden Krieg ins Auge fassen, sie würde arbeiten und ab und zu Sartre sehen, wenn sie Glück hatte, aber es wäre wieder ihr Leben, keine tote Zeit. Sie fiel in einen tiefen, traumlosen Schlaf.

Am nächsten Morgen klingelte der Wecker viel zu früh, aber das Gefühl vom Vorabend, dass alles im Lot sei, war noch da. Nach dem Unterricht eilte sie gleich wieder zurück ins Hotel, denn es brannte ihr auf den Nägeln, ihre Sachen und vor allem die Unterlagen auszupacken, die Sartre ihr mitgegeben hatte.

Sie legte den Stapel Papiere vor sich auf den Tisch, und während sie die Seiten überflog, auch jene, die sie in Brumath geschrieben hatte, stieg in ihr das Gefühl auf, nicht länger lebendig begraben zu sein. Vor ihrer Reise hatte sie stundenlang in diesem Zimmer gehockt, an Sartre gedacht und sich selbst bedauert. Und was hatte ihr das gebracht? Nicht das Geringste. Nun aber hatte sie ihren Mut wiedergefunden und wollte nichts dringlicher, als an ihrem eigenen Buch arbeiten.

Sie blätterte die Seiten durch, die voller Anmerkungen, Fragezeichen und Streichungen von Sartres Hand waren. *Warum schreiben Sie so viel von Elisabeth?* Simone stutzte. Sartre hatte recht. Elisabeth war im Roman eine Freundin von Françoise, aber sie spielte in der Dreiecksgeschichte nur eine Nebenrolle, und Simone wollte doch von Françoise erzählen. Und von ihrer starken Gegenspielerin, der sie Züge von Olga gegeben hatte. Aber beide Frauen waren bisher zu blass, die Besonderheiten ihres Charakters wurden noch nicht deutlich genug. Sie drehte die bereits geschriebenen Seiten um und fing noch einmal von vorn an.

Die folgenden Wochen waren ganz dem Schreiben gewidmet. Ab und zu sah sie ihre Freunde im *Flore*, das wieder geöffnet hatte. Es gab sogar neue Sitzbänke, die wunderbar weich waren. Die Fenster waren nach wie vor verdunkelt, was dem Lokal etwas von einer Höhle oder einem Kinosaal gab. Simone gefiel die Atmosphäre sehr, und sie ging oft dorthin, um zu schreiben. Man musste jetzt immer sofort bezahlen, weil jederzeit ein Fliegeralarm ertönen konnte. Wenn das Café schloss, ging sie nach Hause und freute sich darauf, am nächsten Tag wiederzukommen und weiterzuschreiben.

Gégé und ihr neuer Mann verließen Paris für eine Woche und boten Simone an, in der Zeit ihrer Abwesenheit bei ihnen in der Rue d'Assas zu wohnen. Weil die Wohnung zwei Zimmer hatte, schloss sich ihr Olga an. Seit sie bei ihren Eltern ausgezogen war, hatte Simone noch nie in einer eigenen Wohnung mit Küche und Bad gelebt, und zu ihrer Überraschung fand sie Gefallen an der ungewohnten Häuslichkeit. Olga kochte manchmal Milchreis für sie, sie frühstückten morgens zusammen und plauderten. In der Wohnung gab es einen Plattenspieler und viele Schallplatten, so dass die beiden Frauen manchmal abends zu Hause blieben und Musik hörten, Jazz ebenso wie Beethoven, und Simone las zahlreiche Bücher zur Musikgeschichte, die in den Regalen standen. Dabei packten sie schwere Pakete mit Büchern und Tabak, mit Tinte und Schreibpapier für Sartre und Bost.

Neben den beiden Männern kümmerte Simone sich vor allem um ihre kleine Familie, zu der immer noch Olga, ihre Schwester Wanda und Bianca Bienenfeld gehörten. Zu Bianca war der Kontakt allerdings loser geworden, seit Sartre nicht mehr in der Stadt war. An ihre Stelle war Natascha Sorokin getreten, eine ehemalige Schülerin Simones vom Lycée Molière. Auch Natascha, die eigentlich Nathalie hieß, hatte russische Wurzeln und war von außergewöhnlicher Schönheit. Anfangs hatte sie zu den schüchternen Bewunderinnen gehört, aber seitdem Simone nicht länger an ihrer Schule unterrichtete, verfolgte die junge Frau sie durch die ganze Stadt und schwor ihr niemals endende Liebe. Wie Olga war sie eine Suchende, neugierig auf das Leben, furchtlos und charakterstark. Simone war sehr gern mit ihr zusammen, sie wuchs ihr ans Herz wie Olga. Natascha hatte Probleme in der Schule, und Simone gab ihr Nachhilfe in Philosophie und Mathematik, doch manchmal hatten sie keine Lust zu arbeiten und plauderten einfach nur. Bei der Gelegenheit erfuhr Simone, dass Natascha kleine Gaunereien beging, wenn sie Geld brauchte. Einmal verlegte sie sich darauf, im Kaufhaus *Printemps* teure Füllfederhalter zu klauen, die sie dann an ihrer Schule verkaufte.

Jetzt, in der Abwesenheit Sartres, kümmerte sich Simone allein um diese jungen Frauen, die sie zu ihrer Familie gewählt hatte. Sartre konnte nicht mehr tun, als in seinen Briefen zu versuchen, die Wogen zu glätten, wenn wieder einmal eifersüchtige Konflikte aufflammten.

Simone versorgte die jungen Frauen mit Geld, und zwar mit dem, was sie selbst verdiente, und mit Sartres Lehrergehalt, das ihm während seiner Einberufung weitergezahlt wurde, und natürlich mit Zuneigung. Auch redete sie mit, wenn es um die Ausbildung und Streitigkeiten mit den Eltern ging. Doch trotz ihrer engen Verbundenheit mit den dreien stöhnte sie manchmal unter der Verantwortung. Olga und Natascha mochten sich nicht und waren gemein zueinander. Die Eltern der jungen

Frauen misstrauten Simones Absichten, womit sie natürlich nicht ganz unrecht hatten. Untereinander waren sie eifersüchtig und achteten peinlich darauf, dass Simone der einen nicht mehr Zeit zubilligte als der anderen. Was wiederum Simone dazu brachte, zu lügen und Ausflüchte zu finden, die sie genauestens mit Sartre absprach, damit er sich in seinen Briefen nicht verplapperte. All das kostete Zeit, und manchmal wurde ihr alles zu viel. Aber dieses Konzept der Familie, die sich aus Individuen zusammensetzte, hatten Sartre und sie gewollt, weil es für sie gelebte Philosophie und eine Form des Zusammenlebens jenseits der bürgerlichen Normen und zufälliger verwandtschaftlicher Bande war. Simone bemühte sich, allen gerecht zu werden, versuchte sogar, zusätzliche Nachhilfestunden zu geben, um genügend Geld für alle aufzutreiben. Und dann verlor Wanda ihr Portemonnaie mit dem ganzen Geld, und sie waren von Neuem in Not.

Als sich dann auch noch ihre Schwester Poupette ankündigte, die bisher in La Grillère im Haus ihrer Tante gewohnt hatte und verlangte, Simone täglich zu sehen, brach ihr fragiler Zeitplan endgültig zusammen.

Poupette warf ihr vor, zu viel Zeit mit Olga und Natascha zu verbringen und sich von den Frauen auffressen zu lassen. Zum Glück wusste sie nichts von dem intimen Verhältnis zwischen den Frauen. *Sie hat angekündigt, dass sie uns, Sie und mich, nach dem Krieg viel mehr sehen werde als vorher – zugleich beklagt Olga sich, sie sähe mich nicht genügend, und will sich rächen, wenn Poupette weg ist,* schrieb sie an Sartre.

Zu allem Überfluss vermisste sie Bost und machte sich Sorgen um ihn. Er wurde ständig verlegt, sie wusste nie genau, wo er war und wie es ihm ging. Wenn ein Brief von ihm kam, schrieb er von der unsäglichen Langeweile, die ihn quälte.

Seit Gégé wieder in Paris war und ihre Wohnung wieder für sich benötigte, wohnte Simone im *Hôtel Danemark* in der Rue Vavin, gleich um die Ecke vom *Mistral*, wo es ihr schon länger nicht mehr gefallen hatte, weil die Patronne so feindlich zu ihr war. Simone meinte gehört zu haben, wie sie »Lesbe« und *coureuse*, »Flittchen«, hinter ihr hermurmelte. Ihre Mutter hatte sich geweigert, das *Mistral* zu betreten, weil sie es entsetzlich schmutzig dort fand. Im *Danemark* zeigte ihr die Patronne nun ein großes Zimmer mit einem riesigen Bett in einem Alkoven, einem großen Tisch und Bücherregalen. Am schönsten fand sie den Schrank mit einer Spiegeltür. Vor den Fenstern hingen dicke Samtvorhänge, die zwar verschossen waren, aber dennoch blickdicht genug, dass sie trotz des Verdunklungsgebots richtiges Licht zum Lesen haben konnte. Hinter einem Wandschirm mit aufgemalten Blumen war das Waschbecken.

»Darf ich den Tisch vor das Fenster stellen?«, fragte sie die Wirtin.

»Von mir aus«, entgegnete die mit einem Schulterzucken.

Zu zweit trugen sie den Tisch an die richtige Stelle. Simone setzte sich probehalber. Der Platz war perfekt. Sie bekam sofort Lust zu arbeiten.

Sie stand wieder auf und trat vor den Spiegel. Sie trug an diesem Tag ihren schwarzen Plisseerock und eine gelbe Bluse und darüber einen Mantel aus feinstem Kamelhaar, den ihre Mutter ihr genäht hatte und der ein einziger Traum war. Sie fand sich sehr hübsch. Nur leider hatte sie zweihundert Franc für den Mantelstoff ausgegeben, und nun hatte sie kein Geld mehr für neue Schuhe, die sie dringend brauchte. Seufzend sah sie auf ihre Füße hinunter. Die Schuhe waren abgetragen und löchrig, sie hatte ständig kalte Füße.

»Ich nehme das Zimmer«, sagte sie. »Ich komme heute Nachmittag mit meinen Sachen. Es sind nicht viele.«

Eine Woche später wurde ein anderes Zimmer frei, und Olga und Wanda zogen ebenfalls ein.

An einem trüben Novembertag war Simone bei Olga, sie frisierten sich gegenseitig die Haare, rauchten und waren ausgelassen. Simone wollte einen Kamm vom Tisch nehmen, als ihr Blick auf einen Brief fiel. Er war zerknickt, ein Rotweinfleck verunstaltete ihn. Sie erkannte Bosts Schrift und überflog ein paar Zeilen, und Bosts zärtlicher Ton gab ihr einen Stich der Eifersucht. Abrupt ließ sie den Kamm sinken.

»Was ist?«, fragte Olga.

Wenn ich wirklich daran glaube, dass er sie liebt, kann ich nicht mehr glauben, dass er auch mich liebt, dachte Simone, und ihr wurde schwindlig.

»Was wäre, wenn Bost in diesem Krieg sterben würde? Wie würdest du damit zurechtkommen?«, fragte sie und konnte die Augen nicht von dem Brief lassen.

Olga sah sie unschuldig an. »Wieso fragst du? Es wäre für mich ein großes Unglück, aber keine Katastrophe.« Dabei sah sie in den Spiegel und begutachtete ihre Frisur und ließ sich von der Vorstellung nicht weiter aus der Ruhe bringen.

Simone war sprachlos, wollte sich jedoch nicht anmerken lassen, wie sehr sie diese Reaktion Olgas erschütterte. »Ich muss gehen«, sagte sie und stand abrupt auf, plötzlich geplagt von entsetzlichen Kopfschmerzen.

Sie wollte nicht allein sein und eilte in die *Coupole*. Dort bestellte sie einen Aquavit, aber als Henri das Glas vor sie hinstellte, konnte sie nichts trinken, weil sie so angewidert war von dem Gift, das Bosts geschriebene Worte in ihr Blut geträufelt hatten, und Olgas Gleichgültigkeit machte sie traurig. Ihr gefiel nicht, wie machtlos sie diesen Gefühlen gegenüberstand. In diesem Moment war sie nicht die Frau, die ihr Leben selbst bestimmte – war nicht die Frau, die sie sein wollte. Das schlechte Gewissen, das sie Olga gegenüber verspürte, ihre Sehnsucht nach Bost und zugleich ihre Eifersucht auf Olga, gegen die sie nicht ankam, machten sie zu einer anderen.

Eine ganze Weile dachte sie darüber nach und stand verstört am Tresen. Der Schmerz wurde beinahe übermächtig, und dann meinte sie Sartres Worte zu hören, wie er sie tröstete. Sie sah sein zärtliches Gesicht vor ihrem, und ihr wurde klar, dass Sartre ihr niemals wehtun würde, solange sie lebte. Er wäre immer an ihrer Seite, er war ihre ganze Kraft und unverrückbarer Teil ihres Lebens. Der Gedanke tröstete sie. Durch den Schmerz leuchtete das Glück hindurch. Simone hatte immer gewusst, dass sie kein Recht auf Glück hatte, niemand hatte das, aber dass ihr das große Glück Sartre geschenkt war, wurde ihr in diesem Augenblick klar, und sie war zutiefst dankbar dafür. Sie nahm den Aquavit und trank ihn aus, dann ging sie nach Hause, quer über den Platz vor der Kirche Saint-Germain, dessen Kopfsteinpflaster im Mondlicht leuchtete.

In der Nacht gab es wieder mal einen Fliegeralarm. Simone hörte die Aufregung der anderen Hotelbewohner und das Poltern auf der Treppe. Olga klopfte an ihre Tür, aber sie antwortete nicht. Die Emotionalität des Tages hatte sie so erschöpft, dass sie einfach im Bett blieb und weiterschlief.

Der Januar brachte nichts als lange, trübe Tage an der Schule und immer größere Sehnsucht nach Sartre. Trotz aller Widrigkeiten gelang es Simone, mit ihrem Roman voranzukommen, sie hatte jetzt einhundertsechzig Seiten geschrieben. Die Gewissheit, dass Sartre an seinem großen philosophischen Werk arbeitete, obwohl er Soldat war, trieb sie an. Und dann schrieb er, dass er im Februar zehn Tage Urlaub bekäme. Sofort schmiedeten Simone und er einen Plan, seine Anwesenheit in Paris geheim zu halten, um möglichst viel Zeit allein verbringen zu können. Nur seine Mutter wusste Bescheid, bei ihr bestand nicht die Gefahr, dass sie die anderen traf und etwas ausplauderte. Bevor Sartre kam, trennte er sich in einem Brief von seiner Geliebten Bianca, die am Boden zerstört war.

Der Rest der Familie durfte auf keinen Fall Wind davon bekommen, besonders bei Wanda und Natascha befürchteten Simone und Sartre amouröse Komplikationen. Simone stöhnte auf bei dem Gedanken, wie Wanda herausgefunden hatte, dass Simone Sartre besucht hatte. Sie hatte herumgeschrien und war fuchsteufelswild geworden. Als Simone sich dann auch noch geweigert hatte, ihr Sartres Adresse zu geben, hatte sie komplett die Fassung verloren, und Simone hatte Olga zu Hilfe holen müssen, weil Wanda auf sie losgegangen war.

Daher war ausgeschlossen, dass Wanda von Sartres Anwesenheit in Paris erfuhr. Sie hätte ihm keine ruhige Minute gelassen. Simone ärgerte sich, dass sie Sartre nicht einmal ihr schönes neues Hotelzimmer zeigen konnte, aber die Gefahr war zu groß, dass Wanda und Olga, die nebenan wohnten, es mitbekommen würden. Auch ihre Lieblingscafés, das *Dôme*, das *Flore* und das *Deux Magots* und die *Coupole*, blieben tabu.

Am 4. Februar ging sie ohne Wissen der Anderen zur Gare de l'Est und setzte sich dort in die Brasserie. Sie nahm ein Buch aus der Tasche, war jedoch viel zu aufgeregt, um zu lesen. Immer wieder blickte sie zu der großen Treppe, die Sartre heraufkommen musste. Der Zug war pünktlich, und dann entdeckte sie ihn. Er sah sich suchend nach ihr um, hatte sie aber noch nicht gefunden. In diesem Augenblick gehörte er ganz Simone, die ihn stumm betrachtete. Er trug einen ausgefransten Armeemantel und Schuhe, die ein paar Nummern zu groß waren. In seinem Blick las sie freudige Erwartung. Jetzt hatte er sie gesehen. Sein Gesicht leuchtete auf, und er kam zu ihr herüber, legte seine vielen Beutel ab und setzte sich neben Simone. Sie fingen sofort an zu reden. Es war, als hätten sie sich vor drei Tagen getrennt, nicht vor drei Monaten.

Dann gingen sie in das Hotel, wo Simone ein Zimmer genommen und auch Sachen für Sartre hinterlegt hatte, damit er sich umziehen konnte. Die ersten Tage, die überschäumten von Gedanken, Spaziergängen und Zärtlichkeit, versteckten sie sich hier. Es gab so viel zu lesen und zu reden. Für Simone war diese Zeit voller Seligkeit, da sie nur zu zweit waren und Sartres Zuneigung und Aufmerksamkeit ihr allein galten.

Aber dann stand Wanda hysterisch weinend vor der Tür, und hinter ihr drängte Olga wütend ins Zimmer. Poupette hatte sich verplappert und verraten, dass Sartre in der Stadt war. Nun forderte Wanda, dass Sartre sofort mit ihr käme und die restlichen

Urlaubstage mit ihr verbringe. Wanda war außer sich, weil Sartre sich ihr entziehen wollte, und Olga war eifersüchtig, weil Simone keine Zeit für sie hatte. Wenn es nicht so dramatisch und tränenreich gewesen wäre, hätten sie darüber lachen können. Sartre fügte sich und zog für die nächsten Tage zu Wanda, würde aber Simone trotzdem mindestens einmal täglich sehen.

Am ersten Morgen ohne ihn wachte Simone auf und stellte fest, dass sie glücklich war, ohne eine Spur von Eifersucht, weil sie wusste, dass sie abends mit ihm verabredet war. Außerdem musste sie ohnehin in den Unterricht, und danach wollte sie Olga treffen, um sich mit ihr auszusprechen.

Die nächsten Tage waren angefüllt mit Verabredungen, Sartre und sie kamen kaum zum Schlafen, ständig wollte jemand etwas von ihm, seine Bewunderer, der Verlag, Freunde und Geliebte.

Trotz allem blieben Simone und ihm ein paar glückliche Abende nur für sich. Wie früher spazierten sie Arm in Arm durch die Stadt, die in den frühen Abendstunden mittlerweile etwas fast Ländliches an sich hatte, weil keine Lichter mehr zu sehen waren. Sie wanderten durch den Jardin du Luxembourg, den, ebenso wie die anderen Pariser Parks, keine Gärtner mehr pflegten. Die Wege waren dicht mit Blättern in allen Schattierungen von Gelb bis Dunkelrot bedeckt, ein ungewohnter Anblick, der Simone entzückte. Als dann noch ein prächtiger Abendhimmel dazukam, drückte sie ergriffen Sartres Hand.

»Die individuelle Freiheit gilt in jeder Situation, sie ist überall«, erklärte er Simone, während sie dem Ausgang zustrebten, und nahm dabei ein Thema wieder auf, das er schon in seinen Briefen dargelegt hatte. »Freiheit ist nicht nur ein Geschenk, sondern auch eine Verpflichtung für den Einzelnen, denn sie bedingt sein Handeln.«

Simone fand dieses Konzept sehr verführerisch, weil es so viele Möglichkeiten bot, war jedoch auch skeptisch. »Aber warum sind dann so viele Menschen nicht bereit, ihre Freiheit anzunehmen? Denken Sie nur an Bianca, die nicht fähig ist, eine Entscheidung zu treffen, und völlig von uns abhängt. Oder an die Figur der Elisabeth in meinem Roman. Sie weigert sich schlichtweg, ihre Freiheit zu akzeptieren, sie hat sogar Angst davor. Und außerdem glaube ich, Sartre, Sie denken zu kurz. Nicht jede Situation des Menschen ist gleichermaßen frei. Eine Frau im Harem hat einen anderen Begriff von Freiheit als ein freier Mann.«

Sartre nahm seine Brille ab, um sie an seiner Krawatte zu putzen. Ohne Brille war er beinahe blind, was Simone stets rührte, aber sie kannte ihn gut genug, um zu wissen, dass er diese Augenblicke nutzte, um alles Äußere auszublenden und intensiv nachzudenken. Er setzte die Brille wieder auf und sah sie an. »Das ist ein sehr schönes Bild, Castor, aber ich glaube trotzdem, dass ich recht habe. Ich lasse mich nicht davon abbringen. Aber wenn Sie anderer Meinung sind, dann schreiben Sie das auf«, forderte er sie auf. »Zeigen Sie mir die Elisabeth in Ihrem Roman. Erklären Sie sie mir.«

Simone nickte eifrig. Genau das würde sie tun und gleich heute Abend die entsprechenden Passagen in ihrem Manuskript überprüfen. Am verführerischsten an Sartres Theorie fand Simone den Aufruf zum Handeln, den sie implizierte. Engagement nannte er das in seinem Buch. Wer frei war zu handeln, der musste es auch tun. Für ihn selbst bedeutete das konkret, dass er seine Ablehnung der Politik aufgeben wollte. »Nach dem Krieg werde ich mich politisch engagieren. Ich kann nicht mehr wie von einem Elfenbeinturm aus zusehen, wenn die Dinge in diesem Land schieflaufen.«

Simone stimmte ihm zu.

Sie machten noch einen Umweg an die Seine, weil am wolkenlosen Himmel der Vollmond aufgezogen war und sie beide den glitzernden Fluss in diesen Nächten über alles liebten. Am Pont Neuf lehnten sie sich an die Brüstung und sahen lange auf das gleißende Band unter ihnen.

»Paris und Sie«, sagte Simone. »Mehr brauche ich nicht.«

»Mir geht es genauso, *mon amour*.«

Sie küssten sich, dann gingen sie nach Hause.

Sartre schlief, aber Simone fand keine Ruhe. Ihr ging das Gespräch mit ihm durch den Kopf. Es hatte sie in dem Gefühl bestärkt, dass ihr Roman sich im Kreis drehte. Sartre hatte ihn einem Lektor bei Gallimard gezeigt, der ihr zu einer erneuten Überarbeitung riet. Das Problem war der Schluss. Sie wusste nicht, wie sie ihre Figuren Françoise, Pierre und Xavière aus dem Dreigestirn befreien sollte, das sie zunehmend einengte. Jede der drei Figuren lebte ein anderes Konzept von Freiheit und fühlte sich von den jeweils anderen bedroht.

Nun, kurz vor dem Einschlafen, drängte sich, unter dem Eindruck von Sartres neuer Theorie, vielleicht aber auch wegen des Zorns, den sie auf die anderen Frauen hatten, die sie und Sartre derart unter Druck setzten, eine Idee für den passenden Schluss auf. Sie traute ihrem Einfall anfangs nicht, doch er war so aufregend, dass es sie nicht länger im Bett hielt. Leise, um Sartre nicht zu wecken, stand sie auf und setzte sich an ihren Schreibtisch.

Um zu überprüfen, was ihre Idee taugte, hatte sie ihre Gedanken dazu auf einem neuen Blatt skizziert und weiter ausgeführt. Oft passierte es ihr, dass sie meinte, einen guten Gedanken zu haben, der sich dann jedoch auf dem Weg vom Kopf in die Hand als Irrtum herausstellte. Aber heute Nacht war es nicht so. Je länger sie darüber nachdachte, je mehr Details sie notierte, umso zwingender erschien ihr das Ende. Sie hatte die Lösung für ihr Problem gefunden. Geradezu euphorisch fing sie an, den letzten Dialog zwischen Françoise und Xavière zu schreiben, und zitterte dabei vor Glück. Es wurde schon hell vor dem Fenster, als sie endlich zurück ins Bett fand.

Am nächsten Morgen, als sie einen schnellen Kaffee im *Flore* tranken, bevor Simone zum Unterricht musste, erzählte sie Sartre davon.

»Ich habe einen Schluss gefunden, und er passt zu Ihrer Philosophie. Sie ist der Schlüssel zu dem, was Françoise am Ende tut.«

Sartre sah sie fragend an. »Und was tut sie?«

»Sie bringt ihre Rivalin um. Sie dreht das Gas auf, in dem Xavière sterben wird. Aber Françoise tut dies in einem Akt der Freiheit und nimmt diese schreckliche Verantwortung in vollem Bewusstsein auf sich, um frei zu sein. Das ist mir gestern Abend klar geworden. Auf einmal war die Lösung da. Es gibt keine andere. Françoise hat ihre Wahl getroffen: Sie leidet nicht länger an der Situation, sie überwindet sie.«

Sartre rutschte zu ihr herüber und breitete die Arme aus. »Das ist großartig, Castor. Und es ist in der Tat unsere Existenzphilosophie, angewandt auf die Literatur. Ich bin so stolz auf Sie.«

»Ich muss los, wenn ich nicht zu spät in der Klasse sein will. Die Direktorin hat mich ohnehin auf dem Kieker. Bis nachher.« Sie sprang auf und eilte davon.

»Beeilen Sie sich. Ich warte auf Sie. Es ist unser letzter Abend.«

Als sie am Nachmittag zurückkehrte, sprachen sie noch einmal ausführlich über ihr gemeinsames Leben.

»Nichts ist für mich wichtiger als unsere gemeinsame Zukunft«, sagte Sartre zu Simone und nahm sie in die Arme.

»Für mich auch«, erwiderte sie. Und bis sie wieder vereint wären, würde sie getreu der Maxime ihres Romans leben: keine stille Resignation, sondern aktive Überwindung der Situation.

Noch als sie ihn zum Bahnhof brachte, zehrte sie von diesem Moment der Innigkeit.

Am nächsten Morgen beim Aufwachen tastete sie schlaftrunken nach Sartre neben sich, doch er war fort. Stattdessen war alles andere sofort wieder da: der Krieg, die Trennung von ihm, die Ödnis. Mutlos stand sie auf und ging ins Café. Es fiel ihr nicht leicht, die eigenen Vorsätze zu beherzigen. Erst die Routine des Alltags half ihr, sich besser zu fühlen.

In der folgenden Woche kam Bost auf Heimaturlaub. Simone hasste den Gedanken, dass sie ihn würde teilen müssen und nur im Verborgenen allein treffen könnte. Aber wenn sie an sein schönes Gesicht dachte, bekam sie gleich Lust, es zärtlich zu streicheln.

Am zweiten Tag seines Aufenthaltes hatte Olga am Abend Theaterprobe, und Simone wartete in ihrem Zimmer auf Bost. Sie zitterte vor Erwartung und sah zum tausendsten Mal auf die

Uhr. Noch zwanzig Minuten. Sie stellte sich vor ihren Spiegel und betrachtete sich kritisch. Ich benehme mich wie eine Siebzehnjährige, dachte sie mit einem glücklichen Lächeln.

Dann löste sie ihre Haarspangen. Sie würde ihr Haar noch schnell waschen, damit es glänzte und gut roch. Bost sagte immer lachend, sie würde wie ein kleiner mutiger Fakir aussehen, wenn sie ihren Turban trug, aber heute wollte sie für ihn einfach nur eine Frau sein. Ihre Nägel hatte sie bereits in einem dunklen Rot angemalt, und sie trug die gelbe Bluse, die ihr so gut stand.

Sie war gerade fertig, als es klopfte.

Simone öffnete die Tür, und als sie seinen gelben Pullover und die Liebe in seinen Augen sah, fing sie an zu weinen.

»Simone«, stöhnte er und nahm sie in seine Arme.

Ihre körperliche Lust, auf die sie so lange hatten verzichten müssen und die in den letzten Tagen noch einmal größer geworden war, ließ sie sich in einer heftigen Umarmung aneinanderklammern. Während Simone ihn küsste, fragte sie sich verwundert, wo diese Gefühle bisher in ihr geschlummert hatten. Sie lachte, als ihr auffiel, dass es ihr erst durch die Lust gelang, ihren Kopf einmal auszuschalten. Und dann dachte sie nichts mehr, sondern fühlte nur noch.

Nachdem ihre erste Leidenschaft gestillt war, stand Bost auf und holte etwas aus seiner Tasche. Es waren die *Babouches*, die Simone ihm aus Marokko mitgebracht hatte.

Ein wenig umständlich schlüpfte er hinein und sah sie an. »Diese Schuhe zu tragen hat mich die letzten Monate gerettet, weil ich mich dir darin stets nahe gefühlt habe«, sagte er.

Simone stand auf und schmiegte sich an ihn. »Ach Bost«, sagte sie und streichelte seine Arme.

Für einen Augenblick standen sie einfach nur da. Ob er wusste, was einige ihrer Freunde über sie dachten? Dass sie Simone bemitleideten und sie für eine betrogene Frau hielten? Alle wussten von Sartres Geliebten, man konnte sogar in der Zeitung darüber lesen. Es hatte hämische Kommentare über sie, Simone, gegeben. Ihr eigener Vater hielt sie für eine Hure, und Sartres Stiefvater weigerte sich nach wie vor, sie zu empfangen, weil sie Sartres Mätresse sei. »Warum nehmen Sie sich nicht auch einen Geliebten?«, hatte Colette Audry sie kürzlich gefragt. »Einfach, damit er nicht gewinnt.« Simone hatte nur mit den Schultern gezuckt. Sie streifte derartige Kränkungen ab. Ihre Liebe zu Bost durfte nicht bekannt werden, weil das Olga verletzen würde, und ihre zärtlichen Bindungen an Olga und manchmal auch Natascha gingen niemanden etwas an.

»Woran denkst du?«, fragte Bost und schob sie von sich weg, um ihr in die Augen sehen zu können.

»An uns. An dich und mich.«

Bost blieb eine Woche. Simone sah ihn, sooft es ging, und ihre Verliebtheit ließ sie sich zehn Jahre jünger fühlen. Sie ging durch die Straßen von Paris und sagte sich bei jedem Schritt, dass auch er gerade in der Stadt war. Der Gedanke machte sie glücklich, und zugleich erfüllte er sie mit Wehmut. Sie sah sich ständig nach ihm um. Wenn sie morgens ihren Kaffee im *Dôme* trank, wenn sie nach dem Unterricht aus der Schule kam. Es war ja immer möglich, dass er sich unvorhergesehen freimachen konnte und auf sie wartete. Am quälendsten waren die Situationen, in denen andere dabei waren und sie so tun mussten, als seien sie nichts weiter als Freunde. Einmal schwänzte sie den Unterricht, um ihn für zwei gestohlene Stunden zu sehen. Ansonsten blieben ihnen nur zwei Nächte. Bost hatte Olga eine Lüge aufgetischt: Er würde seine Eltern in der Provinz besuchen, um ihnen von seinen Heiratsplänen zu erzählen. Diese Nächte waren ein einziger Rausch der Liebe, sie konnten nicht genug voneinander bekommen und schliefen kaum, so schrankenlos gaben sie sich ihrer Leidenschaft hin, wie Simone es mit Sartre nie erlebt hatte. Wenn ihre Körper ermattet waren, redeten sie. Simone erzählte von den Fortschritten an ihrem Roman, aber wenn Bost sie auf diese besondere Art ansah und anfing sie zu streicheln, dann wurde sogar ihr Roman nebensächlich.

In dieser Woche lebte sie nur für ihn. Mit ihm fühlte sie sich nur als Frau, sonst nichts. Für alles andere wäre später wieder Zeit.

Kapitel 26

Simone pustete den Nagellack trocken, dann zog sie ihr schönstes Kleid an. Sie war mit Gégé verabredet und freute sich auf einen launigen Abend. Kurz überfiel sie Trübsinn, als sie an Sartre dachte. Wie schön wäre es, wenn er jetzt bei ihr wäre, und sie würden gemeinsam durch die Pariser Nacht flanieren. Aber sie dachte an ihn wie an jemanden, den sie in wenigen Stunden wiedersehen würde. Abwesenheit bedeutete für sie inzwischen etwas anderes, denn sie fühlte sich mit Sartre durch ihre ausführlichen Briefe und ihren Gedankenaustausch verbunden. »Es ist eine Intimität auf Distanz«, sagte sie halblaut vor sich hin.

Sie war zu jung, um immer nur Trübsal zu blasen. Wer wusste denn schon, wann der Krieg enden würde. Sie trat an den Spiegel, um den Lippenstift aufzutragen, und presste die Lippen aufeinander, bis er gleichmäßig verteilt war. Perfekt.

Sie landeten in einer Bar am Montmartre. Halb Paris schien hier zu sein, es war so voll, dass sie keinen Tisch fanden, also quetschten sie sich an die Theke. Ein schwarzer Trompeter improvisierte Jazzrhythmen, die ihnen einheizten. Seltsames Volk war hier versammelt: ein Mann im Smoking, ein anderer in einem weißen Pelzumhang. Simone sah einer Frau nach, die einen Affen auf der Schulter trug, dann wandte sie sich Gégé zu.

Sie tranken Whisky und waren bester Stimmung, als plötzlich neben ihnen Marie auftauchte, Sartres ehemalige Geliebte aus Berlin, die Mondfrau. Sie schien bester Laune und freute sich sehr, Simone zu sehen. Marie bestellte mehr Whisky, und sie fingen an, sich gegenseitig ihre Freundschaft zu erklären.

Als das Lokal kurz darauf schloss und sie hinausgeworfen wurden, wollte keine der drei nach Hause gehen.

»Wir kaufen mehr Whisky und gehen bei Youki vorbei. Da ist immer was los«, schlug Marie vor.

Youki war die Exfrau und Muse des japanischen Malers Foujita und jetzt mit dem surrealistischen Dichter Robert Desnos verheiratet. Also zogen sie Arm in Arm in die Rue Mazarine und stiegen die Treppe zu Youkis Wohnung hinauf. Youki öffnete ihnen in einem seidenen Kimono, zu dem sie einen riesigen Hut trug. Sie machte so etwas wie einen höfischen Knicks und ließ sie herein. Drinnen war die Hölle los. Sie kamen in ein verräuchertes Zimmer voll lärmender, betrunkener Leute, von denen Simone einige vom Sehen kannte. Sie mussten über Menschen hinübersteigen, die auf dem Boden saßen und lagen. Auch hier waren seltene Paradiesvögel versammelt. Im Nebenzimmer legte ein Mann, der sie schon einmal im *Flore* angesprochen hatte, die Karten. Eine Frau mit Bubikopf knutschte mit einem wunderschönen Blonden. Youki las einen Brief ihres eingezogenen Mannes vor, und ein betrunkener Soldat in Uniform beschimpfte die anderen wüst wegen ihrer vermeintlich zivilen Mentalität. Niemand hörte ihm zu, alle lachten und sprachen durcheinander. Die Frau mit dem Bubikopf fing an, unanständige Lieder zu singen, und alle fielen begeistert ein. Simone und Gégé sahen sich an. So eine wilde Party hatten sie schon lange nicht mehr erlebt. Olga und Wanda würde es gefallen, dachte Simone. Aber ihr gefiel es auch, es war die pure Lebenslust. Wer wusste denn, wie lange sie alle noch lebten oder ob die Deutschen bald in Paris wären? Dann wären solche Partys ohnehin verboten.

»Im Grunde ist das hier ein Akt des Widerstands«, rief sie Gégé und Marie über den Lärm hinweg zu und nahm sich ein leeres Glas vom Tisch, um es mit dem mitgebrachten Whisky zu füllen. »Prost!« Erst trank sie, dann Gégé, dann Marie. Marie nahm einer Frau ihr rotes, mit Federn besetztes Hütchen vom Kopf und setzte es selbst auf. Dann ging sie zu dem schönen Blonden und fing an, ihn ebenfalls zu küssen, sah dabei aber immer wieder provozierend zu Simone hinüber. Simone war inzwischen einigermaßen betrunken, sie ließ sich auf dem Sofa nieder, weil ihr die Beine nachgaben. Marie beugte sich plötzlich zu ihr herüber.

»Ich bin verrückt nach dir, weißt du das? Schon seit Berlin. Und Sartre ist ein Unhold. Seinetwegen habe ich meine Ehe aufs Spiel gesetzt. Ich habe ohnehin nie Leidenschaft für ihn empfunden. Aber du bist ganz anders ...« Sie küsste Simone auf den Mund, aber die wehrte sie ab. Sie wollte tanzen und zog Marie mit sich, legte den Arm um ihren zarten Körper und fing an, langsam mit ihr zu schwofen, was in der Enge des Raumes nicht ganz einfach war. Ständig stießen sie an andere Paare, überall waren hitzige Körper, die einander entgegendrängten. Marie strich mit ihrer Hand Simones Taille entlang, folgte den Kurven ihres Körpers bis hinauf zu ihrer Brust, die sie zärtlich streichelte, während sie Simones Hals zu küssen begann. Simone genoss die Berührung, ohnehin war sie zu betrunken, um sich gegen diesen Sinnenrausch zu wehren. Und allen um sie herum schien es ebenso zu ergehen, überall wurde gestreichelt, geküsst, wurden Hemden und Kleider aufgeknöpft und sanken raschelnd zu Boden, wurden Körper erkundet. Niemand hielt sich zurück, alle sagten und taten, was ihnen gerade in den Sinn kam, griffen nach dem, der sie reizte, und zogen ihn zu sich heran. Youki fing an, in lasziven Bewegungen zu tanzen, wobei sich ihr Kimono öffnete, unter dem sie nackt war.

Gegen vier Uhr morgens war es vorbei. Die meisten waren, die halbnackten Körper und Gliedmaßen ineinander verschlungen, eingeschlafen, einige flüsterten einander noch letzte Koseworte zu. Simone wollte nach Hause gehen, Marie bestand darauf, mit ihr zu kommen, und Simone hatte Mühe, sie davon abzuhalten. Nach diesem Sinnenfeuerwerk brauchte sie Zeit für sich und wollte nur noch schlafen. Sobald ihr Kopf das kühle Laken ihres Bettes berührte, versank sie in einen tiefen, traumlosen Schlaf.

Als sie am nächsten Tag erwachte, war es bereits früher Nachmittag. Es war der Durst, der sie geweckt hatte, und sie stand auf, um sich ein Glas Wasser zu holen. Und jetzt bekam sie die Quittung für die Ausschweifungen der letzten Nacht. Aus dem Spiegel blickte ihr eine müde Frau mit Fältchen um die Augen entgegen. Der Anblick ihres vorzeitig gealterten Selbst brachte Simone zum Kichern. Sie hatte sich gestern blendend amüsiert, selten hatte sie Küsse und Berührungen so genossen wie in diesem Wirrwarr der Körper – und doch fragte sie sich, wie es eigentlich dazu hatte kommen können. So viele Männer riskierten in diesem Augenblick ihr Leben, Sartre ebenso wie Bost waren als Soldaten an der Front, ohne dass es eine Gewähr für ihre Sicherheit gab. War es die Angst, dass ihr vermeintlich sicheres Leben in Paris jederzeit vorbei sein könne, die Simone und die anderen diesen Moment der Zügellosigkeit und puren Lebensfreude so hatte genießen lassen? Es mochte unangemessen, ja ignorant wirken, was sie getan hatten, und dennoch war solch eine Nacht vielleicht auch nur im Krieg möglich, wo alte Regeln nicht mehr galten und jeder Tag der letzte sein konnte.

Plötzlich fühlte Simone sich seltsam befreit. So war es ihr mit jeder neuen sinnlichen Erfahrung in den letzten Jahren ergangen. Die Freiheit, ihren Körper zu genießen, ließ auch ihren Geist frei werden, offen, die Dinge aus einer neuen Perspektive zu betrachten und die althergebrachten Grenzen des Denkens hinter sich zu lassen. Darüber müsste sie schreiben. Noch heute.

Eilig spritzte sie sich kaltes Wasser ins Gesicht und machte sich auf ins *Flore*. Ein starker Kaffee und ein Rührei mit Schinken würden ihr guttun. Dann würde sie Sartre in allen Einzelheiten der vergangenen Nacht schreiben. Sie ahnte, wie sehr er sich darüber amüsieren würde, und ihm zu schreiben würde ihr helfen, ihre Gedanken zu ordnen.

Als sie ihren Stammplatz im *Flore* eingenommen hatte, fühlte sie sich so voller Sehnsucht, dass sie den letzten Brief von Sartre aus ihrer Handtasche nahm, um ihn zu lesen. Sie suchte die Koseformel am Schluss, da war sie:

Bis morgen, mein lieber Kleiner, mon amour, meine liebe Vergangenheit und meine schöne so sehr erwartete Zukunft. Danach ging es ihr besser.

Und auf einmal hatte sie eine Idee, die sie voller Elan niederschrieb.

Im Mai 1940, neun Monate nach der Kriegserklärung, war der komische Krieg dann vorüber. Die Deutschen marschierten in Holland und Belgien ein. Zwei Tage darauf überrannten sie die französischen Linien in den Ardennen. Sartre war nach wie vor im Elsass, seine Einheit wurde jedoch ständig verlegt. Er hatte keinen Feindkontakt, riet Simone in seinen Briefen aber, Paris zu verlassen und zu Madame Morel zu fahren, nicht in ihre Villa an der Côte d'Azur, sondern in das Haus in La Pouëze in der Nähe von Angers, weil das näher an Paris lag. Dazu kam ein panischer Brief von ihrer Schwester, die kurz zuvor mit ihrem Freund Lionel nach Portugal gereist war, wo seine Mutter lebte. Es hatte nur ein Besuch werden sollen, doch nun hatte ihnen der Krieg einen Strich durch die Rechnung gemacht, und sie saßen in Lissabon fest, ohne Möglichkeit, nach Hause zurückzukehren. Simone fuhr sogleich zu ihren Eltern, um ihnen die Sache zu erklären.

Am 21. Mai kam die Nachricht, dass Bost, der an der belgischen Grenze kämpfte, verletzt worden war. Er hatte einen Bauchschuss erlitten und wurde in einem Lazarett behandelt.

Simone tröstete Olga, beruhigte sie, dass alles gut werden würde, obwohl sie selbst vor Angst bebte. Bost war verwundet, es zerriss ihr das Herz. Aber die rechtmäßig trauernde Geliebte war Olga, sie selbst konnte nur die mitfühlende Freundin geben. Kurze Zeit darauf erfuhren sie dann, dass Bost das Schlimmste überstanden habe. Er würde überleben und müsste wegen seiner Verletzung vorläufig nicht an die Front zurück.

Nur zwei Tage später ereilte sie schon die nächste Nachricht, und der Krieg und seine grausamen Folgen rückten immer näher. Paul Nizan war gefallen, ihr Nizan, der zum Kreis der *petits camarades* gehört hatte. Wie viele Erinnerungen hatte Simone an den eleganten, immer ein wenig arrogant wirkenden Großherzog. Wie viele Nächte hatte sie mit ihm und seiner Frau verbracht, sie hatten gemeinsam diskutiert und gestritten, gelacht und getanzt und getrunken. Gelebt. Das letzte Mal, dass sie ihn gesehen hatte, war nach Unterzeichnung des Hitler-Stalin-Paktes gewesen, der ihn bis ins Mark getroffen und völlig desillusioniert hatte. Simone weinte die ganze Nacht über diesen unmissverständlichen Beweis, dass tatsächlich Krieg war und dieser Krieg keinesfalls vor dem kleinen Kreis besonderer Menschen, die ihr nahestanden und die ihr etwas bedeuteten, haltmachen würde. Nein, Menschen starben, auch ihre Familie von Montparnasse.

Fortan ließ die Angst um Sartre sie halb wahnsinnig werden, und sie war zutiefst niedergeschlagen, schleppte sich nur noch durch die Tage. Am 4. Juni fielen die ersten Bomben auf die Außenbezirke von Paris, wo die großen Fabriken lagen. Die französische Armee hatte den Deutschen nichts entgegenzusetzen, und es war nur noch eine Frage der Zeit, bis die Deutschen in Paris einmarschierten. Hitler tönte, er werde in ein paar Tagen am Eiffelturm stehen. Viele Pariser bekamen es mit der Angst zu tun und verließen die Stadt. Selbst die Toilettenfrau im *Flore* saß auf gepackten Koffern, und viele Geschäfte waren bereits geschlossen. Bianca Bienenfelds Vater, der gute Verbindungen und ein Auto hatte, wollte die Stadt mit seiner Familie verlassen, und Bianca flehte Simone an, in seinem Auto mitzufahren. So gelang es ihr, Paris am Tag vor dem Einmarsch zu verlassen, und sie war schon weg, als kurz darauf der große Exodus begann. Jener Tag, an dem Tausende Pariser und mit ihnen all jene, die zuvor schon aus Nordfrankreich vor den Deutschen geflohen waren, in Panik in einem einzigen großen Menschenstrom nach Süden flohen. Später hieß es, es wären acht Millionen gewesen. Mit Autos, in Zügen, wo die Menschen sich so drängten, dass sie in den Gepäcknetzen saßen, auf Karren und Pferdewagen, auf dem Fahrrad und zu Fuß: Egal um welchen Preis, alle wollten nur noch weg aus Paris. Innerhalb weniger Tage waren alle Orte auf dem Weg nach Süden ausgeplündert. Es gab nichts mehr zu essen, kein Benzin, keine Hotels. Schreckliche Szenen spielten sich auf den verstopften Straßen ab. Kinder gingen verloren, Menschen wurden im Getümmel überfahren, und die deutsche Luftwaffe scheute sich nicht, die Elendszüge zu bombardieren und unschuldige Frauen und Kinder zu töten.

Simone hatte tränenblind neben Bianca in dem vollgestopften Auto gesessen, als sie durch die Porte d'Orléans aus Paris herausfuhren. Niemand sprach, alle waren stumm vor Trauer. Simone war von Schmerz zerrissen, wenn sie an das Schicksal ihrer Stadt dachte. Wie würde Paris sein, wenn sie wiederkäme? In ihrer Tasche trug sie einen letzten Brief an Sartre. Sie hatte ihn nicht abgeschickt, denn ihr war klar, dass er ihn nicht mehr erreichen würde. Sein Standort war längst von den Deutschen überrannt, bestimmt war er schon in Gefangenschaft. Simone hoffte es inständig, denn die Alternative konnte nur sein, dass er verwundet oder tot war.

Abends waren sie in Laval angekommen. Die kleine Stadt war bereits überfüllt mit Flüchtlingen, sie bekamen nur mit Mühe noch ein Bett und etwas zu essen. Am nächsten Morgen hörten sie die Nachricht, dass auch die französische Regierung aus Paris geflohen war. Monsieur Bienenfeld schluchzte haltlos. Simone telefonierte mit Madame Morel in La Pouëze, die sie einlud, zu ihr zu kommen. Simone verabschiedete sich von Bianca und ihrem Vater und fand sogar einen Bus, der in Richtung Angers fuhr.

In La Pouëze hatte Madame Morel nur ein durchgelegenes Bett für sie, weil noch andere Leute im Haus waren, aber das störte Simone nicht. Sie saß ohnehin den ganzen Tag und die halbe Nacht vor dem Radio, um voller Entsetzen zu verfolgen, was in Paris geschah. Am 14. kamen die ersten Deutschen nach Paris. Simone konnte am Radio hören, wie Autos und Panzer über die Boulevards rasten. Schüsse und Schreie waren zu hören und das Knallen der Hacken im Stechschritt. Niemand sah die Deutschen an, und sie nannten Paris die Stadt ohne Augen. Einige Tage später kapitulierte die französische Regierung. Das britische Expeditionskorps war in Dünkirchen vernichtend geschlagen worden, die Soldaten retteten sich mit letzter Not nach England, ihre gesamte Ausrüstung blieb an den Stränden zurück. Die Soldaten gingen in deutsche Gefangenschaft, einige sollten jedoch auch nach Hause geschickt werden. Frankreich wurde in zwei Hälften geteilt. Paris und der Norden kamen unter deutsche Besatzung, der Süden wurde als »freie« Zone bezeichnet. Dort amtierte der greise Philippe Pétain als Präsident von Hitlers Gnaden.

Simone nahm das alles auf, aber sie fühlte sich wie in einem Alptraum, gefangen und vor Angst wie versteinert. Ihre Gedanken galten Sartre. Wo war er? Lebte er noch? War er in Gefangenschaft geraten?

Am Abend des 18. Juni rief ein Mann über die Mikrophone der BBC zum Widerstand auf. Alle Franzosen sollten sich ihm anschließen. »Frankreich hat eine *bataille* verloren, aber nicht den Krieg«, verkündete er. Am nächsten Tag hing sein Aufruf an vielen Wänden und wurde als Flugblatt verteilt.

Simone wunderte sich, als sie den Namen des Mannes hörte. Er hieß General de Gaulle, und Simone kannte ihn, denn Lionel, Poupettes Freund, war sein persönlicher Sekretär. Seine Rede gab vielen Franzosen wieder Mut, und auch Simone ließ sie Hoffnung schöpfen.

Ein paar Tage später zogen die ersten Deutschen durch das Dorf. Große blonde Männer mit rosigen Gesichtern. Zum Erstaunen aller bezahlten sie ihren Wein im Café und die Eier, die sie beim Bauern holten.

Simone hielt es nicht länger fern von Paris aus. Ein Bekannter von Madame Morel wollte in die Stadt, und sie beschloss, mit ihm mitzufahren. Das Auto wurde umständlich mit Koffern, Küchenutensilien, einer Matratze, einem Rest Bohnen vom Abendessen und einem Fahrrad beladen, dann stiegen der Mann und seine Frau sowie die Schwiegermutter ein, und Simone quetschte sich dazu. Die Fahrt war unbequem, der Mann hatte zu wenig Benzin, und sie mussten stundenlang in Le Mans warten, bevor sie ein paar Liter zugeteilt bekamen. Simone ließ alles stoisch über sich ergehen. Die Vorstellung, dass Sartre womöglich demobilisiert und in der Stadt war und sie suchte, trieb sie um. Mal hieß es, Kriegsgefangene würden nach Hause geschickt werden, dann wiederum hieß es, sie würden bis zum Ende des Krieges in Deutschland bleiben müssen und Hundefleisch zu essen bekommen. Aber Simone wollte die Hoffnung nicht aufgeben, einfach weil alles andere zu schrecklich wäre.

Auf dem Weg kämpfte sie mit den Tränen. Überall am Wegrand standen ausgebrannte und umgestürzte Autos, verlassene Kinderwagen und aufgeplatzte Koffer, die sie mühsam umfahren mussten. In einem Dorf war der Kirchturm zerschossen, auf dem Platz war das Grab eines Deutschen zu sehen, auf dem Kreuz steckte sein Helm. Sie kam an einem toten Pferd vorbei, das schon ganz aufgedunsen war und bestialisch stank. Ihr Herz wurde klamm, je näher sie Paris kamen. Wie würde sie ihre Stadt vorfinden? War das etwa Rauch dort am Horizont?

Als der Autofahrer, der sie mitgenommen hatte, sie am Bahnhof Montparnasse aussteigen ließ, wunderte sie sich über die Stille, die herrschte. Friedhofsruhe, dachte sie. Weder brennende Häuser noch Barrikaden waren zu sehen. Auf dem Weg zu ihrem Hotel wurde sie dreimal von deutschen Posten angehalten und musste sich ausweisen. Die Deutschen waren jung, blond und höflich, der eine gab sich sogar Mühe, Französisch zu sprechen. Als sie im Hotel ankam, verkündete ihr die Wirtin unter großem Trara, dass sie all ihre Sachen bis auf einen Koffer mit ein paar Kleidern weggeworfen habe. »Ich wusste ja nicht, ob Sie wiederkommen«, verteidigte sie sich. Simone seufzte auf. Viele Menschen verloren in diesen Tagen so viel, da konnte sie ein paar Bücher und Kleidungsstücke verschmerzen. Schlimmer war, dass auch Briefe von Sartre und von Bost verschwunden waren. Simone suchte sie in den Mülleimern im Hof, aber da war nichts mehr.

Sie ging wieder in ihr Zimmer hinauf und ließ sich mutlos aufs Bett fallen. Sie hatte keine Ahnung, was passieren würde und was die nächsten Tage bringen würden, ja wie ihr Leben nun aussähe. Und wo blieb in dieser Situation die Theorie der Freiheit, die sie mit Sartre entworfen hatte? Wo blieb sie unter der

Herrschaft der Nazis, die nicht einmal den Gedanken an Freiheit erlaubten? Sie würde morgen darüber nachdenken. Aber erst mal musste sie schlafen.

Sie träumte, dass sie ins *Café de Flore* ging und Sartre dort lächelnd auf sie wartete wie früher. Tränenüberströmt wachte sie auf.

Weil ihr das immer schon geholfen hatte, nahm sie ihre alten Gewohnheiten wieder auf: Schreiben im *Dôme* oder im *Flore*. Es war tröstlich, die bekannten Kellner und Kassiererinnen wiederzusehen. Um sich auf Sartres Rückkehr vorzubereiten, kaufte sie ein neues Notizheft und schrieb alles für ihn auf, was ihr in den letzten Wochen zugestoßen war.

Wenn er doch nur käme! Um sich ihm nahe zu fühlen, gewöhnte sie sich an, einen seiner Pullover zu tragen, in denen noch der Duft seines Pfeifentabaks hing.

Kapitel 27

1940/41

Die Menge wogte und schubste sie unablässig hin und her. Spitze, empörte Schreie. »Lassen Sie mich durch. Ich war zuerst hier.« – »Jetzt sehen Sie doch nach, ob Paul Batard auf der Liste steht. Ich flehe Sie an.«

Jemand trat Simone auf die Füße, eine dicke Frau, die ein Baby auf dem Arm trug.

Simone reckte sich, um über die Köpfe der anderen Frauen hinwegzuspähen, es mochten mehrere Hundert sein, die sich vor den Gittern des Palais Royal drängten, wo endlich die Listen der Gefangenen aushingen. Die Pariser Frauen waren wie besessen von der Angst um ihre Männer. Simone hatte sich eingereiht. Sie betrachtete ihre Leidensgenossinnen und fragte sich, warum die Ungewissheit sie eigentlich nicht alle wahnsinnig werden ließ. Doch nein, sie wurden geduldig. In acht Tagen sollte es Nachricht geben? Gut, dann warteten sie eben acht Tage.

»Kommen Sie morgen wieder«, sagte ein Polizist zu ihr. »Es sind ohnehin nur die Lager in der Umgebung von Paris angeschlagen.«

Simone beschloss, seinem Rat zu folgen. Sartre war gewiss nicht in der Nähe von Paris, es war sinnlos, länger hier auszuharren.

Sie ging in Richtung der Oper und weiter zum Theater von Charles Dullin auf der anderen Seite des Boulevard de Rochechouart. Sie hoffte, dass er inzwischen wieder in der Stadt war, denn sie spürte, dass sie kurz davor war, die Fassung zu verlieren. Was sie jetzt ganz dringend brauchte, war ein Freund, mit dem sie ihren Kummer teilen konnte.

Seit vier Wochen war sie ohne Nachricht von Sartre. War er verwundet oder Schlimmeres? Fast wäre sie froh zu hören, dass er in deutscher Gefangenschaft sei, immerhin wäre das ein Lebenszeichen.

Sie kam am *Café de la Paix* vorüber. Dort saßen deutsche Offiziere auf der Terrasse, breitbeinig und laut, ihre glänzenden Stiefel knarzten, die Knöpfe blitzten.

Simone wechselte die Straßenseite und hastete weiter, die Fäuste in der Tasche geballt.

Am Theater erfuhr sie, dass Dullin sich immer noch auf dem Land aufhielt. Traurig wanderte sie den ganzen Weg nach Hause. Nicht nur dass ihre Angst um Sartre immer größer wurde, es war schlichtweg niemand in Paris, mit dem sie reden konnte. Olga und Wanda und auch Gégé und Stépha waren auf dem Land. Niemals hatte sie ihre kleine Familie so sehr vermisst wie in diesem Moment, es war nicht auszuhalten.

Am nächsten Tag ging sie in die Bibliothèque nationale, in dem Wunsch, ein wenig Normalität zu finden und nicht vor Angst verrückt zu werden. Ihr Lieblingsplatz, die Nummer 271, war unbesetzt, es waren ohnehin nicht viele Menschen hier. Sie setzte sich. Sie hatte sich vorgenommen, Hegel zu lesen, um Sartres philosophischen Text besser zu verstehen. Außerdem hatte sie mit einer eigenen philosophischen Arbeit begonnen. Es war ihr ein Anliegen, sich in diesen dunkelsten Zeiten des Krieges mit den Themen Freiheit und Zukunft zu beschäftigen und daraus Hoffnung zu ziehen. Aber es gelang ihr nicht, sich zu konzentrieren. So saß sie einfach nur da und grübelte. Dennoch fühlte sie sich ein wenig getröstet, als der Aufseher die Schließung ankündigte.

Als sie ins Hotel zurückkam, lief ihr die Concierge mit einem Stapel Briefe in der Hand entgegen.

»Sehen Sie nur – von Monsieur Sartre«, rief sie aufgeregt.

Simone schluchzte auf, packte die Briefe und ließ sich gleich auf der Treppe nieder, um sie aufzureißen.

Der erste Brief war vom 2. Juli. Simone war derart in ihren Emotionen gefangen, dass sie seine Schrift nicht gleich erkannte. Sie hatte so lange auf diese erlösende Nachricht gewartet, dass ihr Gehirn sich weigerte, sie zu akzeptieren, als sie endlich da war. Sie las die Sätze x-mal, bevor sie ihren Inhalt erfasste: Die Deutschen hätten ihn gefangen genommen. Er sei in einem Lager in Baccarat, einem Ort nahe der deutschen Grenze, doch er sei nicht unglücklich. Simone solle in Paris bleiben, wo er hoffe, sie bald zu sehen. In den anderen Briefen stand dasselbe, fast im selben Wortlaut. Er ging wohl davon aus, dass viele Briefe verloren gingen, und hoffte, dass wenigstens einer sie erreichen würde.

In den folgenden Tagen bekam sie immer wieder Nachrichten von ihm, so dass sich ihre Sorge langsam legte. Allmählich begann sie daran zu glauben, dass er tatsächlich außer Gefahr war. Er schrieb von Langeweile und dass er arbeiten würde. Simone war einigermaßen beruhigt, sie hatte mehr als viele andere, die ohne Nachricht von ihren Männern waren.

Es war Natascha Sorokin, die sie davor bewahrte, sich in sehnsuchtsvolle Trübsal fallenzulassen. Ihre ehemalige Schülerin tauchte eines Tages mit einem fast neuen Peugeot-Fahrrad auf.

Simone bestaunte das chromglänzende Gefährt. Der Lenker war mit rehfarbenem Leder umwickelt.

»Es ist wunderschön«, sagte sie.

»Ich schenke es Ihnen.«

»Aber ...« Simone nahm an, dass sie es irgendwo gestohlen hatte. Ihren Handel mit geklauten Füllern hatte sie eingestellt, jetzt waren wohl Fahrräder ein besseres Geschäft. Natascha streifte durch die Stadt, um sie zu stehlen, dann strich sie sie neu an und verkaufte sie. Abnehmer fand sie genug, weil die Métro nicht mehr so oft fuhr und Benzin rationiert war. Simone schluckte ihren Protest hinunter. Dieses Fahrrad war eine einzige Versuchung. Sie stellte sich sogleich vor, wie es wäre, damit durch Paris zu kreuzen.

Es gab allerdings noch ein ganz anderes Problem.

»Ich kann nicht Rad fahren«, sagte sie, und sie verfluchte ihre bürgerliche Erziehung, die es Mädchen in ihrer Jugend nicht gestattet hatte, auf einem Fahrrad zu sitzen.

»Das macht nichts. Das lernen Sie ganz leicht«, beruhigte sie Natascha.

Sie übten auf den breiten Trottoirs und den stillen Straßen rund um den Friedhof Montparnasse. Simone setzte sich in den Sattel, und Natascha umschlang ihre Hüfte.

»Und jetzt in die Pedale treten«, rief sie und fing an, neben Simone herzulaufen.

Simone war schon immer mutig gewesen, und durch ihre

Wanderungen hatte sie eine gute Körperbeherrschung. Doch am Anfang war sie zu langsam, verdrehte prompt den Lenker und musste wieder abspringen, bevor sie umkippte.

»Sie müssen schneller treten«, sagte Natascha.

Na gut, dachte Simone und trat in die Pedale. Es ging tatsächlich besser, und nach einigen Metern war sie so schnell, dass Natascha nicht mehr hinterherkam.

»Bremsen!«, rief sie hinter ihr.

Simone geriet in Panik, weil die Straße vor ihr leicht abschüssig war und sie immer schneller wurde. »Wie denn?«

»Rückwärts treten!«

Simone trat mit aller Kraft zurück, das Rad kam mit einem heftigen Ruck zum Stehen, und wieder konnte sie gerade noch abspringen, schürfte sich dabei aber den Unterschenkel auf.

Natascha tauchte atemlos neben ihr auf. »Doch nicht so schnell«, rief sie.

Simone lachte glücklich. »Aber gewiss so schnell. Sonst macht es doch keinen Spaß. Jetzt muss ich nur noch Kurven fahren lernen.«

Nach ein paar Tagen fühlte sie sich sicher genug, allein durch die Stadt zu fahren. Das Rad eröffnete ihr neue Welten und schenkte ihr ausgerechnet in diesen ersten Wochen der französischen Niederlage eine überraschende Freiheit. Simone radelte kreuz und quer durch Paris, auf der Suche nach ihrer Stadt, nach dem Geist und Lebenswillen ihrer Bewohner, denn unter der deutschen Besatzung veränderte sich alles auf schreckliche Weise.

Über dem Senat im Jardin du Luxembourg hingen nun Hakenkreuzfahnen. Simone ballte die Fäuste, als sie sah, wie sie im

Sommerwind flatterten. Noch mehr erzürnte sie, dass die Franzosen die Uhren nach der deutschen Zeit eine Stunde vorstellen mussten. Um elf Uhr abends war Sperrstunde, also eigentlich schon um zehn. Inmitten der schönsten Sommernächte mussten sie zu Hause in ihren Wohnungen sitzen. Simone sah erbittert von ihrem Fenster aus auf die menschenleeren Straßen hinunter, wo es noch hell war. Gepanzerte Autos versperrten die Straßen und die Seine-Brücken und zerstörten das Panorama. Überall wurden deutsche Schilder aufgestellt, deren Frakturschrift Simone schon bald aus tiefster Seele hasste – sogar die Schrift der Deutschen war brutal. Kartoffeln, Fleisch und Butter waren schwer zu bekommen, im Kino wurden nur noch abscheuliche Filme gezeigt, alle amerikanischen Produktionen waren verboten. Und überall waren Deutsche. Die meisten gaben sich nett und zuvorkommend, drängelten sich nicht vor und machten den Frauen unentwegt Komplimente in grauenhaftem Französisch. Aber hinter den Kulissen begannen die Verhaftungen und Repressionen. Nicht nur gegen Juden, sondern gegen alle, die gegen die Nazis waren. Im Artikel 19 des Waffenstillstandsabkommens verpflichteten sich die französischen Behörden, deutsche Flüchtlinge an Hitlerdeutschland auszuliefern. Simone fürchtete um ihre jüdischen Freunde, allen voran Bianca, aber auch Fernando. Bisher hatte sie der Religionszugehörigkeit nie eine Bedeutung zugemessen, aber jetzt konnte sie über Leben oder Tod entscheiden.

Inmitten dieser düsteren Zeit erweiterte Simone den Radius ihrer Radtouren und genoss dabei die körperliche Herausforderung, mochte es, die Schwere und Müdigkeit ihrer Beine zu spüren und irgendwann zu überwinden, während ihr der laue

Sommerwind um die Nase wehte. So ausdauernd und unermüdlich, wie sie früher gewandert war, war sie jetzt mit dem Fahrrad unterwegs. Sie fuhr quer durch die Île-de-France, nach Compiègne und sogar bis ins über hundert Kilometer entfernte Évreux. Und je weiter sie ihr Rad brachte, je länger sie über holprige Wege durch die Landschaft radelte, desto näher fühlte sie sich Sartre – wo auch immer er gerade sein mochte. An den Wochenenden übernachtete sie manchmal in irgendeiner kleinen Herberge, kaufte einem der Bauern etwas zu essen ab und fuhr am nächsten Tag weiter. Länger als zwei Tage verließ sie Paris jedoch nicht, weil sie immer noch hoffte, dass Sartre bald zurückkehrte.

Doch dann erreichte sie im August die Nachricht, dass er in ein Lager nach Deutschland, in der Nähe von Trier verlegt worden war. Sie würde noch länger auf ihn warten müssen, und ihre Sorge wuchs von Neuem.

Wieder fing ein neues Schuljahr an, das erste unter deutscher Besatzung. Alle Lehrkräfte mussten eine Erklärung unterschreiben, dass sie keine Juden seien. So weit ist es nun also gekommen, dachte Simone, als sie mit ihrem Fahrrad auf dem Weg nach Hause war. Binnen so kurzer Zeit haben uns die Deutschen schon dazu gebracht, unsere eigenen Landsleute zu verraten, einen Unterschied zwischen Juden und Nichtjuden zu machen. Dennoch sah sie keine andere Möglichkeit, als zu unterschreiben, wenn auch mit einem schalen Gefühl.

Im September kehrte Bost nach Paris zurück. Simone war unendlich glücklich, ihn zu sehen. Er lebte mit Olga und Wanda in einem Hotel in der Nähe. Die gestohlenen Treffen mit ihm hielten Simone aufrecht. In seinen Armen konnte sie die Angst um Sartre für ein paar Stunden vergessen.

Aus den Regalen der Bibliotheken verschwanden viele Bücher, die den Deutschen nicht genehm waren. Als Simone in der Bibliothèque nationale ein Buch von Gide verlangte, zeigte der Angestellte mit grimmiger Verachtung auf ein Verzeichnis, das neben ihm auf dem Tisch lag.

»Das ist die ›Liste Otto‹«, sagte er, »nach dem deutschen Botschafter, Otto Abetz. Auf fast vierzig Seiten sind dort Bücher und Autoren aufgelistet, die man in Frankreich nicht mehr lesen darf.« Er beugte sich vor und sagte leise: »Wir müssen alle Bücher, die hier drinstehen, abgeben. Sie werden verbrannt. Und das sind noch längst nicht alle, fürchte ich. Die Deutschen arbeiten schon an einer weiteren Ausgabe.«

Er reichte Simone die Liste, und sie blätterte durch die Seiten. Feuchtwanger, Heine, Malraux, Mann …

»Hegel steht nicht drauf«, sagte der Mann und grinste sie verschwörerisch an. »Ich nehme an, der ist den Nazis zu kompliziert.«

Simone lächelte ihrerseits und ging zurück an ihren Platz.

Von jetzt an erschien es ihr noch wichtiger, Hegel zu lesen. Überhaupt zu lesen und zu denken, gerade weil die Deutschen das am liebsten abschaffen wollten. Es gab ihr Trost. Sie lebte zwar in einem besetzten Land, dennoch war jeder Atemzug, jede Lektüre, die sich mit dem Thema Freiheit befasste, ein stiller Protest, davon war Simone überzeugt. Ihr blieb vorerst nichts weiter, als zu leben und zu überleben, bis sich eine bessere Gelegenheit ergab.

Es gab viele kleine Verstöße gegen die Regeln der Deutschen. Als sie an diesem Tag nach Hause kam, war ein Brief unter ihrer Tür durchgeschoben. Er war von Sartre. Es war ihm gelungen, einen Brief nach draußen zu schmuggeln, in dem er ihr offen schreiben konnte. Und so berichtete er ihr zu ihrer großen Erleichterung, dass er genug zu essen bekam und sogar an seinen Texten weiterarbeiten konnte. Die Deutschen hatten in Aussicht gestellt, schon bald viele Franzosen aus der Kriegsgefangenschaft zu entlassen, Sartre hoffte, irgendwann an der Reihe zu sein.

Im März 1941 kam Simone von einem ihrer Ausflüge zurück, die sich inzwischen zu regelrechten Hamsterfahrten entwickelt hatten. Sie war mit ihrem Rad in der Métro bis zur Endstation gefahren und hatte dann fast dreißig Kilometer zurückgelegt und bei jedem Bauern, bei dem sie vorbeiradelte, angefragt, ob er etwas zu verkaufen habe. Sie hatte ein paar Kilo Kartoffeln und Rüben erstanden und wollte schon umkehren, als sie bei einem Bauern vorbeikam, der gerade Hühner schlachtete. Simone setzte ihm so lange zu, bis er ihr drei Lebern und einige Flügel abtrat. So müde und hungrig Simone nun auch war, so stolz war sie auch, dass es ihr gelungen war, ein bisschen Fleisch zu ergattern. Erschöpft sah sie an sich hinunter. Ihr Kleid schlotterte an ihr, die Strumpfhosen rutschten, und von ihren Kurven war nichts mehr übrig geblieben, weil es einfach nie genügend zu essen gab. Ohne ihre Beschaffungsaktionen, bei denen sie Natascha inzwischen oft begleitete, wären sie und die Familie bestimmt längst verhungert. Und obwohl Simone sich geschworen hatte, niemals im Leben eine Hausfrau zu sein, hatte sie in ihrer Not sogar angefangen, auf der Kochplatte in ihrem Hotelzimmer zu kochen. Meistens warf sie alles Gemüse mit etwas Wasser in einen Topf und hoffte, dass es wenigstens ansatzweise satt machen würde. Wenn sie mal ein Stück Wurst oder Speck ergatterte, wurde daraus ein Festmahl. Die anderen halfen ihr beim Kochen, und Simone passte auf, dass auch nicht das kleinste Fitzelchen Essbares weggeworfen wurde.

Ihr lief das Wasser im Mund zusammen, als sie an die kräftige Suppe dachte, die sie gleich zubereiten würde, während sie das schwere Netz die Treppe hinaufwuchtete. Als sie die Tür ihres Zimmers aufstieß, fand sie wieder einen Zettel, den jemand unter ihrer Tür durchgeschoben haben musste. Sofort erkannte sie, wessen Schrift es war – Sartres. Sie ließ das Netz los, das mit einem lauten Knall zu Boden fiel, und bückte sich nach dem Zettel. *Ich bin im Café Trois Mousquetaires*, stand dort.

Sie machte auf dem Absatz kehrt und stürzte los. Auf dem Weg rasten ihr die Gedanken nur so durch den Kopf. Sie hatte Sartre vor einem Jahr zum letzten Mal gesehen. Wie ging es ihm? Was hatte der Krieg aus ihm gemacht? Ob ihn seine Erlebnisse verändert hatten? Er hatte in einer völlig anderen Welt gelebt als sie. Würde er sie noch wie vorher lieben können? Dazwischen überwältigten sie Wellen der Freude – er war zurück, er lebte. Ihr wurde warm, und sie riss den Schal vom Hals und stopfte ihn im Laufen in ihre Manteltasche.

Vor ihr gingen zwei Männer und ließen ihr keinen Platz, um sie zu überholen.

»Lassen Sie mich durch«, rief sie.

Die Männer drehten sich um und fingen an zu lachen. Der eine breitete die Arme aus, um sie aufzuhalten.

Simone stieß ihn rücksichtslos zur Seite.

Völlig außer Atem kam sie im Café an.

Der Anblick, den sie vor sich sah, ließ sie auf der Schwelle abrupt stehen bleiben. Sartre saß an einem Tisch an der Wand, schreibend, über Papiere gebeugt. So als wäre er nie weg gewesen. Genau so, wie sie es sich vorgestellt hatte.

Langsam ging sie auf ihn zu, und er bemerkte sie. Ein Strahlen ging über sein Gesicht. Seine Brille war zerbrochen und mit einem Heftpflaster geflickt. Er stand auf und kam hinter dem Tisch hervor. »Castor«, sagte er. »Was hat der Krieg aus Ihnen gemacht?«

Simone sah an sich hinunter, an ihrem klapprig dünnen Körper, sah den beschmutzten Kamelhaarmantel, der einmal schön gewesen war, aber mit der Zeit gelitten hatte, sah die derben Schuhe, die für Hamsterfahrten auf dem Land passten, nicht jedoch in ein Pariser Café. Sie fuhr sich mit der Hand durchs Haar.

»Sie waren noch nie so schön wie jetzt«, sagte er und nahm sie in die Arme. Dann zog er sie neben sich auf die Bank und küsste sie auf die Wangen.

Simone brachte kein Wort heraus. Sie brauchte ihre ganze Kraft, um sich zusammenzureißen und nicht in Schluchzen auszubrechen. Sie hätte nicht wieder aufhören können.

Nachdem sie eine Weile stumm und bewegungslos nebeneinandergesessen hatten, gingen sie in Simones Zimmer, und er legte sich aufs Bett.

»Nur einen Moment«, sagte er, und sie sah die Müdigkeit in seinen Augen.

»Ich koche uns inzwischen etwas«, sagte Simone.

»Seit wann kochen Sie?«, fragte er mit einem zärtlichen Lächeln.

»Seit es notwendig ist.«

Als sie das nächste Mal zu ihm hinüberblickte, war er eingeschlafen. Er wachte nicht auf, als die Suppe fertig war. Simone aß allein und sah ihn dabei die ganze Zeit an. Dann legte sie sich zu ihm.

Irgendwann, es war inzwischen mitten in der Nacht, wachte er auf und setzte sich an den Tisch, um zu essen. Dabei erzählte er ihr, wie er aus dem Lager entkommen konnte. Eine medizinische Kommission war im Lager erschienen, um zu entscheiden, wer zu alt, krank oder sonst wie ungefährlich sei und entlassen werden könnte. Sein Vorgänger hatte Herzrhythmusstörungen angegeben, worauf ihn der Militärarzt jedoch mit einem Fußtritt hinausbefördert hatte. Sartre hatte die Brille abgenommen und sein Augenlid heruntergezogen und auf sein schielendes Auge gezeigt.

»Entlassen«, sagte der Arzt, und Sartre war wieder Zivilist. Allerdings war er nicht ordnungsgemäß demobilisiert worden und hatte keine Entlassungspapiere. Er wäre erst in Sicherheit, wenn es ihm gelänge, sich diese in der »freien Zone« zu besorgen.

Kapitel 28

In den folgenden Tagen kam Simone und Sartre wieder einmal zugute, dass sie einen so ausführlichen Briefwechsel geführt hatten. Trotz der langen Trennung war ihr Gesprächsfaden nie abgerissen, selbst nicht, als Sartre in Deutschland im Lager gewesen war. Zurück in Paris, sprühte Sartre vor Unternehmungslust, er machte jeden Tag neue Pläne. Simone sah ihm voller Glück dabei zu. Es war einfach unmöglich, neben Sartre Trübsal zu blasen, seine Neugier auf das Leben, seine Leidenschaft, sein Wohlwollen gegenüber anderen rissen sie einfach mit. Und dennoch hatte sich etwas zwischen ihnen verändert – Sartre hatte sich verändert. Während seiner Gefangenschaft hatte er zwangsweise einen Großteil seiner Individualität aufgeben müssen. Er hatte in einer Uniform gesteckt, die aussah wie die aller anderen, seine Tage waren bis auf die Stunden, die er dienstfrei hatte, bis ins Letzte fremdbestimmt. Doch nun war er wieder Zivilist mit mehr Handlungsmöglichkeiten, und er konnte nicht begreifen, warum die Franzosen sich nicht gegen die Deutschen zur Wehr setzten, warum sie ihren Alltag einfach so weiterlebten. Sartres Philosophie beruhte darauf, dass Menschen sich engagierten und ihr Leben in die Hand nahmen. Das erwartete er in dieser Situation umso mehr. Sobald er ein wenig zu Kräften gekommen war, entwickelte er einen ungeheuren Aktionismus.

Es kam zu scharfen Auseinandersetzungen, bei denen ihr war, als lebten sie in zwei verschiedenen Welten. Sartre zeigte sich unnachsichtig gegenüber jeder Form der Kollaboration mit den Nazis, und er warf Simone in bitteren Worten vor, die Erklärung unterschrieben zu haben, keine Jüdin zu sein. Ihr Argument, dass sie sonst ihre Stelle verloren hätte und nicht nur sie, sondern auch Olga, Wanda und Natascha ohne Einkünfte gewesen wären, ließ er nicht gelten.

»Sie hätten die Freiheit gehabt, Nein zu sagen«, erklärte er, und seine Stimme klang scharf.

»Sie waren lange nicht in Paris«, widersprach Simone. »Sie wissen nicht, wie es hier ist. Wie schwierig es ist, an Essen und alles Nötige zu kommen. Sehen Sie nicht, wie die Menschen auf den Straßen hier aussehen, wie dünn sie sind? Wenn ich meine Arbeit verloren hätte, wäre ich längst verhungert. Und die anderen mit mir.«

»Schon zu atmen ist ein Akt der Kollaboration«, ereiferte er sich.

Simone starrte ihn wütend an. »Das mag in Ihrem Stalag gegolten haben, hier jedenfalls nicht. Sie betrachten die Freiheit zu theoretisch«, fuhr sie versöhnlicher fort. »Das ist ähnlich wie die Freiheit der Frauen in einem Harem. Doch hier geht es um die praktischen Fragen, und da gibt es eben manchmal keine echte Freiheit, zu wählen oder zu handeln.«

»Aber die Idee der Freiheit gibt es sehr wohl, und sie ist unveräußerlich.«

»Ja, als Idee gibt es sie. Aber von einer Idee kann ich mir

nichts kaufen. Eine Idee hätte diese Suppe nicht auf den Tisch gebracht, die Sie gerade essen.«

Damit spielte sie auf einen weiteren Vorwurf Sartres an. Er wollte nicht, dass sie auf dem Schwarzmarkt einkaufte, weil das in seinen Augen unmoralisch war. Simone gab ihm im Prinzip recht. Auch sie hasste es, sich von den Deutschen korrumpieren zu lassen. Aber sie musste pragmatisch sein. Wenn es in den Läden keine Butter gab, dann kaufte sie sie unter der Hand.

»Mein Vater denkt genauso wie Sie. Er weigert sich, Dinge zu essen, die meine Mutter auf dem schwarzen Markt kauft. Aber wissen Sie, wohin seine Borniertheit führt? Dass meine Mutter ihm ihre Lebensmittelmarken gibt und selbst nichts isst. Haben Sie gesehen, wie dünn sie geworden ist? Mein Vater lebt seine Ideale und fühlt sich als Held, aber er trägt ja auch nicht die Konsequenzen seiner Entscheidung.«

Sartre sah sie betroffen an. Dann beugte er sich über seine Suppe.

Dennoch wollte er sich nicht mit allem abfinden. Er war fest entschlossen, sich den Deutschen entgegenzustellen, und wollte eine Widerstandsgruppe bilden. *Sozialismus und Freiheit* nannte er sie. Olga und Bost waren dabei, Natascha und Merleau-Ponty und einige Schüler von Sartre. Doch er fand keine Mitstreiter bis auf diese engen Freunde. Sie hatten tolle Ideen, träumten von Anschlägen und Sabotage, doch sie waren dazu überhaupt nicht in der Lage, ja sie verfügten nicht einmal über ein Jagdgewehr. Sie wollten »Informationen« sammeln, aber welcher Art und an wen wollten sie sie weitergeben? So beschränkten sich ihre Aktionen darauf, endlose theoretische Diskussionen zu führen. Als Sartre Kontakt zu bereits bestehenden Résistance-

Gruppen aufnehmen wollte, musste er feststellen, wie naiv er war. Er trug Flugblätter in seiner Aktentasche mit sich herum und hielt Treffen in seinem Hotelzimmer ab, die so konspirativ waren, als hätte er sie mitten auf der Place de la Concorde einberufen. Bost ließ einmal seine Tasche mit einer Liste von Namen und Adressen der Gruppe in der Métro liegen. Jemand fand sie und brachte sie ihm zurück, aber sie waren alle in Lebensgefahr gewesen. Mit solchen Aktionen machte die Gruppe sich unglaubwürdig, und die Kontakte zu anderen Gruppen verliefen im Sande. Über philosophische Diskurse über eine zukünftige Ordnung in Europa kam *Socialisme et Liberté* nicht hinaus.

Nach einer gewissen Zeit verlief Simones Leben an Sartres Seite fast in den alten Bahnen. Sie arbeiteten nun beide als Lehrer, sie gingen manchmal aus und trafen Freunde. Das Kino besuchten sie allerdings nicht, Filme wie *Jud Süß*, die dort nun gezeigt wurden, wollten so gut wie keine Franzosen sehen. Im Sommer fuhren sie sogar für fast sechs Wochen in die Ferien nach Südfrankreich und überquerten dabei heimlich die Demarkationslinie zwischen der von den Deutschen besetzten und der »freien Zone«. In Vichy-Frankreich war die Versorgungslage etwas besser, und die Juden und anderen Nazigegner konnten sich hier freier bewegen, aber sicher waren sie nicht. Die meisten versuchten, in Marseille ein Schiff nach Amerika zu bekommen oder über die grüne Grenze nach Spanien zu gelangen, in der Hoffnung, von dort über Portugal Europa verlassen zu können.

Simone und Sartre schickten ihre Fahrräder mit dem Zug voraus in die »freie Zone«, weil das komischerweise erlaubt war.

Sie selbst passierten die Demarkationslinie mit der Hilfe eines *passeurs*, eines Schleusers, und radelten dann durch Südfrankreich. Auf ihrem Weg besuchten sie einige Leute wie André Gide und André Malraux, um sie dazu zu bewegen, sich ihrer Widerstandsbewegung anzuschließen, aber beide zeigten wenig Interesse, und Sartre musste in diesen Wochen erkennen, dass seine Bestrebungen, eine bewaffnete Widerstandszelle zu gründen, endgültig gescheitert waren.

Ihr Fortkommen war mühselig, denn ihre Räder bekamen auf den steinigen Wegen beinahe jeden Tag einen Platten. Besonders Sartres Rad war anfällig, seine Reifen bestanden bald nur noch aus Flicken. Manchmal waren sie gerade erst ein paar Kilometer gefahren, als er die nächste Panne hatte, und Reparaturen waren nicht einfach zu bewerkstelligen. Ein Satz neuer Reifen hätte ihre Probleme gelöst, aber es gab keine Reifen, auch Flickmaterial war äußerst knapp. So mussten sie über viele Kilometer schieben, bis sie in einen Ort mit einer Werkstatt kamen. In der zweiten Woche kam Simone auf einer abschüssigen Straße ein Auto entgegen. Sie versuchte auszuweichen und stürzte schwer. Danach war ihr Gesicht völlig entstellt, das linke Auge zugeschwollen und ein Zahn ausgeschlagen.

Jede andere hätte vielleicht aufgegeben, nicht aber Simone. Während sie ihr Fahrrad unter der sengenden Sonne eine Schotterstraße entlangschob und sich bemühte, die Schmerzen in ihrem Gesicht zu vergessen, analysierte sie ihre Situation, in Gedanken und im Gespräch mit Sartre, der neben ihr hertrottete.

Ihr Glück war, dass Sartre gesund zurückgekehrt und an ihrer Seite war. Daneben war alles andere zweitrangig. Auch wenn das Leben es in Zukunft nicht gut mit ihr meinen würde, selbst wenn

Krieg herrschte, sie würde es akzeptieren. Das Leben war für sie nicht länger eine Geschichte, die sie sich selbst erzählte und die immer gut für sie ausgehen musste. Die Widrigkeiten, die insbesondere der Krieg mit sich brachte, standen ihrem Glück nicht länger im Weg, sie waren nicht länger persönliche Tragödien und Ungerechtigkeiten, sondern sie geschahen einfach. Es galt, sie anzunehmen und sich mit ihnen zu arrangieren beziehungsweise sie zu bekämpfen. Diese Art, das Leben in all seinen Facetten anzunehmen, schenkte ihr Freiheit. Sie verspürte nicht einmal mehr gesteigerte Angst vor dem Tod, sondern fühlte eine nie gekannte Sorglosigkeit, die sie durch den Tag trug. Auch der Sturz und die Schmerzen konnten ihr das nicht nehmen.

Es gelang ihr, dieser Einsicht auch noch zu folgen, als sie zurück in Paris war, so dass sie den Eindruck hatte, in diesem Sommer eine wichtige Entwicklung vollzogen zu haben, wieder ein Stück mehr Simone geworden zu sein. In ihrem Alltag sah das so aus, dass sie zwar oft hungrig ins Bett ging und in den kalten Laken fror, aber dennoch an ihrem Roman arbeitete. In ihrem Roman hatten ihre Figuren alle Freiheiten. Und wenn es für Simone nur die kleinste Gelegenheit gab, mit ihren Freunden zu lachen, dann ergriff sie sie.

An einen Abend erinnerte Simone sich besonders gern. Sie hatte die tägliche Suppe gekocht, die diesmal nur aus Karotten, Kartoffeln und Wasser bestand, und sie wollten sich gerade zum Essen hinsetzen. Sartre und Wanda waren da, Wanda mit trotzig verkniffenem Mund, weil Sartre ihr gesagt hatte, dass sie nach dem Essen gehen müsse.

Es klopfte, und Natascha kam ins Zimmer. Hinter ihr stand ein junger Mann.

»Das ist Bourla, und ich bin wahnsinnig in ihn verliebt.« Natascha nahm seine Hand und zog ihn ins Zimmer.

»*Bonsoir*«, sagte er. Und dann legte er einen prächtigen Schinken auf den Tisch, der verführerisch duftete. Dazu stellte er ein paar Flaschen Bordeaux.

»Sein Vater handelt auf dem Schwarzmarkt«, sagte Natascha zur Erklärung, denn die anderen bestürmten sie zu sagen, wo in Gottes Namen sie den denn herhätten. Einen ganzen Schinken hatte sie schon lange nicht mehr gesehen.

Simone warf einen schnellen Blick auf Sartre. Würde er eine Szene machen, weil die Sachen vom Schwarzmarkt kamen?

Natascha schien an etwas Ähnliches zu denken, denn sie sagte: »Bourla kommt aus Algerien, seine Familie ist jüdisch.«

Sartre starrte auf das Stück Fleisch. »Nun, wo er schon mal hier ist …«, sagte er dann. »Wir können ihn ja schlecht zurückgeben.«

»Genau. Das sind Beweismittel, die müssen wir vernichten. Stellt euch vor, die Deutschen finden einen Schinken bei uns«, sagte Simone mit einem Grinsen.

»Und Juden dürfen ja sonst keiner Arbeit mehr nachgehen, sie sind praktisch gezwungen, kriminell zu werden«, sagte Sartre und grinste ebenfalls. »Das ist die Macht des Faktischen.«

Rasch holten sie weitere Teller und Gläser und veranstalteten ein Festmahl. Nach dem ungewohnt üppigen Essen fühlte sich Simone träge und matt. Und von dem guten Rotwein hatte sie auch mehr als ein Glas gehabt. Als alle satt waren, hatten sie keine Lust, sich zu trennen, weil es gerade so lustig war, und Wanda kam auf die Idee, zu der Frau, die einen Stock unter ihnen wohnte, zu gehen und sich deren Grammophon auszuleihen. Sie hörten französische Chansons und fingen an zu tanzen.

Wanda bestand darauf, dass Sartre mit ihr tanzte, und er warf Simone einen Hilfe suchenden See-Elefanten-Blick zu, doch Simone konnte die Augen kaum von Natascha und ihrem Liebhaber abwenden. Die schöne, blonde Natascha mit den kräftigen Bewegungen einer Bäuerin und daneben der dunkle, quirlige Bourla. Sie waren ein schönes Paar und schienen in ihrem Tanz zu verschmelzen. Bourla erlöste Sartre, indem er Wanda aufforderte, und Sartre tanzte Wange an Wange mit Simone.

Es war weit nach Mitternacht, als von nebenan wütendes Geschrei zu hören war. »Ruhe!« Sie gingen auseinander, aber beim Abschied verlangte Natascha, dass Simone sie zum Abschied küsste. »Und Bourla auch.«

Sartre schickte auch Wanda fort, dann hatten sie endlich noch einen Moment für sich allein.

»Was bedeutet es für Sie, dass Natascha einen Geliebten hat?«, fragte Sartre.

»Sie wissen immer genau, was mich bewegt.« Sie sah ihn an, dann ging sie zu ihm hinüber und setzte sich neben ihn auf das Bett. »Vielleicht wird sie durch diesen Mann etwas selbstständiger und klebt nicht mehr so an mir, das wäre mir nicht unangenehm.«

»Sie muten sich zu viel zu, Castor. Immer sind Sie für alle da.«

»Aber ich wäre traurig, wenn ich Natascha gar nicht mehr sehen würde.«

»Dazu wird es nicht kommen. Natascha liebt Sie. Jetzt ruhen Sie sich aus. In meinen Armen. Kommen Sie, *mon amour*.«

Simone und Sartre hatten beschlossen – und die meisten ihrer Schriftstellerkollegen hielten es ebenso –, nicht für Zeitungen und Radiosender der von den Deutschen besetzten Zone zu arbeiten, wohl aber für die von Vichy-Frankreich. Es war ein Kompromiss mit Beigeschmack, aber sie mussten schließlich irgendwo ihre Texte veröffentlichen. Sartre schrieb Kritiken und Rezensionen und philosophische Essais am laufenden Band, auch um genügend Geld für die Familie und alle anderen, die Unterstützung brauchten, zu verdienen. Und dann machte er sich an ein Theaterstück, in erster Linie, damit Olga eine Rolle darin spielen könnte. Dullin wollte es aufführen.

Simone hatte vor ein paar Wochen endlich ihren Roman *L'Invitée* über die Dreiecksbeziehung bei Gallimard eingereicht. Jetzt hatte der Lektor, Jean Paulhan, sie zu einem Gespräch eingeladen. Zum ersten Mal saß sie in seinem winzigen Büro, in dem die Manuskriptstapel die Wände hinaufwuchsen.

»Wären Sie bereit, ihn noch einmal komplett neu zu schreiben?«, fragte Paulhan, nachdem er sie um Erläuterungen zu einigen Passagen gebeten hatte.

Simone sank der Mut. Gut, das war's, dachte sie. Ich habe drei Jahre meines Lebens mit Françoise, Pierre und Xavière verbracht, jetzt ist es genug. Dann wird das Buch eben nicht erscheinen. Vielleicht werde ich niemals ein Buch veröffentlichen. Sie holte tief Atem, dann sagte sie: »Nein. Ich habe Jahre an diesem Buch gearbeitet, das sollte reichen.«

»Wie Sie meinen«, sagte Paulhan. »Ich stelle diese Frage immer, um sicherzugehen, dass die Autoren es ernst meinen. Dann nehmen wir es. Es ist ein wundervolles Buch. Wir bringen es Anfang des nächsten Jahres.«

Als Simone wieder auf der Straße stand, konnte sie ihr Glück nicht fassen. Am liebsten hätte sie jedem, der an ihr vorüberging, gesagt, dass ihr Buch erscheinen würde. Nach drei langen Jahren war es endlich so weit. Wenn ihr Vater das nur erlebt hätte! Sie hätte ihm zu gern bewiesen, dass auch eine Frau ein Buch schreiben und wichtige Gedanken formulieren konnte. Aber Georges war im Sommer friedlich gestorben. Simone hatte damals keine große Trauer empfunden, denn ihr Vater hatte sie zu oft von sich gestoßen. Poupette hatte nicht an der Beerdigung teilnehmen können, weil sie immer noch in Portugal festsaß. Ihre Mutter hatte seit dem Tod ihres Mannes eine erstaunliche Wendung in ihrem Leben vorgenommen. Sie war aus der Wohnung ausgezogen, in der sie nicht glücklich gewesen war. Jetzt arbeitete sie in einer Bibliothek und hatte viele Freundinnen. Simone unterstützte sie mit Geld, und Françoise erzählte überall mit Stolz von ihrer Tochter.

Das neue Leben seiner Frau hätte Georges bestimmt nicht gutgeheißen, genauso wenig wie er Simones Leben akzeptiert hatte, als er noch lebte. Aber er hatte ihnen nichts mehr zu sagen. Simone dachte an das Versprechen, das sie sich schon mit fünfzehn Jahren gegeben hatte. Schon immer hatte sie schreiben wollen. Und jetzt war sie eine echte Schriftstellerin. In diesem Moment, auf dem Trottoir Rue Sébastien-Bottin, war sie eine zutiefst glückliche Frau. Sie hatte einen Roman geschrieben, der veröffentlicht werden würde, sie hatte Sartre an ihrer Seite, und sie hatte ihre kleine Familie. Mehr brauchte sie nicht.

Sie eilte ins *Café de Flore*, wo Sartre auf sie wartete, um ihm die gute Nachricht zu erzählen.

»Ich habe es immer gewusst«, sagte er. »Und was schreiben Sie als Nächstes?«

Darüber hatte sie bereits nachgedacht. »Ich habe Ihnen doch von dieser Idee erzählt. Ein Mann arbeitet für die Résistance und hat dadurch die Frau, die er liebt, in höchste Gefahr gebracht. Die ganze Nacht denkt er über seine Verantwortung nach. Soll er am nächsten Morgen den Befehl für den Angriff geben und den Tod seiner Freundin in Kauf nehmen?«

Sartre wurde ganz aufgeregt. »Das ist gut, Castor. Und danach schreiben Sie dann etwas zur Philosophie.«

»In dem Roman geht es um Philosophie«, sagte Simone vorsichtig. »Um Freiheit, um genau zu sein. Darum, dass die persönliche Freiheit da aufhört, wo sie andere betrifft. Und wie man damit umgeht.«

Simone machte sich an die Arbeit. Das *Café de Flore* wurde ihr Stützpunkt. Sie war morgens meist die Erste, um sich den Platz in der Nähe des Ofens zu sichern. Während sie schrieb, erwachte um sie herum der Cafébetrieb. Die Patronne setzte sich hinter die Kasse und zählte klimpernd die Münzen, die Kellner wischten die Tische ab. Die ersten Gäste kamen. Viele waren Stammgäste, die immer am selben Tisch saßen, viele waren Schriftsteller oder Journalisten. Sie grüßten Simone mit einem Nicken. Mittags ging sie zum Essen nach Hause, weil sie es sich im Café nicht leisten konnte. Dann absolvierte sie ihren Unterricht und kam wieder ins *Flore*, bis es Zeit fürs Abendessen war, dann kam sie zum dritten Mal an diesem Tag wieder. Dies war meistens der schönste Moment, denn Sartre saß oft schon an ihrem Tisch. Sie blieben bis zur Ausgangssperre, um zu schreiben und zu reden.

Deutsche Soldaten kamen selten ins *Flore*, das gefiel ihr. Ganz im Gegensatz zu den Journalisten der Blätter, die mit den Deutschen kollaborierten. Die saßen abseits und redeten laut, blieben jedoch auf Abstand zu Simone und ihren Freunden.

Die Versorgungslage wurde indes immer armseliger. Zu trinken gab es nur noch Ersatzkaffee, Ersatzbier, Ersatzgin. An einem Tag kam eine Unbekannte herein, die offensichtlich lange nicht in Paris gewesen war. Sie stellte sich an den Tresen und bestellte in aller Unschuld einen Café au Lait. Das ganze Lokal barst vor Lachen.

Am letzten Schultag vor den großen Ferien wurde Simone zur Direktorin ihrer Schule gerufen. Sie ahnte, dass das nichts Gutes zu bedeuten hatte.

»Monsieur Sorokin behauptet, seine Tochter würde mit Ihnen und mit einem jungen Mann von zweifelhafter Herkunft zusammenleben und Sie hätten Mademoiselle Sorokin eine Heirat ausgeredet, die ihre Eltern für sehr vorteilhaft halten. Zudem sollen Sie selbst eine unzüchtige Beziehung zu Mademoiselle Sorokin haben.«

Simone wäre am liebsten einfach aufgestanden und gegangen, aber sie riss sich zusammen. So ein Vorwurf konnte gefährlich sein. »Das hat Monsieur Sorokin behauptet?«, fragte sie vorsichtig. Vor einigen Tagen war tatsächlich Nataschas Mutter zu ihr gekommen und hatte sie angefleht, ihre Tochter zu dieser Heirat zu überreden. Simone hatte das selbstverständlich abgelehnt. Es war klar, dass ihre Eltern Natascha damit zur Räson bringen wollten, die ein unkonventionelles Leben lebte und ihre

Fahrräder inzwischen als Kurierfahrzeuge für die Résistance nutzte. Und nun war sie auch noch mit Bourla, einem Juden, zusammen. Genauso stimmte es, dass sie, Simone, vor einiger Zeit eine zärtliche Liaison mit ihr hatte. Natascha und Bourla wohnten im *Hôtel Danemark*, und Simone war oft bei ihnen gewesen, das würde die Concierge bestimmt bezeugen.

»Was haben Sie zu Ihrer Rechtfertigung vorzubringen?«, fragte die Direktorin.

»Das ist doch ausgemachter Unsinn«, gab Simone zurück, aber sie ahnte, dass die Sache damit nicht ausgestanden war.

»Wir haben jetzt in Frankreich eine Politik der nationalen Erneuerung«, fuhr die Direktorin fort. »Das Motto der Revolution *Liberté, Égalité, Fraternité* gilt nicht länger, wir halten uns jetzt an *Travail, Famille, Patrie*, Arbeit, Familie, Vaterland. Es wäre nicht von Vorteil, wenn das Kulturministerium Wind von der Sache bekommen würde. Ich weiß nicht, ob Sie verstehen, was ich Ihnen sagen will. Dort haben die Deutschen das Sagen, und ein Vorwurf wie jener der sexuellen Perversion könnte eine Deportation nach sich ziehen. Ich rate Ihnen, eine Entlassung aus dem Schuldienst in Betracht zu ziehen.«

Sie beriet sich mit Sartre und Natascha, die wüste Beschimpfungen gegen ihre Eltern losließ, und dachte daran, gegen die Entlassung vorzugehen, doch Sartre riet ihr ab, weil es nicht klug sei, die Aufmerksamkeit der deutschen Behörden auf sich zu lenken. Im Grunde wollten die Deutschen Frauen wie sie aus dem staatlichen Erziehungswesen entfernen, weil sie nicht hinter der neuen Ideologie standen, sagte er. Simone sei schon früher wegen ihrer Unterrichtsmethoden und vor allem der Autoren, die sie durchnahm, aber auch wegen der fehlenden Distanz zu ihren Schülerinnen aufgefallen. Zähneknirschend fügte sie sich und wurde also aus dem Schuldienst entlassen.

Simone beschloss, die Sache von ihrer guten Seite zu nehmen. Sie war lange genug Lehrerin gewesen. Und außerdem brauchte sie Zeit für ihren zweiten Roman.

Aber wovon sollte sie leben?

Das Angebot, Features für *Radio-Vichy* zu schreiben, kam gerade recht. Ihr Gehalt wäre viel höher als das einer Lehrerin. Allerdings würde sie für einen Sender arbeiten, der als »deutsch« galt und dessen Mitarbeiter von der Résistance als »Partisanen der Kollaboration« verrufen waren. Aber Simone glaubte, keine Wahl zu haben, und nahm sich vor, in ihren Sendungen neutral zu bleiben. Sie sollte Beiträge über Momente der Geschichte erarbeiten, was ihr als unbedenklich erschien, solange sie vorsichtig war.

Ab Sommer 1942 mussten alle Juden den gelben Stern tragen. Simone stiegen Tränen in die Augen, als sie Bianca zum ersten Mal damit sah. Juden wurden verfolgt, in Razzien zusammengetrieben und verschwanden. Sie beschwor sie, Paris zu verlassen und sich auf dem Land zu verstecken.

Es war nicht leicht, in dieser Atmosphäre eine Radiosendung zu erarbeiten. Simone fragte Bost, ob er ihr helfen könnte, und gemeinsam entwickelten sie die Idee einer *Geschichte des Variététheaters*, die sie in halbstündigen Sendungen vom Mittelalter bis zur Gegenwart nacherzählen wollten. Den Anfang machte eine Marktszene aus dem 15. Jahrhundert. Man hörte die Händler ihre Waren anpreisen und Gespräche, die sie aus alten Texten zusammensetzte. Dazu kamen Ausrufer, Musik und Hintergrundgeräusche. Es entstand so etwas wie eine Collage aus Klängen und Texten.

Simone fand großen Gefallen an dieser Arbeit, weil sie in Bibliotheken nach passenden Texten stöbern konnte und frei in ihrer Auswahl war. In den nächsten Sendungen erfand sie eine italienische Theatertruppe, die eine Aufführung auf einem Pariser Platz probte. So wurde die Geschichte von Woche zu Woche, von Sendung zu Sendung weitererzählt und führte bis in die Gegenwart hinein. Die letzte Sendung spielte auf dem Pariser »Boulevard des Crimes«, der in Wirklichkeit Boulevard du Temple hieß und mit seinen Spelunken und Bordellen Heimat von Gauklern und Kleinkriminellen war.

»Wenn das nicht subversiv ist«, sagte Simone zu Bost, als sie am Manuskript arbeiteten.

Als Sprecher konnte sie Schüler von Dullin gewinnen, unter anderen auch Olga, die froh über diese Verdienstmöglichkeit war.

Dass sie keine festen Unterrichtszeiten mehr hatte, ließ Simone mehr Zeit für die gemeinsame Arbeit mit Sartre. Jeden Tag aufs Neue freute sie sich auf die Stunden, die sie schreibend neben ihm im Café verbrachte. Das Café wurde ihr gemeinsamer Stützpunkt, so wie es vorher Simones gewesen war. Am Vormittag lasen sie sich zu Anfang die Post vor. Beide pflegten nach wie vor intensive Briefkontakte, und es verstand sich von selbst, dass der jeweils andere den Inhalt der Schreiben kannte. Mittags ging jeder seiner eigenen Wege und traf eigene Freunde, und am späten Nachmittag sahen sie sich im *Flore* wieder und arbeiteten Seite an Seite an ihrem Stammplatz nahe dem Ofen im ersten Stock. Oft blieben sie hier allein. Ihre Federn kratzten über das Papier, es roch nach seiner Pfeife und ihren Zigaretten. Ab und zu sahen sie sich an, schenkten sich ein Lächeln oder ein Wort, dann beugten sie ihre Köpfe wieder über das Manuskript.

»Diese Ohrringe stehen Ihnen ganz vorzüglich, *mon amour*«, sagte Sartre. »Sie sind wunderschön.«

Simone lächelte ihn glücklich an. Ihm entging keine Veränderung an ihr, und er liebte es immer noch, ihr zu sagen, wie schön sie sei und wie sehr er sie liebe, obwohl sie inzwischen mager wie eine Zaunlatte war. Aber auf üppiges Essen konnte sie verzichten, es machte ihr auch nichts aus, sich zum Schlafen in einen alten Anzug ihres Vaters zu hüllen, weil Kohlen unerschwinglich waren. Sartre fasste dieses Gefühl für sie beide in Worte:

»Wissen Sie, Simone, wir waren niemals freier als jetzt, unter der deutschen Besatzung. Wir haben keine Rechte mehr, wir dürfen nicht sagen, was wir wollen, wir müssen von vielen Dingen schweigen. Aber weil das Nazigift in unser Hirn träufelt, ist jeder wahre Gedanke ein Sieg. Weil die allgegenwärtige Polizei uns zum Schweigen bringen will, ist jedes Wort eine gewonnene Schlacht.«

Simone sah ihn mit einem Lächeln an. Alles war nebensächlich, solange Sartre an ihrer Seite war und sie gemeinsam ihre Bücher vorantrieben. Irgendwann wäre dieser Krieg vorüber, und ihre Zukunft würde leuchtend und voller Glück sein. Von ihr aus hätte dieses Leben immer so weitergehen können.

Kapitel 29

1943

Simone zog ein weiteres Mal um. Giacometti, ein Bildhauer mit melancholischem Blick und einem wilden Haarschopf, den sie aus dem *Flore* kannte, hatte ihr den Tipp gegeben, dass im *Hotel La Louisiane* in der Rue de Seine eines der berühmten runden Zimmer frei geworden war. Das Hotel war ein beliebter Wohnort für Künstler, die dort wilde Partys feierten und sich gegenseitig inspirierten. Simone ging sofort hin, bevor es ihr jemand wegschnappen konnte, und die Concierge zeigte ihr das Zimmer. Sie stiegen die Treppe hinauf, die sich in einem schmalen Oval nach oben wand, und kamen in einen holzgetäfelten, engen Flur. Hinter einer Tür wurde gesungen, Simone gefiel die Stimme. Es müsste schön sein, ihr häufiger zu lauschen.

Sie nahmen eine weitere Treppe hinauf und standen schließlich vor dem Zimmer mit der Nummer 50. Es war größer als alle Hotelzimmer, die Simone bisher bewohnt hatte, und hatte eine Kochnische, die unabdingbar in Kriegszeiten war, auch ein schöner roter Diwan stand darin. Sie hatte sogar Platz für ihr Fahrrad, das sie vor das Bücherregal stellen könnte. Und der Schreibtisch kam vor das Fenster. Simone sah hinaus und war entzückt. Unter ihr lagen die Dächer von Paris. Wenn sie beide Flügel öffnete und sich hinauslehnte, fühlte es sich an, als säße sie im Freien. Sie verliebte sich auf der Stelle in den Raum. Hier hatte sie zum ersten Mal das Gefühl, zu Hause zu sein.

Sartre und sie lernten den Ethnologen und Künstler Michel Leiris und seine Frau Louise kennen, die Zette genannt wurde, und freundeten sich bald mit ihnen an. In ihrer großen Wohnung voller Kunst auf den Quais beherbergten die Leiris' manchmal Juden und andere Menschen, die von den Nazis gesucht wurden. Simone beeindruckten sie mit ihrer Kühnheit und ihrer Lust am Leben, und sie beschloss, sich ein Vorbild an ihnen zu nehmen, und lud nun häufiger in ihr Hotelzimmer ein. Bald zog Sartre ebenfalls ins *Louisiane*, in die Nummer 10, aber sein Zimmer war so klein, dass er Bücher, nachdem er sie gelesen hatte, sofort verschenkte, weil er keinen Platz für sie hatte. Die Wirtin war großzügig und machte sich nichts daraus, was ihre Mieter trieben; Hauptsache, sie zahlten ihre Miete mehr oder weniger pünktlich. Wurde es ihr zu laut und sie wollte schlafen, drehte sie kurzerhand den Strom ab. Dann zogen Simone und ihre Gäste um auf die Dachterrasse des Hotels, von der aus man einen berauschenden Blick über die Seine hatte.

Im August erschien *Das Sein und das Nichts*, in dem Sartre seine philosophischen Überlegungen zur Freiheit des Einzelnen auf vielen Hundert Seiten darlegte. Schon durch seine vorherigen Artikel und Essais war er aufgefallen, aber dieses Buch schlug ein wie eine Bombe. Seine Gedanken trafen den Nerv der Zeit. Im Moment der größten Unfreiheit, unter der Herrschaft der Deutschen, gab er den Menschen ihre Freiheit zur Entscheidung und zum Handeln zurück, während die alten Autoritäten, die Kirche und die Kollaborateure in der Regierung und auch die Stalinisten, mit der Moralkeule drohten oder versagt hatten. Im Grunde konnte niemand verstehen, wie es möglich war, dass Sartres Buch die Zensur passiert hatte. Wahrscheinlich war es den Deutschen zu dick und sein Inhalt zu kompliziert. Das Buch verkaufte sich gut, erstaunlicherweise, wie der Verlag mitteilte, kauften es viele Hausfrauen. Niemand konnte sich das zunächst erklären, bis Sartre herausbekam, woran es lag: Das Buch wog genau ein Kilogramm, und die Frauen benutzten es als Gewicht – eine ganz lebenspraktische Anwendung seines philosophischen Gedankenguts, die ihn sehr amüsierte.

Einige Wochen darauf hielt Simone die ersten Exemplare von *Sie kam und blieb* in der Hand. Sie konnte es kaum glauben, dass ihr erstes Buch wirklich erschienen war. Fast gerührt blätterte sie durch die Seiten, las hier und dort einige Sätze, die sie natürlich längst auswendig konnte, und das Gefühl endloser Erleichterung überkam sie. Als Sartre zwei Tage später triumphierend mit einer Zeitung wedelte, in der die erste Besprechung stand, war Simone auf dem Gipfel des Glücks. Diese Kritik bestätigte ihr schwarz auf weiß, dass sie ein echtes Buch geschrieben hatte, dass sie auf einmal tatsächlich eine Schriftstellerin war. Nach so vielen Irrwegen, die sie mit ihrem Schreiben anfangs gegangen war, nach so vielen verworfenen Ideen, nach Jahren harter Arbeit war es endlich erschienen, und es wurde als Existenzphilosophie in Romanform gelesen, sozusagen als Ergänzung zu Sartres *Das Sein und das Nichts*.

Als sie am nächsten Tag ins *Flore* ging, nickten ihr die Gäste von den anderen Tischen freundlich zu. Sie hatten ja die letzten Jahre immer wieder beobachten können, wie Simone an einem

Tisch daran schrieb, und das Erscheinen des Buches wohlwollend zur Kenntnis genommen.

Der Kellner kam an ihren Tisch. Zu Simones großer Freude hatte er ein Exemplar unter dem Arm und bat sie, etwas für ihn hineinzuschreiben.

Simone tat es und reichte ihm das Buch zurück.

»Und jetzt hätten wir gern Champagner«, sagte Sartre übermütig.

Der Kellner hob bedauernd die Augenbrauen. »Pardon, *Monsieur*, aber Sie wissen doch, dass wir zurzeit keinen Champagner haben.«

Also tranken sie, was sie in letzter Zeit immer tranken – schlechten Gin –, waren aber bester Laune.

»Auf die Freiheit«, sagte Sartre und prostete ihr zu.

Das war für Simone das Stichwort. In *Das Sein und das Nichts* gab es nur ganz am Ende ein paar Seiten, die auf die Ethik der Freiheit eingingen. Bereits während er sein Werk geschrieben hatte, hatte Simone immer wieder mit ihm darüber diskutiert, wie er den Begriff der Freiheit definierte. Für Sartre galt nur die persönliche Freiheit, sie war ihm das höchste Gut, ohne Rücksicht auf die Auswirkungen dieser Freiheit auf andere. Simone hielt dagegen. Der andere sei mehr als ein Objekt, mehr als ein Hindernis auf dem Weg zur eigenen Freiheit.

»Wenn ich meine eigene Freiheit rücksichtslos verfolge, setze ich der Freiheit der anderen Grenzen. Das wiederum macht mich unfrei.«

Doch Sartre beharrte auf seiner Meinung, dass zwischen zwei Personen immer eine Person herrsche und die andere die Beherrschte sei.

»Und wie sehen Sie dann unsere Beziehung?«, fragte Simone und nippte an ihrem Glas.

»Nun, es ist nicht eindeutig, wer bei uns der Herrscher und wer der Beherrschte ist. Zudem können diese Rollen wechseln. Heute Herrscher, morgen Beherrschter. Aber niemals gibt es eine Beziehung auf Augenhöhe.«

Simone schüttelte energisch den Kopf. »Sie denken zu kurz, Sartre. Sie vergessen das ethische Moment, das in jeder Beziehung gelten muss. Und das in unserer Beziehung sehr wohl gilt. Aber ich weiß nicht, wie das bei Bianca und Olga ist.« Sie hatten sie belogen und ausgenutzt, dessen war sich Simone inzwischen bewusst geworden. Olga war aus dieser Menage einigermaßen heil hervorgegangen, obwohl sie immer noch nichts von der Liaison zwischen Simone und Bost wusste. Aber Bianca war fast zerstört worden und hatte in ihrer Verzweiflung einen Mann geheiratet, den sie nicht liebte und den ihre Eltern für sie ausgesucht hatten, nur damit sie in Sicherheit war.

Sie kam und blieb kam in die Endauswahl des Prix Goncourt, des berühmtesten Literaturpreises des Landes, es verkaufte sich allein wegen der Nominierung beinahe zwanzigtausendmal und bescherte Simone Einkünfte, mit denen sie nicht gerechnet hatte. Das Buch wurde in der Presse allgemein als Eifersuchtsdrama gelesen, und nicht wenige meinten, mit der Ermordung Xavières habe sich Françoise schlichtweg ihrer Rivalin entledigt. Und natürlich schlossen die Kommentatoren genüsslich, dass Françoise für Simone stehen müsse und Xavière für eine von Sartres zahllosen Geliebten.

Das war die Kehrseite ihrer plötzlichen Bekanntheit. Die Leute glaubten, alles über sie zu wissen, und es konnte passieren, dass jemand Fremdes sie auf der Straße ansprach und sie sogar beschimpfte. Simone verunsicherten diese Anwürfe, es machte ihr Angst, wie anmaßend ihr wildfremde Menschen waren. Zumal die wenigsten Leser erkannten, dass Françoise einen weiteren, wichtigeren Grund für ihr Verbrechen gehabt hatte: Sie wollte den anklagenden Blick der Rivalin nicht ertragen, wenn diese von dem Betrug ihrer angeblichen Freundin erfuhr. Ebenso wenig hätte Simone es ertragen, wenn Olga von ihrer Beziehung zu Bost erfahren hätte, die im Grunde ein Verrat an ihrer Freundschaft war.

»Sehen Sie jetzt, was ich mit der Ethik meine, mit der Verantwortung, die jeder gleichzeitig mit der Freiheit hat?«, fragte sie Sartre, nachdem sie die Besprechungen des Romans in den Zeitungen gelesen hatten. »Ich glaube, ich werde eine Ethik für Ihre Philosophie schreiben«, fuhr sie fort. »Es wird ein kleiner Aufsatz werden, nicht mehr. Stellen Sie sich ein Gespräch zwischen einem König und seinem Berater vor. Der König will die Welt erobern, und sein Berater fragt ihn in aller Naivität, warum er nicht einfach zu Hause bleibt und sich betrinkt. Sie sind der Meinung, das mache keinen Unterschied«, sagte sie und kam damit Sartres Einwand zuvor. »Aber da irren Sie sich. Wir sind nämlich nicht allein auf der Welt, und unsere Freiheit, unsere Pläne, können nur gemeinsam mit anderen gelingen. Am Beispiel meines Königs wird das ganz deutlich. Wenn er seinen Krieg fortführt, dann hat das Auswirkungen auf seine Soldaten und auch auf deren Frauen, wenn sie getötet werden. Dafür muss er Verantwortung übernehmen. Jeder Mensch – und auch ein König – braucht die Freiheit der anderen, um selbst frei zu sein, um nicht bloßes Objekt zu sein. Genau das haben die Nazis versucht: die

Freiheit zu verneinen, indem sie den Menschen ihre Menschlichkeit genommen haben.«

Während sie diese Gedanken im Gespräch mit Sartre formulierte, kam ihr noch ein anderer: War es möglich, dass sie so dachte, weil sie eine Frau war? Sie nahm sich vor, diesen Gedanken weiterzuverfolgen.

Sartre nickte anerkennend. Er hatte während ihrer Ausführungen Notizen auf einen Zettel geschrieben, auf die er jetzt sah. »Castor, Sie sind noch klüger, als ich dachte. Vielleicht haben Sie recht. Ich werde darüber nachdenken.« Er nahm den Zettel und steckte ihn in die Tasche seines Jacketts.

In diesem Augenblick kam ein Mann an ihren Tisch, der umwerfend gut aussah. Wie ein Hollywoodschauspieler, fand Simone. Im Mundwinkel steckte ihm eine Zigarette, den Kragen seines Mantels hatte er hochgeschlagen.

»Ein scheußliches Wetter ist das«, sagte er mit einem Grinsen und streckte ihr die Hand hin.

Es war Albert Camus, der sie zu ihrem Buch beglückwünschen wollte. Simone war ihm bei der Generalprobe zu Sartres Theaterstück kurz begegnet, schon bei dieser Gelegenheit hatte sie ihn interessant gefunden, und jetzt überrumpelte er sie mit seiner guten Laune und seinem charmanten Lächeln.

»Der Wein hier ist der reinste Fusel, aber die Menge macht's.«

Simone lachte und lud ihn ein, sich zu ihnen zu setzen. Camus unterhielt sie den ganzen Abend mit Geschichten aus Algerien, wo er aufgewachsen war, und als sie gingen, hatten sie alle ziemlich viel getrunken. Draußen vor dem *Flore* zog er auf einmal umständlich den Mantel aus, faltete ihn zusammen und ließ sich dann darauf auf dem Bürgersteig nieder.

»Habe ich Ihnen schon von meiner unglücklichen Liebe erzählt?«, fragte er und sah sie so treuherzig von unten herauf an, dass Simone ihn hätte küssen können. »Ich dachte, ich frage Sie, weil Sie so klug sind«, fuhr er fort. »Aber Sartre soll nichts dazu sagen, er hat keine Ahnung von der Liebe.« Er klopfte mit der flachen Hand auf den Mantel neben sich.

Simone brach in Lachen aus und setzte sich kurzerhand neben ihn, damit er ihr davon erzählen konnte. Sartre blieb nichts anderes übrig, als sich auf die andere Seite zu setzen.

Seit dieser Nacht war Camus ein enger Freund. Er und Sartre gingen oft zusammen aus und stellten den Frauen nach, was Simone ärgerte. Wenn sie Sartre am nächsten Morgen im Hotelflur über den Weg lief, war er übernächtigt und betrunken, und beiden war die Situation peinlich.

Simones Freundeskreis erweiterte sich. Auf einem Fest bei Michel und Zette Leiris lernten sie Picasso kennen. Giacometti winkte sie zu sich heran und stellte sie vor. Simone war bezaubert von der Sanftmütigkeit des Malers. Seine Frau Dora Maar mit ihren schwarzen Spitzenhandschuhen fand sie dagegen ein wenig exaltiert, aber sehr unterhaltsam.

Am 7. Juni 1944 taumelten sie nach einer durchfeierten Nacht aus der Métro in der Nähe des Hotels. Es war erst fünf Uhr in der Frühe, aber auf den Straßen herrschte Aufregung. Alle Züge nach Westen fielen aus. Im Hotel schalteten sie gleich das Radio ein und erfuhren die Nachrichten: Die Alliierten waren in der Normandie gelandet. Endlich! Obwohl sie todmüde und angetrunken waren, fingen sie an zu tanzen und weckten alle anderen Bewohner.

Jetzt konnte es nicht mehr lange dauern, bis Paris wieder frei wäre. Überall in der Stadt sah man die Farben der Trikolore auftauchen: Auf einem Balkon hing ein blaues Kopfkissen neben einer strahlend weißen Tischdecke und einem roten Schal. Der Blumenhändler an der Seine, neben den Vogelhändlern, bei denen die Pariser in den letzten Monaten Hirse gekauft hatten, um sie zu kochen, verkaufte nur noch blauen Rittersporn, weiße Lilien und rote Rosen. Die Kämpfer der verschiedenen Widerstandsgruppen, die sich zu einer Armee zusammengeschlossen hatten, riefen zum Straßenkampf gegen die Besatzer auf. Die Deutschen verloren etwas von ihrer Selbstherrlichkeit, wurden jedoch noch brutaler. Noch mehr Geiseln wurden erschossen. Im August standen die Amerikaner dann auf der anderen Seite der Seine. Es konnte nur noch Tage dauern, bis sie in der Stadt wären.

Am 19. August begann der Aufstand mit einem Streik. Die Pariser bauten Barrikaden aus allem, was sie finden konnten: Pflastersteine, Bäume, Möbel, Fahrräder. Sie hatten eher symbolischen Wert, denn wozu sie gut sein sollten, wusste niemand so genau. Die einmarschierenden Amerikaner, die Befreier, sollten sie ja nicht aufhalten. Eher noch die Verbindung zwischen den versprengten Vierteln in Paris kappen, die die Deutschen noch hielten. Organisiert wurde der Aufstand von einer kommunistisch inspirierten Kommandozentrale, die tief unter der Place Denfert-Rochereau lag. Hier liefen alle Nachrichten zusammen. Von außerhalb der Stadt drängte de Gaulle mit einer Armee in die Stadt. Der General wollte unter allen Umständen verhindern, dass die Kommunisten Paris allein befreiten. Sartre wurde zur Verteidigung der Comédie Française gerufen.

Er hatte zwar keine Waffe, begab sich aber dennoch dorthin und verbrachte die Nächte im Zuschauerraum des Theaters.

Simone saß allein in ihrem Zimmer. Sie hatte sich gerade ein paar Kartoffeln gekocht, war jedoch nicht satt geworden. Auf einmal war draußen vor dem Fenster Lärm zu hören. Und jetzt fielen sogar Schüsse. Sie stand auf und spähte hinaus.

»De Gaulle ist in Paris«, rief unten ein Mann aufgeregt. Dann flüchtete er sich in einen Hauseingang gegenüber, und Simone sah, wie Kugeln in die Hauswand einschlugen. Entsetzt wich sie zurück. Als ein dumpfes Grollen am Ende der Straße ertönte, wagte sie einen weiteren Blick hinaus. Da kam ein Panzer die Straße heruntergefahren! Simones Herz begann schneller zu schlagen – es war so weit, die Befreiung von den deutschen Besatzern war zum Greifen nahe. Denn es war ein amerikanischer Panzer, und hinter ihm liefen geduckt Soldaten, das Gewehr in der Hand. Sie mussten sich vor den Scharfschützen in Acht nehmen, die immer noch von den Dächern herunter auf die Amerikaner schossen.

Es klopfte. Simone hoffte, es sei Sartre, aber draußen stand Natascha. Sie riss Simone in ihre Arme und tanzte mit ihr durch das Zimmer.

»Haben Sie gehört? De Gaulle und die Amerikaner marschieren ein. Sie werden diese verfluchten Nazis aus der Stadt jagen. Spätestens morgen gehört Paris wieder uns. Ich wollte Ihnen nur kurz Bescheid geben. Bleiben Sie besser hier, wo Sie sicher sind.«

»Hoffentlich kommt das noch rechtzeitig für Bourla«, sagte Simone.

Natascha schüttelte den Kopf, und Simone nahm ihre Hand, um sie zu trösten. Im März war Bourla eines Abends nicht nach

Hause gekommen. Sie hatte immer wieder bei seinem Vater angerufen, den er besuchen wollte, doch niemand hatte abgenommen. Schließlich war sie dort vorbeigegangen. Die Concierge bestätigte, dass es vor ein paar Tagen oben in der Wohnung sehr laut zugegangen sei. Die Frau stieg mit ihr die Treppen hinauf und öffnete die Wohnungstür. Im Wohnzimmer standen zwei Stühle einander gegenüber, der Fußboden davor war mit deutschen Zigarettenkippen übersät. Alle wussten, was das bedeutete: Bourla und sein Vater waren verhaftet worden. Beide hatten alle Warnungen, Frankreich zu verlassen oder sich zumindest zu verstecken, bis alles vorüber wäre, in den Wind geschlagen. Und dann hatte die Gestapo an die Tür geklopft. Seitdem hatten sie nichts mehr von ihnen gehört.

»Er hat bis zum Schluss geglaubt, dass ihm nichts geschehen würde, weil sein Vater Verbindungen hatte«, sagte Natascha und schniefte. »Ich muss weiter, passen Sie auf sich auf.«

Dann war sie schon wieder weg. Simone sah ihr vom Fenster aus nach, wie sie unten mit ihrem Rad davonflitzte. Wahrscheinlich brachte sie Nachrichten von einem Stützpunkt der Résistance zum nächsten.

Für den Rest der Nacht stand Simone am Fenster und lauschte auf die Geräusche draußen. Manchmal fielen ihr die Augen zu, bis der Lärm von der Straße sie wieder aufschreckte. Am Morgen waren die Deutschen einfach weg, als wären sie nie da gewesen. Nur ein paar Heckenschützen waren noch unterwegs, aber alle weigerten sich, Angst vor ihnen zu haben. Simone holte Sartre ab, der die Nacht auf einem Sessel im Parkett des Theaters verbracht hatte, und sie strömten mit Tausenden anderen auf die Champs-Élysées, um den Einmarsch de Gaulles zu bejubeln.

In der Nacht zum 25. August läuteten in Paris alle Glocken als Zeichen des Sieges. Sie läuteten bis in den Morgen.

Endlich gehörte Paris wieder den Franzosen! Endlich keine grauen Uniformen mehr. Überall wurden die verhassten Hakenkreuzfahnen abgenommen und verbrannt, um die Trikolore zu hissen, die Plakate in der Métro mit den Ankündigungen der Geiselerschießungen verschwanden, die deutschen Schilder. Simone sah eine Frau, die mit ihren feinen Lederschuhen mit Tränen in den Augen auf einem Schild herumtrampelte.

Im *Flore* wurden die Verdunklungen von den Fenstern gerissen, und das Innere strahlte wie eine junge Braut. Auf der Terrasse wurde laut gelacht, über Politik gestritten, wurden Witze gemacht. Endlich durften die Pariser all das wieder, ohne Angst zu haben, von einem Spitzel an die Gestapo verraten zu werden.

Doch auf die Befreiung folgte eine Zeit des Abrechnens, die voller Brutalität war. Kollaborateure und solche, die dafür gehalten wurden, wurden auf der Straße geschlagen, verhaftet, es kam sogar zu Lynchmorden.

Einige Tage später war Simone auf dem Heimweg, als eine Gruppe von Menschen, Männer, Frauen und Kinder, eine Frau die Rue de Seine hinuntertrieb. Vor und hinter ihr gingen Männer mit den Armbinden der *FFI*, der *Forces françaises de l'intérieur*, der Inlandsarmee Frankreichs, die sich aus verschiedenen Résistance-Gruppen zusammensetzte, und stießen die junge Frau mit ihren Gewehrkolben voran. Sie hatte eine Glatze, man hatte sie gerade geschoren. Die Knöpfe ihres Kleides waren abgerissen, es hing offen an ihr herab. Sie hielt ein Baby im Arm, gleichzeitig versuchte sie, ihr Kleid vor dem Körper zusammenzuhalten. Eine ältere Frau mit einem Mädchen an der Hand trat vor. »*Pute de boche*, Deutschenhure«, rief sie und spuckte die Frau an, was die Umstehenden johlen ließ. Die Frau wischte die Spucke nicht ab. Sie vermischte sich mit dem Blut, das von ihrem geschorenen Kopf ihre Wangen hinunterrann. Ihr Blick galt nur ihrem Kind. So als wollte sie das Entsetzliche nicht sehen und hoffte, es durch den Anblick ihres Kindes auszublenden. Simone war zutiefst entsetzt. Sie fühlte mit der Frau. Dies war nicht menschlich. Sie sah die offenen Münder der Umstehenden, ihren Hass und ihre Sensationsgier, und fühlte sich abgestoßen.

Mit Tränen in den Augen kam sie zu Sartre. »Haben wir die Deutschen vertrieben, um uns jetzt selbst wie Unholde zu benehmen?«, beklagte sie sich. »Müssen wir uns in dieselben Abgründe hinabbegeben wie unsere Feinde?«

Sartre war weniger verständnisvoll.

»Das ist horizontale Kollaboration, nichts anderes«, sagte er, und damit erinnerte er Simone an die kompromisslose Haltung, mit der er aus der Gefangenschaft gekommen war. Woher nahm er nur diese Selbstgefälligkeit und diese Überzeugung, sich nicht die Hände schmutzig gemacht zu haben? Als wenn es in den letzten Jahren so leicht gewesen wäre, anständig zu bleiben.

»Und wenn sie diesen Deutschen wirklich geliebt hat? Und wenn sie sich mit ihm eingelassen hat, um ihr Kind durchzubringen oder selbst nicht zu verhungern? Es macht doch wohl einen Unterschied, ob man seine Nachbarn denunziert oder ob man mit einem Deutschen ins Bett geht, weil man dumm und verliebt ist. Eine junge Frau zu bestrafen, weil sie in Liebe einem Feind des Landes angehört, ist an Scheußlichkeit und Heuchelei nicht zu überbieten. Warum bestraft man nicht auch den Bäcker, der den Deutschen Brot verkauft? Den Kellner, der ihm ein Bier serviert und sein Trinkgeld nimmt?«

»Man hat immer eine Wahl«, sagte Sartre unnachgiebig.

Simone schüttelte unwillig den Kopf, antwortete jedoch nicht. Diese Frauen wurden im Grunde dafür bestraft, dass sie den falschen Mann liebten und deshalb für die eigenen Männer nicht länger verfügbar waren. Aber wer bestimmte eigentlich, wen Frauen lieben durften? Auf keinen Fall die Frauen selbst, so viel war klar. Frauen durften nicht einfach lieben, wen sie wollten, das hatte Simone selbst erfahren. Doch lag dieses Problem vielleicht tiefer? Ging es im Grunde darum, Frauen ihr selbstbestimmtes Recht zu nehmen, über ihre Sexualität zu entscheiden? Bestrafte man diese Frauen nach Kriegsende dafür, dass sie den eigenen Leuten nicht sexuell verfügbar gewesen waren? Der Gedanke erschien ihr durchaus plausibel.

»Sind Sie böse auf mich, Castor? Sie sagen gar nichts mehr.« Sartre unterbrach sie in ihren Gedanken.

Simone überlegte, ihm davon zu erzählen, was ihr durch den Kopf ging. Dann ließ sie es sein, es war noch zu früh. Aber sie nahm sich vor, dem Thema systematisch auf den Grund zu gehen. Vielleicht könnte sie sogar darüber schreiben?

Sie sah Sartre an. »Was sie wohl mit ihr gemacht haben? Sie haben sie in Richtung Seine getrieben …«

Kapitel 30

1944/45

Der Schnee lag schwer auf den Spitzen der Tannen und glitzerte im Sonnenlicht. Simone streifte im Vorübergehen einen tief hängenden Ast, frischer Schnee fiel ihr auf die Schultern. Sie achtete nicht weiter darauf und hatte auch kaum einen Blick für diese verzauberte Landschaft. Dabei hätte sie eigentlich vor Glück jubeln müssen: Es war das erste Weihnachtsfest nach der Befreiung von Paris, und sie war mit Sartre Ski laufen in Megève nahe der Grenze zur Schweiz. In Paris gab es weder genug zu essen noch Kohlen für den Ofen, da hatten sie beschlossen, wie damals in die Berge zu fahren. Das Hotel, in dem sie schon früher gewesen waren, war so billig, dass sie sich das erlauben konnten, und sie hofften, hier mehr zu essen zu bekommen als in der Stadt. An diesem Vormittag hatte Simone Sartre zu einer kleinen Wanderung am Saum eines Waldes überredet, aber jetzt stapfte sie eher missmutig vor ihm durch den winterlichen Wald. Sie hatten nur drei Tage für sich allein gehabt. Schon morgen würden Wanda und Bost zu ihnen stoßen, ihre Zweisamkeit, die Simone nach wie vor so liebte, wäre vorüber – wieder einmal.

In einem Anfall von Zorn griff sie im Vorübergehen einen besonders schwer beladenen Ast und zog ihn ein Stück mit sich.

Sartre, der direkt hinter ihr war und dem der Marsch ohnehin schon beschwerlich wurde, bekam eine Ladung Schnee ins Gesicht. Sie drehte sich um und lachte.

»Das haben Sie mit Absicht gemacht«, sagte er, lächelte aber, während er sich den Schnee abklopfte. »Ich weiß ja, dass Sie unzufrieden sind, Simone. Es tut mir leid, Ihnen nicht mehr Zeit bieten zu können.«

Simone zuckte mit den Schultern.

Sie hatte diese Wanderung vorgeschlagen, weil es so viel zu besprechen gab. Es ging um die Herausgabe einer Zeitschrift, die sie planten, eine Art publizistische Umsetzung ihrer philosophischen Überzeugungen. *Les Temps Modernes* sollte sie heißen, nach dem Film von Charlie Chaplin, und sie sollte einen Mittelweg zwischen Kommunismus und dem nach dem Krieg erstarkten Gaullismus aufzeigen. Seit der Befreiung Frankreichs kämpften diese beiden Gruppen um die politische Vorherrschaft, Sartre und Simone fühlten sich jedoch keiner Seite zugehörig. Auch einen Mittelweg zwischen Amerika und Russland wollten sie finden, den beiden Verbündeten des Krieges, die um die ideologische Weltherrschaft zu ringen begannen. In *TM*, wie sie das Projekt nannten, sollte nach einer neuen Form der Literatur gesucht werden, die die Grenzen zur Reportage verwischte. Sie wollten in Frankreich bisher unbekannte Autoren vorstellen, vornehmlich aus Amerika. Die Vorbereitungen waren sehr intensiv, und ein finanzielles Wagnis war die Gründung natürlich auch, zudem mussten sie um Papierzuteilungen und um Platz an den Druckmaschinen kämpfen. Und es musste schnell gehen, denn im befreiten Paris schossen neue Zeitschriften wie Pilze aus dem Boden.

»Es ist wichtig, dass ich nach Amerika fahre, um nach Autoren Ausschau zu halten«, sagte Sartre. Er war ein paar Schritte hinter sie zurückgefallen, und Simone blieb stehen, um auf ihn zu warten.

Nun schloss er zu ihr auf, klein und gedrungen suchte er sich mühsam seinen Weg durch den hohen Schnee, der ihm sichtlich zu schaffen machte.

Er kommt auf mich zu, schoss es Simone durch den Kopf, und dennoch wird er sich von mir entfernen. Gleich im Januar würde er auf Einladung des amerikanischen Außenministeriums auf eine monatelange Vortragsreise durch Amerika gehen, und er war vor Freude ganz aus dem Häuschen. Endlich würde er das Land der Western und Krimis, die er zu Hunderten verschlang, mit eigenen Augen sehen. Simone freute sich für Sartre. Und er würde ihrer beider Ideen nach Amerika tragen. Trotzdem konnte sie ihre Enttäuschung, dass sie nicht mitfahren würde, nur schwer verbergen. Aber das Reisen war kompliziert, immerhin herrschte noch Krieg, und es gab nur einen Platz im Flugzeug, nur eine Einladung. Und außerdem musste einer von ihnen in Paris die erste Nummer ihrer Zeitschrift vorbereiten.

»Wir haben immer gesagt, dass wir unseren ersten Flug gemeinsam machen«, sagte sie leise, mehr zu sich selbst. Sie waren aus dem Wald auf einen Weg gekommen, der breit genug war, um nebeneinanderher zu gehen. Der Traum, ferne Welten mit dem Flugzeug zu entdecken, war immer ein gemeinsamer gewesen. Nun würde es allein seiner werden.

»Seien Sie nicht traurig«, sagte Sartre, der ihre Bemerkung gehört hatte, seine Vorfreude auf die Reise aber dennoch kaum verhehlte.

Sie wanderten schweigend zurück ins Hotel. Simone ging auf ihr Zimmer. Morgen würde sie sich in Bosts Arme flüchten, und die Aussicht darauf tröstete sie. Mit ihm erlebte sie noch immer ganz besondere Momente der Leidenschaft. Allerdings vertrug Bost es zunehmend schlecht, dass die Zeitungen ihm seine Artikel nicht aus der Hand rissen, wie es bei Sartre der Fall war.

Simone seufzte. Wahrscheinlich würde sie Bost aufmuntern müssen, obwohl sie selbst Aufmunterung nötig hatte.

Anfang Januar beendeten sie ihren Aufenthalt in der zauberhaften Winterwelt von Mégève und reisten zurück nach Paris. An ihrem Geburtstag blieb sie mit Sartre allein und verbot allen anderen, zu kommen. Am 12. Januar flog Sartre nach New York, und Simone vergrub sich in ihrem Zimmer im *Louisiane*. Die einzigen persönlichen Nachrichten, die sie in den nächsten Wochen von ihm bekam, liefen über Camus, der ab und zu mit ihm kabelte, wenn Sartre seine Artikel telegraphierte. Im Rest der Welt herrschte noch immer Krieg, und es gab keine private Postverbindung zwischen Amerika und Europa. Simone fühlte, wie sie immer tiefer in Traurigkeit und Tatenlosigkeit versank. Aber das wollte sie nicht. So war sie noch nie an das Leben herangegangen. Es war Zeit für eine Bestandsaufnahme. Was war aus ihren Träumen geworden, und wo stand sie in ihrer Beziehung zu Sartre? Was war der Grund für ihre Antriebslosigkeit?

Wer bin ich?, fragte sie sich an diesem trüben Nachmittag, als ihr Blick in den Spiegel in ihrem Zimmer fiel. Bin ich die Frau, die ich mit fünfzehn sein wollte? Sie betrachtete sich kritisch.

Der Urlaub hatte ihr gutgetan, ihr Körper war vom Skifahren und von den langen Wanderungen an der frischen Luft gestärkt, und die winterliche Sonne hatte ihr eine strahlende Haut beschert, aber die ersten Fältchen waren schon länger da. Mehr noch störte sie der leicht resignierte Ausdruck um die Augen. Sie versuchte, sich selbst ein Lächeln zu schenken, es fiel eher kläglich aus.

Hinter sich im Spiegel sah sie den Stapel Blätter, weiß leuchteten sie in der Dämmerung. Sofort stieg in ihr die Lust auf, etwas zu schreiben. Zu beschreiben, was sie fühlte, und ihrem Unwohlsein schreibend auf den Grund zu gehen. Dieses Bedürfnis teilte sie mit Sartre. Auch er konnte kein leeres Blatt sehen, ohne dass der Wunsch zu schreiben in ihm erwachte. Die Erinnerung an ihn ließ sie schmerzlich lächeln. So viel verband sie mit ihm, alles …

Sie schaltete das Licht ein. Dann setzte sie sich und nahm den Stift, um die Fragen zu notieren, die sie umtrieben.

Also gut, wo sollte sie anfangen? Am besten mit der Frage, was sie in ihrem Leben erreicht hatte. Wo stand sie? Sie war siebenunddreißig Jahre alt. Sie hatte den Krieg überlebt. Sie hatte einen Roman veröffentlicht und arbeitete an einem neuen. Damit war ihr Traum zu schreiben in Erfüllung gegangen. Ihre Stimme wurde zunehmend gehört, sie hatte viele Bewunderer, besonders Frauen. Gallimard hatte schon mehrfach nach einem Nachfolgeroman für *Sie kam und blieb* gefragt, der sich nach wie vor gut verkaufte.

Sartre und sie und ihre gemeinsame Philosophie hatten großen Einfluss im befreiten Frankreich. In den Cafés von Montparnasse und Saint-Germain wurden ihre Bücher heftig diskutiert. Erst kürzlich war dabei wieder der Begriff Existenzialismus gefallen. Dass es auch hämische Stimmen gab wie in *Samedi-Soir*, wo man sie gehässig als *»la grande Sartreuse«* und *»Notre Dame de Sartre«* bezeichnete, machte sie zornig. Da hatte sich seit den Zeiten an der Sorbonne nicht viel geändert. Vielen galt sie nur als Anhängsel von Sartre, die sich von ihm mit anderen Frauen betrügen ließ. Und auch intellektuell sei er der Vordenker, sie die Nachahmerin, die von seinem Ruhm profitierte. Dabei wusste sie nur zu gut, wie falsch diese Einschätzung war.

Dank ihrer Einwände war Sartre zurzeit dabei, seinen absoluten und eher menschenfeindlichen Begriff der Freiheit zu überdenken, und er würde ihre Anmerkungen dazu berücksichtigen. In seinen Artikeln konnte jeder nachlesen, wie sich seine Theorie durch ihren Einfluss veränderte, weiterentwickelte. Nach wie vor veröffentlichte er keine einzige Zeile, ohne dass sie sie gelesen und für gut befunden hatte. Jetzt, wo er in Amerika war, schrieb sie sogar Artikel unter seinem Namen für *Les Temps Modernes*. Raymond Aron und Merleau-Ponty, die Mitglieder des Redaktionskomitees waren, wussten davon. Simone fragte sich, warum es immer noch so war, dass Frauen in Abhängigkeit zu Männern gesehen wurden. Als könnten sie nicht für sich stehen und nicht unabhängig beurteilt werden. Frauen waren doch keine Wesen, die nicht selbstständig denken konnten!

Der Gedanke machte sie so wütend, dass sie nicht länger stillsitzen konnte. Sie stand auf und begann, in ihrem Zimmer auf und ab zu gehen. Vielleicht lag ihr Problem, der Grund für ihr Gefühl, nicht am richtigen Platz zu sein, viel tiefer. Vielleicht ging es nicht nur um ihre Beziehung zu Sartre, sondern um die Beziehung von Frauen zu Männern im Allgemeinen. Darum, wie in dieser Welt über diese Beziehung gedacht und geurteilt wurde.

Eine Idee begann sich zu formen, die sie jedoch noch nicht greifen konnte. Wenn Sartre in diesem Moment bei ihr gewesen wäre, hätte sie alles mit ihm besprechen können, und seine Fragen hätten ihr geholfen, ihre Gedanken weiterzuentwickeln und zu konkretisieren. Auch die anderen Familienmitglieder waren nicht in der Stadt. Bianca war gleich nach Kriegsende in die USA gegangen. Olga lag schon seit Wochen in einem Sanatorium. Ihre exzessive Lebensweise, ihre stete Weigerung, zu schlafen und regelmäßig zu essen, hatten ihren Tribut gefordert, und sie hatte eine doppelseitige Tuberkulose verschleppt. Sie hatte eine Operation überstanden, war aber noch lange nicht wiederhergestellt. Bost war als Journalist nach Deutschland gereist, um den Vormarsch der Amerikaner zu begleiten und darüber zu berichten. Poupette war noch immer in Portugal. Es war einfach niemand da, mit dem Simone hätte reden können.

Auf einmal hielt sie nichts mehr in ihrem Zimmer. Sie brauchte Bewegung. Sie griff nach ihrem Mantel und machte sich auf den Weg in den Jardin du Luxembourg, wo sie schon so oft ihre innere Ruhe wiedergefunden hatte. Sie ging durch das Tor und nahm ihren üblichen Weg in Richtung des großen Bassins. Ihr Schritt war schnell, weil es kalt war. Der Schnee lag hoch auf den Stühlen, auf denen niemand saß. Simone strich im Vorübergehen darüber und spürte den frisch gefallenen Schnee an ihren Händen. Einige Bäume des Parks waren gefällt worden, und das Kinderkarussell war noch nicht wiederaufgebaut, doch Simone nahm das alles nur aus den Augenwinkeln wahr. Es war die Frage von vorhin, die sie umtrieb. Wo stand sie im Leben?

Sie hatte viel erreicht. Es war ihr gelungen, diesen Krieg hinter sich zu bringen und auch ihren Freunden zu helfen, die Zeit der Grausamkeit zu überstehen. Sie lebte in Paris, der Stadt ihrer Träume, hatte Sartre an ihrer Seite, mit dem sie das größte Glück verband, das ihr je widerfahren war.

Aber es gab viele Menschen, die ihr diesen Erfolg nicht gönnten, die ihr nicht zutrauten, das alles allein erreicht zu haben. Die infrage stellten, dass von ihr als Schriftstellerin Bedeutsames zu erwarten war. Weil sie eine Frau war.

Nachdem sie das Bassin dreimal im Schnellschritt umrundet hatte, spürte sie die Kälte, die durch ihren Mantel drang. Sie blieb stehen. Der Entschluss war gefasst. Sie würde einen Artikel darüber schreiben, was es bedeutete, eine Frau zu sein.

Auf einmal hatte sie es sehr eilig. Sie machte kehrt und lief nach Hause. Sie spürte, dass sie niemanden mehr brauchte. Nur die Stille in ihrem Zimmer, eine Tasse heißen Tee und ein weißes Blatt Papier.

Sie war kaum richtig in ihre Arbeit eingetaucht, als sie das Schreiben unterbrechen musste. Lionel, der Mann ihrer Schwester, arbeitete im Institut Français in Lissabon und hatte für sie eine Einladung zu einer Vortragsreise durch Portugal erwirkt. Sie sollte über die Situation in Frankreich sprechen, gleichzeitig sollte sie von dort Reiseberichte für Camus' Zeitschrift *Combat* schreiben. Simone konnte ihr Glück kaum fassen. Sie würde wieder reisen! Und nach fünf Jahren Trennung würde sie endlich Poupette wiedersehen. Vorher galt es allerdings, die Reisegenehmigung zu beschaffen, was so aufwendig und mühsam war, dass Simone sich fast wie 1940 fühlte, als sie Sartre an seinem Stützpunkt besucht hatte. Aber dann hatte sie alle Papiere zusammen und machte sich Ende Februar auf die Reise. Jenseits der Grenze zu Spanien angekommen, konnte Simone kaum fassen, was sie in den Städten sah: Die Schaufenster waren gefüllt wie vor dem Krieg. Simone entdeckte Dinge, die es in Paris seit Jahren nicht mehr gegeben hatte. Wo waren all diese Lebensmittel hin? Wieso waren sie in Frankreich nicht zu bekommen? In Portugal war es ähnlich. Wer Geld hatte, der konnte gut leben.

Das Wiedersehen mit Poupette war tränenreich. Wie viel war geschehen, seit sie sich das letzte Mal gesehen hatten. Ihr Vater war gestorben, Poupette hatte geheiratet. Sie war inzwischen eine ernstzunehmende Malerin und hoffte, demnächst eine Ausstellung in Paris präsentieren zu können. Aber sie war erschrocken darüber, wie Simone aussah, immer noch mager und in völlig abgetragener Kleidung und Holzpantinen. Also ging sie erst einmal mit ihrer Schwester einkaufen. Simone kaufte ganze drei Paar Schuhe, eine Handtasche, Strümpfe und Unterwäsche, Pullover, Kleider und Röcke und einen Mantel. Als Poupette ihre Schuhe mit den Holzsohlen angeekelt in den Ofen warf, hatte Simone ein schlechtes Gewissen. Sie hatte in den Jahren des Mangels nichts wegwerfen können, was noch irgendwie zu gebrauchen gewesen wäre. Aber dann kaufte sie noch mehr Sachen, die sie ihren Freunden in Paris mitbringen wollte, Gürtel und Fischerhemden und Pullover.

Über genügend Geld für all diese Anschaffungen verfügte sie, weil man sie für ihre Vorträge sehr gut bezahlte, sie war überrascht, wie gut. Außerdem hatte sie Zugriff auf Sartres Honorare, der in Amerika geradezu fürstlich entlohnt wurde. Dieses Gefühl, sich um Geld keine Sorgen machen zu müssen, war völlig neu für sie, und sie beschloss, es zu genießen. Sie aß den ganzen Tag, konnte einfach nicht genug bekommen von all den Geschmäckern, auf die sie jahrelang verzichtet hatte. Sie aß im Gehen, wenn sie durch die Straßen ging, und bei Tisch, wobei sie mit ihrem großen Appetit nicht nur ihre Schwester verwunderte, sondern sämtliche Gastgeber, bei denen sie eingeladen war. Nüsse, Schokolade, Bananen, Eier und Fleisch – alles stopfte sie in sich hinein, bis sie nicht mehr konnte. Langsam nahm sie an Gewicht zu, ihre Magerkeit verschwand, ihre Haut wurde wieder praller und weicher. Sie sah in den Spiegel und sah eine veränderte Frau vor sich, die sie wieder schön fand.

Mit zwei riesigen Koffern voller Kleidung und Essen fuhr Simone nach Hause. In Paris angekommen, legte sie alles auf das Bett in ihrem Zimmer, und alle Freunde durften sich etwas aussuchen, bevor sie sich gemeinsam über die Würste und Schinken, die Nudeln und die Schokolade hermachten.

Während ihrer Zeit in Portugal hatte sie wochenlang keine Nachricht von Sartre erhalten. Zurück in Paris, drangen Gerüchte an ihr Ohr, Sartre habe in Amerika eine Frau getroffen und sich verliebt.

Nicht schon wieder, dachte sie müde. Dann kam auch noch ein Telegramm von ihm.

Verschiebe Rückreise auf Ende April. Ich liebe Sie, Sartre.

Es war Mai geworden und dennoch viel zu kalt für die Jahreszeit. An den Métrostationen hielten die Frauen ihr nur kümmerliche Sträußchen Maiglöckchen entgegen. Trotzdem war Simone selig. Der Krieg in Europa war zu Ende, Hitler war tot, Nazideutschland hatte kapituliert. Alle, die noch in Gefahr geschwebt hatten, waren nun sicher. Auch Bost würde bald aus Deutschland zurückkommen. Am 8. Mai zog Simone mit Olga und den Leiris und einigen anderen auf die Place de la Concorde, um das offizielle Ende dieses Krieges zu feiern, doch sobald sie aus der Métrostation traten, wurden sie auseinandergerissen. Das Menschengewühl war unvorstellbar, wer hinfiel oder strauchelte, war verloren. Simone hakte sich bei Olga unter, und gemeinsam wurden sie von der jubelnden Menge umhergewirbelt. Am Himmel erstrahlten riesige *V* für *victoire*, die großen Gebäude leuchteten in den Farben der siegreichen Trikolore. Überall sangen und tanzten die Menschen. Dann stimmte eine Sängerin von einem der Balkone des Grand Palais die Marseillaise an, und alle fielen begeistert ein. Auch Simone, die die Nationalhymne noch nie mit einer derartigen Inbrunst gesungen hatte. Eine Gruppe GIs in einem amerikanischen Jeep hielt an und nahm sie und Olga mit nach Montmartre. Sie gingen in ein Lokal, wo sie wie durch ein Wunder die anderen wiederfanden. Simone kletterte kurzerhand über die Tische, um in dem völlig überfüllten Café zu ihnen hinüberzukommen. Die GIs folgten ihr, und weil es sonst keinen Platz gab, tanzten sie kurzerhand auf den Tischen. Sie feierten ausgelassen bis in den Morgen. Für Simone war es eine der schönsten Nächte ihres Lebens. Nur schade, dass Sartre und Bost nicht dabei sein konnten.

Doch was auf diesen Freudentaumel folgte, ähnelte einer Wiederkehr der Jahre des Schreckens, die sich wie ein Schatten auf den Optimismus des Neuanfangs legten. In den nächsten

Wochen erreichten die Öffentlichkeit immer entsetzlichere Bilder, die die Amerikaner bei der Befreiung der Konzentrationslager gemacht hatten. Bost war direkt nach der Befreiung des Lagers in Dachau gewesen und brachte es nach seiner Rückkehr nach Paris nicht fertig, darüber zu reden. Die Bilder reichten aus, um Simone und ihre Freunde davon abzuhalten, ihn zu drängen zu erzählen, was er erlebt und gesehen hatte. Vorstellen konnte sich ohnehin niemand, was dort geschehen war. Im *Hotel Lutetia* kamen in den nächsten Wochen die Überlebenden der Lager an, wo sie von ihren Angehörigen erwartet wurden. Doch dieses Wiedersehen war selten ein hoffnungsvolles, so dass Simone dort schon bald nicht mehr vorbeiging – sie konnte den Anblick der ausgemergelten Gestalten nicht ertragen, die nicht einmal von ihren Müttern oder Ehefrauen erkannt wurden.

Die Zeitungen brachten in langen Listen die Namen der Ermordeten. Einige ihre ehemaligen Schülerinnen standen darauf. Eines Tages entdeckte sie Bourlas Namen. Sie lief sofort zu Natascha, die bereits Bescheid wusste. Er und sein Vater waren von Drancy aus mit einem der letzten Transporte direkt nach Auschwitz deportiert worden.

Immerhin war er nicht allein, immerhin war er bei seinem Vater. Dieser Gedanke ging Simone immer wieder durch den Kopf. Aber sie war sich nicht sicher, ob es das Schicksal ihres Freundes leichter gemacht hatte. Vielleicht war es auch umgekehrt.

In diese zwiegespaltene Atmosphäre von Paris, in der die Freude über den Neubeginn stets vom Schatten des Todes begleitet wurde, kehrte Sartre zurück wie in eine fremde Welt.

Voller Enthusiasmus schwärmte er von Amerika, von dem Überfluss, der dort herrschte, von den Automaten, aus denen man Getränke und Sandwiches kaufen konnte, von den großen Autos, den Kühlschränken, der Modernität.

Er berichtete auch von der anderen Frau. Sie hieß Dolores, und er sprach von ihr in warmen Worten. Simone wusste, dass er ihr schrieb, und sah auch ihre Briefe an ihn, aber sie glaubte, dass die große Entfernung zwischen ihnen die Beziehung im Sande verlaufen lassen werde.

Außerdem waren sie beide froh, dass sie einander wiederhatten. Sie nahmen ihr Leben mit seinen kleinen geliebten Ritualen wieder auf.

Kurz nach seiner Rückkehr waren sie eines Abends gemeinsam mit Michel und Zette Leiris bei Dora Maar eingeladen. Picasso hatte Dora zwei Jahre zuvor verlassen, und sie hatte einen Nervenzusammenbruch gehabt und war in einer psychiatrischen Klinik gewesen. Simone hatte sie während des Krieges einige Male auf Partys getroffen. Sie mochte ihre Bilder sehr, wusste aber nicht recht, was sie von ihr als Menschen halten sollte. Sie fand die wunderschöne Dora exaltiert, und dazu passte, was Zette von ihr berichtete. Dora hatte vor Jahren im *Deux Magots* ein Messer immer wieder zwischen die gespreizten Finger ihrer Hand gerammt und sich dabei bis aufs Blut geschnitten und so die Aufmerksamkeit Picassos erlangt.

Jetzt schien sie an Übernatürliches zu glauben, zumindest hatte sie für diesen Abend angekündigt, Tische rücken und Kontakt mit Toten oder Abwesenden aufnehmen zu wollen.

»Das ist ausgemachter Nonsens«, sagte Simone vorher, aber aus Neugierde ging sie doch mit.

Dora empfing sie in einem weiten Kaftan und schwarz umrandeten Augen. Sie tranken Champagner, dann zog Dora die Vorhänge zu und löschte das Licht. Sie saßen im Dunkeln um den Esstisch herum und hielten sich an den Händen. Nichts geschah, bis auf das Ticken einer Uhr war es totenstill, und Simone fing an sich zu langweilen. In diesem Augenblick begann der Tisch zu ruckeln und zu zucken. »Nicht loslassen«, flüsterte Dora, »nicht die Verbindung trennen! Pablo, bist du das?« Der Tisch hob sich einige Zentimeter und kam dann wieder auf dem Parkett zum Stehen. Simone spürte, wie Zette ihre Hand umklammerte. Dann ertönte der Name von Sartres Großvater.

»Schweitzer, Schweitzer«, raunte es.

»Sartre hat eine Chlorophyllallergie«, tönte die näselnde Stimme.

Simone hörte, wie Sartre scharf die Luft einsog. Es folgten noch einige Geräusche und Wörter, die niemand verstehen konnte. Dann stand der Tisch still, und das Licht wurde wieder eingeschaltet.

»Niemand wusste von dieser komischen Allergie, das hat Sartre einmal im Scherz zu mir gesagt, weil er keine Lust auf lange Spaziergänge in der Natur hatte«, rief Simone aus. »Sartre, geben Sie zu, dass Sie Dora etwas davon erzählt haben.«

Sartre bestritt, davon je wieder gesprochen zu haben. Alle sahen sich verblüfft an, und Dora Maar lachte triumphierend. Dann schickte sie ihre Gäste nach Hause, weil sie sich ausruhen musste.

Sartre und Simone folgten Michel und Zette die Treppe hinunter.

»Ich verstehe das nicht, da muss es doch einen Trick geben«, sagte Sartre.

»Den gibt es auch«, sagte Simone mit einem Grinsen. Sie gestand, dass sie den Tisch mit ihren Knien angehoben hatte, weil ihr langweilig gewesen sei.

»Und ihr wollt Intellektuelle sein?«, fragte sie. »Und glaubt an solchen Blödsinn?«

Die anderen lachten sich halb tot.

Kapitel 31

1945

In der zweiten Jahreshälfte war Simone intensiv mit der Arbeit für ihre Zeitschrift beschäftigt. Täglich waren Manuskripte zu begutachten, ob sie zu *Les Temps Modernes* passten. Wenn sie mit der Arbeit anfing, war der Stapel vor ihr einen halben Meter hoch, bis abends hatte sie ihn abgearbeitet, aber am nächsten Tag türmte er sich von Neuem in die Höhe. Ihre Zeitschrift war inzwischen ein voller Erfolg, über das, was in *TM* stand, wurde geredet. Es galt als schick, sich mit den Ausgaben unterm Arm zu zeigen, und viele Autoren wollten dort veröffentlichen: Camus, Leiris, Hemingway, Beckett ... bisher hatte noch niemand abgesagt, den Simone um einen Artikel gebeten hatte. Neben ihren redaktionellen Aufgaben schrieb Simone selbst philosophische Aufsätze, und ihre Tage waren mit Schreiben und dem Diskutieren übers Schreiben erfüllt.

Aber das Ausgehen ließ sie sich nicht nehmen, dafür war sie nie zu müde. In Paris hatten im letzten Jahr viele Jazzklubs aufgemacht. Es verging kaum eine Woche, in der nicht ein neues Lokal öffnete. Dort trafen sie die Amerikaner, die in Paris billig lebten und mit ihrem Geld um sich warfen. Viele schwarze Musiker kamen, oft ehemalige GIs, denen es in Paris gefiel, weil hier der Rassismus nicht so grassierte. Für Simone und ihre

Freunde waren diese Klubs ein Geschenk. Sie mochte die Drinks und die Musik und vor allem die neuen Tänze, die sie sich von den anderen abguckte. »Jazz ist wichtiger als Butter«, sagte Olga, die wieder in Paris war und ihre Leidenschaft teilte. Die beiden gingen oft zusammen aus, wie am Anfang ihrer Freundschaft, und sie amüsierten sich blendend. Ich treibe mich herum, dachte Simone mit einem Lächeln, aber anders konnte man die wilden Nächte nicht nennen. Immer wieder sah Simone einen jungen Mann, der Jazztrompete spielte und Gedichte vortrug. Gekleidet war er in amerikanische Jeanshosen und karierte Cowboyhemden. Bei ihm war eine wunderschöne Frau, die ähnlich angezogen war. An einem Abend fragte Simone ihn, ob er nicht für *Les Temps Modernes* schreiben wolle. Der Mann hieß Boris Vian, seine schöne Frau Michelle. Vian kam aus einem großbürgerlichen Elternhaus, hatte den Krieg in der Villa seiner Eltern im Süden Frankreichs zugebracht und rauschende Feste gefeiert und die Weinkeller geleert. Nach dem Krieg fingen er und seine Frau an, sich in den Kellerklubs von Saint-Germain zu treffen. Ihre Mode übernahmen sie von den GIs, und bald wurden sie *Zazous* genannt. Simone mochte ihn sehr. Als Vian erfuhr, wer da vor ihm stand, war er begeistert, denn er bewunderte Simone und Sartre. »Ich werde einen Roman über Sie beide schreiben«, rief er ihr über die Musik hinweg zu.

Nach seiner Rückkehr aus Amerika wurde auch Sartre ein Freund von Boris. Und Michelle wurde seine Geliebte, wie Simone schon bald mit einem resignierten Achselzucken feststellen musste.

Fast jede Nacht verbrachte Simone in der lärmenden, feiernden Menge, und sie empfand den Rausch dieser Stunden als

Moment völliger Freiheit. Sie liebte es, mit so vielen interessanten und völlig verschiedenen Menschen zusammen zu sein, zu trinken und zu reden, und war als kluge Gesprächspartnerin ebenso beliebt wie als ausgelassene Tanzende. Es war die pure Lebenslust. Im Morgengrauen machte sie sich auf den Weg nach Hause, manchmal nahm sie jemanden mit, weil sie zu viel getrunken hatte oder weil sie sich einsam fühlte. Einmal vergaß sie ihre Handtasche in dem Lokal. Als sie am nächsten Morgen vorbeiging, um sie abzuholen, hielt ihr der Wirt dazu noch ein Glasauge hin.

»Das hat einer Ihrer Freunde hier vergessen«, sagte er kopfschüttelnd.

Simone erinnerte sich an den alten Ungarn, der sein Glasauge vor sich auf den Tisch gelegt hatte und sich damit unterhielt. Sie nahm das Auge mit einem Achselzucken an sich. Sie würde dem Mann heute oder morgen wieder begegnen und es ihm zurückgeben. Was hätte sie sonst tun sollen?

Doch egal, wie sehr sie gefeiert hatte, egal, wie spät es geworden war, am nächsten Tag saß Simone kerzengerade wieder an ihrem Tisch im Café und arbeitete. Sie war verrückt nach beidem: nach ihrer Arbeit, aber auch nach den Festen, den wilden Nächten inmitten ihrer Freunde. Es wurden immer mehr, die sich in diesen Tagen in Paris begegneten und die Clubs von Saint-Germain zum Zentrum der Ausgelassenheit machten: die Sängerin Juliette Gréco, die in Sartres altes Zimmer im *Louisiane* zog, weil er ein größeres nahm, der Schriftsteller Arthur Koestler und seine Frau Mamaine, Camus, Picasso, Boris und Michelle Vian, die Schriftstellerinnen Violette Leduc und Marguerite Duras, der schwarze amerikanische Autor Richard Wright und seine Frau Ellen, Jean Genet und Hemingway und viele andere. Und am ausgelassensten amüsierte Simone sich, wenn sie tagsüber gut gearbeitet hatte.

Sie kam ja kaum hinterher, wo wieder ein neuer Club aufgemacht, wer dieses Buch geschrieben, wer jenen Film gedreht hatte, und all das musste gefeiert und bejubelt werden. Sogar Sartre musste zugeben, dass New York nichts gegen dieses wieder auferstandene, pulsierende Paris war.

Viele ihrer Freunde hatten inzwischen Karriere gemacht und bekleideten wichtige Posten in diesem neuen Frankreich; einige waren Mitglieder der Regierung, andere saßen in den Redaktionen der großen Zeitungen. Malraux war Minister, Aron sein Kabinettsdirektor, Mahen war bei der UNESCO.

Als Simone eines Morgens den *Combat* aufschlug, die Zeitschrift, die Camus leitete, sagte sie: »Ich komme mir vor, als würde ich meine private Post lesen.«

»Dolores und ich haben morgens auch immer die Zeitungen gelesen. Sie musste sie für mich übersetzen«, sagte Sartre.

Simone zuckte zusammen. Dolores Vanetti spielte immer noch eine große Rolle in seinem Leben. Ihre Hoffnung, dass die Entfernung die Liebe abkühlen lassen würde, hatte sich nicht erfüllt. Dolores hier, Dolores da, Simone konnte es nicht mehr hören! Anfangs hatte sie ihn in Amerika nur herumgeführt und für ihn gedolmetscht, aber dann hatte er sich in sie verliebt. Simone quälte sich mit der Frage, ob er mehr an der Amerikanerin hing als an ihr. Sie und Sartre waren jetzt fünfzehn Jahre zusammen. Hatte ihre Beziehung sich abgenutzt? Für sie traf das nicht zu, aber vielleicht für Sartre? Galt das Einvernehmen, das er mit Dolores verspürte, nicht mehr für sie beide?

Eine halbe Stunde später waren sie auf dem Weg ins Café. Simone hatte sich bei Sartre untergehakt, so wie früher.

»Dolores und ich haben uns so gut verstanden, auch ohne Worte, dass sie während eines Spaziergangs stehen blieb, wo ich gerade auch den Gedanken hatte«, sagte er, »und sie ging weiter, als ich das auch gerade wollte.«

Simone verzögerte ihren Schritt und entzog Sartre ihre Hand. Sie ahnte, dass da noch etwas kommen würde.

Sartre sah sich fragend nach ihr um. Sie riss sich zusammen und schloss wieder zu ihm auf.

»Dolores will nur mit mir zusammen sein, wenn ich Sie verlasse.«

Also das war es. Simone spürte, wie aus ihrer Wut Verzweiflung wurde. Ihr Optimismus schwand. Sie bekam Angst. Was bedeutete diese Frau ihm? Wann würde das aufhören? Er sprach jetzt häufiger davon, sie bald wieder zu besuchen oder sie nach Paris kommen zu lassen. Bei dem Gedanken wurde Simone beinahe schlecht.

Sie hatte Mühe, den Rest des Tages zu überstehen und so zu tun, als sei alles in Ordnung. Als sich die Tür zu ihrem Zimmer schloss, fühlte sie sich wie ein Fisch auf dem Trockenen, der nach Luft schnappte. Dieses Gefühl kannte sie inzwischen.

Am nächsten Abend hielt sie es nicht mehr aus. In einem völlig unpassenden Augenblick, als sie gerade das Hotel verließen und in ein Taxi steigen wollten, platzte es aus ihr heraus.

»Lieben Sie Dolores mehr als mich?«

Sartre schloss die Wagentür behutsam wieder und drehte sich zu ihr herum:

»Ich liebe Dolores. Aber ich bin hier bei Ihnen. Weil Sie mein

Castor sind. Ich könnte Ihnen wortreich erklären, warum unser Pakt mir wichtiger ist als alles andere. Dass er mir erlaubt, eine andere Frau zu lieben, aber dass ich dennoch bei Ihnen bleibe, weil ich es will. Nehmen Sie es als Tatsache, als Fakt. Wir haben doch immer mehr Wert auf Taten als auf Worte gelegt.«

Er ließ Simone keine Möglichkeit der Erwiderung, sondern öffnete die Autotür und ließ sie einsteigen. Während der Fahrt sah er aus dem Fenster, aber er griff nach ihrer Hand. Sie fuhren in einen Jazzklub am Montparnasse. Simone blieb den ganzen Abend in sich gekehrt und dachte über das nach, was er gesagt hatte. Jedes Mal, wenn sie zu Sartre hinübersah, lächelte er sie beruhigend an.

Ich glaube ihm, dachte sie.

In den nächsten Tagen gewann sie ihre Sicherheit zurück. Es gab Dolores in Sartres Leben, aber sie war eine kontingente Liebe, nicht mehr und nicht weniger. Dass Sartre mit Dolores oder anderen Frauen schlief, hatte sie ohnehin nicht gestört. Sie selbst hielt es ja auch so, Bost war seit Jahren ihr Liebhaber, daneben gab es Olga. Und ab und zu Jemanden für eine Nacht. Die Bedeutung ihrer Beziehung zu Sartre lag auf einer anderen Ebene als der sinnlichen, sie war Freundschaft, intellektuelle Zweisamkeit, Loyalität. Sie war seine Mitdenkerin. Und auf diesem Gebiet war sie die wichtigste Frau in seinem Leben, und das würde sie auch immer bleiben. Mehr würde sie von Sartre nicht bekommen, mehr wollte sie aber auch nicht von ihm.

Jetzt, wo sie ruhiger war, kehrte ihre Lust am Schreiben mit aller Macht zurück. Sie saß im *Deux Magots*, ein leeres Blatt vor sich und den Stift in der Hand, begierig darauf, die tausend Szenen, tausend Sätze, die sie im Kopf hatte, aufs Papier zu bannen, und doch mangelte es ihr an einer Idee für eine Geschichte.

In diesem Moment kam Alberto Giacometti in seinem schlenkernden Gang an ihren Tisch. Mit seinem dunklen Haarschopf, der scharfen Nase und den feinen Gliedern erinnerte er Simone immer an eine Marionettenpuppe. Sie freute sich, den freundlichen Mann zu sehen, dem sie ihr Zimmer im *Hotel La Louisiane* zu verdanken hatte und der inzwischen ein treuer Freund geworden war.

»Sie sehen wild entschlossen aus«, sagte er mit einem Lächeln zu ihr. »Wild entschlossen – wozu?«

Sie seufzte. »Wenn ich das wüsste. Ich will schreiben, unbedingt, aber ich weiß nicht, worüber.«

Er setzte sich zu ihr. »Schreiben Sie über irgendetwas. Der Rest kommt dann.«

»Gestalten Sie so Ihre Figuren?«

Er nickte. »Man braucht immer einen Anfang, den Mut anzufangen. Sie werden das schaffen, Sie haben doch schon zwei Bücher geschrieben. Sehr gute Bücher übrigens.« Er nickte ihr noch einmal freundlich zu und ging.

Simone sah ihm nach, dann sah sie wieder auf das leere Blatt vor sich. Ihr zweiter Roman war gerade erschienen: *Das Blut der anderen*, der Roman über die moralischen Nöte des Widerstandskämpfers Jean Blomart, der die Frage nach den Auswirkungen des eigenen Handelns auf andere zum Thema hatte. Soll Blomart am nächsten Morgen den Sabotageakt ausführen, der unschuldige Geiseln das Leben kosten wird? Hat er das Recht dazu? Ein zentraler Satz des Romans kam ihr in den Sinn, den Jean spricht, bevor er das Attentat befiehlt. *Diejenigen, die man morgen erschießen wird, haben sich nicht für den Tod entschieden; ich bin der Felsen, der sie zertrümmert; ich werde dem Fluch nicht entgehen: immer werde ich für sie ein anderer sein, immer werde ich für sie die blinde Macht des Schicksals sein.* Und er kommt zu dem Schluss, dass er mit seinem Akt die Schuld auf sich nimmt, um die Freiheit zu verteidigen. Simone hatte das Buch in den dunkelsten Kriegsjahren geschrieben, 1943 und 1944, als Papier und Hoffnung knapp waren. Erst vor ein paar Monaten hatte sie den dicken Packen Papier von verschiedenen Formaten, in unterschiedlichen Tinten und Schriften bekritzelt, zu Gallimard gebracht. Während des Krieges hätte er niemals erscheinen dürfen.

Aber nun lag das Buch seit ein paar Tagen im Schaufenster jeder Buchhandlung, an der sie vorüberkam. Alle großen Zeitungen brachten Besprechungen auf den Titelseiten, die meisten waren positiv und lobten ihren Mut, ein derartiges Thema unter der deutschen Besatzung geschrieben zu haben, und überall wurde auf das existenzialistische Konzept der Freiheit hingewiesen, das er propagierte.

Im Oktober kam dann die erste Nummer von *Les Temps Modernes* heraus. Simone war voller Vorfreude, monatelang hatte sie intensiv darauf hingearbeitet. Aber als Merleau-Ponty ihr das erste Exemplar überreichte, wunderte sie sich über seinen betretenen Gesichtsausdruck. Was konnte das zu bedeuten haben? Hastig schlug sie die erste Seite auf. Und erstarrte. *Für Dolores* stand dort als Widmung.

»Er hätte es Ihnen widmen müssen, nach all der Arbeit, die Sie in dieses Projekt gesteckt haben«, sagte Ponty und wandte sich ab, um nicht ihre Betroffenheit sehen zu müssen.

Simone reichte es. Damit hatte er eine Grenze überschritten. Sie marschierte zu Sartre und stellte ihn zur Rede.

Der hob sogleich abwehrend die Hände. »Aber Sie sind doch die Herausgeberin, Sie stehen doch auch drin.«

Er brachte seine Rechtfertigung ohne große Überzeugungskraft vor, und in Simone keimte der Verdacht, ob Dolores ihn vielleicht dazu überredet haben mochte. Sie kannte Sartres Machtlosigkeit gegenüber Frauen, die ihn schon so manches Mal zu Handlungen getrieben hatte, die er später bereute. Er hätte am Anfang des Krieges ja fast Wanda geheiratet, nur um zu verhindern, dass sie ihn in seiner Kaserne besuchte, und ihren Klagen ein Ende zu bereiten. Dann dachte sie, dass er ihr seinen ersten Roman gewidmet hatte. *Für Castor* stand dort, was sie immer noch stolz machte.

Und dennoch traf sie dieser Verrat – denn das war es zweifellos. Sie zog sich in ihr Zimmer zurück. Bost und die anderen Familienmitglieder kamen vorbei, um sie zu trösten und ihr zu versichern, dass sie auf Simones Seite waren und alles tun würden, um Dolores' Einfluss auf Sartre so klein wie möglich zu halten.

»Und wenn sie es wagt, hier aufzutauchen, dann werden wir sie vertreiben«, schimpfte Olga.

Simone dachte darüber nach, dann siegte ihr Pragmatismus. Sie hatte einen Pakt mit Sartre, den sie beide einhalten würden, nur das zählte. Sie war frei, ihn einzuhalten oder nicht. Sie wusste, dass er nach bürgerlichen Vorstellungen gescheitert war – aber die hatte sie immer schon mit Lust übertreten. Nach ein paar Tagen tauchte sie wieder auf, eilte vom Café zum Redaktionsgespräch und wieder zurück und tat, als wäre nichts.

Die Zeitungen berichteten über sie. Auf einmal waren Simone und Sartre in aller Munde. Ein wahrer Sturm der Bewunderung brach über sie herein. Fotoreporter lauerten ihnen auf, und sie mussten ihren Lieblingsplatz im *Flore* aufgeben, weil sie dort allzu sehr belagert wurden.

Es gab natürlich auch erbitterte Feindschaft. Von konservativer Seite wurde ihre Art zu leben als unmoralisch und unchristlich verunglimpft, während die Kommunisten ihnen Verrat am Marxismus vorwarfen. Viele verstanden unter dem Begriff des Existenzialismus indes vor allem Rollkragenpullover, freie Liebe und wilde Partys und den Versuch, die gute alte Ordnung umzustürzen. Was ja zum Teil auch stimmte.

Sartre war mit einem Journalisten im *Deux Magots* verabredet, und Simone begleitete ihn auf seinen Wunsch. Er hatte es gern, wenn sie neben ihm saß und aufpasste, was er sagte, es gegebenenfalls ergänzte oder auf den Punkt brachte.

Seit zwei Stunden schon setzte er dem ein wenig begriffsstutzigen Journalisten seine Philosophie auseinander. Immer wieder fragte er nach. Wie Sartre das meinte? Und wie war das jetzt noch einmal mit der Unaufrichtigkeit und dem Selbstbetrug? Und er rief tatsächlich mit seinen Ideen zum konkreten Handeln auf? Und ob er den Existenzialismus für seine Leser in einem Satz zusammenfassen könne?

Simone verlor die Geduld und fragte den jungen Mann, wieso er nicht einfach ihre Bücher lese.

Sartre hingegen versuchte es noch ein weiteres Mal.

Simone konnte ihn nur dafür bewundern. Woher nahm er

bloß diese Eselsgeduld? Doch eigentlich wusste sie es nur zu gut: Sartre wollte seine Philosophie unbedingt in die Welt tragen, dafür lebte und arbeitete er. Mit dem Existenzialismus wollte er die Welt verändern, er wollte sie besser machen und jeden einzelnen Menschen glücklicher. Deshalb war es ihm wichtig, dass jeder ihn verstehen konnte, auch jemand ohne höhere Bildung. Von einem Journalisten hätte er zwar mehr Durchblick erwartet, aber wenn es nötig war, würde er diesem jungen, vor Aufregung schwitzenden Mann seine Ideen so oft erklären, wie es eben nötig war.

Simone stieß einen tiefen Seufzer aus. Olga und Bost warteten auf sie, sie saßen ein paar Tische weiter und winkten, sie sollten doch endlich kommen.

»Und Sie, Mademoiselle, sind Sie auch Existenzialistin?«, wandte sich der Journalist an sie.

Bevor sie antworten konnte, ergriff Sartre das Wort. »Aber sicher. Mademoiselle de Beauvoir ist eine der besten Kennerinnen der Materie.«

Über all den Interviews, Feiern und der Arbeit an der Zeitschrift ließ sie der Wunsch nach einem Thema für ein neues Buch nicht los.

Sie füllte Zettel über Zettel mit Notizen und Fragen, die alle irgendwie mit ihr zu tun hatten, sie hatte so viel zu sagen, aber es fehlte der Zusammenhang, die eine Fragestellung, an der entlang sich alles ordnen würde.

Im Herbst gab ihr Freund Michel Leiris ihr seine Kindheitserinnerungen zum Lesen.

»Das Verfassen meiner intimen Autobiographie sehe ich als Voraussetzung für ein geglücktes Leben«, sagte er.

Der Gedanke faszinierte Simone und ließ sie nicht wieder los. Vielleicht sollte sie auch über ihr Leben schreiben, um es zu verstehen und es glücklich zu leben?

Voller Eifer machte sie sich an die Lektüre von Michels Buch und stellte dabei verblüfft fest, dass die Kindheit, die Michel beschrieb, ganz und gar die eines Jungen war, während ihre eigenen Erinnerungen an diese Zeit völlig andere waren, einfach dadurch, dass es die Erinnerungen eines Mädchens waren. Aber wieso gab es da solche Unterschiede? Wie konnte es sein, dass die Lebenszeit eines Kindes so stark dadurch definiert wurde, welchem Geschlecht es angehörte? Sie ahnte, dass sie einer bahnbrechenden These auf der Spur war.

»Ich habe immer geglaubt, eine Frau zu sein hätte mich niemals davon abgehalten, etwas zu tun«, sagte sie nachdenklich zu Sartre.

Er sah sie zweifelnd an. »Sind Sie sicher? Ich finde, Sie sollten darüber nachdenken. Ich glaube nicht, dass Ihre Eltern Sie wie einen Jungen erzogen haben.«

Simone fing tatsächlich an, darüber nachzudenken, und stieß auf eine Fülle von Beispielen: all die Märchen, die man ihr erzählt hatte, von duldsamen Prinzessinnen und kühnen Prinzen, all die Bücher, die ihre Mutter ihr verboten hatte, weil sie »nichts für Mädchen« waren. Das Verbot, sich körperlich zu verausgaben, sie hatte ja nicht einmal am Schulsport teilnehmen dürfen! Die ewige Mahnung, fromm und adrett zu sein, das Verbot, männliche Freunde zu haben oder zu widersprechen, und dann natürlich die Ablehnung ihres Vaters, weil sie klug war ... Sie kam von einem zum anderen, schließlich fiel es ihr wie Schuppen von den Augen: Die Welt war eine Welt der Männer. Sie durften sich frei bewegen und sich entfalten, und gleichzeitig legten sie fest, was Mädchen und Frauen durften und an welche Regeln sie sich in dieser Welt zu halten hatten.

Der Gedanke elektrisierte sie. Diese Männerwelt und wie Frauen sich in ihr zurechtfinden mussten, wollte sie erforschen und beschreiben. Sie hatte endlich, endlich ihr Thema gefunden und konnte es kaum erwarten, mit der Arbeit zu beginnen. Und plötzlich erlebte sie beinahe täglich Situationen, die ihr die Dringlichkeit ihrer Fragestellung deutlich machten.

Eine ihrer ehemaligen Schülerinnen wandte sich an sie, verzweifelt, weil sie ungewollt schwanger war. Simone gab ihr Geld und begleitete sie zu einem Arzt. Der Abbruch verlief ohne Komplikationen, aber Simone hatte es mehr als einmal erlebt, dass Frauen solch einen Eingriff nur knapp überlebten. Diese Geschichte wollte sie erzählen, denn es war eine, von der Männer nichts wussten. Eine andere war die absolute Unwissenheit über ihren Körper, in der viele Frauen lebten. Sie hatten keine Ahnung von Schwangerschaft, von erfüllter Sexualität, viele wussten ja nicht einmal, wozu ihre Menstruation diente! Simone sah die Frauen in Männerkleidung in den Frauencafés. Auch ihre Geschichte würde ein Teil des Buchs werden. Sie dachte an Mamaine, der Koestler schon seit Jahren versprach, sie zu heiraten, und die ihm dafür im Gegenzug versprechen musste, auf Kinder zu verzichten. Diese Frau wartete und wartete und ließ sich vertrösten, während er sie schikanierte. Auch mit Freud wollte Simone sich auseinandersetzen, denn es war ein Skandal, dass er die Sexualität von Frauen nur im Vergleich mit der männlichen analysierte und sie deshalb als defizitär bezeichnete. Je länger sie über die Freud'sche Psychologie nachdachte, desto klarer zeichnete sich für Simone das grundsätzliche Thema ab, das ihr als Hauptthese für ihr Werk dienen sollte: Für die Männer waren die Frauen stets nur das »andere« Geschlecht, sie sahen sich selbst als absolut und die Frauen lediglich als Abweichung an, als das Andere eben.

Schon seit Stunden waren sie in einer lärmenden Runde im ersten Stock des *Flore*. Simone saß neben Sartre auf der Bank, Boris und Michelle hatten ihnen gegenüber Platz gefunden. Der Tisch war bis an den Rand gefüllt mit leeren Flaschen und vollen Aschenbechern. Simone hatte ihr Manuskript und die Zeitungen schon in Sicherheit gebracht und neben sich auf die Bank gelegt. Camus und Arthur Koestler standen gerade wutentbrannt vom Tisch auf und stürmten davon. Sie hatten – wieder einmal – über den Stalinismus in der Kommunistischen Partei gestritten. Koestler hatte in seinen Büchern über die Moskauer Prozesse den repressiven Charakter des Kommunismus entlarvt und war inzwischen ein wilder Antikommunist, was ihn natürlich nicht im Geringsten davon abhielt, mit Simone zu flirten, was wiederum Camus auf die Palme gebracht hatte, der meinte, er sehe besser aus und habe ältere Rechte. Zudem gefiel ihm nicht, dass Koestlers Buch *Sonnenfinsternis* auf Französisch erschienen und sofort zum Bestseller geworden war. Die Kommunistische Partei hatte versucht, alle Bücher aufzukaufen und sie zu vernichten, um die Verbreitung zu verhindern, aber das hatte dem Buch nur noch mehr Käufer für die nächste Auflage beschert. Camus war zu christlich, um überzeugter Kommunist sein zu können, regte sich aber trotzdem über das Buch auf. Simone und Sartre hatten ebenfalls ihre Zweifel an der Parteipolitik, dennoch glaubten sie an die Bedeutung der Partei, um die Konservativen in Schach zu halten. Aus dieser ideologischen Gemengelage – und den amourösen Verwicklungen – hatte sich ein wüster Streit ergeben, und nun waren die beiden wütend gegangen.

Ein Mann vom Nebentisch setzte sich ungefragt auf einen der frei gewordenen Stühle und mischte sich in ihre Unterhaltung ein.

»Ich höre Ihnen schon eine Weile zu, und ich wundere mich, Madame«, damit wandte er sich an Simone, »über Ihre Hartnäckigkeit in politischen Fragen. Eine Frau will doch nur die große Liebe in ihrem Leben. Politik ist doch eher etwas für Männer. Und genau diese Unbedarftheit ist es doch, die die Frauen so anziehend macht, meinen Sie nicht?«

Simone hörte ihm mit hochgezogenen Augenbrauen zu. Sie meinte in der herablassenden Art des Fremden die Stimme ihres Vaters wiederzuerkennen. Alles fiel ihr wieder ein: seine sarkastischen Vorwürfe, die Beleidigungen, seine Prophezeiung, sie werde keinen Mann finden, weil sie zu klug sei.

Scheinheilig fragte sie: »Gewisse Dinge passen einfach nicht zum Wesen einer Frau, nicht wahr?«

Ihr Gegenüber nickte heftig. »Genau. Und daran wird sich nie etwas ändern.« Dabei sah er augenzwinkernd zu den Männern am Tisch hinüber.

Simone richtete sich auf und sammelte sich, bevor sie zu sprechen begann: »Monsieur, ich versichere Ihnen, dass kein Mythos ärgerlicher und falscher ist als der vom Ewigweiblichen, der

Frauen als intuitiv, reizvoll und sensibel beschreibt. Vielleicht glauben Sie sogar, uns damit einen Gefallen zu tun, aber ich versichere Ihnen, dass ich gern darauf verzichte. Dieser Mythos wurde nur erschaffen, um Frauen ihre Möglichkeiten zu verwehren. Wenn sie nicht weiblich sind, wenn sie männliche Berufe ergreifen, wenn sie keine Mütter sein wollen, wenn sie klüger sind als Männer – immer dann wird ihnen das zum Vorwurf gemacht. Die Strafe ist, dass sie keinen Mann abbekommen.«

Sie räusperte sich und fing Sartres anerkennenden Blick auf. »Haben Sie schon einmal darüber nachgedacht, dass Frauen nur unterlegen in der Gesellschaft sind, weil man sie in dieser Unterlegenheit festhält?«, fragte sie und klang dabei ganz ruhig, obwohl es in ihrem Inneren brodelte.

»Mag sein, dass das früher so war. Aber jetzt dürfen Frauen ja sogar wählen«, eiferte sich der Fremde. »Wenn Sie mich fragen ...«

»Und damit ist die Emanzipation vollendet?«

Wieder nickte der andere.

»Man kommt aber nicht als Frau zur Welt, man wird es«, sagte Simone. Sartre blickte auf, auf einmal wusste Simone, dass sie den Satz gefunden hatte, der die Essenz ihres künftigen Buches – und nebenbei auch die Essenz ihres Lebens – bedeutete. Immer wieder hatte sie sich gefragt, wer sie sein wollte, was für ein Mensch, was für eine Frau. Dieses Buch über die Rolle der Frau würde ihr die Antwort darauf geben.

Sartre stand auf. »Monsieur, ich glaube, Sie gehen jetzt besser. Mademoiselle de Beauvoir hatte gerade den Einfall ihres Lebens. Sie könnte handgreiflich werden, wenn Sie sie weiter belästigen. Und wenn sie es nicht tut, dann tue ich es.«

Ohne darauf zu achten, dass der Mann missbilligend schnaufte und aufstand, drehte er sich zu Simone herum und küsste sie auf beide Wangen. »Sie werden Geschichte schreiben, *mon amour.*«

Michelle Vian applaudierte.

Auf dem Heimweg ins *Hotel Louisiane* konnte Simone nicht aufhören, weiter über das Thema zu sprechen. Man wird nicht als Frau geboren ... Sie hatte das Gefühl, vor einem großen Durchbruch in ihrem Schreiben, ja in ihrem Denken zu stehen, und wollte ihre Gedanken aufgeregt mit Sartre teilen.

»Wissen Sie«, sagte sie zu ihm und wich dabei einer Pfütze aus, die sich auf dem regennassen Trottoir gebildet hatte, »ich habe immer geglaubt, es bedeute nichts für mich, dass ich eine Frau bin, ich habe mich niemals deswegen unterlegen gefühlt.« Sie dachte einen Moment nach, bevor sie fortfuhr: »Aber jetzt bin ich mir nicht mehr sicher.«

Sartre war begeistert und bestärkte sie. »Niemand hat bisher daran gedacht, über die Frau in der Philosophie zu schreiben. Nicht einmal ich! Das Thema ist viel zu wichtig, um es in einem Aufsatz abzuhandeln. Ich finde, Sie sollten sich an die Arbeit machen.« Er nahm ihre Hände in seine. »Castor, ich bin stolz auf Sie.«

Vor der Tür zu ihrem Zimmer blieben sie stehen.

»Kommen Sie noch mit rein?«, fragte sie.

Sartre schüttelte den Kopf. Dann ging er.

Als Simone zum Fenster trat und auf die Straße hinuntersah, entdeckte sie Michelle Vian, die gerade unten in den Eingang huschte. Sie wandte sich mit einem schmerzlichen Lächeln ab.

Als sie im Bett lag, beschäftigten sie wieder die Gedanken an das Buch. Die halbe Nacht dachte sie darüber nach, dass sie es schreiben würde, schreiben musste und wie sie es angehen würde.

Am nächsten Tag traf sie Bost. Er arbeitete inzwischen für Camus' Zeitschrift *Combat*. Einer seiner ersten Artikel hatte von der Befreiung Dachaus gehandelt, und er hatte ihm viel Aufmerksamkeit eingebracht.

Simone berichtete ihm von dem Gespräch am Vorabend.

Er hörte gebannt zu, dann sagte er: »Dann meinen Sie, dass Frauen das andere Geschlecht sind?«

Simone nickte.

»Dann sollten Sie Ihr Buch auch so nennen – *Das andere Geschlecht*.«

Simone sah ihn voller Zuneigung an. »Danke, Bost. So werde ich es nennen. Und ich werde es Ihnen widmen. Als Erinnerung an unsere Liebe.«

Kapitel 32

1946

Gleich am nächsten Tag ging sie in die Bibliothèque nationale. Hier hatten schon viele ihrer Ideen ihren Anfang genommen, und hier hoffte sie alle Informationen zu finden, die sie für ihr Buch benötigte.

Voller Vorfreude richteten sich nun all ihre Gedanken auf ihr neues Thema. Es hatte schon lange in ihr geschlummert, aber nun hatte es angefangen, Gestalt anzunehmen. Das beflügelte sie. Auf einmal hatte sie es sehr eilig, mit den Vorarbeiten zu beginnen.

Sie ging durch das große Tor, durchquerte den Innenhof und die Vorhalle mit den Säulen und den Gemälden an den Wänden. Dann betrat sie mit klopfendem Herzen den Lesesaal. Als sie sich an ihren Stammplatz setzte und die vertrauten Geräusche, das Klicken der Rohrpost und das dumpfe Knallen hörte, mit dem große Bände auf den Tisch gelegt wurden, fühlte sie sich zu Hause. Sie erinnerte sich an damals, als sie noch jung war und hier lesend begonnen hatte, ihren Weg als Schriftstellerin zu suchen. In diesem Moment hatte Simone das Gefühl, etwas Neues, etwas sehr Wichtiges zu beginnen.

Sie fing an zu recherchieren. In der Bibliothek und auf ihrem Schreibtisch im *Louisiane* stapelten sich die Bücher so hoch, dass sie kaum noch darüber hinwegsehen konnte. Mehr als einmal fielen die Stapel um, wenn sie ein Buch von unten herauszog. Und es wurden immer mehr. Ihr wurde schnell klar, dass es zu dem Thema unendlich viel Literatur gab. Alles spielte hinein, und ihre umfassende Bildung half ihr dabei, das zu erkennen. Sie zitierte aus der Literatur der Antike, aus der Philosophie, aus Märchen, aus der Bibel und dem Koran. Sie forschte in Briefen und Tagebüchern von Frauen durch die Jahrhunderte. Je mehr sie las, umso mehr Fragen stellten sich, die sie beantworten wollte. Sie fing an mit der gesetzlichen Rolle der Frau in der Geschichte und landete bei den Mythen, die über Frauen herrschten, angefangen in der Bibel. Eine Frage zog die nächste nach sich. Die Bücherstapel krochen vom Schreibtisch auf den Fußboden, und sie bekam eine Ahnung, dass dieses Projekt sie womöglich Monate, gar Jahre, in Anspruch nehmen würde. Sie freute sich darauf, sie hatte sich festgebissen und würde nicht wieder loslassen, bis sie die Frage der Frau geklärt und abgehandelt hatte.

Jeden Tag verbrachte sie Stunden in der Bibliothek, und zu Hause las sie ihre privaten Aufzeichnungen, die Tagebücher und Briefe, auf der Suche nach Einträgen, die sich mit ihrer eigenen Rolle als Frau beschäftigten.

Sie war verwundert, wie viele es waren. Es fing an mit den Ansprüchen, die ihre Eltern an sie stellten, weil sie eine Tochter aus gutem Hause war. Bei dem Gedanken, was sie alles gedurft hätte, wenn sie ein Junge gewesen wäre, überkam sie Wut. Ihre Suche nach weiblichen Vorbildern fiel ihr ein, und wie schwierig es für sie als junges Mädchen gewesen war, dass sie keine gefunden hatte, ihre Einsamkeit auf der École normale, wo es kaum Frauen gab. Sie erforschte die Geschichte von Königinnen und Herrscherinnen und fragte sich, ob sie wirklich Macht besessen hatten, und wenn ja, wie es ihnen gelungen war. Dann untersuchte sie das Schicksal von Dienstmädchen und Hausfrauen durch die Jahrhunderte, um ihre Geschichte zu erzählen. Die Vorurteile, die sie in den Texten gegen Frauen fand, trieb sie dazu, sich der Biologie zuzuwenden. Wo waren die körperlichen Unterschiede zwischen Männern und Frauen? Und welche Rolle spielten sie für diese gesellschaftlichen Unterschiede, die daraus erwuchsen?

Bei alldem wurde eines für sie immer deutlicher: Ihr anfänglicher Verdacht, dass die Männer die Frauen als unterlegen ansahen, war richtig. Es waren die Männer, die sich als erstes Geschlecht sahen, als Maßstab, an dem die Frauen gemessen wurden. Alles, was nicht männlich war, galt als minderwertig, als Abweichung. Darauf stützten die Männer ihren Herrschaftsanspruch gegenüber den Frauen. Und machten sich gar nicht erst die Mühe, das Wesen des Weiblichen zu erkennen.

Einige Monate später fuhr Simone in die Dolomiten und wanderte tagelang, ohne einen Menschen zu sehen, um sich über die Tragweite ihrer Erkenntnisse klar zu werden. Ein wenig fühlte sie sich wie damals in Marseille, und sie dachte dankbar an dieses Jahr zurück, in dem sie die Kraft des Alleinseins erkannt hatte. Seitdem war sie einen weiten Weg gegangen. Wieder in Paris, trieb sie ihre Arbeit weiter voran, sie arbeitete wie im Fieber und bis zur Erschöpfung.

Eines Abends traf sie Colette Audry im *Flore*. Sie hatten sich ein wenig aus den Augen verloren, seit Colette in Grenoble wohnte.

»Erinnerst du dich noch an das Buch, von dem du in Rouen so oft gesprochen hast? Das Buch, das den Frauen aufzeigen sollte, wie sehr sie ausgebeutet werden, ein Buch, das sie erzürnt und sie dazu bringt, sich zu wehren?«

Colette nickte. »Ich wollte es immer schreiben, bin aber nie dazu gekommen. Eine andere wird es tun müssen.«

Simone lächelte sie an. »Nun, ich werde dieses Buch schreiben. Ich habe schon angefangen«

Alles, was ihr begegnete, was sie erlebte oder las, klopfte sie auf die Frage hin ab, was es für die Rolle der Frau in der Gesellschaft bedeutete. Ihr wurde bewusst, wie viel Glück sie gehabt hatte, dass sie kein Kind bekommen hatte. Ihr Leben wäre ganz anders verlaufen, wenn sie für Kinder hätte sorgen müssen. Niemals hätte sie so leben können, wie sie es sich immer gewünscht hatte, wenn sie für Kinder sorgen müsste. Sie dachte an die Frauen, die sie in Nordafrika gesehen hatte. Wie war deren Leben? Sie wollte es erforschen und beschreiben.

Sie diskutierte ihre Forschungen und Ergebnisse mit Sartre. Er hörte ihr fasziniert zu, stellte Fragen, ermutigte sie, alles zu sagen, und machte sie darauf aufmerksam, dass sie bei der Veröffentlichung Stürme der Entrüstung auslösen würde.

Etwas davon bekam sie zu spüren, als sie das Kapitel über die Sexualität der Frau vorab in *Les Temps Modernes* veröffentlichte. Sie sei frigide, eine Nymphomanin, lesbisch ... Die Liste der Vorwürfe war endlos. Sogar Camus warf ihr vor, den französischen Mann lächerlich zu machen. Am meisten traf sie die beißende Kritik des von ihr verehrten Dichters François Mauriac, der sie »erbärmlich« nannte und meinte, nun alles über die Vagina von Mademoiselle de Beauvoir zu wissen, worauf er jedoch absolut keinen Wert lege. Und über allem schwebte der alte mehr oder weniger ausgesprochene Vorwurf, sie sei lediglich eine Adeptin Sartres.

Die Kübel an Dreck, die über sie ausgegossen wurden, trafen sie. Zum ersten Mal konnte sie das Urteil, das andere über sie fällten, nicht so einfach abschütteln, wie es ihr bisher in ihrem Leben immer gelungen war.

»Es war ein Fehler, ausgerechnet dieses Kapitel als erstes zu veröffentlichen«, sagte sie zu Sartre.

»Nein, es war richtig, mit einem Knall anzufangen. Sehen Sie«, sagte er und nahm ihre Hände in seine, »mit diesem Buch schreiben Sie Geschichte. Sie werden die Welt verändern. Ich bewundere Sie dafür. Und ich liebe Sie.«

Anfang 1947 erhielt sie die Einladung für eine Vortragsreise durch Amerika. Davon hatte sie immer geträumt. In Amerika würde sie neue Impulse für ihr Buch bekommen. Sie würde dort Untersuchungen über die Lage der amerikanischen Frauen machen.

Nur wenn sie an ihre Beziehung zu Sartre dachte, die ihr im Moment so labil wie nie zuvor erschien, wurde sie unruhig. Was würde die lange Trennung bedeuten?

»Sie müssen unbedingt fahren«, sagte Sartre zu ihr, aber er sah ihr dabei nicht in die Augen.

Ihr kam ein Verdacht. »Haben Sie dafür gesorgt, dass man mich einlädt?«

Er räusperte sich. Dann sagte er: »Dolores wird nach Paris kommen, ich dachte, es wäre besser, wenn Sie dann nicht in der Stadt sind.«

Also waren ihre Befürchtungen berechtigt. Doch so schnell gab sie sich nicht geschlagen.

»Wie Sie wollen. Sie werden mich vermissen«, sagte sie zu ihm. »Sie brauchen mich, um denken zu können. Sie verlassen sich auf mein Urteil, bevor Sie Ihre Manuskripte abgeben. Ich regle unsere Finanzen und organisiere alles für Sie. Ich kümmere mich um die Familie. Und nicht zuletzt sind Sie auf mich angewiesen, um Ihre Verpflichtungen einzuhalten und um die nötige Ruhe zum Arbeiten zu finden.« Mit der letzten Bemerkung spielte sie darauf an, dass Sartre dazu übergegangen war, sie vorzuschieben, wenn es galt, lästige Journalisten und vor allem Verehrerinnen und abgelegte Geliebte von ihm fernzuhalten. Dadurch, dass sie ihn abschirmte und Menschen ziemlich brüsk zurückwies, hatte sie sich viele Feinde gemacht, ihn hingegen vor unangenehmen Konfrontationen bewahrt.

Sie lächelte ihn maliziös an. »Ich werde Ihnen fehlen, Sartre, Sie werden noch merken, wie sehr.«

Dennoch war sie beunruhigt, wie Sartre ohne sie zurechtkommen würde und wie weit der Einfluss von Dolores reichen würde, die inzwischen von Sartre verlangte, sie zu heiraten.

Bost, Olga und die anderen standen bedingungslos zu ihr. Sie versprachen, Sartre wenn möglich von Dolores abzuschirmen und ihr das Leben in Paris so schwer wie möglich zu machen, damit sie so schnell wie möglich wieder zurück nach Amerika fuhr.

Alberto Giacometti, der Simone zu einem verlässlichen Freund geworden war und dem sie als Einzigem neben Bost von ihren Sorgen erzählte, vor dem sie sogar ab und zu Tränen des Kummers vergoss, sprach ihr Mut zu.

»Sie müssen fahren«, sagte er. »Sie müssen die Leser drüben aufrütteln. Und es wird interessant für Sie sein, dort zu analysieren, wie die Amerikanerinnen leben. Sie werden das in Ihrem Buch verwenden können. Aber Sie müssen aufpassen.«

Sie bekam einen Schreck. Dachte Giacometti auch, dass Sartre sich von ihr lösen würde, wenn sie nicht da war? »Wie meinen Sie das?«

»Sie sind so schön und faszinierend wie niemals zuvor. Lassen Sie sich drüben bloß nicht von einem Mann wegschnappen.«

Simone lachte befreit auf. »Mich? Wer sollte mich schon wollen? Außerdem wird es in meinem Leben nie einen wichtigeren Mann als Sartre geben.«

Sie dachte noch über Giacomettis freundschaftlichen Rat nach, als sie wieder an ihrem Schreibtisch saß, vor sich den Stapel der bereits beschriebenen Seiten für *Das andere Geschlecht*, den sie langsam durchblätterte. Es waren viele Seiten, aber es gab dennoch unendlich viel mehr zu ihrem Thema zu entdecken und zusammenzutragen. Sie freute sich darauf. Selten war sie glücklicher als nach einem Tag am Schreibtisch, an dem sie etwas Gutes geschrieben hatte. Das Leben war dann leicht, und sie machte sich beschwingt auf, um Freunde zu treffen oder Sartre von ihren Fortschritten zu berichten.

Sie ahnte, dass die Arbeit an diesem Buch ihr noch viele solcher Momente schenken würde. Es gab ihr Selbstvertrauen und half ihr, ihr eigenes Leben zu verstehen. Für sie war Schreiben inzwischen mehr denn je zu einem Prozess der Selbsterkenntnis geworden. Immer hatte sie schreiben wollen, lange bevor sie Sartre kannte. Sie hatte Träume gehabt, kühne Träume. Mit diesem Buch war sie dabei, sie zu erfüllen und glücklich zu werden, so wie sie es sich versprochen hatte.

Das andere Geschlecht war ein existenzialistisches Werk im besten Sinne des Wortes. Es würde Frauen die Augen öffnen. Durch die Lektüre des Buches würden sie die Ungerechtigkeiten der Männerwelt erkennen, sie würden in die Lage versetzt, sich dagegen aufzulehnen und nach Freiheit zu streben. Das war gelebter Existenzialismus, und der Zeitpunkt für dieses Buch konnte nicht besser sein. Jetzt, wo Frauen wegen neuer Verhütungsmethoden nicht mehr ungewollt schwanger werden mussten und selbst Geld verdienen durften, konnten sie Zugang zu ihrem eigenen Selbst finden. Sie mussten nicht länger die Anderen sein, die sich nur über ihr Verhältnis zu Männern definierten.

Simone lehnte sich zurück, um diesen Augenblick der Zufriedenheit zu genießen. Draußen regnete es, und die Regentropfen liefen das Fensterglas hinunter und leuchteten gelblich von den Straßenlaternen vor dem Haus. Sie zündete sich eine Zigarette an und inhalierte tief den Rauch.

Ich liebe das Leben so sehr, dachte sie. Ich bin geradezu gierig danach. Ich möchte vom Leben alles, ich möchte eine Frau sein, aber auch wie ein Mann sein dürfen, viele Freunde haben und allein sein, viel arbeiten und gute Bücher schreiben, aber auch reisen und mich vergnügen. Mit Sartre bin ich Teil eines schreibenden Paares, aber wer weiß, vielleicht hat Giacometti recht, und ich werde einen Mann treffen, den ich lieben werde, so wie ich Sartre am Anfang geliebt habe. Vielleicht werde ich mit einem anderen Mann diese andere Art von Liebe finden, ohne meine Liebe zu Sartre zu verlieren.

Es war spät geworden. Sie merkte, wie müde sie war, und beschloss, zu Bett zu gehen.

Während sie dem Regen zuhörte, malte sie sich weiter ihre Zukunft aus.

Nach diesem Buch über die Frauen würde sie weitere Bücher zu diesem Thema schreiben, das ganz das ihre geworden war, Romane. Vielleicht würde sie von ihrem Leben erzählen, um zu berichten, wie aus der Tochter aus gutem Hause Simone de Beauvoir geworden war.

Epilog

1951

Sartre und Simone hatten sich angewöhnt, die Abende in der Rue de la Bûcherie zu verbringen, wo Simone seit einiger Zeit in einer kleinen Dreizimmerwohnung mit einem herrlichen Blick auf Notre-Dame lebte. Es war ihr erstes richtiges Zuhause, das sie sich nach dem Erfolg und den Tantiemen aus dem Verkauf von *Das andere Geschlecht* leistete. Alberto Giacometti hatte ihr zwei selbst gefertigte Lampen geschenkt, die den Raum in warmes Licht tauchten. Keramiken, Masken und gewebte Teppiche, die sie von ihren Reisen mitgebracht hatten, gaben dem Raum ein unverwechselbares Flair. Sartre hatte wie immer in dem alten Sessel Platz genommen, während Simone halb auf dem durchgelegenen Bett lag. Sie hatte den Plattenspieler angestellt und eine neue Jazzplatte aufgelegt.

»Wenn Sie weiterhin so viele Schallplatten kaufen, werden Sie umziehen müssen«, sagte Sartre mit einem Lächeln. »Ihre Wohnung wird Ihnen zu klein werden.«

»Dann tue ich es eben. Ich möchte Ihnen einfach gern die Platte vorspielen können, auf die wir gerade Lust haben.«

Sartre stand auf und goss ihnen beiden einen Scotch mit einem Schuss Wasser ein. Er reichte ihr das Glas.

»Ich fühle mich mit niemandem so wohl wie mit Ihnen«,

sagte er. »Dieses Gefühl hat mich die letzten zwanzig Jahre nicht verlassen.«

Simone wusste, wie er das meinte. Seit er nach einer katastrophalen Reise durch den Süden Amerikas mit Dolores Vanetti gebrochen hatte, kam er zur Ruhe. Die Frau, die Simone so gefürchtet hatte, war zu einer Art Katalysator geworden, die ihnen beiden deutlich gemacht hatte, dass sie ohne einander nichts waren.

Sartre ruhte sich an Simones Seite aus, und sie fühlte sich bei ihm sicher. Sie genossen das Zusammensein, weil sie den Schatz einer gemeinsamen Vergangenheit und vieler wichtiger Erfahrungen teilten. Und auch die Zukunft würden sie gemeinsam gestalten.

Trotz allem, was gewesen war, und ungeachtet all dessen, was kommen mochte: Sie wusste in diesem Moment mit unerschütterlicher Gewissheit, dass Sartre und sie immer zusammengehören würden. Neben ihm gab es nun auch Nelson Algren, in den sie sich auf ihrer Amerikareise verliebt hatte. Einen kurzen Moment lang hatte sie mit dem Gedanken gespielt, Sartre für ihn zu verlassen. Doch sie hatte es nicht getan, sondern an dem Pakt festgehalten, an den sie noch immer glaubte. Nelson und sie sahen sich ein paar Monate im Jahr. Er war in dieser Wohnung gewesen, sie hatten hier eine Zeit lang miteinander gelebt, und Nelson war nach wie vor an ihrer Seite, während Sartre andere Frauen haben würde. Aber das spielte für ihr Zusammenleben keine Rolle. Die Beziehung zwischen Sartre und ihr war immer noch die wichtigste von allen – die eine, die immer Bestand haben würde. Es war ihr egal, dass ihre Neider sie als altes Ehepaar bezeichneten, das nicht mehr die Kraft hatte, sich zu trennen. Diese Leute wussten nicht, dass ihnen die gemeinsamen Jahre eine ungeheure Gelassenheit und eine Vertrautheit beschert hatten, von denen andere sich keine Vorstellung machen konnten.

»Wir sind jetzt seit über zwanzig Jahren zusammen«, sagte sie mehr zu sich selbst.

»Ich weiß«, sagte Sartre.

»Sie würden mich niemals enttäuschen.«

Er schüttelte den Kopf. »Und Sie würden mich niemals im Stich lassen.«

Nein, dachte Simone. Das würde ich nicht. Und wenn Sartre sich mit mir zu einer bestimmten Stunde eines bestimmten Tages und Jahres an einem weit entfernten Ort mit mir verabreden würde, dann würde ich dort sein, im vollen Vertrauen darauf, dass er auf mich warten würde.

»Man kommt nicht als Frau zur Welt, man wird es.« Dieser berühmte Satz aus Simone de Beauvoirs Buch *Das andere Geschlecht* war mein Leitsatz bei der Arbeit an dem vorliegenden Roman.

Schon als junges Mädchen hat Simone ein festes Bild von sich im Kopf gehabt. Sie nahm sich vor, Simone de Beauvoir zu werden. Wie ist ihr das nur gelungen? Heute haben junge Frauen jede Menge Vorbilder, unter denen sie wählen können. Sie sehen Frauen, die Karriere machen und Macht besitzen; Frauen, die keine Kinder haben; Frauen, die mit Frauen leben, Frauen, die die Welt verändern ...

Zu Simone de Beauvoirs Zeit gab es keine weiblichen Vorbilder. Alle Frauen heirateten und bekamen Kinder. Klavierspielen und ein bisschen Literatur waren in Ordnung, aber bitte nicht zu viel Bildung, die macht hässlich. Punkt. Die Frauen, die keinen Mann fanden – denn man ging nicht davon aus, dass eine Frau freiwillig unverheiratet bleiben könnte –, wurden schief angesehen.

Woher nahm Simone nur den unglaublichen Mut, diesen Weg zu verlassen und ihren eigenen zu gehen? Zu lesen, was sie wollte, und zu lieben, wen sie wollte, Männer und Frauen? Weil sie keine Vorbilder hatte, wurde sie selbst zum Vorbild, für sich selbst und für Millionen anderer Frauen. Dieser Weg war schwer und unbequem, für Simone ebenso wie für ihre Familie und Freunde. Aber sie hat sich nicht beirren lassen. So ist sie eine

Ikone geworden, ein Vorbild par excellence für ein selbstbestimmtes Leben, in dem sich brillanter Geist und überbordendes Gefühl die Waage halten.

Diesen Weg, wie sie Simone geworden ist, zeige ich in diesem Buch.

Ich habe mich dabei auf die erste Hälfte des Lebens von Simone de Beauvoir beschränkt, weil alles andere den Rahmen eines Romans gesprengt hätte. Was ich am Ende andeute, die Möglichkeit, dass sie einen anderen Mann kennenlernt, trat im Jahr 1947 ein. Auf ihrer Amerikareise verliebte sie sich unsterblich in den Schriftsteller Nelson Algren. Mit ihm erlebte sie rauschende Nächte, sogar ihren ersten vollständigen Orgasmus. Nach ihrer Rückkehr waren die beiden monatelang getrennt, denn damals war das Reisen noch nicht so bequem und günstig wie heute. Simone verzehrte sich in Paris nach ihm. Nelson ging es ebenso, er verlangte, dass Simone sich von Sartre trennte und mit ihm in Amerika lebte. Simone lehnte das ab. Ihr Leben war mit dem von Sartre verbunden, so lautete ihr Pakt. Weil sie Sartre nicht verlieren wollte, verlor sie nach fünf Jahren Nelson Algren. Nach ihm kam ein weiterer Mann: Claude Lanzmann, der Autor von *Shoah*. Auch mit ihm hatte sie eine langjährige Beziehung, er war der einzige Mann, mit dem sie zusammen in einer Wohnung lebte.

Nach dem Welterfolg von *Das andere Geschlecht*, das 1949 erschien und zur Bibel der Frauenbewegung wurde, folgten viele weitere Bücher. 1954 erhielt sie den Prix Goncourt, den höchsten französischen Literaturpreis, für ihren Roman *Die Mandarins von Paris*. 1958 erschien der erste Band ihrer Autobiographie *Memoiren einer Tochter aus gutem Hause*, der ihr Leben bis zum Tod von Zaza erzählt. Fünf weitere Bände sollten folgen.

Mit dieser Autobiographie schuf sie ein ganz neues Genre. Schonungslos, informativ, selbstreflexiv erkundete sie ihr Leben und schilderte die Entstehung des Existenzialismus.

1986 starb Simone de Beauvoir. Bis zu Sartres Tod im Jahr 1980 hatten sie und Sartre sich beinahe täglich gesehen, oft mehrmals am Tag.

Sie wurde neben ihm auf dem Friedhof Montparnasse in Paris beerdigt. Was ihr allerdings nichts bedeutet hätte. »Selbst wenn man mich neben ihm beerdigt, wird kein Weg von seiner Asche zu meinen sterblichen Überresten führen.«

Simone de Beauvoir hat mir sozusagen das Leben gerettet, als ich mit Anfang zwanzig einsam und unglücklich als Au-pair in Paris war. Sie war mein Abiturthema gewesen, und ich erinnerte mich an einen Satz von ihr: »Ich konnte mir ein Leben nicht ohne Schreiben vorstellen. Sartre lebte nur, um zu schreiben.« Die meisten anderen wollten nach dem Abi nach Amerika, ich wollte nach Paris – ihretwegen.

Damals hat sie mir Mut gemacht, ich las ihre Memoiren, während ich mir Kilo um Kilo anfutterte. Ich wanderte auf ihren Spuren durch Paris. Ich las die Bücher, die sie gelesen hatte. Ich bewunderte sie für ihre Arbeitskraft, für ihr Lesepensum, für ihr Streben nach Wissen, aber auch für ihre unbändige Lust am Leben. Ich versuchte, es ihr gleichzutun. Sie wurde mein ganz persönliches Vorbild. Als ich ihrem Leben durch ihre Memoiren folgte, habe ich gedacht: Wow, das geht? Ich wollte sein wie sie. Mir persönlich hat sie vorgelebt, wie erfüllend es ist, in und mit Büchern zu leben. Letztendlich hat sie mir den Mut gegeben, zu schreiben.

Beim Schreiben dieses Romans im Corona-Frühjahr 2020, als ich oft mutlos war und mich nicht zur Arbeit motivieren konnte, weil ich nicht wusste, ob mein Buch überhaupt erscheinen würde oder vielleicht sehr viel später und unbeachtet von den Leserinnen und Lesern, da hat sie mir wieder Mut gegeben. Ich machte mir eine Lektüreliste, wie sie es früher getan hatte, ich nahm mir vor, an diesem Tag so und so viele Seiten zu lesen und zu dieser oder jener Frage zu recherchieren. Wenn dann der (Feier-)Abend kam und ich mein Pensum geschafft hatte, dann fühlte ich mich besser, gestärkt, nicht nutzlos. Oft fühlte ich mich sogar in glückliche, produktive Zeiten als Studentin zurückversetzt. Simones Reflexionen über die Mühen des Schreibens haben mich ermutigt weiterzumachen.

Simone de Beauvoir hat mir das Leben schwergemacht. Wie schreibt man ein Buch über sein Idol, ohne es auszunutzen? Noch nie war es so schwierig, ein Buch zu schreiben, noch nie habe ich mich mit einem Text so schwergetan. Das lag nicht an der Fülle des Materials, das ging mir auch bei anderen Recherchen so. Es ist eher das Gebiet, auf dem sie sich bewegt hat. Wie soll man ein philosophisches Konstrukt in einem Roman beschreiben, der eher unterhaltend ist? Nur ein Beispiel: Aus der Szene in dem Café in Rouen, als der Patron den Arbeiter vertreibt, habe ich ein philosophisches Gespräch über Engagement und Klasse gemacht. War ganz einfach!

Wenn man besonders tief in das Leben eines Vorbildes eintaucht, bleibt es nicht aus, dass dieses Idol Risse bekommt. Es gibt durchaus Dinge im Leben von Simone de Beauvoir, die ich kritisch sehe, angefangen mit ihrem Verhältnis zu einigen ehemaligen Schülerinnen, das heute, in Zeiten von MeToo, unvorstellbar wäre. Aber 1973 rief sie eine Rubrik in *Les Temps Modernes* ins Leben: *Der alltägliche Sexismus*, in der Frauen von ihren Erfahrungen berichten sollten.

Es gab andere Vorwürfe: Sartre sei der Stärkere in ihrem Pakt gewesen. Er habe Simone betrogen und sie verletzt, sie sei allein geblieben, während er andere Frauen hatte. Erst nach dem Tod von Olga Kosakiewicz verriet sie, dass sie fast zehn Jahre lang, von 1938 an, eine intime und sehr liebevolle Beziehung zu Jacques-Laurent Bost, Olgas Mann, hatte. Vorher war sie stark genug gewesen, um die Anwürfe auszuhalten und ihre lebenslange Freundin Olga zu schützen. Loyalität war ihr wichtiger als Ansehen. Und sie war immer bereit, Fehler einzugestehen und zu korrigieren.

Es war manchmal schwer, Ereignisse, Lektüren und so weiter zeitlich ganz genau einzuordnen. Das gilt insbesondere für den ersten Teil des Romans bis zur Begegnung mit Sartre. Für den Fortgang der Geschichte und die Beschreibung Simones erschien es mir jedoch nebensächlich, ob zum Beispiel die Begegnung mit Maheu 1927 oder erst ein Jahr später stattgefunden hat. Wichtig ist das besondere Verhältnis, das die beiden zueinander hatten, und dass er sie mit Sartre bekannt machte.

An einigen Stellen habe ich die Chronologie wegen der Dramaturgie leicht verändert. So erschien das Kapitel zur Sexualität aus *Das andere Geschlecht* erst 1949, nicht 1947. Ihre Erzählungen über die fünf Frauen, von denen im Roman die

Rede ist, erschien erst 1979 unter dem Titel *Marcelle, Chantal, Lisa …*

Da hat sie nun DAS Buch über Frauen geschrieben, und dennoch können viele Kritiker und Leser Simone de Beauvoir nicht ohne Sartre denken. Sie war »die Frau an Sartres Seite«. Bei seinem Tod wurde in den Nachrufen kaum von ihr gesprochen, als sie 1986 starb, wurde in allen Kommentaren auf Sartre hingewiesen, und noch 2001 nannte sie das würdige *Times Literary Supplement* »Sartres Sexsklavin«. Für mich war sie immer Simone de Beauvoir, und ich bin froh, sie über ihre Bücher kennengelernt zu haben. Ich verdanke ihr sehr viel und verneige mich vor ihr.

Ich wünsche mir, dass möglichst viele Frauen, auch und gerade jüngere, ihre Bücher lesen und sich von ihr ermutigen lassen.

Caroline Bernard, November 2020

AUSGEWÄHLTE LITERATUR

Die meisten Bücher von Simone de Beauvoir, insbesondere ihre Memoiren, habe ich mit Anfang zwanzig auf Französisch gelesen. Ich habe für die Arbeit an diesem Buch hieraus zitiert und übersetzt.

Bücher von Simone de Beauvoir:

Briefe an Sartre, Band 1: 1930–1939, hg. und mit Anmerkungen versehen von Sylvie Le Bon de Beauvoir, Hamburg 1997.

Cahiers de jeunesse. 1926–1938, Paris 2008.

Correspondance croisée 1937–1940 (Briefe an Jacques-Laurent Bost), Paris 2004.

Das andere Geschlecht, Hamburg 2020 (Neuausgabe).

Das Blut der Anderen, Hamburg 1963.

La force de l'âge, Band 1, Paris 1980.

La force de l'âge, Band 2, Paris 1979.

La force des choses, Band 1, Paris 1981.

L'invitée (Sie kam und blieb), Paris 1963.

Kriegstagebuch 1939–1941, Hamburg 1994.

Marcelle, Chantal, Lisa …, Hamburg 1985.

Memoiren einer Tochter aus gutem Hause, Hamburg 1982.

Sekundärliteratur:

Deirdre Bair, Simone de Beauvoir. Eine Biographie, München 1990.

Sarah Bakewell, Das Café der Existenzialisten. Freiheit, Sein und Aprikosencocktails, München 2018.

Wolfram Eilenberger, Feuer der Freiheit. Die Rettung der Philosophie in finsteren Zeiten, Stuttgart 2020.

Pascale Fautrier, Le Paris de Sartre et Beauvoir, Paris 2019.

Claude Francis, Fernande Gontier, Simone de Beauvoir. Die Biographie, Hamburg 1989.

Kate Kirkpatrick, Simone de Beauvoir. Ein modernes Leben, München 2020.

Julia Korbik, Oh, Simone! Warum wir Beauvoir wiederentdecken sollten, Hamburg 2018.

Agnès Poirier, An den Ufern der Seine. Die magischen Jahre von Paris 1940–1950, Stuttgart 2019.

Jean-Paul Sartre, Briefe an Simone de Beauvoir, Band 1, 1926–1939, Hamburg 1984.

Jean-Paul Sartre, Briefe an Simone de Beauvoir, Band 2, 1940–1963, Hamburg 1985.

Kapitel 1

Paula schlug die Arme um den Körper, als sie die Brache passierte, wo früher die Häuser gestanden hatten. Jetzt ragten dort nur noch die Reste einer Mauer auf, an deren Fassade die Umrisse der ehemaligen Räume zu erkennen waren. Ein einzelner Balkon zeigte in Höhe des dritten Stockwerks auf den Fußweg hinaus, hinter der geschmiedeten Umrandung stand in aller Unschuld ein Stuhl. Er war nur noch da, weil niemand an ihn herankam, denn einen Stuhl hätten viele Leute gebraucht.

Die Mauer hatte Paula für die Dauer weniger Schritte vor dem heftigen Novemberwind geschützt, jetzt hatte er wieder freies Spiel auf dem Trümmerfeld und fegte den eiskalten Regen in ihre Richtung. Sie nahm den Mantel vor der Brust zusammen und ging schneller. Eine Frau kam ihr entgegen, und Paula glaubte, eine Erscheinung zu haben. Als würde plötzlich eine Farbfotografie in einem Schwarz-Weiß-Film auftauchen. Die Frau trug einen flauschigen Mantel aus kamelfarbenem Mohair. Paula spürte förmlich, wie weich er sich um ihren Körper legte, wie warm sich das passende Wolltuch mit eingewebten Rosen an ihren Hals schmiegte. Zu allem Überfluss trug die Frau einen modischen Hut, unter dem ihr rötliches Haar in Wellen hervorquoll. Bei jedem ihrer raschen Schritte wippte es auf und ab. Die Fremde ging an Paula vorüber, die stehen blieb, um ihr mit offenem Mund nachzusehen. Die Frau hatte warme, dennoch nicht klobige Stiefel an den Füßen, mit denen sie leichtfüßig ausschritt. Wahrscheinlich trug sie sogar echte Seidenstrümpfe. Sie musste die Frau eines englischen Soldaten sein. Oder eine Prostituierte, obwohl sie dafür zu elegant wirkte. Normale Frauen hatten in diesen Zeiten keine warmen Mäntel, und in solch edlen Stiefeln würde eine ganz normale Hamburgerin in diesen Zeiten niemals durch die notdürftig von Trümmern geräumte Stadt laufen.

Paula fuhr sich mit der Hand über die Ärmel ihres Mantels, um die Regentropfen abzustreifen. Dabei fühlte sie die fadenscheinigen Stellen am Ellenbogen. Der Mantel hatte ihrem Vater gehört, sie hatte ihn für sich geändert. Sie seufzte. Lange würde der Mantel nicht mehr mitmachen, und dabei stand der Winter erst noch bevor. Was würde sie für einen Traum wie diesen Mohairmantel geben! Aber immerhin wurden die Zeiten langsam besser, und wenn auf Hamburgs Straßen wieder Frauen in solcher Garderobe zu sehen waren, gab es Grund zur Hoffnung.

Sie stieß einen tiefen Seufzer aus, als eine neue Windböe sie traf. Noch ein paar Schritte, dann schlüpfte sie erleichtert durch die Tür des Wohnhauses in der Hoheluftchaussee, gerade noch rechtzeitig bevor es draußen richtig zu schütten begann.

»Na, na! Und ich muss wieder alles sauber machen!«

Paula verdrehte die Augen. Hätte sie sich ja denken können,

dass Renate Schostack sie dabei erwischte, wie sie ihr das Treppenhaus volltropfte. Dabei waren weder Frau Schostack noch das Treppenhaus in einem sonderlich gepflegten Zustand. Die Frau müffelte stets, und ihr Kittel hätte eine Wäsche vertragen können. Weil auf dem Gehweg vor dem Haus immer noch Schuttberge lagen, drangen Staub und bei Regenwetter grauer Matsch mit den Schuhen herein. Es war bestimmt nicht leicht, unter diesen Umständen einigermaßen Ordnung zu halten, aber Frau Schostack lauerte auch lieber den Hausbewohnern auf, statt zu fegen oder zu feudeln.

»Guten Tag, Frau Schostack«, rief Paula betont fröhlich. »Ein scheußliches Wetter ist da draußen.« Sie wollte an der Hausmeisterin vorbei, doch die verstellte ihr mit ihrem Besen den Weg.

»Ihre Schwester kommt immer so spät nach Hause. Meine Güte, wenn ich daran denk, dass sie bis vor Kurzem noch so ein liebes Mädchen war ...«

»Uschi kellnert im *Winterhuder Keller*, das wissen Sie doch. Da muss sie nun mal bis spät arbeiten«, gab Paula zurück. Mein Gott, die Schostack ging ihr so was von auf die Nerven. Unter Hitler war ihr Mann Hauswart gewesen und hatte sie alle tyrannisiert. Im letzten Kriegsjahr war er dann noch eingezogen worden, obwohl er schon über fünfzig war. Er war an die Ostfront gekommen, und seitdem gab es keine Nachricht mehr von ihm. Was Paula wirklich leidtat. Ihr eigener Vater wurde auch vermisst, schon seit dem Sommer 1943. Sie wusste, dass man darüber bitter werden konnte. Aber dass nun Schostacks Frau hinter ihr und ihren Schwestern herschnüffelte, musste auch nicht sein.

»Wer hat denn in diesen Zeiten Geld, um in ein Restaurant zu gehen?«, fragte Frau Schostack, und ihr Ton ließ keinen Zweifel daran, was sie von solchen Leuten hielt.

»Lassen Sie mich durch?« Mit diesen Worten stieg Paula einfach über den Besen hinweg, den die Hausmeisterin quer vor die Treppe gestellt hatte und auf dessen Stiel sie ihr Kinn abstützte. Paula nahm die ersten drei Stufen und ließ dann die nächste und die übernächste aus. In den letzten Kriegstagen hatte das Haus noch einen Treffer abbekommen, und von den beiden Wohnungen unter dem Dach waren nur die Mauern zur Straße geblieben. Der Rest war ins Treppenhaus gestürzt und hatte das Geländer und einige Stufen mitgerissen. Inzwischen kannten alle Hausbewohner die notdürftig mit losen Brettern geflickten Stufen und überstiegen sie einfach.

»Ob das wohl noch mal repariert wird«, murmelte sie gerade laut genug, dass die Schostack es hören musste. Obwohl die auch nichts dafürkonnte. Es gab kaum Bauholz, und das wenige, was da war, wurde für notwendige Instandsetzungen gebraucht, für Schulen, Krankenhäuser oder die Bahnhöfe der Stadt.

Paula stieg weiter die Treppe hinauf. Sie wohnte mit ihrer Mutter und den Schwestern im zweiten Stock rechts. Die Wohnung war zum Glück mehr oder weniger unversehrt durch den Krieg gekommen, es gab Wasser, und die elektrischen Leitungen funktionierten, auch wenn der Strom öfter mal abgestellt war. Doch sie hatten noch ihre Möbel, sie konnten in Betten schlafen und hatten ein Dach über dem Kopf. Nur Geschirr und der Spiegel im Badezimmer waren bei dem Bombeneinschlag kaputtgegangen. Und viele Einrichtungsgegenstände, das bisschen Schmuck und das gute Porzellan hatten den Weg auf den Schwarzmarkt gefunden, damit sie nicht verhungerten. Bis vor einigen Wochen war ein älteres Paar aus Breslau bei ihnen einquartiert gewesen und hatte das zweite Zimmer bewohnt. Sie waren ganz gut mit den Wojczinjuks ausgekommen, trotzdem waren alle froh gewesen, als sie einem Evakuierungsangebot der Stadt folgten. Man hatte sie mit DDT-Pulver entlaust und ihnen einen Sack mit Marschverpflegung und eine Zugfahrkarte nach Meldorf in Dithmarschen in die Hand gedrückt. Seitdem hatten sie nichts mehr von dem Ehepaar gehört, obwohl die Post inzwischen recht gut funktionierte.

Jetzt hatten Paula und ihre Familie alles wieder für sich, auch wenn es nur zwei kleine Zimmer waren. Paula wohnte mit ihren beiden Schwestern in dem einen und ihre Mutter im anderen Zimmer, dazu kam eine winzige Küche, die zum Glück ein Fenster mit einer breiten Fensterbank außen hatte, wo sie jetzt im Winter ihre wenigen Lebensmittel lagern konnten. Alles war besser als die Nissenhütten an der Schwenckestraße, wo sich zwei Familien eine dieser Wellblechhütten ohne Heizung teilen mussten. Jedes Mal, wenn Paula dort vorbeikam, war sie dankbar, diese Wohnung zu haben.

Paula öffnete die Wohnungstür. Drinnen streifte sie als Erstes ihre Schuhe ab. Sie war so stolz gewesen, als sie die braunen Wildlederschuhe mit den kleinen Hacken erstanden hatte. Aber sie drückten! Mit einem Laut des Schmerzes rieb sie sich die Füße, dann schlüpfte sie in die ausgelatschten Pantoffeln ihres Vaters und ging in die Küche.

»Hallo, Mama«, sagte sie.

Ihre Mutter stand am Herd und rührte in einem Topf.

»Was gibt es zu essen?«

»Was soll es schon geben«, gab ihre Mutter zurück, »Kartoffeln und Speckstippe. Aber die Schostack war hamstern im Alten Land und hat mir ein paar Äpfel abgegeben. Ich hab Mus davon gekocht. Dafür soll ich ihr die Jacke von ihrem Mann im Rücken enger machen, damit sie ihr passt.« Sie wies mit dem Ellenbogen auf die Jacke, die über einem Küchenstuhl hing.

Paula ärgerte sich. »Ach, Mama, die Schostack nutzt dich aus.« Sie nahm die Jacke der Hauswirtin und begutachtete sie. Der Stoff war hart und verfilzt, ihre Mutter würde Stunden damit zubringen, sie zu ändern. Und das alles für ein paar Äpfel. »Und dann tut sie auch noch so, als würde sie dir einen Gefallen tun. Hamstern muss keiner mehr. Seit der Währungsreform gibt es doch alles. Hast du gesehen, in der Roonstraße hat schon wieder ein neues Lebensmittelgeschäft aufgemacht. Und nächste Woche wird das Kaufhaus für Mode am Eppendorfer Weg eröffnet. Die sollen auch Tischdecken zum Aussticken und Wolle haben.«

Ihre Mutter schnaubte. »In der Theorie vielleicht. Man muss sich das erst mal leisten können. Und unter Nachbarn hilft man sich doch gern.«

Ganz unrecht hatte sie nicht. Kohle und Benzin waren immer noch rationiert, und Zucker gab es erst seit einigen Monaten wieder frei auf dem Markt. Paula konnte sich noch gut an die Tage vor dem 20. Juni erinnern. Alle ahnten, dass bald eine neue Währung kommen würde. Wer noch etwas zu verkaufen hatte, hielt es zurück und wartete auf das neue Geld, weshalb sich die Schaufenster leerten. Und viele, die noch wertlose Reichsmark hatten, wollten sie unbedingt loswerden und kauften alles, was sie kriegen konnten. Am Sonntag, dem 20. Juni, hatten sie dann alle angestanden und sich ihre vierzig Mark abgeholt. Und am Montagmorgen waren die Geschäfte plötzlich voller Dinge und Lebensmittel gewesen. Paula war damals mit der Straßenbahn gefahren, und an jeder Straßenecke waren Stände mit Blumenkohl und Gemüse aufgetaucht. Die Menschen hatten gehungert, obwohl die Lager voll gewesen waren! Nicht einmal ein halbes Jahr war das jetzt her, und immerhin war ein wenig Normalität in ihr Leben zurückgekehrt. Überall auf den geräumten Trümmergrundstücken entstanden provisorische Holzbuden, wo alles Mögliche verkauft wurde. Kohl und Groschenromane, gebrauchte Textilien und selbst gebrannter Schnaps. Aber es fehlte dennoch an vielem, und wer nicht organisieren konnte, hatte schlechte Karten.

Paulas Blick fiel auf die Singer-Nähmaschine, die vor dem Fenster stand. Diese Nähmaschine war neben dem alten Volksempfänger ihr wertvollster Besitz. Sie hatte ihre Schwestern und die Mutter durchgebracht, als es gar nichts zu kaufen gab, in der Zeit direkt nach Kriegsende, als man in Hamburg nur allzu leicht an Hunger und Kälte sterben konnte. Die Frauen der Nachbarschaft waren gekommen, weil sie nichts anzuziehen hatten, und Paula hatte ihnen Mäntel und Kostüme aus Wehrmachtsjacken und Gardinen, manchmal sogar aus gefärbten Kartoffelsäcken genäht.